JN441529

엑스포지멘터리
다니엘
Daniel

엑스포지멘터리 다니엘

초판 1쇄 발행 2018년 1월 10일
3쇄 발행 2026년 2월 28일

지은이 송병현

펴낸곳 도서출판 이엠
등록번호 제25100-2015-000063
주소 서울시 강서구 공항대로 222, 1014호
전화 070-8832-4671
E-mail empublisher@gmail.com

내용 및 세미나 문의 스타선교회: 02-520-0877 / EMail: starofkorea@gmail.com / www.star123.kr

ISBN 979-11-86880-52-4 93230

※ 가격은 표지 뒷면에 있습니다.

「이 도서의 국립중앙도서관 출판시 도서목록(CIP)은 서지정보유통지원시스템 홈페이지(http://seoji.nl.go.kr)와 국가자료공동목록시스템(http://www.nl.go.kr/kolisnet)에서 이용하실 수 있습니다. (CIP제어번호:CIP2015000753)」

엑스포지멘터리

다니엘

Daniel

| 송병현 지음 |

EXPOSItory comMENTARY

한국 교회를 위한 하나의 희망

저의 서재에는 성경 본문 연구에 관한 많은 책이 있습니다. 그중에는 주석서들도 있고 강해서들도 있습니다. 그러나 그중에 송병현 교수가 시도한 이런 책은 없습니다. 엑스포지멘터리, 듣기만 해도 가슴이 뛰는 책입니다. 설교자와 진지한 성경 학도 모두에게 꿈의 책이 아닐 수 없습니다. 이런 책이 좀 더 일찍 나올 수 있었다면 한국 교회가 어떠했을까를 생각해 봅니다. 저는 이 책을 꼼꼼히 읽어 보면서 가슴 깊은 곳에서 큰 자긍심을 느꼈습니다.

이 책은 지금까지 복음주의 교회가 쌓아 온 모든 학문적 업적을 망라하고 있을 뿐만 아니라 한국 교회 강단이 목말라하는 모든 실용적 갈망에 해답을 던져 줍니다. 이 책에서는 실제로 활용할 수 있는 충실한 신학적 정보가 일목요연하게 제시됩니다. 그러면서도 또한 위트와 감탄을 자아내는 감동적인 적용들도 제공됩니다. 얼마나 큰 축복이며 얼마나 신나는 일이며 얼마나 큰 은총인지요. 저의 사역에 좀 더 일찍 이런 학문적 효과를 활용하지 못한 것이 아쉽기만 합니다. 진실로 한국 교회의 내일을 위해 너무나 소중한 기여라고 생각합니다.

일찍이 한국 교회 1세대를 위해 박윤선 목사님과 이상근 목사님의 기여가 컸습니다. 그러나 이제 한국 교회는 새 시대의 리더십을 열어야 하는 교차로에 서 있습니다. 저는 송병현 교수가 이런 시점을 위해 준비된 선물이라고 생각합니다. 진지한 강해 설교를 시도하고자 하는 모든 이와 진지한 성경 강의를 준비하고자 하는 모든 성경공부 지도자에게 어떤 대가를 지불하고서라도 우선 이 책을 소장하고 성경을 연구하는 책상 가까운 곳에 두라고 권면하고 싶습니다. 앞으로 계속 출판될 책들이 참으로 기다려집니다.

한국 교회는 다행스럽게 말씀과 더불어 그 기초를 놓을 수 있었습니다. 이제는 그 말씀으로 어떻게 미래의 집을 지을 것인가를 고민하고 있습니다. 이 〈엑스포지멘터리 시리즈〉는 분명한 하나의 해답, 하나의 희망입니다. 이 책과 함께 성숙의 길을 걸어갈 한국 교회의 미래가 벌써 성급하게 기다려집니다. 더 나아가 한국 교회 역사의 성과물 중의 하나인 이 책이 다른 열방에도 나누어졌으면 합니다. 이제 우리는 복음에 빚진 자로서 열방을 학문적으로도 섬겨야 하기 때문입니다. 이 책을 한국 교회에 허락하신 우리 주님께 감사와 찬양을 드립니다.

이동원 | 지구촌교회 원로목사

총체적 변화를 가져다줄 영적 선물

교회사를 돌이켜 볼 때, 교회가 위기에 처해 있었다면 결국 강단에서 하나님의 말씀이 제대로 선포되지 못한 데서 그 근본 원인을 찾을 수 있습니다. 영적 분별력이 있는 사람이라면 모두 이에 대해 동의할 것입니다. 사회가 아무리 암울할지라도 강단에서 선포되는 말씀이 살아 있는 한, 교회는 교회로서의 기능이 약화되지 않고 오히려 사회를 선도하고 국민들의 가슴에 희망을 안겨 주었습니다. 백 년 전 영적 부흥이 일어났던 한국의 초대교회가 그 좋은 예입니다. 이러한 영적 부흥은 살아 있는 하나님의 말씀이 강단에서 영적 권위를 가지고 "하나님께서 이렇게 말씀하셨다"라고 선포되었을 때 나타났던 현상입니다.

오늘날에는 날이 갈수록 강단에서 선포되는 말씀이 약화되거나 축소되고 있습니다. 이런 상황 속에서 출간되는 송병현 교수의 〈엑스포지멘터리 시리즈〉는 한국 교회와 전 세계에 흩어진 7백만 한인 디아스포라에게 주는 커다란 영적 선물이 아닐 수 없습니다. 이 시리즈는 하나님의 말씀을 쉽게 이해할 수 있도록 풀이한 것으로, 목회자와 선교사는 물론이고 평신도들의 경건생활과 사역에도 큰 도움이 될 것입니다. 무엇보다도 저는 이 시리즈가 강단에서 원 저자이신 성령님의 의도대로 하나님 나라 복음이 선포되게 하여 믿는 이들에게 총체적 변화(total transformation)를 다시 경험할 수 있는 계기를 마련해 주리라 확신합니다.

송병현 교수는 지금까지 구약학계에서 토의된 학설 중 본문을 석의하는 데 불필요한 내용들은 걸러내는 한편, 철저하게 원 저자가 전하고자 하는 메시지를 현대인들이 가장 잘 이해할 수 있도록 전하고자 부단히 애를 썼습니다. 이 시리즈를 이용하는 모든 이에게 저자의 이런 수고와 노력에 걸맞은 하나님의 축복과 기쁨과 능력이 함께하실 것을 기대하면서 이 시리즈를 적극 추천합니다.

이태웅 | GMTC 초대 원장, 글로벌리더십포커스 원장

주석과 강해의 적절한 조화를 이뤄낸 시리즈

한국 교회는 성경 전체를 속독하는 '성경통독' 운동과 매일 짧은 본문을 읽는 '말씀 묵상'(QT) 운동이 세계 어느 나라 교회보다 활성화되어 있습니다. 얼마나 감사한 일인지 모릅니다. 그러나 상대적으로 책별 성경연구는 심각하게 결핍되어 있는 것이 사실입니다. 때때로 교회 지도자들 중에도 성경해석의 기본이 제대로 갖춰져 있지 않아 성경 저자가 말하려는 의도와 상관없이 본문을 인용해서 자신이 하고 싶은 말을 하는 분들이 적지 않음을 보고 충격을 받은 일도 있습니다. 앞으로 한국 교회가 풀어야 할 과제가 '진정한 말씀의 회복'이라면 이를 위해 가장 중요한 것은 바른 말씀의 세계로 인도해 줄 좋은 주석서와 강해서를 만나는 일일 것입니다.

좋은 주석서는 지금까지 축적된 다른 성경학자들의 연구 결과가 잘 정돈되어 있을 뿐 아니라 저자의 새로운 영적·신학적 통찰이 번뜩이는 책이어야 합니다. 또한 좋은 강해서는 자기 견해를 독자들에게 강요하는(impose) 책이 아니라, 철저한 본문 석의 과정을 거친 후에 추출되는 신학적·사회과학적 연구가 배어 있는 책이어야 할 것이며, 글의 표현이 현학적이지 않은, 독자들에게 친절한 저술이어야 할 것입니다.

그러나 솔직히 말씀드리면, 저는 서점에서 한국인 저자의 주석서나 강해서를 만나면 한참을 망설이다가 내려놓게 됩니다. 또 주석서를 시리즈로 사는 것은 어리석은 행동이라는 말을 신학교 교수들에게 들은 뒤로 여간해서 시리즈로 책을 사지 않습니다. 이는 아마도 풍성한 말씀의 보고(寶庫) 가운데로 이끌어 주는 만족스러운 주석서를 아직까지 발견하지 못했기 때문일 것입니다. 그러나 제가 처음으로 시리즈로 산 한국인 저자의 책이 있는데, 바로 송병현 교수의 〈엑스포지멘터리 시리즈〉입니다.

송병현 교수의 〈엑스포지멘터리 시리즈〉야말로 제가 가졌던 좋은 주석서와 강해서에 대한 모든 염원을 실현해 내고 있습니다. 이 주석서는 분명 한국 교회 목회자들과 평신도 성경 교사들의 고민을 해결해 줄 하나님의 값진 선물입니다. 지금까지 없었던, 주석서와 강해서의 적절한 조화를 이뤄낸 신개념의 해설주석이라는 점도 매우 신선하게 다가옵니다. 또한 쉽고 친절한 글이면서도 우물 깊은 곳에서 퍼 올린 생수와 같은 깊이가 느껴집니다. 이 같은 주석 시리즈가 한국에서 나왔다는 사실에 저는 감격하지 않을 수 없습니다. 이 땅에서 말씀으로 세상에 도전하고자 하는 모든 목회자와 평신도에게 이 주석 시리즈를 적극 추천합니다.

이승장 | 예수마을교회 목사, 성서한국 공동대표

시리즈 서문

“너는 50세까지는 좋은 선생이 되려고 노력하고, 그 이후에는 좋은 저자가 되려고 노력해라.” 내가 미국 시카고 근교에 위치한 트리니티복음주의신학교(Trinity Evangelical Divinity School) 박사 과정을 시작할 즈음에 지금은 고인이 되신 스승 맥코미스키(Thomas E. McComiskey)와 아처(Gleason L. Archer) 두 교수님이 주신 조언이다. 너무 일찍 책을 쓰면 훗날 아쉬움이 많이 남는다며 하신 말씀이었다. 박사 학위를 마치고 1997년에 한국에 들어와 신학대학원에서 가르치기 시작하면서 나는 이 조언을 마음에 새겼다. 사실 이 조언과 상관없이 당시에 곧장 책을 출판하기는 불가능한 일이었다. 중학생이었던 1970년대 중반에 캐나다로 이민 가서 20여 년 만에 귀국해 우리말로 강의하는 일 자체가 그 당시 나에게 매우 큰 도전이었던 만큼, 책을 출판하는 일은 사치로 느껴질 뿐이었다.

세월이 지나 어느덧 선생님들이 말씀하신 쉰 살을 눈앞에 두었다. 1997년에 귀국한 후 지난 10여 년 동안 나는 구약 전체에 대한 강의안을 만드는 일을 목표로 삼았다. 나 자신에게 동기를 부여하기 위해 몸담고 있는 신대원 학생들에게 매 학기 새로운 구약 강해 과목을 개설

해 주었다. 감사한 것은 지혜문헌을 제외한 구약 모든 책의 본문 관찰을 중심으로 한 강의안을 13년 만에 완성할 수 있었다는 점이다. 앞으로 수년에 거쳐 이 강의안들을 대폭 수정해 매년 2-3권씩을 책으로 출판하려 한다. 지혜문헌은 잠시 미루어 두었다. 시편 1권(1-41편)에 대해 강의안을 만든 적이 있는데, 본문 관찰과 주해는 얼마든지 할 수 있었지만 무언가 아쉬움이 남았다. 삶의 연륜이 가미되지 않은 데서 비롯된 부족함이었다. 그래서 지혜문헌에 대한 주석은 예순을 바라볼 때쯤 집필하기로 했다. 삶을 조금 더 경험한 후로 미루어 둔 것이다. 아마도 이 시리즈가 완성될 즈음이면, 자연스럽게 지혜문헌에 대한 책을 출판할 때가 되지 않을까 싶다.

이 시리즈는 설교를 하고 성경 공부를 인도해야 하는 중견 목회자들과 평신도 지도자들을 마음에 두고 집필한 책이다. 나는 이 시리즈의 성향을 'expositmentary'('해설주석')이라고 부르고 싶다. Exposimentary라는 단어는 내가 만든 용어다. 해설/설명을 뜻하는 'expository'라는 단어와 주석을 뜻하는 'commentary'를 합성했다. 대체로 expository는 본문과 별 연관성이 없는 주제와 묵상으로 치우치기 쉽고, commentary는 필요 이상으로 논쟁적이고 기술적일 수 있다는 한계를 의식해 이러한 상황을 의도적으로 피하고 가르치는 사역에 조금이나마 실용적이고 도움이 되는 교재를 만들기 위해 만들어낸 개념이다. 나는 본문의 다양한 요소와 이슈들에 대해 정확하게 석의하면서도 전후 문맥과 책 전체의 문형(文形, literary shape)을 최대한 고려해 텍스트의 의미를 설명하고 우리 삶과 연결하고자 노력했다. 또한 히브리어 사용은 최소화했다.

이 시리즈를 내놓으면서 감사할 사람이 참 많다. 먼저, 지난 25년 동안 내 인생의 동반자가 되어 아낌없는 후원과 격려를 해 준 아내 임우민에게 감사한다. 아내를 생각할 때마다 참으로 현숙한 여인(cf. 잠 31:10-31)을 배필로 주신 하나님께 감사할 뿐이다. 아빠의 사역을 기도와 격려로 도와준 지혜, 은혜, 한빛에게도 고마운 마음을 표한다. 평생

기도와 후원을 아끼지 않는 친가와 처가 친척들에게도 감사하다는 말을 전하고 싶다. 항상 옆에서 돕고 격려해 주는 평생 친구 장병환·윤인옥 부부에게도 고마움을 표하며, 시카고 유학 시절에 큰 힘이 되어 주신 이선구 장로·최화자 권사님 부부에게도 이 자리를 빌려 평생 빚진 마음을 표하고 싶다. 우리 가족이 20여 년 만에 귀국해 정착할 수 있도록 배려를 아끼지 않으신 백석학원 설립자 장종현 목사님에게도 감사드린다. 우리 부부의 영원한 담임 목자이신 이동원 목사님에게도 고마움을 표하고 싶다.

2009년 겨울 방배동에서

감사의 글

스타선교회의 사역에 물심양면으로 헌신하여 오늘도 하나님의 말씀이 온 세상에 선포되는 일에 기쁜 마음으로 동참하시는 김형국, 백영걸, 정진성, 장병환, 임우민, 정채훈, 송은혜, 강숙희 이사님들께 감사의 마음을 전하고 싶습니다. 이사님들의 헌신이 있기에 세상은 조금 더 살맛나는 곳이 되고 있습니다.

2016년 여름이 시작된 방배동에서

일러두기

엑스포지멘터리(exposimentary)는 '해설/설명'을 뜻하는 엑스포지토리(expository)와 '주석'을 뜻하는 코멘터리(commentary)를 합성한 단어다. 본문의 뜻과 저자의 의도와는 별 연관성이 없는 주제와 묵상으로 치우치기 쉬운 엑스포지토리(expository)의 한계와 필요 이상으로 논쟁적이고 기술적일 수 있는 코멘터리(commentary)의 한계를 극복해 목회 현장에서 가르치고 선포하는 사역에 실질적으로 도움을 주는 새로운 장르다. 본문의 다양한 요소와 이슈에 대해 정확하게 석의하면서도 전후 문맥과 책 전체의 문형(文形, literary shape)을 최대한 고려해 텍스트의 의미를 설명하고 성도의 삶과 연결하고자 노력하는 설명서다. 엑스포지멘터리는 다음과 같은 원칙을 바탕으로 인용한 정보를 표기한다.

1. 참고문헌을 모두 표기하지 않고 선별된 참고문헌으로 대신한다.
2. 출처를 표기할 때 각주(foot note) 처리는 하지 않는다.
3. 출처는 괄호 안에 표기하되 페이지는 밝히지 않는다.
4. 여러 학자가 동일하게 해석할 때는 모든 학자를 표기하지 않고 일부만 표기한다.

5. 한 출처를 인용해 설명할 때 설명이 길어지더라도 문장마다 출처를 표기하지 않는다.

주석은 목적과 주된 대상에 따라 인용하는 정보의 출처와 참고문헌 표기가 매우 탄력적으로 제시되는 장르다. 참고문헌 없이 출판되는 주석도 있고, 각주가 전혀 없이 출판되는 주석도 있다. 또한 각주와 참고문헌 없이 출판되는 주석도 있다. 엑스포지멘터리 시리즈는 이 같은 장르의 탄력적인 성향을 고려해 제작된 주석이다.

선별된 약어표

개역	개역한글판
개역개정	개역개정판
공동	공동번역
새번역	표준새번역 개정판
현대	현대인의 성경
아가페	아가페 쉬운성경
BHK	Biblica Hebraica Kittel
BHS	Biblica Hebraica Stuttgartensia
ESV	English Standard Version
CSB	Nashville: Broadman & Holman, Christian Standard Bible
KJV	King James Version
LXX	칠십인역(Septuaginta)
MT	마소라 사본
NAB	New American Bible
NAS	New American Standard Bible
NEB	New English Bible

NIV	New International Version
NRS	New Revised Standard Bible
TNK	Jewish Publication Society Tanakh
TNIV	Today's New International Version
AAR	American Academy of Religion
AB	Anchor Bible
ABD	The Anchor Bible Dictionary
ABRL	Anchor Bible Reference Library
ACCS	Ancient Christian Commentary on Scripture
AJSL	American Journal of Semitic Languages and Literature
ANET	J. B. Pritchard, ed., The Ancient Near Eastern Texts Relating to the Old Testament. 3rd. ed. Princeton: Princeton University Press, 1969.
ANETS	Ancient Near Eastern Texts and Studies
AOTC	Abingdon Old Testament Commentary
ASORDS	American Schools of Oriental Research Dissertation Series
BA	Biblical Archaeologist
BAR	Biblical Archaeology Review
BASOR	Bulletin of the American Schools of Oriental Research
BBR	Bulletin for Biblical Research
BCBC	Believers Church Bible Commentary
BDB	F. Brown, S. R. Driver & C. A. Briggs, A Hebrew and English Lexicon of the Old Testament. Oxford: Clarendon Press, 1907.
BETL	Bibliotheca Ephemeridum Theoloicarum Lovaniensium
BibOr	Biblia et Orientalia
BibSac	Bibliotheca Sacra

BibInt	Biblical Interpretation
BJRL	Bulletin of the John Rylands Library
BJS	Brown Judaic Studies
BLS	Bible and Literature Series
BN	Biblische Notizen
BO	Berit Olam: Studies in Hebrew Narrative & Poetry
BR	Bible Review
BRS	The Biblical Relevancy Series
BSC	Bible Student Commentary
BT	The Bible Today
BTCB	Brazos Theological Commentary on the Bible
BV	Biblical Viewpoint
BZAW	Beihefte zur Zeitschrift für die alttestamentliche Wissenschaft
CAD	Chicago Assyrian Dictionary
CBC	Cambridge Bible Commentary
CBSC	Cambridge Bible for Schools and Colleges
CBQ	Catholic Biblical Quarterly
CBQMS	Catholic Biblical Quarterly Monograph Series
CB	Communicator's Bible
CHANE	Culture and History of the Ancient Near East
DSB	Daily Study Bible
EBC	Expositor's Bible Commentary
ECC	Eerdmans Critical Commentary
EncJud	Encyclopedia Judaica
EvJ	Evangelical Journal
EvQ	Evangelical Quarterly
ET	Expository Times

ETL	Ephemerides Theologicae Lovanienses
FOTL	Forms of Old Testament Literature
GCA	Gratz College Annual of Jewish Studies
GKC	E. Kautszch and A. E. Cowley, Gesenius' Hebrew Grammar. Second English edition. Oxford: Clarendon Press, 1910.
GTJ	Grace Theological Journal
HALOT	L. Koehler and W. Baumgartner, The Hebrew and Aramaic Lexicon of the Old Testament. Trans. by M. E. J. Richardson. Leiden: E. J. Brill, 1994–2000.
HBT	Horizon in Biblical Theology
HSM	Harvard Semitic Monographs
HOTC	Holman Old Testament Commentary
HUCA	Hebrew Union College Annual
IB	Interpreter's Bible
ICC	International Critical Commentary
IDB	Interpreter's Dictionary of the Bible
ISBE	G. W. Bromiley (ed.), The International Standard Bible Encyclopedia. 4 vols. Grand Rapids: 1979–88.
ITC	International Theological Commentary
J–M	P. Joüon–T. Muraoka, A Grammar of Biblical Hebrew. Part One: Orthography and Phonetics. Part Two: Morphology. Part Three: Syntax. Subsidia Biblica 14/I–II. Rome: Editrice Pontificio Istituto Biblico, 1991.
JAAR	Journal of the American Academy of Religion
JANES	Journal of Ancient Near Eastern Society
JNES	Journal of Near Eastern Studies

JBL	Journal of Biblical Literature
JBQ	Jewish Bible Quarterly
JJS	Journal of Jewish Studies
JSJ	Journal for the Study of Judaism
JNES	Journal of Near Eastern Studies
JSOT	Journal for the Study of the Old Testament
JSOTSup	Journal for the Study of the Old Testament Supplement Series
JPSTC	JPS Torah Commentary
LCBI	Literary Currents in Biblical Interpretation
MHUC	Monographs of the Hebrew Union College
MJT	Midwestern Journal of Theology
MOT	Mastering the Old Testament
MSG	Mercer Student Guide
NAC	New American Commentary
NCB	New Century Bible Commentary
NCBC	New Collegeville Bible Commentary
NEAEHL	E. Stern (ed.), The New Encyclopedia of Archaeological Excavations in the Holy Land. 4 vols. Jerusalem: Israel Exploration Society & Carta, 1993.
NIB	New Interpreter's Bible
NIBC	New International Biblical Commentary
NICOT	New International Commentary on the Old Testament
NIDOTTE	W. A. Van Gemeren, ed., The New International Dictionary of Old Testament Theology and Exegesis. Grand Rapids: Zondervan, 1996.
NIVAC	New International Version Application Commentary

OBC	Oxford Bible Commentary
Or	Orientalia
OTA	Old Testament Abstracts
OTE	Old Testament Essays
OTG	Old Testament Guides
OTL	Old Testament Library
OTM	Old Testament Message
OTS	Oudtestamentische Studiën
OTWSA	Ou–Testamentiese Werkgemeenskap in Suid–Afrika
PBC	People's Bible Commentary
PEQ	Palestine Exploration Quarterly
PSB	Princeton Seminary Bulletin
RevExp	Review and Expositor
RTR	Reformed Theological Review
SBJT	Southern Baptist Journal of Theology
SBLDS	Society of Biblical Literature Dissertation Series
SBLMS	Society of Biblical Literature Monograph Series
SBLSymS	Society of Biblical Literature Symposium Series
SHBC	Smyth & Helwys Bible Commentary
SJOT	Scandinavian Journal of the Old Testament
SJT	Scottish Journal of Theology
SSN	Studia Semitica Neerlandica
TBC	Torch Bible Commentary
TynBul	Tyndale Bulletin
TD	Theology Digest
TDOT	G. J. Botterweck and H. Ringgren (eds.), Theological Dictionary of the Old Testament. Vol. I–. Grand Rapids:

	Eerdmans, 1974–.
TGUOS	Transactions of the Glasgow University Oriental Society
THAT	Theologisches Handwörterbuch zum Alten Testament. 2 vols. Munich: Chr. Kaiser, 1971–1976.
TJ	Trinity Journal
TOTC	Tyndale Old Testament Commentaries
TS	Theological Studies
TWAT	Theologisches Wörterbuch zum Alten Testament. Stuttgart: W. Kohlhammer, 1970–.
TWBC	The Westminster Bible Companion
TWOT	R. L. Harris, G. L. Archer, Jr., and B. K. Waltke (eds.), Theological Wordbook of the Old Testament, 2 vols. Chicago: Moody, 1980.
TZ	Theologische Zeitschrift
UBT	Understanding Biblical Themes
VT	Vetus Testament
VTSup	Vetus Testament Supplement Series
W–O	B. K. Waltke and M. O'Connor, An Introduction to Biblical Hebrew Syntax. Winona Lake: Eisenbrauns, 1990.
WBC	Word Biblical Commentary
WBCom	Westminster Bible Companion
WCS	Welwyn Commentary Series
WEC	Wycliffe Exegetical Commentary
WTJ	The Westminster Theological Journal
ZAW	Zeitschrift für die alttestamentliche Wissenschaft

차례

선별된 참고문헌

(Select Bibliography)

Aalders, G. Ch. "The Book of Daniel: Its Trustworthiness and Prophetic Character." EQ 2 (1930): 242–54.

Allen, S. "On Schedl's Attempt to Count the Days of Daniel." AUSS 4(1966): 105–06.

Anderson, R. A. *Daniel: Signs and Wonders*. ITC. Grand Rapids: Wm. B. Eerdmans, 1984.

Archer, G. L. "Daniel." Pp. 3–157 in *The Expositor's Bible Commentary*, vol. 7.Ed. by F. E. Gaebelein. Grand Rapids: Zondervan, 1985.

______. "Modern Rationalism and the Book of Daniel." BibSac 136 (1979): 129–47.

Armerding, C. "Daniel 12:1–3: Asleep in the Dust." BibSac 121 (1964): 153–58.

Arnold, B. T. "Wordplay and Narrative Techniques in Daniel 5 and 6." JBL 112 (1993): 179–94.

Avalos, H. I. "The Comedic Function of the Enumerations of Officials and Instruments in Daniel 3." CBQ 53 (1991): 580–88.

Bailey, D. P. "The Intertextual Relationship of Daniel 12:2 and Isaiah 26:19: Evidence from Qumran and the Greek Versions." TynBul 51 (2000): 305–08.

Baldwin, J. G. *Daniel.* TOTC. Leicester: InterVarsity Press, 1978.

______. "Some Literary Affinities of the Book of Daniel." TynBul 30 (1979): 77–99.

Barr, J. "Jewish Apocalyptic in Recent Research." BJRL 58 (1975): 9–35.

Barton, J.; D. J. Reimer, eds. *After the Exile.* Macon, GA: Mercer University Press, 1996.

Beale, G. K. "The Danielic Background for Revelation 13–18 and 17:9." TynBul 31 (1980): 163–170.

______. "The Influence of Daniel upon the Structure and Theology of John's Apocalypse." JETS 27 (1984): 413–23.

Beasley–Murray, G. R. "The Interpretation of Daniel 7." CBQ 45 (1983): 44–58.

Beaulieu, P. A. *The Reign of Nabonidus King of Babylon 556-539 B.C.* New Haven, CT: Yale University Press, 1989.

Beckwith, R. T. "Daniel 9 and the Date of Messiah's Coming in Essence, Hellenistic, Pharisaic, Zealot and Early Christian Computation." Revue de Qumran 40 (1981): 521–42.

______. "Early Traces of the Book of Daniel." TynBul 53 (2002): 75–82.

Berquist, J. L. *Judaism in Persia's Shadow: A Social and Historical Approach.* Minneapolis: Fortress, 1995.

Bevan, A. A. *A Shor Commentary on the Book of Daniel.* Cambridge: Cambridge University Press, 1892.

Braverman, J. *Jerome's Commentary on Daniel: A Study of Comparative Jewish & Christian Interpretations of the Hebrew Bible.* CBQMS

Washington: Catholic Biblical Association of America, 1978.

Brewer, D. I. "Mene Mene Teqel Uparsin: Daniel 5:25 in Cuneiform." TynBul 42 (1991): 310–16.

Bright, J. *A History of Israel*, 3rd ed. London: SCM Press, 1980.

Bruce, F. F. "Daniel's First Verse." BS 21 (1950): 70–78.

______. "Josephus and Daniel." ASTI 4 (1965): 148–62.

Bryan, D. Cosmos, Chaos and the Kosher Mentality. JSOTSup. Sheffield: Sheffield Academic Press, 1995.

Buchanan, G. W. *To The Hebrews*. Garden City, NY: Doubleday, 1972.

Bulman, J. M. "The Identification of Darius the Mede." WTJ 35 (1973): 247–67.

Calvin, J. *Daniel*. Edinburgh: Banner of Truth, 1966.

Campbell, D. K. *Daniel: Decoder of Dreams*. Wheaton: Victor Books, 1977.

Caragounis, C. C. "The Interpretation of the Ten Horns of Daniel 7." Ephemerides Theologicae Louvanienses 63 (1987): 106–12.

______. History and Supra–History: Daniel and the Four Empires." Pp. 387–97 in *The Book of Daniel in the Light of New Findings*. Ed. by A. S. van der Woude. Leuven: University Press, 1993.

Casey, P. M. "Porphyry and the Origin of the Book of Daniel." JTS 27 (1976): 15–33.

______. *Son of Man: The Interpretation and Influence of Daniel 7*. London: SPCK Press, 1979.

Charles, R. H. *A Critical and Exegetical Commentary on the Book of Daniel*. Oxford: Clarendon, 1929.

Clermont–Ganneau, C. "Mene, Tekel, Peres and the Feast of Belshazzar." Trans. by R. W. Rogers. Hebraica 3 (1887): 87–102.

Colless, B. E. "Cyrus the Persian as Darius the Mede in the Book of Daniel." JSOT 56 (1982): 113–26.

Collins, J. J. *Daniel*. Hermeneia. Philadelphia: Fortress, 1993.

______. "The Court Tales in Daniel and the Development of Apocalyptic." JBL 94 (1975): 218–234.

______. *The Apocalyptic Vision of the Book of Daniel*. HSM. Missoula, MO: Scholars Press, 1977.

______. *Daniel with an Introduction to Apocalyptic Literature*. FOTL. Grand Rapids: Wm. B. Eerdmans, 1984.

Collins, J. J.; J. H. Charlsworth, eds. *Mysteries and Revelations*. JSOTSUP. Sheffield: JSOT Press, 1991.

Cook, E. M. "In the Plain of the Wall." JBL 108 (1989): 115–16.

Cook, S. L. *Prophecy and Apocalypticism: The Postexilic Social Setting*. Minneapolis, MN: Fortress, 1995.

Cowley, A. E. *Aramaic Papyri of the Fifth Century B. C.* Oxford: Clarendon Press, 1923.

Coxon, P. W. "Greek Loan-Words and Alleged Greek Loan Translations in the Book of Daniel." TGUOS 25 (1973): 24–40.

______. "Daniel III 17: A Linguistic and Theological Problem." VT 26 (1976): 400–409.

______. "The 'List' Genre and Narrative Style in the Court Tales of Daniel." JSOT 35 (1986): 95–121.

Cross,

Culver, R. D. *Daniel and the latter Days*. Chicago: Moody Press, 1977.

Dalley, S. *Myths from Mesopotamia*. Oxford: Oxford University Press, 1992.

Davies, P. R. *Daniel*. OTG. Sheffield: JSOT Press, 1993.

______. "Daniel Chapter Two." JTS. 27 (1976): 392–401.

______. *Daniel.* Sheffield: JSOT Press, 1985.

______. "Eschatology in the Book of Daniel." JTS 17 (1980): 33–53.

Day, J. "The Daniel of Ugarit and Ezekiel and the Hero of the Book of Daniel." VT 30 (1980): 174–84.

Delcor, M. *Le livre de Daniel.* Paris: Gabalda, 1971.

Di Lella, A. A. "Daniel 4:7–14: Poetic Analysis and Biblical Background." Pp. 247–58 in *Mélanges Biblicques et Orientaux en l'Honneur de M. Henri Cazelles.* Kevelaer: Butzon & Bercker, 1981.

______. "Strophic Structure and Poetic Analysis of Daniel 2:20–23, 3:31–33, and 6:26b–28." Pp. 91–96 in *Studia Hierosolymitana Ill: Nell'ottavo centenario Francescano (1182-1982).* Ed. by G. C. Bottini. Jerusalem: Franciscan Printing Press, 1982.

Di Tommaso, L. *The Book of Daniel and the Apocryphal Daniel Literature.* Leiden: Brill, 2005.

Dougherty, R. P. *Nabonidus and Belshazzar.* New Haven, CT: Yale University, 1929.

Dressler, H. H. P. "The Identification of the Ugarit Dnil with the Daniel of Ezekiel." VT 29 (1979): 152–61.

Driver, S. R. *The Book of Daniel.* CBC. Cambridge: Cambridge University Press, 1900.

Dunn, J. D. G. "Son of God" as "Son of Man" in the Dead Sea Scrolls? A Response to John Collins on 4Q246." Pp. 198–210 in *The Scrolls and the Scriptures: Qumran Fifty Years After.* Eds. by S. E. Porter and C. A. Evans. Sheffield: Sheffield Academic Press, 1997.

Dyer, C. H. "The Musical Instruments in Daniel 3." BibSac. 157 (1990):

426–36.

Eitan, I. "Some Philological Observations in Daniel." HUCA 14 (1939): 13–22.

Emerton, J. A. "The Origin of the Son of Man Imagery." JTS 9 (1958): 225–242.

_____. "The Participles in Daniel v. 12" ZAW 72 (1960): 262–63.

Ellisa, M. de J. "Observations on Mesopotamian Oracles and Prophetic Texts." JCS 41 (1989): 127–86.

Ellison, H. L. *Men Spake from God*. 2nd ed. Exeter: Paternoster Press, 1958.

Ewald, H. *Commentary on the Prophets of the Old Testament 5*. Trans. by J. F. Smith. London: Williams & Norgate, 1881.

Feinberg, P. D. "An Exegetical and Theological Study of Daniel 9:24–27." Pp. 189–220 in *Tradition & Testament. Essays in Honor of Charles Lee Feinberg*. Eds. by J. S. Feinberg and P. D. Feinberg. Chicago: Moody Press, 1981.

Ferch, A. J. "Daniel 7 and Ugarit: A Reconsideration." JBL 99 (1980): 75–86.

_____. "The Book of Daniel and the 'Maccabean Thesis'." AUSS 21 (1983): 129–41.

Ferguson, P. "Nebuchadnezzar, Gilgamesh, and the 'Babylonian Job.'" JETS 37 (1994): 321–31.

Ferguson, S. B. *Daniel*. CC. Waco, Tex.: Word, 1988.

Fewell, D. N. *Circle of Sovereignty: A Story of Stories in Daniel 1-6*. Sheffield: Almond Press, 1988.

Fitzmyer, J. A. *A Wandering Aramean: Collected Aramaic Essays*. Missoula, MO: Scholars Press, 1979.

Flusser, D. "The Four Empires in the Fourth Sibyl and in the Book of Daniel." IOS 2 (1972): 148–75.

Fox, D. E. "Ben Sira on OT Canon Again: The Date of Daniel." WTJ 49 (1987): 335–50.

Freedman, D. N. "The Prayer of Nabonidus." BASOR 145 (1957): 31–32.

Frye, R. N. *The Heritage of Persia*. London: Weidenfeld, 1962.

Gammie, J. G. *Daniel*. Atlanta, GA: John–Knox Press, 1983.

______. "The Classification, Stages of Growth, and Changing Intentions of the Book of Daniel." JBL 95 (1976): 191–204.

Gardner, A. E. "The Great Sea of Dan. VII 2." VT 49 (1999): 412–15.

______. "Daniel 7,2–24: Another Look at Its Mythic Pattern." Biblica 82 (2001): 244–252.

Gentry, P. J. "Daniel's Seventy Weeks and the New Exodus." SBJT 14 (2010): 26–44.

Ginsberg, H. L. *Studies in Daniel*. New York: Jewish Theological Seminary of America, 1948.

Goldingay, J. E. "The Book of Daniel: Three Issues." Themelios. 2.2 (1977): 45–49.

______. *Daniel*. WBC. Waco, Tex.: Word, 1989.

______. "Story, Vision, Interpretation: Literary Approaches to Daniel." Pp. 295–313 in *The Book of Daniel*. Ed. by A. S. van der Woude. Leuven: Leuven University Press, 1993.

Gooding, D. W. "The Literary Structure of the Book of Daniel and Its Implications." TynBul 32 (1981): 43–79.

Gowan, D. E. *Daniel*. AOTC. Nashville: Abingdon Press, 2001.

Grabbe, L. L. "Another Look at the Gestalt of 'Darius the Mede'." CBQ

50 (1988): 198–213.

______. "The Belshazzar of Daniel and the Belshazzar of History." AUSS 26 (1988): 59–66.

Grayson, A. K. *Assyrian and Babylonian Chronicles*. Locust Valley, NY: Augustin, 1975.

Greenfield, J. C. "Early Aramaic Poetry." JANES 11 (1979): 45–51.

Gurney, R. J. M. "The Four Kingdoms of Daniel 2 and 7." Themelios 2 (1977): 39–45.

______. "The Seventy Weeks of Daniel 9:24–27." EQ 53 (1981): 29–36.

______. *God in Control: An Exposition of the Prophecies of the Book of Daniel*. Worthing: H. E. Walter Ltd., 1980.

Hall, R. G. *Revealed Histories: Techniques for Ancient Jewish and Christian Historiography*. JSOTSup. Sheffield: Sheffield Academic Press, 1991.

Hammer, R. *The Book of Daniel*. CBC. Cambridge: Cambridge University Press, 1976.

Hanson, P. D. *The Dawn of Apocalyptic*. Minneapolis, MN: Fortress, 1979.

Harper, G. G. "The Theological and Exegetical Significance of Leviticus as Intertext in Daniel 9." JESOT 4 (2015): 39–61.

Harrington, D. J. *Invitation to the Apocrypha*. Grand Rapids: Wm. B. Eerdmans, 1999.

Harrison, R. K. *Introduction to the Old Testament*. Grand Rapids: Wm. B. Eerdmans, 1970.

Hartman, L. P.; A. A. Di Lella *The Book of Daniel*. AB. New York: Doubleday, 1978.

Hasel, G. F. "The Book of Daniel: Evidences Relating to Persons and

Chronology." AUSS 19 (1981): 47–49.

______. "The Identity of 'the Saints of the Most High' in Daniel 7." Biblica 56 (1975): 173–92.

______. "Resurrection in the Theology of Old Testament Apocalyptic." ZAW 92 (1980): 267–84.

______. "First and Third Years of Belshazzar: Dan 7:1; 8:1." AUSS 15 (1977): 153–68.

______. "The Book of Daniel and Matters of Language: Evidences Relating to Names, Words, and the Aramaic Language." AUSS 19 (1981): 211–25.

Haydon, R. "The 'Seventy Sevens' (Daniel 9:24) in Light of Heptadic Themes in Qumran." JESOT 3 (2014): 203–14.

Hayes, J. H.; J. M. Miller, eds. *Israelite & Judean History*. London: SCM Press, 1977.

Heaton, E. *Daniel*. TBC. London: SCM Press, 1956.

Henze, M. *The Madness of King Nebuchadnezzar: The Ancient Near Eastern Origins and Early History of Interpretation of Daniel*. Leiden: Brill, 1999.

Huey, F. B. *Ezekiel, Daniel*. LBBC. Nashville, TN: Broadman, 1983.

Humphreys, W. L. "A Life-Style for Diaspora: A Study of the Tales of Esther and Daniel." JBL 92 (1973): 211–23.

Jeasonne, S. P. *The Old Greek Translation of Daniel 7-12*. CBQMS Washington, DC: Catholic Biblical Association, 1988.

Jeffery, A. "The Book of Daniel." Pp. 339–549 in *Interpreter's Bible*, vol. 6. Nashville, TN: Abingdon Press, 1956.

Jones, B. W. "The Prayer in Daniel IX." VT 18 (1968): 488–93.

Keil, C. F.; F. Delitzsch. *Ezekiel, Daniel: Commentary on the Old*

Testament. Grand Rapids: Wm. B. Eerdmans, 1991.

Kelso, J. L. *The Ceramic Vocabulary of the Old Testament*. BASORSup. New Haven: American Schools of Oriental Research, 1948.

Kitchen, K. A. "The Aramaic of Daniel." Pp. 31–79 in *Notes on Some Problems in the Book of Daniel*. Eds. by D. J. T. Wiseman et al. London: Tyndale Publishers, 1965.

Kline, M. G. "Covenant of the Seventieth Week." Pp. 452–69 in *In the Law and the Prophets: Old Testament Studies in Honor of Oswald T. Allis*. Ed. by J. H. Skilton. Presbyterian & Reformed, 1974.

Knowles, L. E. "The Interpretation of the Seventy Weeks of Daniel in the Early Fathers." WTJ 7 (1945): 136–60.

Koch, K. *The Rediscovery of Apocalyptic*. London: SCM Press, 1972.

_____. "Is Daniel Also Among the Prophets?" Interpretation 39 (1985): 117–30.

Kraeling, E. G. "The Handwriting on the Wall." JBL 63 (1944): 11–18.

Kvanvig, H. S. *The Roots of Apocalyptic: The Mesopotamian Background of the Enoch Figure and of the Son of Man*. Neukirchen–Vluyn: Neukirchnener Verlag, 1988.

Laato, A. "The Seventy Yearweeks in the Book of Daniel." ZAW 102 (1990): 212–225.

Lacocque, A. *The Book of Daniel*. Trans. by D. Pellauer. London: SPCK Press, 1979.

_____. "The Liturgical Prayer in Daniel 9." HUCA 47 (1976): 119–42.

Lambert, W. G. *The Background of Jewish Apocalyptic*. London: Athlone, 1978.

LaSor, W.; D. Hubbard; F. Bush. *Old Testament Survey*, 2d ed. Grand Rapids: Eerdmans, 1996.

Lederach, P. M. *Daniel*. BCBC. Scottdale, PA: Herald Press, 1994.

Leichty, E. The Omen Series Shumma Izbu. Locust Valley, NY: Augustin Publishers, 1970.

Lemcio, E. E. "'Son of Man', 'Pitiable Man', 'Rejected Man': Equivalent Expressions of the Old Greek of Daniel." TynBul 56 (2005): 43–60.

Leupold, H. C. *Exposition of Daniel*. Grand Rapids: Baker Book House, 1969.

Longman, T. *Daniel*. NIVNAC. Grand Rapids: Zondervan, 1999.

______. *Fictional Akkadian Autobiography: A Generic and Comparative Study*. Winona Lake, IN: Eisenbrauns, 1991.

Lucas, E. C. *Daniel*. Apollos. Downers Grove, IL: InterVarsity Press, 2002.

______. "The Origin of Daniel's Four Empires Scheme Re-Examined." TynBul 40 (1989): 185–202.

______. "The Source of Daniel's Animal Imagery." TynBul 41 (1990): 161–85.

______. *Decoding Daniel: Reclaiming the Visions of Daniel 7-11*. Cambridge: Grove Publishers, 2000.

Lurie, D. H. "A New Interpretation of Daniel's 'Sevens' and the Chronology of the Seventy 'Sevens.'" JETS 33 (1990): 303–309.

McClain, A. *Daniel's Prophecy of the 70 Weeks*. Grand Rapids: Zondervan Publishers, 1940.

McComiskey, T. E. "The Seventy 'Weeks' of Daniel against the Background of Ancient Near Eastern Literature." WTJ 47 (1985): 18–45.

McFall, L. "Do the Sixty-Nine Weeks of Daniel Date the Messianic

Mission of Nehemiah or Jesus?" JETS 52 (2009): 673–718.

McLain, C. E. "Daniel's Prayer in Chapter 9." DBSJ 9 (2004): 265–301.

McLay, R. T. "The Old Greek Translation of Daniel iv–vi and the Formation of the Book of Daniel." VT 55 (2005): 304–23.

Mercer, M. K. "Daniel 1:1 and Jehoiakim's Three Years of Servitude." AUSS 27 (1989): 179–92.

______. "The Benefactions of Antiochus IV Epiphanes and Daniel 11:37–38: An Exegetical Note." MSJ 12 (2001): 89–93.

Metzger, B. M. *An Introduction to the Apocrypha*. Oxford: Oxford University Press, 1977.

Millard, A. R. "Daniel 1–6 and History." EvQ 49 (1977): 67–73.

______. "Daniel in Babylon: An Accurate Record?" Pp. 263–80 in *Do Historical Matters Matter to Faith?* Eds. by J. K. Hoffmeier and D. R. Magary. Wheaton, IL: Crossway, 2012.

Miller, S. R. *Daniel*. NAC. Nashville: Broadman & Holman, 1994.

Mitchell, T. C. "The Music of the Old Testament Reconsidered." PEQ 124 (1992): 124–43.

______. "Shared Vocabulary in the Pentateuch and the Book of Daniel." Pp. 131–41 in *He Swore an Oath*. Ed. by R. S. Hess, P. E. Satterhwaite, and G. J. Wenham. Cambridge: Tyndale House, 1993.

Montgomery, J. A. *Daniel*. ICC. Edinburgh: T & T Clark, 1927.

Moore, C. A. *Daniel, Esther, and Jeremiah: The Additions*. AB. New York: Doubleday, 1977.

Mosca, P. "Ugarit and Daniel 7: A Missing Link." Biblica 67 (1986): 496–517.

Mørkholm, O. *Antiochus IV of Syria*. Copenhagen: Gyldendalske Boghandel, 1966.

Newman, R. C. "Daniel's Seventy Weeks and the Old Testament Sabbath–Year Cycle." JETS 16 (1973): 229–234.

Nickelsburg, G. W. F. "Social Aspects of Palestinian Jewish Apocalyptism." Pp. 641–54 in *Apocalypticism in the Mediterranean World and the Near East*. Ed. by D. Hellholm. Tübingen: Mohr, 1983.

Niditch, S. *The Symbolic Vision in Biblical Tradition*. Missoula, MO: Scholars Press, 1983.

Noth, M. "The Holy Ones of the Most High." Pp. 215–28 in *The Laws in the Pentateuch and Other Studies*. London: SCM Press, 1966.

Olmstead, A. T. *History of the Persian Empire*. Chicago: University of Chicago Press, 1948.

Oppenheim, A. L. *The Interpretation of Dreams in the Ancient Near East*. Philadelphia: American Philosophical Society, 1956.

______. *Ancient Mesopotamia*. Chicago: University of Chicago Press, 1977.

Ozanne, C. G. "Three Textual Problems in Daniel." JTS 16 (1965): 445–448.

Parpola, S. *Assyrian Prophecies*. Helsinki: Helsinki University Press, 1997.

Parry, J. T. "Desolation of the Temple and Messianic Enthronement in Daniel 11:36–12:3." JETS 54 (2011): 485–526.

Patterson, R. D. "Holding on to Daniel's Court Tales." JETS 36 (1993): 445–54.

Payne, J. B. *The Theology of the Older Testament*. Grand Rapids: Zondervan Publishers, 1982.

Pfandl, G. "Interpretations of the Kingdom of God in Daniel 2:44." AUSS 34 (1996): 249–268.

Pierce, R. W. "Spiritual Failure, Postponement, And Daniel 9." TJ 10 (1989): 211–22.

Porteus, N. *Daniel*. OTL. London: SCM Press, 1979.

Porter, P. A. *Metaphors and Monsters: A Further Literary Critical Study of Daniel 7 and 8*. CBQMS Lund: Gleerup, 1983.

Porton, G. G. "Defining Midrash." Pp. 55–92 in *The Study of Ancient Judaism*. Ed. by J. Neusner. New York: Ktav, 1981.

Poythress, V. S. "The Holy Ones of the Most High in Daniel VII." VT 26 (1976): 208–213.

______. "Hermeneutical Factors in Determining the Beginning of the Seventy Weeks (Dan. 9:25)." TJ 6 (1985): 131–49.

Prinsloo, G. T. M. "Tow Poems in a Sea of Prose: The Content and Context of Daniel 2.20–23 and 6.27–28." JSOT 59 (1993): 93–108.

Redditt, P. L. *Daniel*. NCBC. Sheffield: Sheffield Academic Press, 1999.

______. "Daniel 11 and the Sociohistorical Setting of the Book of Daniel." CBQ 60 (1998): 463–74.

______. "Daniel 9: Its Structure and Meaning." CBQ 62 (2000): 236–49.

Reid, D. G. "Principalities and Powers." Pp. 746–52 in Dictionary of Paul and His Letters. Ed. by G. F. Hawthorne et al. Downers Grove, IL: InterVarsity Press, 1993.

Roaf, M. *Cultural Atlas of Mesopotamia and the Ancient Near East*. New York: Facts on File, 1990.

Rosscup, J. E. "Prayer Related to Prophecy in Daniel 9." MSJ 3 (1992): 47–72.

Rowland, C. *The Open Heaven*. London: SPCK Press, 1982.

Rowley, H. H. *Darius the Mede and the Four World Empires in the Book of Daniel*. Cardiff: University of Wales Press, 1935.

______. "The Unity of the Book of Daniel." Pp. 237–68 in idem., *The Servant of the Lord and Other Essays*. London: Lutterworth, 1952.

______. "The Composition of the Book of Daniel." VT 5 (1955): 272–76.

Russell, D. S. *Daniel*. DSB. Edinburgh: Saint Andrew Press, 1981.

______. Daniel: An Active Volcano. Edinburgh: Saint Andrew Press, 1989.

Ryken, L.; J. C. Wilhoit; T. Longman, eds. *Dictionary of Biblical Imagery*. Downers Grove, IL: InterVarsity Press, 1998.

Sakenfeld, K. D. *The Meaning of Hesed in the Hebrew Bible: A New Inquiry*. Missoula, MO: Scholars Press, 1978.

Sanders, E. P. "The Genre of Palestinian Jewish Apocalypses." Pp. 447–59 in *Apocalypticism in the Mediterranean World and the Near East*. Ed. by D. Hellholm. Tübingen: Mohr, 1983.

Scott, R. B. Y. "Behold He Cometh with Clouds." NTS 5(1959): 127–32.

Segert, S. "Poetic Structures in the Hebrew Sections of the Book of Daniel." Pp. 261–75 in *Solving Riddles and Untying Knots: Biblical, Epigrahic, and Semitic Studies in Honor of Jonas C. Greenfield*. Eds. by Z. Zevit, S. Gitin, and M. Sokolofin. Winona Lake, IN: Eisenbrauns, 1995.

______. "Aramaic Poetry in the Old Testament [in Dan 2–7]." Archiv

Orientalini. 70 (2002): 65–79.

Seow, C. L. *Daniel*. WBCom. Louisville: Westminster/Knox, 2003.

Shea, W. H. "Darius the Mede: An Update." AUSS 20 (1982): 229–47.

______. "Poetic Relations of the Time Periods in Dan. 9:25." AUSS 18 (1980): 59–63.

______. "Darius the Mede in His Persian–Babylonian Setting." AUSS 29 (1991): 235–57.

Silberman, L. H. "Unriddling the Riddle." RevQ 3 (1961–2): 323–64.

Smith–Christopher, D. L. "The Book of Daniel: Introduction, Commentary, and Reflection." Pp. 17–152 in *The New Interpreter's Bible*, vol. 7. Nashville, TN: Abingdon Press, 1996.

Soesilo, D. "Translating the Poetic Sections of Daniel 1–6." The Bible Translator 41 (1990): 432–35.

Stefanovic, Z. "Thematic Links between the Historical and Prophetic Sections of Daniel." AUSS 27 (1989): 121–27.

______. "Daniel: A Book of Significant Reversals." AUSS 30 (1992): 139–50.

Stevens, D. E. "Daniel 10 and the Notion of Territorial Spirits." BibSac 157 (2000): 410–31.

Stuckenbruck, L. T. "The Throne Theophany of the Book of Giants: Some New Light on the Background of Daniel 7." Pp. 211–20 in *The Scrolls and the Scriptures: Qumran Fifty Years After*. Eds. by S. E. Porter and C. A. Evans. Sheffield: Sheffield Academic Press, 1997.

Swain, J. S. "The Theory of the Four Monarchies: Opposition History Under the Roman Empire." CP 35 (1940): 1–21.

Trever, J. "The Book of Daniel and the Origin of the Qumran

Community." BA 48 (1985): 89–102.

Towner, W. S. *Daniel*. Interpretation. Knoxville: John Knox, 1984.

_____. "The Poetic Passages in Daniel 1–6." CBQ 31 (1969): 317–26.

Ulrich, E. "Daniel Manuscripts from Qumran. Part 1: A Preliminary Edition of 4QDan[a]."BASOR 268 (1987): 17–37.

VanderKam, J. C. *Enoch and the Growth of an Apocalyptic Tradition*. CBQMS. Washington, DC: Catholic Biblical Association of America, 1984.

Vasholz, R. "Qumran and the Dating of Daniel." JETS 21 (1978): 315–21.

Venter, P. M. "The Function of Poetic Speech in the Narrative in Daniel 2." HTS 49 (1993): 1009–1020.

Wallace, R. S. *The Lord Is King: The Message of Daniel*. BST. Leicester: InterVarsity Press, 1984.

Waltke, B. K. "The Date of the Book of Daniel." BibSac 133 (1976): 319–29.

Walton, J. H. "The Decree of Darius the Mede in Daniel 6." JETS 31 (1988): 279–86.

_____. "The Four Kingdoms of Daniel." JETS 29 (1986): 25–36.

Walvoord, J. F. *Daniel: The Key to Prophetic Revelation*. Chicago: Moody Press, 1971.

Watts, J. W. "Daniel's Praise (Daniel 2.20–23)." Pp. 145–54 in *Psalm and Story: Inset Hymns in Hebrew Narrative*. JSOTSup. Sheffield: Sheffield Academic Press, 1992.

Welch, A. C. *Visions of the End*. London: James Clarke, 1958.

Wenham, D. "The Kingdom of God and Daniel." ExpTim 98 (1987): 132–34.

Wenham, G. J. "Daniel: The Basic Issues." Themelios. 2.2 (1977): 49–52.

Whitcomb, J. C. *Darius the Mede: A Study in Historical Identification.* Grand Rapids: Eerdmans, 1959.

Widengren, G. *The King and the Tree of Life in Ancient Near Eastern Religion.* Uppsala: Lundequist, 1951.

Wills, L. M. *The Jew in the Court of the Foreign King.* Minneapolis, MN: Fortress, 1990.

Wilson, R. D. *Studies in the Book of Daniel.* 2 vols. Grand Rapids: Baker Book House, 1972rep.

Wink, W. *Naming the Powers.* Minneapolis, MN: Fortress, 1984.

______. *Unmasking the Powers.* Minneapolis, MN: Fortress, 1986.

______. *Engaging the Powers.* Minneapolis, MN: Fortress, 1992.

Winston, D. "The Iranian Component in the Bible, Apocrypha and Qumran: A Review of the Evidence." HR 5 (1966): 183–216.

Wiseman, D. J. *Chronicles of the Chaldean Kings.* London: British Museum Publications, 1956.

______. *Nebuchadrezzar and Babylon.* Oxford: Oxford University Press, 1985.

Wiseman, D. J. et al. *Notes on Some Problems in the Book of Daniel.* London: Tyndale, 1965.

Wolters, A. "Untying the King's Knots: Physiology and Wordplay in Daniel 5." JBL 110 (1991): 117–18.

______. "Belshazzar's Feast and the Cult of the Moon God Sin." BBR 5 (1995): 199–206.

Wood, L. *A Commentary on Daniel.* Grand Rapids: Regency Reference Library, 1973.

Woodard, B. L. "Literary Strategies and Authorship in the Book of Daniel." JETS 37 (1994): 39–53.

Woude, A. S. van der, ed. *The Book of Daniel*. Leuven: Leuven University Press, 1998.

Wyatt, N. *Religious Texts from Ugarit*. Sheffield: Sheffield Academic Press, 1998.

Xeravits, G. "Poetic Passages in Aramaic Part of the Book of Daniel." BN 124 (20005): 29–40.

Yamauch, E. M. *Persia and the Bible*. Grand Rapids: Baker Book House, 1990.

_____. "Hermeneutical Issues in the Book of Daniel." JETS 23 (1980): 13–21.

Young, E. J. *The Prophecy of Daniel*. Portland: Wipf & Stock Publishers, 1999rep.

Zevit, Z. "The Structure and Individual Elements of Daniel 7." ZAW 80 (1968): 394–96.

_____. "The Exegetical Implications of Daniel VII 1, IX 21." VT 28 (1978): 488–92.

다니엘서

다니엘이 말하여 이르되

영원부터 영원까지 하나님의 이름을 찬송할 것은
지혜와 능력이 그에게 있음이로다
그는 때와 계절을 바꾸시며
왕들을 폐하시고 왕들을 세우시며
지혜자에게 지혜를 주시고
총명한 자에게 지식을 주시는도다
그는 깊고 은밀한 일을 나타내시고
어두운 데에 있는 것을 아시며
또 빛이 그와 함께 있도다
나의 조상들의 하나님이여
주께서 이제 내게 지혜와 능력을 주시고
우리가 주께 구한 것을 내게 알게 하셨사오니
내가 주께 감사하고 주를 찬양하나이다
곧 주께서 왕의 그 일을 내게 보이셨나이다

하니라(2:20–23)

그 때에 네 민족을 호위하는 큰 군주 미가엘이 일어날 것이요 또 환난이 있으리니 이는 개국 이래로 그 때까지 없던 환난일 것이며 그 때에 네 백성 중 책에 기록된 모든 자가 구원을 받을 것이라 땅의 티끌 가운데에서 자는 자 중에서 많은 사람이 깨어나 영생을 받는 자도 있겠고 수치를 당하여서 영원히 부끄러움을 당할 자도 있을 것이며 지혜 있는 자는 궁창의 빛과 같이 빛날 것이요 많은 사람을 옳은 데로 돌아오게 한 자는 별과 같이 영원토록 빛나리라(12:1-3)

소개

학자들은 에스겔을 구약 묵시문학의 아버지로, 다니엘을 그 묵시문학을 궤도에 올려놓은 선지자라고 주장한다(cf. Cook). 묵시문학은 선지서의 일부이다. 묵시도 예언처럼 하나님이 선지자들에게 주시는 말씀이다. 가장 기본적인 차이점은 묵시의 경우 하나님이 주신 말씀에 관하여 선지자에게 설명해주는 '안내자'(천사)가 있다는 것이다(cf. Collins, Hanson, Koch). 대체적으로 묵시는 미래에 관한 예언과 환상으로 이루어져 있기 때문에 선지자가 그 내용을 쉽게 이해할 수 없다. 그러므로 하나님이 보내신 안내자가 옆에 붙어 선지자가 보고 듣는 것이 무엇을 의미하는가를 설명해준다.

묵시문학은 주의 백성의 삶이 고통스럽고 미래가 불확실할 때 성행한다(cf. Nickelsburg, Sanders). 묵시는 자신들이 살고 있는 세상과 현실에 대한 불확실성 때문에 불안해하는 사람들에게 아직도 그들의 하나님이 세상을 지배하고, 주님이 계획하신 대로 인류 역사가 진행되고 있다는 사실을 강조하고 있기 때문이다. 그러므로 묵시는 현실과 미래에 대해 불안해하며 무언가 확고한 청사진을 갈망하는 주의 백성에게 주님은 아직도 건재하시니 아무 염려 말고 현실에 성실하게 임하라는 주님의 위로와 격려의 말씀이다.

주의 백성들에게는 다니엘의 시대가 참으로 혼란스럽고 불안한 때였다. 전능하신 여호와의 백성이라고 자부했던 이스라엘이 바빌론으로 끌려와 사는 것도 받아들이기 어려운 현실이었는데, 얼마 후 조국 유다가 멸망했다는 사실은 수긍하기 어려운 충격이었고, 포로민들의 미래를 미궁에 빠뜨리는 결과를 초래했다. 하나님은 낙심하고 혼란스러워하는 자기 백성을 그냥 내버려두지 않으셨다. 주님은 선지자 다니엘과 에스겔의 묵시를 통해 바빌론에 끌려온 주의 백성을 위로하셨고, 스가랴의 묵시를 통해 예루살렘으로 귀향했다가 낙심한 귀향민들을 위로하셨다.

다니엘은 이스라엘이 애초에 바빌론으로 끌려오게 된 일부터 종말에 이르기까지 일어날 모든 일의 주관자가 누구인지를 정확히 드러낸다. 이스라엘은 세상 사람들이 단정하는 것처럼 이스라엘의 하나님 여호와가 바빌론의 신 마르두크에게 패해서 멸망한 것이 아니다. 다니엘은 여호와 하나님이 자기 백성들의 죄 때문에 이스라엘을 망하게 하셨고 생존자들을 바빌론으로 보내셨다고 주장한다. 유다 사람들이 죄로 인해 바빌론에 끌려와 사는 것이 안타깝기는 하지만, 그것은 여호와의 무능함이나 통제 불능 상태를 의미하는 것이 아니다. 오히려 태초 때부터 하나님이 세우신 세세한 계획에 따라 역사가 진행되고 있다는 증거라는 것이다.

이러한 면에서 다니엘서는 관점의 차이에 관한 책이다. 세상의 관점과 선지자의 관점이 현저한 차이를 드러내고 있기 때문이다. 다니엘은 이런 사실을 1장에서만 세 차례나 강조한다. 첫째, 세상의 관점에 따르면 유대인들이 바빌론으로 끌려오게 된 것은 이스라엘의 하나님 여호와가 바빌론의 신 마르두크에게 무릎을 꿇어서이지만, 실제로는 여호와께서 자기 백성을 바빌론의 손에 넘기셨기 때문에 빚어진 일이다(1:2). 둘째, 세상의 눈에는 다니엘과 세 친구가 우상에게 바쳐진 고기를 먹지 않고도 살아난 것은 그들이 환관장과 좋은 관계를 맺고 있었기 때문으로 보일 테지만, 사실은 하나님이 이렇게 되도록 보이지 않는 곳에서 조정하셨기 때문이다(1:9). 셋째, 세상의 눈에는 다니엘과 세 친구가 바빌론의 지혜자들보다 훨씬 더 뛰어난 사람들이 된 것이 바빌론의 훌륭한 교육 시스템과 느부갓네살 왕의 배려에서 비롯된 결과로 보일 테지만, 실제로는 하나님이 이 소년들에게 지혜를 주셨기 때문이다(1:17).

다니엘은 자신의 책이 이 같은 관점에서 읽히기를 원한다. 비록 주의 백성이 당면한 현실이 혹독하고 곤혹스럽더라도 역사는 분명 보이지 않는 곳에서 모든 것을 주장하시는 여호와 하나님의 뜻과 계획을 따라 진행되고 있다는 사실을 깨닫고, 미래를 소망적으로 바라보기를 권면하기 위해서이다. 우리 눈에 보이는 것이 실체의 전부가 아니며, 우리의 눈에 보이는 것보다 보이지 않는 것(viz., 하나님의 사역)이 세상에 더 큰 영향을 미치기 때문이다.

1. 선지자

'다니엘'(דָּנִיֵּאל)은 '하나님이 나의 심판자' 혹은 '하나님이 심판하시다'라는 의미를 지닌 이름이다(cf. HALOT). 그는 분명 유다의 왕족이거나 귀족 출신이었을 것이다(cf. 1:3). 주전 605년 느부갓네살의 가나안 지역 원정과 예루살렘 침략 때 바빌론 왕은 여호야김에게서 성전 그릇들을 빼앗아 가져갔는데 그때 다니엘을 바빌론에 끌고 갔다(1:1-4, cf. 왕하 24:1-6). 이 해 바빌론 군은 갈그미스(Carchemish)에서 아시리아 패잔병들과 이집트 군들로 구성된 연합군을 상대로 대승을 거두었다. 바빌론 군은 여세를 몰아 가나안 남쪽 이집트 접경 지역까지 진군했다. 이집트까지 정복하기 위해서였다. 그러나 이집트 군은 격렬하게 저항했고, 전쟁은 결국 무승부로 끝났다. 느부갓네살 왕은 돌아가는 길에 예루살렘에 들려 유다의 충성 맹세를 받아냈고, 유다에서 많은 노획물과 인질들을 앞세우고 바빌론으로 돌아갔다.

요세푸스는 다니엘과 그의 세 친구인 사드락과 메삭과 아벳느고가 모두 시드기야 왕의 친척이었다고 주장한다(Antiquities, X, 10.1). 오래전부터 이스라엘에는 이사야 선지자가 히스기야 왕에게 그의 후손에 대해 내린 신탁(사 39:7)이 다니엘과 세 친구를 통해서 성취되었다는 전승이 남아 있었는데, 요세푸스가 이런 전승을 바탕으로 제시한 추측이라고 생각된다. 책이 어린 다니엘을 놀라운 헌신과 믿음을 지닌 소년으로 묘사하는 것으로 보아 그의 부모도 그를 신앙으로 키운 매우 헌신된 사람들이었던 것으로 생각된다. 책에 기록된 다니엘과 친구들의 이야기를 감안할 때 그들은 아마도 15세를 전후로 바빌론으로 끌려간 것으로 추정할 수 있다.

다니엘은 최소한 페르시아 제국의 키루스/고레스(Cyrus) 왕 초기 시대까지 살았다. 1:21은 그가 키루스 왕의 첫해(주전 539년)까지 바빌론 왕궁에 있었다고 하며, 10:1은 그가 키루스 왕 즉위 3년(536년)에 받은 계시를 기록하고 있다. 그렇다면 다니엘은 매우 오래 산 사람이다. 그가 포로로 끌려간 주전 605년에 15세였다고 가정한다면, 10장에 기록된 계시가 다니엘에게 임했을 때에는 그는 이미 83세의 노인이다. 그 당시 사람들의 평균 수명이 40–50세였다는 점을 감안할 때, 그는 매우 장수했으며 신(新)바빌론 제국의 흥망성쇠를 직접 목격한 사람이었다. 유대인들의 전승에 따르면 그는 바빌론에 있는 왕족 무덤에 묻혔거나, 페르시아 제국의 수도였던 수산(Susa)에 있는 유대인 회당에 묻힌 것으로 알려졌다(Judaica, cf. Millard, Slotki).

다니엘의 삶과 사역은 바빌론으로 끌려온 유다 포로민들에게 커다란 격려와 위로가 되었을 것이다. 자신들은 온 우주의 창조주이자 지배자이신 여호와의 선민이라고 자부하다가 포로가 되어 바빌론으로 끌려온 이스라엘 사람들이 겪은 신학적 충격을 상상해보라. 여호와께서 거하시던 예루살렘 성전은 불에 탔고, 유다도 더 이상 국가로 존재하지 않고 바빌론 제국의 주(州)로 편입되었다.

바빌론으로 끌려온 선지자들은 역할에서 많은 변화를 겪게 되었고, 제사장들은 직업을 잃었다. 게다가 그들의 눈에는 세상의 그 어떤 신보다도 전쟁에 능한 것으로 알고 믿었던 '전사 여호와'(Yahweh the Divine Warrior)가 바빌론의 신 마르두크에게 무릎을 꿇었다! 이스라엘이 여호와 하나님에 관해 알고 믿었던 모든 것이 혼란에 빠진 것이다. 그러므로 바빌론 생활이 주의 백성에게 안겨준 가장 큰 위기는 신학적 위기였다.

그러나 하나님은 다니엘을 통해 이방 국가인 바빌론과 페르시아에서도 자기 이름을 높이셨다. 포로로 끌려와 희망을 버린 채 하루하루를 살아가던 하나님의 백성에게 이방 왕들, 그것도 당대를 호령하던 바빌론 제국과 페르시아 제국의 왕들의 입술을 통해 이스라엘의 하나님 여호와께서 찬양을 받으신 것은 매우 의미심장하고 온몸에 전류가 흐르는 듯한 감동적인 일이었을 것이다. 이런 사실을 깨달은 사람들은 자신들이 바빌론에 끌려오게 된 것은 여호와가 마르두크에게 패해서가 아니라, 자신들의 나라 유다가 바빌론에 패했기 때문이라는 사실도 의식하게 되었을 것이다.

하나님은 다니엘을 통해 유대인들의 포로 생활이 고통스럽지 않도록 축복해주셨다. 흔히 포로민 하면 억압당하고 매우 어려운 생활을 한다고 여겨질 테지만 바빌론으로 끌려갔던 유다 사람들은 전혀 다른 생활을 했다. 바빌론 사람들의 배려로 그들은 좋은 농경지에서 살았고, 상당한 재산과 집을 소유하며 살았다. 그들은 이스라엘 종교 제도의 중심이 되었던 장로와 제사장과 선지자 제도 등을 유지했다. 대체적으로 외국에 나가면 거의 모든 사람이 조국의 것들을 그리워하며, 애국자가 된다. 바빌론에 끌려온 유다 사람들도 마찬가지였다. 심지어 조국에 남아 있는 생존자들과 계속 서신 왕래를 했다는 증거도 있다(Bright, Harrison, cf. 렘 25장).

바빌론으로 끌려온 유대인들이 상당히 관대한 대우를 받은 것에는 결정적으로 두 가지가 작용했다. 첫째, 신바빌론 제국의 외교 정책은 바빌론으로 끌려온 모든 족속에게 상당히 관대했다. 이전에 이 지역을 통치했던 아시리아 제국과는 달리 바빌론은 끌려온 종족들에게 국제 결혼을 강요하지 않았으며, 각자 족속대로 촌(town)을 이루며 살아갈 수 있도록 배려했다. 또한 끌려와 강제로 정착한 사람들이 경제적으로 제국의 발전을 도모할 수 있도록 여러 가지 여건을 만들어주었다. 이런 상황에서 유대인들은 크게 번성했다. 유다 사람 중 바빌론과 페르시아 제국 정치계의 거물로 등용된 사람들도 있었다(cf. 다니엘, 느헤미야, 모르드개/에스더).

둘째, 바빌론 정계에 입문한 다니엘 같은 사람들의 정치적 지위가 크게 작용했다(cf. Wills). 다니엘이 최소한 다리우스 바로 밑의 세 관리 중 하나였다는 점(6:1-3)을 감안하면, 그가 주전 538년에 스룹바벨과 세스바살이 지휘했던 제1차 귀향민 무리의 예루살렘 귀향에 상당히 긍정적인 영향력을 미쳤을 것으로 보인다. 하나님이 마치 야곱의 자손들을 보존하기 위해 먼저 요셉을 이집트로 보내셨던 것같이 유대인 포로민들의 미래를 생각하고 다니엘을 미리 보내신 것이다. 자기 백성들의 아픔과 신음으로 얼룩진 삶 속에 역사하시고 더 나아가 그들을 보호하시는 하나님의 '여호와이레'적인 은총이 돋보인다.

다니엘의 삶은 여러 면에서 요셉의 삶과 비슷하다(cf. Collins, Hartman & Di Lella). 첫째, 요셉은 17세에 노예로 팔려 이집트로 갔고, 다니엘은 15세에 인질이 되어 바빌론으로 끌려갔다. 둘 다 어린 나이에 타국으로 끌려가야만 했던 기구한 운명의 소유자들이다. 둘째, 요셉과 다니엘은 우리가 성경에서 접하는 가장 의로운 사람들에 속하는 사람들이다. 두 사람 모두 남에게 해를 끼친 적이 없으며, 오히려 그들이 섬기던 상관들에게 여호와의 복을 가져다준 축복의 통로였던 사람들이다. 셋째, 다니엘과 요셉은 끌려간 나라들에서 이스라엘 백성들을 보존하는 데 매우 중요한 역할을 했다. 이 두 사람이 이처럼 지대한 영향력을 발휘할 수 있었던 것은 그들이 살던 나라에서 정치적으로 큰 영향력을 행사하고 있었기 때문이다. 두 사람 모두 다른 나라의 정치 무대에서 성공한 사람들이었다. 넷째, 요셉과 다니엘의 성공 비결은 여호와께서 주신 꿈과 해몽 능력이었다. 그들이 꾸고 해몽했던 꿈들은 그들의 백성들에게만 영향력을 미친 것이 아니라 그들이 섬기던 이방 나라들의 왕들과 백성들에게도 축복이 되었다. 다섯째, 요셉이 보디발의 아내의 유혹을 뿌리친 것처럼, 다니엘은 왕이 하사한 음식의 유혹을 뿌리쳤다(Hartman & Di Lella). 여섯째, 두 사람 모두 이방에서 일생을 마쳤다. 마지막으로 두 사람 모두 여호와께서 자기 백성을 회복시키실 날이 올 것을 확신했다.[1]

2. 역사적 정황

다니엘서는 이스라엘의 역사 중 가장 어려운 시기를 배경으로 전개된다. 100여 년 동안 가나안 지역의 약소국가들에게 온갖 폭력을 행사하고 북왕국 이스라엘을 멸망시킨 군주 아시리아가 바빌론의 손에 망하고 그 자리를 바빌론이 차지한 때였다. 옛 압제자가 사라졌다고 해서 기뻐할 일은 아니었다. 바빌론의 억압도 만만치 않았고 실제로 바빌론은 유다의 숨통을 끊어놓았기 때문이다. 이러한 상황에서 자신들은 하나님의 선민이기 때문에 결코 망하지 않는다고 자부하던 이스라엘이 오히려 그들의 신 여호와의 혹독한 심판을 받아 나라가 단계적으로 뿌리째 뽑혀가던 주전 605–586년을 역사적인 배경으로 이야기를 진행해 나가고 있다.

주전 7세기 말 근동 지역의 국제 정세는 급격하게 변해갔다. 지난

1 다니엘과 요셉 이야기의 연관성 때문에 일부 학자들은 다니엘서가 요셉 이야기에 근거한 미드라쉬(midrash)라고 결론짓기도 하지만(Delcor, Hartman & Di Lella), 근거 없는 추측이다(cf. Collins).

200여 년 동안 이 지역을 지배해왔던 아시리아의 세력이 아슈르바니팔(Ashurbanipal)의 죽음(주전 627년)으로 급격히 쇠퇴했다. 몰락하던 아시리아의 자리를 차지하기 위해 바빌론과 이집트가 움직이기 시작했다. 이런 상황에서 그동안 아시리아를 군주로 섬기던 바빌론의 왕 나보폴라사르/느보(Nabopolassar, 주전 625–605년 통치)는 주전 625년에 아시리아에 독립을 선언했다.

몇 년 후인 주전 616년에 바빌론 왕 느보는 쇠퇴해질 대로 쇠퇴한 아시리아의 수도 아수르(Assur)를 향해 진군했다. 아시리아를 없애버리고 고대 근동의 군주 자리를 바빌론이 꿰차기 위해서였다. 바빌론이 근동의 새로운 군주가 되는 것을 원치 않았던 이집트 왕 삼메티쿠스(Psammetichus I)가 몰락한 아시리아의 군대와 합세해 바빌론에 대항했다. 처음에는 바빌론이 매우 불리했지만 메디아(Mede) 군이 바빌론 편에 가세하면서 전세는 금세 판가름났다.

이집트의 도움에도 불구하고 아시리아의 수도 아수르는 주전 614년에 바빌론–메디아 연합군의 손에 함락되었다. 이후 2년 후인 주전 612년에 니느웨(Nineveh)가 함락하면서 아시리아 제국은 사실상 막을 내렸다. 물론 아시리아의 패잔병들은 한동안 제국의 여기저기서 바빌론에 대항해보았지만 무모한 짓이었다.

상황을 지켜보던 이집트가 한 번 더 움직였다. 이집트 왕 삼메티쿠스의 후계자인 느고(Neco)가 주전 609년에 아시리아의 패잔병들을 돕는다는 명목으로 유프라테스 강 기슭의 갈그미스로 대군을 이끌고 출동한 것이다(cf. 대하 35:20, 왕하 23:29). 느고가 가나안 지역을 지날 무렵 그의 앞길을 막는 사람이 있었다. 바로 유다의 요시야 왕이었다(왕하 23:29). 느고는 자신이 여호와의 부르심을 받고 출동하는 중이라며 길을 비키라고 요구했지만 요시야는 끝까지 느고의 요구를 거부하다가 므깃도에서 느고의 칼에 맞아 죽었다(대하 35:20–22).

요시야가 죽자 백성들은 23세인 그의 아들 여호아하스를 왕으로 세웠다(왕하 23:30). 요시야 왕의 일로 화가 난 느고는 아시리아 패잔병들을 돕고 난 후 돌아오는 길에 예루살렘으로 진군했다(Lucas). 그는 유다에 금 1달란트(34kg)와 은 100달란트(3,400kg)를 요구했다(대하 36:2, 왕하 23:33). 느고는 여호아하스를 폐위시켜 이집트로 잡아갔으며 대신 그의 형제 엘리아스를 왕으로 세우고 그의 이름을 여호야김으로 바꿔주었다(대하 36:4-5). 엘리아스의 나이 25세 때 일이었다.

얼마 후 느고는 다시 대군을 이끌고 아시리아 군을 돕는다는 명목으로(이때는 이미 아시리아가 폐망했다고 볼 수 있음) 출동했다. 메디아-바빌론 연합군은 갈그미스에서 주전 605년에 이집트 군과 근동의 패권을 놓고 최후의 경합을 벌였다. 전쟁은 바빌론-메디아 연합군의 대승으로 끝났다. 이 일로 소수의 패잔병만 남아 있던 아시리아는 영원히 사라졌고, 이집트는 다시 한 번 근동 정치 무대에서 1인자가 아닌 2인자로 '조용히' 숨죽이고 살아야 하는 신세가 되었다. 반면에 새로운 군주로 부상한 바빌론은 근동을 다스리게 되었다. 이집트는 가까이 있는 가나안 지방에는 계속 정치적인 영향력을 행사했다.

바빌론 군은 주전 605년에 갈그미스에서 이집트 군을 대파한 다음 여세를 몰아 이집트를 치기 위해 가나안 남쪽까지 진군했다. 이집트 군은 바빌론 군을 상대로 치열하게 저항했다. 이집트를 정복하는 일이 쉽지 않다는 것을 깨달은 바빌론 군은 조국으로 돌아가는 길에 유다-팔레스타인(Judah-Palestine) 지역의 약소국가들을 쉽게 정복했다. 이집트와 바빌론 사이에 완충 지역으로 위치한 가나안에서 이집트의 영향력을 완전히 뿌리뽑겠다는 생각이었다.

이 일로 유다는 바빌론에게 충성을 맹세한 속국이 되었으며 상당수의 주민이 바빌론으로 끌려갔다. 바빌론 사람들이 끌고 간 무리는 귀족들과 박식한 사람들과 각 분야의 장인들로 구성되었다. 바빌론 사람들은 노예로 부리기 위해서 그들을 끌고 간 것이 아니다. 각 분야의 전문가들과 장인들을 바빌론으로 끌고 가 제국의 경제와 문화의 바탕을 튼튼하게 다지기 위해서였다. 다니엘과 세 친구도 이때에 바빌론으로 끌려갔다. 바빌론과 이집트는 한 번 더 이집트의 가나안 쪽 국경에서 주전 601년에 전쟁을 했지만 이때도 무승부로 끝이 났다.

유다는 두 강대국인 바빌론과 이집트 사이에서 살아남기 위해 안간힘을 썼다. 여호야김은 이집트가 세운 왕이며, 이집트에 충성을 약속한 왕이었다. 그러나 그는 바빌론 군이 시리아–가나안 지역을 침략한 주전 605년에 가나안의 여러 약소국가들처럼 바빌론에 충성을 맹세했다. 이런 상황에서 주전 601년에 바빌론 군이 이집트와 또 한 번 전쟁을 했지만, 이 싸움은 무승부로 끝이 났으며 바빌론 군은 얻은 것 없이 본국으로 돌아갔다. 자신을 유다의 왕으로 세워준 이집트에 항상 마음의 부담을 느끼고 있었던 여호야김은 바빌론과 이집트의 무승부를 이집트가 바빌론만큼이나 강해졌다는 의미로 풀이했다. 그는 이집트가 언제든지 유다를 도와줄 것이라고 착각하며 바빌론에게 반역했다.

본국으로 돌아간 후 재정비를 마친 바빌론 군이 가나안 지역의 반역 소식을 전해듣고 주전 598년에 다시 가나안 땅을 침략했다. 유다는 다시 한 번 소용돌이에 빠지게 되었다. 순식간에 모든 국토를 빼앗기고 유일하게 예루살렘만 함락되지 않고 포위된 상태로 몇 달을 지냈다. 여호야김은 성이 바빌론에 함락되기 3개월 전인 주전 598년 12월에 죽었다. 상당수의 학자는 그가 친(親)바빌론 정치인들에게 암살된 것으로 생각한다.

여호야김이 죽자 백성들은 그의 아들 여호야긴을 왕으로 세웠다. 여호야긴은 바빌론에 포위된 예루살렘 성에서 약 3개월 동안 버티다가 항복했다. 이렇게 해서 예루살렘은 주전 597년 3월 15일경에 바빌론 왕 느부갓네살에 의해 함락되었다. 바빌론 군은 약 8,000명의 포로와 많은 노획물을 끌고 본국으로 돌아갔다(왕하 24:16). 이때 선지자 에스겔도 바빌론으로 끌려갔다. 바빌론 사람들은 항복한 유다 왕 여호야긴도 바빌론으로 잡아가고 그 자리에 여호야긴의 숙부 시드기야를 왕으로 세웠다.

이집트의 지칠 줄 모르는 압력과 두로와 암몬의 동조와 에돔의 권유 등으로 인해 유다의 마지막 왕 시드기야는 주전 588년에 자기를 왕으로 세워준 바빌론을 배반하고 이집트에 충성을 맹세했다. 두로와 암몬이 함께한 반역이었다(Lucas). 소식을 전해들은 바빌론이 다시 가나안을 침략했다. 바빌론 군이 쳐들어오면 도와주겠다던 이집트의 약속은 지켜지지 않았고 온 가나안 땅이 순식간에 바빌론 군 앞에서 모래성 무너지듯 무너져 내렸다.

예루살렘은 1년 이상이나 포위된 상태에서 버텨보았지만, 결국 함락되고 말았다. 이때가 주전 586년 7월이었다. 시드기야는 성이 함락되기 며칠 전 야밤에 도주했으나 바빌론 군에 붙잡혀 리블라(Riblah)에 있던 느부갓네살 왕에게 끌려갔다. 바빌론 군은 시드기야가 보는 앞에서 그의 아들들을 처형했다. 아들들이 살해되는 장면을 지켜본 시드기야는 두 눈이 뽑힌 채로 바빌론에 끌려갔다(왕하 25:1-21, 렘 52:9-11). 그러나 시드기야가 바빌론에 도착했다는 기록이 그 어디에도 없는 것으로 보아 그는 1,500㎞나 되는 길을 가는 도중에 죽었을 가능성이 크다. 이렇게 해서 유다는 한 나라로서 막을 내렸다. 이후 유다는 바빌론 제국의 한 주(州)로 편입되었다(cf. 왕하 25:22).

그 후 약 50년이 지난 다음 해방의 빛이 유다에서 끌려온 포로민들의 삶을 비추었다. 주전 539년에 페르시아의 키루스 왕이 바빌론을 공략해 바빌론 제국을 취하고 페르시아 제국을 출범시켰다. 이때 바빌론의 왕 나보니두스는 나라를 세자 벨사살에게 맡겨두고 데마(Teima)에서 10년째 살고 있었다. 벨사살의 통치는 방탕과 허세로 가득했으며(cf. 5장), 썩어빠진 정치가들에게 진절머리가 난 바빌론 사람들은 페르시아 군대가 쳐들어오고 있다는 소식을 듣고는 오히려 성문을 열어 키루스의 군대를 해방군으로 환영했다.

키루스 왕은 바빌론에게 억압을 받거나 강제로 끌려온 여러 민족을 해방하는 이로서 의무를 다했다. 그는 대(大)바빌론을 별다른 저항이나 피를 흘리지 않고 정복한 일을 기념하기 위하여 칙령을 선포했다. 일명 키루스 실린더(Cyrus Cylinder)로 알려진 문서의 기록에 따르면 이 칙령은 강제로 바빌론으로 끌려와 살던 모든 민족에 종교의 자유와 함께 본국/조상의 나라로 돌아갈 수 있는 거주의 자유를 주었다. 이때가 주전 538년이었다.

바빌론에 살던 유대인들의 경우 대부분은 경제적인 이유 때문에 바빌론에 남는 것을 선호했지만, 상당수의 사람은 스룹바벨과 세스바살의 지휘 아래 예루살렘으로 돌아와 무너진 하나님의 나라와 백성을 재건했다. 바빌론에 남은 유대인들은 형제들의 귀환을 물질적으로 도왔다. 바빌론에 남아 있던 유대인들도 여호와 종교를 계속 믿었으며, 이 공동체에서 그 유명한 바빌론 탈무드가 탄생했다. 다니엘서와 연관된 주요 연대들을 정리하면 다음과 같다.

연대 (B.C.)	사건
627	아시리아 제국의 마지막 위대한 왕 아슈르바니팔의 죽음.
625	갈대아 지역 왕자 느보/나보폴라사르(Nabopolassar)가 바빌론 근처에서 아시리아 군을 물리치고 바빌론 왕이 됨. 메디아가 바빌론과 연합함.
614	아시리아의 수도 아수르가 메디아에게 함락됨.
612	아시리아의 니느웨가 바빌론-메디아에게 함락됨.
609	이집트 왕 느고가 아시리아의 패잔병들을 돕는다는 명목으로 유프라테스 강 기슭의 갈그미스로 내군을 이끌고 진군함.
	유다의 요시야 왕이 느고의 길을 막았다가 므깃도에서 죽임을 당함. 느고가 예루살렘으로 진군해 여호아하스를 이집트로 잡아가고 여호야김을 왕으로 세움.
605	느부갓네살의 바빌론 군이 이집트-아시리아 연합군을 갈그미스에서 대파함.

	이집트 국경에서 이집트와 바빌론이 전쟁함. 무승부로 끝이 남. 신바빌론 제국의 창시자 느보가 죽고 그의 아들 느부갓네살이 왕위에 오름.
	느부갓네살이 시리아-가나안 지역을 정복함. 유다에서 다니엘을 포함한 8,000여 명이 끌려가고 성전의 금 그릇 일부도 가져감.
597	예루살렘이 함락되고 많은 사람이 바빌론으로 끌려감. 선지자 에스겔도 이때 끌려감.
586	바빌론 군이 예루살렘 성을 함락 시키고 성전을 불태움. 많은 사람이 포로로 끌려감.
562-560	아멜마르둑(Amel-Marduk/Evil-Merodach, 왕하 25:27-30)이 바빌론의 왕으로 즉위.
560-556	느부갓네살의 사위 느리그리살(Neriglissar)이 바빌론의 왕으로 취임.
556	나보니두스가 바빌론의 왕이 됨. 얼마 후 그는 정치를 그만두고 달(月) 신을 숭배하기 위해 아라비아의 데마(Teima)로 거처를 옮김. 그의 아들 벨사살이 섭정함.
548	벨사살의 섭정이 시작됨.
539	페르시아의 키루스 왕이 바빌론을 정복함. 벨사살이 처형됨.
522	다리우스(Darius I)가 키루스의 후계자 캄비세스(Cambyses)의 뒤를 이어 페르시아 제국의 세 번째 왕이 됨.
516	스룹바벨을 중심으로 바빌론에서 예루살렘으로 돌아온 귀향민들이 성전을 재건해 헌당함.
336-323	알렉산드로스 대왕이 페르시아 제국을 정복함.
320	팔레스타인 지역이 이집트를 중심으로 형성된 프톨레마이오스 제국(Ptolemaic Empire)의 일부가 됨.
198	소아시아-시리아를 중심으로 형성되었던 셀레우코스(Seleucid) 왕조의 안티오쿠스 3세('the Great')가 팔레스타인 지역을 점령함.
175	안티오쿠스 4세(Epiphanes)가 왕위에 오름.
167	이집트 원정에 나섰던 안티오쿠스 4세가 로마에서 온 대사에게 수모를 당하고 돌아감. 가는 길에 유다를 쑥대밭으로 만듦. 예루살렘 성전에서 유대교 종교 예식과 예배가 중단됨. 12월 예루살렘 성전에 헬라의 신상을 세움.
164	12월에 마카비(Judas Maccabee)에 의하여 성전 재헌당식(수전절, Chanukah)이 행해짐.

이 외에도 다니엘서와 연관된 페르시아 제국의 키루스가 시작한 아케메네스(Achaemenid) 왕조와 알렉산드로스 대왕 이후로 이집트를 지배한 프톨레마이오스 왕조와 시리아 지역을 지배한 셀레우코스 왕조의 연대는 다음과 같다.

페르시아의 아케메네스 왕조	
연대(년)	왕
539-530	고레스/키루스(Cyrus)
530-522	캄비세스(Cambyses)
522-486	다리오/다리우스 1세(Darius I)
486-465/4	아하수에로/크세르크세스 1세(Ahasuerus/Xerxes I)
464-423	아르타크세르크세스 1세(Artaxerxes I)
423-404	다리우스 2세(Darius II)
404-359	아르타크세르크세스 2세(Artaxerxes II)
359-338	아르타크세르크세스 3세(Artaxerxes III)
338-336	아르세스(Arses)
336-331	다리우스 3세(Darius III)

헬라 제국의 알렉산드로스 대왕은 주전 334-331년 사이에 온 세상을 정복하다시피 했다. 그러나 그는 예기치 않은 열병으로 젊은 나이에 세상을 떠났다. 그가 죽자마자 알렉산드로스의 부하로 있던 장군들은 그의 제국을 네 개로 나누었다. 네 나라 중 이집트와 시리아를 중심으로 한 두 나라가 두각을 나타냈으며 다니엘서와 깊은 연관이 있다.

이집트를 중심으로 한 프톨레마이오스(Ptolemy) 왕소	
연대(년)	왕
323-285	프톨레마이오스 1세(Ptolemy I)
285-245	프톨레마이오스 2세(Ptolemy II)
246-221	프톨레마이오스 3세(Ptolemy III)
221-203	프톨레마이오스 4세(Ptolemy IV)
204-181	프톨레마이오스 5세(Ptolemy V)

시리아를 중심으로 한 셀레우코스(Seleucid) 왕조	
연대(년)	왕
312–281	셀레우코스 1세(Seleucus I)
281–260	안티오쿠스 1세(Antiochus I)
260–246	안티오쿠스 2세(Antiochus II)
246–227	셀레우코스 2세(Seleucus II)
227–223	셀레우코스 3세(Seleucus III)
223–187	안티오쿠스 3세(Antiochus III, the great)
187–175	셀레우코스 4세(Seleucus IV)
175–164	안티오쿠스 4세(Antiochus IV)

3. 다니엘서의 비평학

다니엘서는 해석자들에게 성경의 그 어느 책보다도 많은 논쟁거리를 안겨준 책이다(Gowan). 선지서로 분류되지만, 담고 있는 내용은 다른 선지서의 내용과 굉장히 다르기 때문이다. 또한 오래전부터 유대인들은 다니엘을 가장 위대한 선지자로 여겨왔지만(Josephus, Antiquities, 10.11.4), 실제로 다니엘은 선지자 사역에 전념한 사람이 아니라 정치인이었다는 사실도 이 논쟁에 불을 지폈다.

많은 진보적인 학자는 다니엘서는 주전 165년경에 쓰인 책이라고 주장한다(cf. Gowan). 이 같은 주장을 제일 먼저 펼쳤던 사람은 주후 3세기에 기독교를 신랄하게 공격했던 신플라톤주의 철학자(Neoplatonist philosopher) 포르피리우스(Porphyry of Tyre, 234–305년)였다(cf. Casey). 포르피리우스의 저서가 오늘날까지 전해지지는 않았지만, 그가 주장한 논지는 히에로니무스(Hieronymus Jerome)가 상당히 구체적으로 보존해왔다. 포르피리우스는 다니엘서가 예언을 하고 있는 것이 아니라 이미 일어난 일을 마치 미래에 일어날 일처럼 둔갑시켰을 뿐이라고 주장했다. 또한 다니엘서는 다니엘이라는 주전 7세기 사람의 저작이 아니라, 주전 2세기 중반에 예루살렘에서 살았던 어느 유대인의 저작이라고 주장했다. 이 익명의 저자는 안티오쿠스 4세(cf. 11장)가 이스라엘에 종교적인 핍박을 가하는 것을 목격한 후 이 사실을 후대에 알리기 위해 다니엘서를 저작한 것이라고 주장했다.

기독교와 유대교를 공격하기 위해 이러한 주장을 펼친 포르피리우스의 말은 별 호응을 얻지 못하고 1,500여 년 동안 묻혀 있다가 18세기에 와서 다시 주목받기 시작했다. 이때부터 반기독교적인 사고가 서구 사회에서 활성화되기 시작했기 때문이다. 또한 신학자 중에서도 진보적인 관점을 지닌 사람들은 이쪽으로 쏠리기 시작했다.

그들이 지적하는 가장 큰 문제는 다니엘서가 안티오쿠스 4세(Antiochus Epiphanes) 시대까지의 고대 근동 역사를 상당히 자세하고 구체적으로 서술하고 있다는 사실이다. 사람이 미래에 대해 다니엘서가 기록한 것처럼 구체적이고 자세하게 예언하는 것은 불가능하다는 신학적 편견을 바탕으로 책을 해석하자면 이런 결론에 도달할 수밖에 없다. 그러므로 이런 편견을 지닌 사람들은 다니엘서를 집필한 사람은 책이 말하는 주전 6세기 예언자 다니엘이 아니라 주전 2세기에 안티오쿠스 시대를 살았던 사람이라고 주장한 것이다.

이런 견해를 가진 사람들 대부분은 다니엘서가 가명(pseudonym)으로 기록된 책이며, 책에 나오는 모든 역사적 사실은 이미 일어난 일들을 마치 앞으로 일어날 일을 미리 본 예언처럼 조작한 것에 불과하다고 주장한다(vaticinium ex eventu, Henze). 또한 그들은 다니엘과 세 친구 모두 실존 인물이 아니라, 가상 인물이라고 주장한다(Collins, Delcor, Gammie).

> 모든 환상은 이미 일어난 일을 마치 예언인 것처럼 조작한 것에 불과하다는 것(prophecy after the fact, vaticinium ex eventu)을 전제로 해야 한다. 왜? 인간은 몇 백 년 후의 일을 예측할 수 없기 때문이다. 다니엘이 몇 백 년 후의 일을 예측할 수 있었다는 것은(아무리 상징적인 계시에 의해 하나님의 천사가 설명해주었다고 하더라도) 미래를 예측할 수 없는 근본적이고 확실한

> 인간의 본질(human nature)과 정면으로 충돌하기 때문이다. 그러므로 여기[다니엘서]에 있는 것은 주전 6세기에서 바라본 미래에 대한 청사진이 아니라, 저자의 현실인 주전 167-164년에 서서 과거를 해명한 것일 뿐이다(Towner).

위에 소개된 학자(Towner)의 논리에 확연히 드러나 있듯, 다니엘서가 주전 2세기에 저작된 책이라는 주장은 그 어떤 역사적 증거를 바탕으로 제시된 것은 아니다(cf. Archer, Harrison, Longman). 오직 사람은 미래에 대해 예언할 수 없다는 편견을 바탕으로 했을 뿐이다. 그러므로 오늘날에도 하나님이 원하신다면 언제, 어디서든 온갖 기적과 예언의 은사를 내려주실 수 있다는 사실을 확고히 믿는 우리에게는 반박할 만한 가치도 없는, 어이없는 논리에 불과하다.

또한 비평학자들 사이에서도 지속적으로 대두되고 있는 문제 중 하나는 최소한 다니엘 1-6장은 아무리 늦어도 주전 3세기 이전에는 기록되었어야 한다는 주장이다(cf. Collins, Davies, Fewell). 우리는 안티오쿠스 시대를 포함한 주전 2세기 때 외국인에 대한 유대인들의 태도가 무척 부정적이었다는 사실을 역사적인 자료들을 통해 충분히 입증할 수 있다. 문제는 다니엘 1-6장은 이방 왕들인 느부갓네살과 벨사살과 다리오 등을 매우 긍정적인 시각에서 묘사하고 있다는 것이다(Collins, Wills, cf. 에스라-느헤미야서). 그러므로 이 왕들은 안티오쿠스의 모형(anti-type)이 될 수 없다. 게다가 다니엘은 이 이방 왕들의 지속적인 친구였을 뿐만 아니라 이 이방 왕들도 다니엘을 대단한 공경과 존경심을 가지고 대했다. 이 같은 다니엘 1-6장의 분위기와 정서가 주전 2세기의 역사적 정황과는 결코 어울리지 않는다는 것이 많은 학자의 주장이다(cf. Huey, Leupold, Lucas).

성경을 떠나서는 다니엘서의 다니엘에 관한 최초의 언급이 외경에 포함된 마카비1서 1:60에서 발견되는데, 비평학자들도 이 책은 주전

100년대에 저작된 것이라고 한다(Fox). 이들의 주장을 따르자면 다니엘서는 제작된 지 불과 몇 십 년 사이에 정경으로 자리매김을 했다는 것인데, 왠지 충분한 시간이라는 느낌을 주지 못한다. 오히려 주전 6세기의 다니엘이 더 설득력을 지닌 듯하다(cf. Ferch).

다니엘서는 아람어와 히브리어를 사용하는 것 외에도 페르시아어에 바탕을 둔 단어 17개, 그리스어에 바탕을 둔 단어 세 개, 이집트어에 바탕을 둔 단어 한 개 등 총 21개의 외래어 단어들을 사용한다(Archer, Harrison, Kitchen, Leupold, cf. Collins). 이처럼 다니엘서가 많은 외래어 단어를 담고 있는 것이 이 책이 주전 2세기에 저작되었음을 입증하는 증거라고 주장하는 사람들도 있다. 그러나 정말 그런지 생각해보자.

첫째, 페르시아어 단어 17개 중 12개는 정치적 용어 혹은 정치적 직위를 표현하는 것들이다(Leupold). 다니엘이 페르시아의 새 정부와 연관되었음이 책 안에서 밝혀지는 것(1:21, 10:1)을 감안하면 너무나도 당연한 일이다. 또한 다니엘서에서 사용되는 페르시아어는 고어(Old Persian)로 주전 300년대에 중기 페르시아어(Middle Persian)로 대체되었다(Kitchen). 그렇다면 다니엘서의 페르시아어 단어들은 다니엘서가 주전 2세기가 아니라, 그 이전(최소한 주전 4세기)에 수록되었을 가능성을 시사한다(cf. Archer, Kitchen).

둘째, 그리스어 단어는 세 개의 악기 이름으로 한정되어 있다. 그 당시에 그리스와 바빌론을 포함한 나라들 사이에 상당한 교역과 문화적 교류가 있었음은 고고학적인 자료들을 통해 입증되었다(Yamauchi). 문제를 제기하는 사람들의 말처럼 이 그리스어 단어들이 현재까지 발굴된 문서 중에 헬라의 철학자 플라톤(Plato) 시대(주전 370년경)의 문서에서 발견되지 않은 것은 사실이다. 그러므로 플라톤 시대 이후에 사용된 단어들이다. 그러나 이러한 사실이 문제가 되지는 않는다. 현재 우리가 가지고 있는 고대 그리스의 문서는 원래 있었던 것의 10분의 1에도 못 미치기 때문이다(Archer). 그러므로 이런 논리는 큰 설득력이 없다.

셋째, 다니엘서 안에서 반복적으로 사용되는 이집트어 단어 '마술사'(חַרְטֻמִּים, hartummim, 1:20, 2:2, 10, 27, 4:4, 6)는 이미 창세기 41:8, 24에서도 사용되었다. 그러므로 다니엘이 이 단어를 사용한 것은 오래전부터 히브리 문학에 도입된 외래어를 사용한 것으로 문제가 되지 않는다. 또한 주전 6세기 바빌론에 이집트인이 거주했다는 증거가 많이 남아 있다(Yamauchi). 그러므로 다니엘 자신이 페르시아 시대 초기에 이 책을 기록했기 때문에 페르시아의 정치적 용어들과 이미 오랫동안 헬라 문화를 접했던 바빌론이 수입해 사용했던 헬라의 악기들의 이름 등을 사용하는 것은 오히려 그의 책이 주전 6세기에 기록되었다는 사실을 입증하는 증거가 될 수 있다(cf. Archer, Harrison, Huey).

넷째, 다니엘서 사본 여러 개가 쿰란에서도 발견되었는데 이 사본들의 연대는 늦어도 주전 1세기, 빠르면 주전 2세기로 추정된다. 비평학자들이 주장하는 것처럼 다니엘서가 주전 165년쯤에 저작되었다면, 이 짧은 시간 사이에 정경으로서 위치를 굳혔을 가능성은 그다지 커 보이지 않는다. 게다가 다니엘서에서 사용된 아람어가 주전 5세기 이전부터 사용되었던 제국 아람어(*Reichsaramaisch*)로 기록되었다는 사실(LaSor et al.)은 이 논쟁에서 어떤 역할을 해야 하는가?

다니엘서의 저작권 논쟁에서 가장 큰 논쟁이 되어야 하는 것은 본문 자체가 과연 어떤 주장을 하고 있는가 하는 문제이다. 이 문제가 중요한 것은 무엇보다도 성경의 진실성(integrity)과 연관이 있기 때문이다. 만일 다니엘서가 저작권에 대하여 구체적인 '진실 선언/주장'(truth claim)을 하고 있다면, 성경을 하나님의 진실한 말씀이라고 고백하고 믿는 우리는 이 주장을 액면 그대로 받아들여야 하기 때문이다. 그렇지 않을 경우 성경의 권위와 진실성에 큰 불신이 생길 수밖에 없다. 다니엘서는 다음 사실들을 내포하고 있다.

첫째, 최소한 7-12장은 다니엘이 저자임을 증언한다. 이 부분에서 다니엘이 지속적으로 '나'(1인칭 단수)로 서술해 나가고 있기 때문이다.

둘째, 천사는 다니엘에게 '그 책'을 보존하라고 명령한다(12:4). 셋째, 다니엘서는 신바빌론 제국과 페르시아 제국의 초기 역사에 관한 놀라운 수준의 지식을 담고 있다. 한 예로 4장에서 느부갓네살은 신바빌론 제국의 창설자로 묘사되는데, 이것은 벌써 오래전부터 입증이 되었다. 그의 아버지 느보는 바빌론 왕국을 세웠다. 그의 아들 느부갓네살이 그것을 제국으로 발전시킨 것이다.

이 같은 증거를 바탕으로 다니엘서는 주전 605년에 예루살렘에서 바빌론으로 끌려온 다니엘이 주전 6세기 말에 페르시아 제국의 수도 수사에서 저작한 것으로 보는 것이 바람직하다. 이런 결론이 다니엘서의 내부적인 증거와 주장을 고려하면 가장 설득력이 있는 견해로 생각되기 때문이다. 예수님도 다니엘이 실제 인물이었다는 것을 전제하고 말씀하셨다. 게다가 에스겔도 다니엘을 언급하는 것으로 보아 특별히 다른 견해를 선호할 필요는 없어 보인다.

4. 다니엘서와 역사

많은 학자는 다니엘서가 언급하는 여러 가지 사건에 역사적 오류가 있다고 주장한다(Redditt, Gowan, Seow, Smith-Christopher). 그들이 제시하는 가장 큰 문제는 다리오/다리우스에 관한 것이다(cf. Bulman, Colless, Grabbe, Shea). 바빌론이 페르시아의 키루스에게 멸망한 후 바빌론의 마지막 왕 벨사살은 처형을 당했고(5:30, 9:1), 그 뒤를 이어 페르시아의 다리우스가 왕이 되었다. 이때 그의 나이가 62세로 기록되어 있다(9:30).

다니엘서는 다리우스가 '메디아 사람'이었다고 말한다(6:1). 이 왕이 바로 다니엘을 사자의 굴로 보낸 왕이었다(6장). 문제는 다니엘서 안에서는 다리우스가 이처럼 중요한 인물이지만, 성경 외에는 이 왕에 관한 언급을 발견할 수가 없다는 사실이다. 또한 바빌론을 정복한 페르시아의 키루스 왕에게는 '바빌론의 왕'이란 타이틀이 주어지는 것이 당연하지만, 정체를 알 수 없는 이 다리우스에게 '바빌론의 왕'이라는 타이틀이 주어지는 것도 납득이 가지 않는 일이라고 한다.

학자들은 다니엘서에 등장하는 다리우스가 '희미한 기억의 산물'이라고 주장했다(Rowley, cf. Hartman and Di Lella, Lacocque, Montgomery, Porteus). 다니엘서는 사건이 일어난 지 몇 백 년 후에 쓰인 책(viz., 주전 2세기)이다 보니 역사적으로 존재하지 않았던 다리우스를 실수로 조작해낸 것이라는 주장이다. 그들은 페르시아 제국의 제2대 왕이었던 캄비세스가 주전 520년에 죽자 그 기회에 반역을 꾀해 바빌론을 재(再)정복했던 페르시아의 다리우스 히스타스페스(Darius Hystaspes)와 착각해 비롯된 실수라고 주장한다. 더 나아가 이 학자들은 다니엘서 저자의 혼돈은 여기서 멈추지 않고 다리우스 히스타스페스와 바빌론을 정복할 때 나이가 62세쯤 되었을 것으로 추정되는 키루스의 나이와도 혼돈했다고 한다.

그뿐만 아니라 다리우스 히스타스페스와 키루스는 메디아 사람들이 아니라 페르시아 사람들이므로 성경이 큰 실수를 범하고 있다고 주장했다. 이런 실수는 바빌론이 페르시아가 아니라 메디아에게 멸망당할 것으로 예언한 예레미야 51:11, 28 등에 근거를 두었다고 주장했다. 이 학자들은 다니엘 9:1은 다리우스를 크세르크세스/아하수에로의 아들로 표기하는데, 실제적으로는 다리우스가 크세르크세스의 아버지였다는 점을 증거로 제시한다.

이에 대해 위트컴(Whitcomb), 와이즈맨(Wiseman), 셰이(Shea) 등은 더 합리적으로 설명한다. 이 학자들의 주장에 의하면 다리우스가 키루스 왕의 심복이었던 구바루(Gubaru/Ugbaru) 장군이거나, 키루스의 '바빌론 왕위' 이름(Babylonian throne name)이라는 것이다. 먼저 "다리우스는 키루스 왕의 심복 구바루 장군이었다"는 주장에 대해 생각해보자. 많은 학자(Albright, Archer, Delitzch, Leupold, Shea, Whitcomb, Wilson, Wood)가 이 이론을 주장한다. 이중 셰이의 연구가 많은 주목을 받는다. 학자들이 제시하는 증거는 이러하다. 페르시아의 기록에 의하면 바빌론 공략은 키루스가 직접 한 일이 아니라, 그의 두 장군이 이룬 업적이었다. 역사적 자료에 의하면 키루스는 그의 군대가 바빌론을 점령한 이후 이듬해까지 약 14개월 동안 '바빌론의 왕'이라는 타이틀을 사용하지 않았다.

이 14개월 동안 키루스는 그의 심복을 총독으로 삼고 그를 통해 바빌론을 통치했다. 기록에 의하면 이 장군의 이름은 구바루였다(*ANET*, 306). 바로 이 심복이 메디아 사람 다리우스라는 주장이다. 그가 바빌론을 정복한 후 약 1년 3주 정도 살다가 죽었다는 기록이 남아 있다(Shea). 학자들은 구바루(다리우스)가 키루스의 심복이었을 가능성이 5:31과 9:1에 반복되는 "왕국을 얻었다"는 표현에 담겨 있다고 생각한다. 그들은 9:1이 "메대 족속 아하수에로의 아들 다리오가 갈대아 나라 왕으로 **세움을 받던** 첫 해"이라고 기록하고 있는 점에 주목한다. 이 문장에서 다리우스가 왕으로 취임한 것(능동형)이 아니라 '세움을 받다'(수동형)라는 표현의 중요성이 부각된 것이다. 또한 5:31은 "메대 사람 다리오가 그 나라를 얻었다"라고 한다.

문제는 총독이 왕으로 불릴 수 있는가 하는 점이다. 학자들은 충분히 가능하다고 주장한다. 옴스테드(Olmstead)는 이렇게 주장한다. "키루스 왕이 바빌론 사람들을 대할 때 그는 분명히 '바빌론의 왕, 온 땅의 왕'이라는 칭호를 사용했다. 그러나 키루스가 바빌론을 떠나면, 고브리아스(Gobryas, 구바루의 다른 이름)가 왕의 권위를 가지고 왕처럼 통치했기 때문에 그가 왕으로 불렸다." 또한 한 역사적 자료에 의하면 구바루가 죽고 난 후 얼마 지나지 않아 그의 아내가 죽었다. 그런데 이 자료는 구바루의 아내의 죽음을 '왕비의 죽음'으로 기록하고 있다(Shea).

학자들은 다리우스가 바빌론을 통치하기 시작할 때 62세였다는 사실에 주목한다(5:31). 크세노폰(Xenophon, 주전 4-5세기에 살았던 그리스 역사가)은 고브리아스가 바빌론을 점령했을 때 "나이가 매우 많았다"고 기록했다. 그러므로 성경의 다리우스와 페르시아 역사에 등장하는 구바루/고브리아스가 같은 인물이라는 주장이 상당히 설득력이 있는 것으로 제시된 것이다.

다리우스는 키루스의 '바빌론 왕위 이름'이었다는 주장에 관해 생각해보자. 이 주장은 저명한 아시리아학의 권위자 와이즈맨을 중심으로 불맨(Bulman)과 볼드윈(Baldwin) 등이 제시한 설이다. 이 학자들에 의하면 한 왕이 두 개의 왕위 이름을 사용하는 것은 고대 근동에서 흔히 있었던 일이다. 그러므로 키루스와 다리우스는 모두 통치 이름이라는 것이다.

키루스는 메디아뿐만 아니라 페르시아의 통치자였다. 그러므로 페르시아를 통치할 때에는 키루스라는 이름을 사용했지만, 메디아를 통치할 때에는 '메디아 사람 다리우스'라는 타이틀을 사용해 자신은 메디아 사람들의 왕이기도 하다는 사실을 강조했다. 키루스의 육촌으로 주전 540−530년대의 페르시아 역사를 기록했던 역사가 나보니두스는 주전 546년에 이미 키루스를 '메디아의 왕'으로 불렀다(Wiseman). 주전 5세기에 살았던 그리스 역사가 헤로도토스(Herodotus)도 키루스가 바빌론을 함락시킨 이후에 '바빌론의 왕'이라는 타이틀을 사용했을 뿐만 아니라, 예전에 사용하던 '메디아의 왕'이라는 타이틀도 간간히 사용했다는 기록을 남겼다(*Histories* 1.206).

더 나아가 불맨은 다니엘서의 저자가 키루스보다는 다리우스라는 이름을 즐겨 사용하는 데는 그만한 이유가 있었다고 주장한다. 유대인들에게는 페르시아보다 메디아가 더 큰 의미가 있었다는 것이다. 이사야 선지자(cf. 사 13:17)와 예레미야 선지자(cf. 렘 51:11, 28)는 바빌론이 메디아에 의하여 망하게 될 것을 예언했다. 그러므로 다니엘이 이 선지자들의 예언이 성취되었다는 것을 강조하기 위해 키루스의 메디아 통치 이름을 선호하고 있다는 것이다(Bulman). 동시에 키루스와 그가 다스리는 세상의 관계를 알리기 위해 키루스라는 이름도 간간히 사용하고 있다.

다니엘서가 두 언어(아람어와 히브리어)로 구성되어 있는 점을 감안하면 같은 책 안에서 같은 인물의 다른 이름들이 사용되는 일이 그다지 부자연스러운 현상은 아니다. 게다가 다니엘과 세 친구들도 각자 두 개의 이름을 가지고 있지 않았는가? 또한 키루스의 나이가 다니엘서의 상황과 잘 어울린다. 로마제국의 역사가 키케로(Cicero, 주전 106-43년)에 의하면 키루스는 70세에 죽었다. 페르시아의 기록에 의하면 그는 바빌론을 정복한 후 9년을 통치하다가 죽었다(Bulman). 그렇다면 5:31에 언급된 주전 539년의 다리우스의 나이가 키루스의 나이와 일치한다.

어떤 견해가 역사적인 사실과 가장 가까운지 가름하기란 쉽지 않은 문제이다. 그러나 한 가지 확실한 것은 다리우스는 주전 2세기에 살았던 다니엘서의 저자가 만들어낸 가상적인 인물이라는 주장이 생각보다 훨씬 더 설득력이 없어 보인다는 것이다. 또한 아직도 계속 새로운 고고학적 자료들이 발굴되고 있다. 19세기 중반까지 학자들은 다니엘서에서 바빌론의 마지막 왕으로 등장하는 벨사살도 가상 인물이라고 주장했다. 그 어디에도 이 왕에 관한 기록이 없었기 때문이다(cf. Grabbe). 그러다가 1854년에 발굴된 자료로 그가 바빌론의 마지막 왕인 나보니두스의 세자였다는 사실이 밝혀졌다(cf. Beaulieu). 벨사살은 아버지 나보니두스가 달(月)을 신으로 숭배하는 종교에 빠져 바빌론에서 약 1,600㎞ 떨어진 데마(Teima)라는 아라비아에 있는 오아시스 촌에 가서 사는 동안 아버지를 대신해 바빌론을 10년 동안 통치했다(ANET, 313, cf. Wolters).

나보니두스가 바빌론의 왕이었지만, 바빌론에 머물지 못하고 데마까지 간 것은 종교적인 이유 때문이었다. 그는 신(Sin)이라는 달 신을 숭배했는데, 이때 바빌론의 중심 종교는 마르두크(Marduk)를 숭배했다. 이로 인해 나보니두스는 마르두크 종교 제사장들과 많은 마찰을 빚었고, 백성들도 그의 종교 성향을 지지하지 않았다. 그런 이유로 그는 세자인 벨사살에게 섭정을 맡기고 아라비아의 데마로 자기 우상을 따라간 것이다.

더 이상 벨사살을 가상 인물이라고 주장하는 사람은 없다. 벨사살왕은 5:7, 16, 29에서 자신의 꿈을 해몽해주는 사람을 자기 나라의 '제3인자'로 높일 것을 약속한다. 그런데 왜 2인자가 아니고 3인자인가? 벨사살이 아버지 나보니두스를 대신해 바빌론을 다스리고 있는 자신을, 제국의 1인자가 아닌 2인자로 보았기 때문이다.[2] 다니엘서는 19세기 중반까지 그 어느 고서나 역사서에서 발견되지 않았던 사실을 증언하고 있었던 것이다.

이러한 맥락에서 앞으로 발굴될 자료들이 성경과 연관된 역사적 논쟁거리들을 더 확실하게 해명해줄 날이 올 수도 있다. 그러므로 지금은 성급하게 '이것이다'라고 결론을 지을 필요가 없다. 다만 다리우스는 실제 인물이었다는 증거들이 가상 인물이라는 주장보다 훨씬 더 설득력이 있어 보인다.

다니엘서에 등장하는 인물뿐만 아니라, 연대의 정확성에 관해서도 역사적 문제가 제기되기도 한다. 1:1은 "유다 왕 여호야김이 다스린 지 삼 년이 되는 해에 바벨론 왕 느부갓네살이 예루살렘에 이르러 성을 에워쌌더니"라고 기록하고 있다. 그런데 예레미야 25:1은 "유다의 왕 요시야의 아들 여호야김 넷째 해 곧 바벨론의 왕 느부갓네살 원년에…"라고 기록하고 있다. 이 두 구절이 1년의 차이를 보이고 있다는 것이다. 특히 다니엘이 예레미야의 70년을 언급하고 있다는 점을 감안할 때, 이 1년의 차이는 큰 논쟁거리가 될 수 있다. 이 1년의 차이에 관한 학자들의 설명은 다음과 같다.

---

2 이 외에도 학자들은 다니엘서가 벨사살을 '나보니두스의 아들'이 아니라 '느부갓네살의 아들'로 표기하고 있는 것을 문제 삼기도 하지만, '아들'이란 용어를 '후손'으로도 충분히 해석할 수 있기 때문에 별문제는 없다. 또한 아버지와 섭정하는 세자를 왕으로 부르는 것이 문제가 된다고 하는 사람들도 있다. 그러나 이 또한 중요한 문제는 아니다(cf. Collins).

일부 학자들은 다니엘서를 저작한 주전 2세기 저자가 역대기하 36:6-7과 열왕기하 24:1을 연결하면서 실수한 것이라고 주장한다(Hartman & Di Lella). 가장 간단한 설명이지만, 성경의 신뢰성을 훼손하는 해석이다. 훨씬 더 설득력이 있고 합리적인 설명이 있다. 유대인들은 두 가지의 연대 표기법을 사용했다(Wiseman). 예레미야는 유다의 방법으로 연대를 표기했고, 다니엘은 바빌론의 방법을 따라 표기했다는 것이다. 바빌론의 표기 방식은 왕의 첫해를 '계승/즉위 해'로 불렀으며 그다음 해부터 숫자적 개념의 1, 2, 3년 등을 붙인 반면, 유다는 첫 해를 곧바로 제1년으로 표기하는 방법을 사용했다. 이 같은 사실에 바탕을 두고 하셀(Hasel)은 다음과 같은 도표를 제시했다(cf. Baldwin, Lucas, Mercer, Waltke). 다니엘이 바빌론 표기법을 쓰는 것은 주전 2세기 저자의 혼동이 아니라 그가 주전 6세기에 바빌론에 있었다는 사실을 간접적으로 입증하는 것이다.

계승 방법	계승 해 첫해 둘째 해 셋째 해 (단 1:1)
보통 방법	첫해 둘째 해 셋째 해 넷째 해 (렘 25:1, 9, 46:2)

5. 이슈들

이미 언급한 것처럼 다니엘서는 많은 논쟁거리를 안고 있는 책이다. 여러 가지 이슈 중 책이 하나가 아닌 두 언어(히브리어와 아람어)를 사용하는 것과 다니엘서의 정경 위치와 다니엘과 다넬 논쟁과 책의 추가 부분들에 대해 논하고자 한다. 이 외에도 다니엘서에는 '한 때 두 때, 반 때'(7:25), '2,300저녁과 아침'(8:14), '70주'(9:24-27), '1,290일'(12:11), '1,335일'(12:12) 등 해석상 난제로 남아 있는 여러 개의 신비로운 숫자가 나온다. 이 숫자들에 대한 논쟁이 매우 복잡하고 다양한 해석을 빚기 때문에 이 숫자들은 각 본문을 주해할 때 연관된 논쟁거리들을 논하고자 한다.

(1) 두 가지 언어 사용

다니엘서가 지니고 있는 미스터리(mystery)는 책이 히브리어뿐만 아니라 상당 부분 아람어를 포함하고 있다는 점이다(Gowan). 다니엘서는 총 157½절의 히브리어 텍스트와 총 199½절의 아람어 텍스트로 구성되어 있다. 사용하는 언어를 기준으로 책을 구분하면 다음과 같은 구조를 지녔다. 히브리어 텍스트가 아람어가 사용된 부분을 감싸고 있다.

1:1-2:4a 히브리어
　　2:4b-7:28 아람어
8:1-12:13 히브리어

한 권의 책이 두 개의 언어로 구성되어 있다는 사실은 성경에서뿐만 아니라, 일반 문헌 중에서도 매우 특이한 형태이다.[3] 아람어는 오늘날의 영어처럼 당시 근동 지역의 통용어(*lingua franca*)였다. 저자가 왜 같은 책 안에서 두 가지 언어를 구상하고 있는가에 관해서는 학자들의 추측이 분분하다(cf. Archer, Collins, Hasel, Kitchen). 현재까지는 그 어느 가설도 학계의 절대적인 지지를 받지 못하고 있다. 학자들 사이에 난무한 추측들 가운데 비중 있는 몇 가지를 살펴보자.

첫째, 가장 전통적인 견해는 같은 저자(viz., 다니엘)가 유다 사람들을 위한 내용에는 히브리어로 기록했고, 이방인들을 위한 내용은 아람어로 저작한 것이라는 주장이다. 이 학설에 의하면 열방, 특히 바빌론에

3 에스라-느헤미야서는 이방 왕들의 칙령과 서신 등을 그들이 이 문서들을 작성하면서 사용한 아람어로 보존하고 있다. 그러나 다니엘서처럼 두 언어를 사용해 책을 전개하지는 않는다.

대해 많이 언급하는 2-7장이 먼저 아람어로 저작되어 바빌론에 끌려와 살던 유대인들에게 위로의 메시지로 선포되었다. 여기에 훗날 수준이 높은 유대인 청중들을 위해 히브리어로 기록된 8-12장이 더해진 것이다(Harrison, Rowley). 책의 서론을 구성하고 있는 1장도 원래 아람어로 저작되었지만, 히브리어 부분이 더해질 때 1장이 히브리어로 번역되었다고 주장하기도 한다(Delcor, Porteus).

둘째, 저자는 책 전체를 히브리어로 저작했지만, 아람어로 진행된 대화를 기록할 때에는 아람어로 번역해두었다는 주장이다(Driver). 에스라 4:8-23, 5:1-6:18, 7:12-26에서도 이런 현상을 포착할 수 있다는 것이 이런 주장을 뒷받침하는 증거로 제시된다. 그러나 이 주장은 다니엘서가 제한된 범위가 아닌, 책의 2분의 1을 형성하고 있는 여섯 장씩이나 되는 광범위한 범위에서 아람어로 진행된다는 사실을 설명하지 못한다.

셋째, 저자는 원래 이 책을 한 언어로 기록했지만 중간에 부분적으로 다른 언어(아람어)로 대체되었다는 주장이다. 이 주장에는 두 가지 변형이 있다. 다니엘서 전체가 히브리어와 아람어 버전으로 동시에 유통되었는데, 히브리어 버전의 일부분이 분실되자 아람어 본으로 대체되었다는 설이 있고(Bevan, von Gall), 다니엘서는 처음에 아람어로 제작되었으며 이 책이 정경으로 받아들여지게 하려고 첫 부분과 마지막 부분이 히브리어로 번역된 것이라는 주장이 있다(Ginsberg, Hartman and Di Lella, cf. Huetius, Buhl, Charles). 그러나 정경에 포함시키기 위해서 일부를 아람어에서 히브리어로 번역했다는 주장은 설득력이 없다. 유대인들이 책의 내용보다 겉 표지만 보고 정경 여부를 정하지는 않았기 때문이다(Lacocque).

넷째, 한 사람이 아니라 둘 혹은 여러 사람이 다니엘서를 저작했기 때문에 빚어진 결과라는 주장이다(Smith-Christopher). 어떤 사람은 히브리어로, 어떤 사람은 아람어로 기록해 종합한 것이 다니엘서라는 주장이다(Torrey, Montgomery). 이 학설에 의하면 다니엘서 편집자는 책의 최종 형태에 어떤 기여도 하지 않았으며, 그저 여러 조각의 글을 별 생각 없이 한곳에 모았을 뿐이다. 가장 설득력이 없는 제안이다. 이렇게 설명하기에는 다니엘서의 히브리어 부분과 아람어로 저작된 부분이 참으로 많은 통일성과 연결성을 유지하고 있기 때문이다.

한 가지 특이한 것은 여호와를 섬기지 않는 이방 왕들과 그들이 통치하는 이방 나라에 대한 이야기를 중심으로 형성된 2-7장은 당시 통용어인 아람어로 기록되어 있고, 여호와의 백성인 유다 사람들의 미래에 관한 예언은 히브리어로 기록되어 있다는 사실이다. 이 같은 구분이 완벽하지는 않지만, 대체적으로 설득력이 있다. 그렇다면 저자가 자기 책을 구성하고 있는 본문 내용이 누구에 관한 것인가에 따라 사용하는 언어를 구분했다는 것을 알 수 있다. 주의 백성을 주제로 한 메시지는 히브리어로, 열방을 주제로 한 메시지는 아람어로 저작한 것이다. 이러한 차원에서 다니엘서는 이방인들과 주의 백성을 구분하는 책이라 할 수 있다.

다니엘서가 두 언어를 사용하는 일에서 다음과 같은 사실을 확인할 수 있다. 첫째, 선지자 다니엘의 개인적인 회고(2-3, 5-6장)의 대부분이 아람어 본문에 등장한다.[4] 또한 책의 서론(1장)과 그가 본 환상 중 주의 백성과 직접적으로 연관이 있는 것들은 대부분 히브리어로 기록되어 있다.

둘째, 다니엘서의 아람어 부분(2-7장)은 뚜렷한 교차대구법적인 구조를 지니고 있다. 다음을 참조하라.

A. 여호와의 통제 아래 있는 네 개의 제국(2장)
B. 핍박 중에도 신실한 주의 자녀들(3장)
C. 교만한 이방 왕이 겸손해짐(4장)

---

4 1-6장을 구성하고 있는 장르 명칭에 대하여는 Smith-Christopher를 참조하라.

C′. 교만한 이방 왕이 겸손해짐(5장)
B′. 핍박 중에도 신실한 주의 자녀들(6장)
A′. 여호와의 통제 아래에 있는 네 개의 제국(7장)

위 구조에서 4장은 느부갓네살을, 5장은 벨사살을 중심으로 구성되어 있다. 바빌론의 정황을 고려할 때 이 왕들은 바빌론 제국을 상징하는 사람들이다. 느부갓네살은 처음 왕으로, 벨사살은 마지막 왕으로 간주될 수 있다. 그러므로 4-5장은 여호와 하나님이 세상 모든 권세에 대해 가지신 계획과 목적과 그들에게 내려주시는 은혜에 대해 경고하고 권면하는 기능을 지니고 있다.

셋째, 1-6장과 7-12장은 내용뿐만 아니라 장르에서도 현저한 차이가 있다(cf. Gowan, Lucas, Smith-Christopher). 1-6장은 여러 사건에 대한 이야기로 구성된 일종의 회고록이며, 7-12장은 환상을 통해서 밝혀지는 미래에 관한 계시/묵시들이다. 다니엘의 회고로 간주되는 1-6장은 다니엘을 3인칭으로 묘사하고 있으며, 7-12장에서는 다니엘이 1인칭으로 이야기를 진행한다. 또한 1-6장은 느부갓네살(1-4장), 벨사살(5장), 다리우스(6장) 등을 중심으로 책을 전개해 나가다가 7-12장에서는 벨사살(7-8장), 다리우스(9장), 키루스(10장) 때에 받은 계시들로 연결되어 있다. 다니엘은 하나님께 받은 메시지를 시대적인 순서를 따라 자신의 책에 기록하지 않은 것이다.

(2) 정경 위치

유대인들은 벌써 오래전부터 다니엘을 '선지자'로 불렀다(cf. 마 24:15, 요세푸스 Ant. 10.11.7). 다니엘서는 칠십인역(LXX)에서 시작된 전례에 따라 기독교 정경에서도 대선지서 가운데 하나로 자리를 굳혔다. 그러나 유대인 정경에서 다니엘서는 선지서(viz., 후선지서)가 아니라 성문서에 속해 있다. 이 유대인 정경의 전체 순서에 따르면 마지막에서 네 번째(에스라–느헤미야–역대기 바로 전)에 등장한다.

비평학자들이 이러한 현상을 보고 잠잠히 있을 리 없다. 히브리 사람들의 정경에서 선지서에 속하지 못하고 성문서에 속하기 때문에 다니엘서는 주전 6세기경에 기록된 예언서가 아니라, 마카비 형제들이 활동하던 시기인 주전 160년경에 저작되었다는 것이다. 정경의 선지서 부분에 속하기에는 너무 늦게 집필되었다는 것이다. 또한 다니엘서가 주전 2세기에 저작된 것은 이 책이 미래에 될 일을 환상 등으로 기록한 예언서가 아니라 이미 일어난 역사적 사건들을 마치 미래에 있을 일들처럼 묘사해놓은 역사서라는 증거라고 주장한다.

이 학자들에 의하면 다니엘은 주전 6–7세기에 바빌론과 페르시아에서 살았던 실제 인물이 아니라 다니엘서가 만들어낸 가상 인물에 불과하다. 그러나 복음서에 예수님이 다니엘의 예언을 풀이하시는 말씀이 두 차례 나온다(마 24:15, 막 13:14, cf. 단 9:27, 12:11). 이 과정에서 예수님은 다니엘을 과거에 살았던 실제 선지자로, 또한 다니엘서는 그가 기록한 책이라는 사실을 전제하신다.

신약이 예수님을 '인자'(son of man)로 칭할 때, 이 개념은 에스겔서가 아니라, 다니엘서 7장을 근거로 한다. 예수님의 가르침에서 자주 등장하는 '하나님 나라'(Kingdom of God)는 구약에서 자주 언급되지 않는 개념이다. 반면에 다니엘서는 이 개념을 자주 언급한다(2:44, 4:3, 34, 6:26, 7:14, 27). 천사 가브리엘(눅 1:19, 26)과 미가엘(유 9, 계 12:7)은 구약에서는 다니엘서에서만 모습을 보인다(단 8:16, 9:21, 10:13, 21, 12:1). 계시록은 다니엘서를 최소한 60차례 이상 인용한다(Gowan). 신약이 이처럼 다니엘서를 광범위하게 인용하는 것은 다니엘이 실제 주전 6세기 인물이었다는 것을 전제하기 때문이다. 게다가 히브리서 11:33에서 '사자들의 입을 막은 믿음의 선진'을 언급할 때 다니엘을 염두에 두고 기록한 말씀인 듯하다. 예수님과 신약은 다니엘을 실제 인물로, 다니엘서에 기록된 사건들을 실제로 있었던 일로 증언하고 있다.

더 나아가 이 학자들은 다니엘서가 선지서 섹션에 포함되지 않은 것이 선지서를 구성하는 정경의 범위와 순서가 이미 주전 3세기에 정리되었으므로 주전 2세기에 저작된 다니엘서는 성문서에 포함될 수밖에 없었다고 한다(cf. Beckwith). 그러나 구약의 선지서 섹션이 주전 3세기에 정경화되었다는 역사적 증거는 그 어디에도 없다. 또한 다니엘서가 주전 2세기에 예언서처럼 저작된 역사서라는 것은 반박할 필요도 없는 허무맹랑한 주장이며, 사람은 미래에 대해 예언할 수 없다는 신학적 선입견에서 비롯된 것이지, 뒷받침할 만한 어떤 증거도 없다.

다니엘서가 성문서에 포함되어 있는 이유는 다니엘의 직업과 바빌론에서의 그의 위치와 관련이 있다. 다니엘은 '전문 선지자'가 아니다. 그는 세상의 정치에 관여한 평신도였다. 더 나아가 그는 유대인들이 부정한 땅이므로 하나님의 말씀이 임할 수 없다는 편견을 지닌 바빌론에서 산 사람이다. 이 두 가지는 다니엘서를 선지서 섹션에 포함시키기 어려운 조건으로 작용했다.

선지서가 이 두 가지 조건 중 하나에만 해당하면 선지서 섹션에 포함되는 것은 문제가 되지 않았다. 첫 번째 조건(저자가 전임 선지자가 아닌 경우)에 해당하는 책이 아모스서이다. 선지자 아모스는 남왕국 유다의 드고아에서 사업을 하던 비즈니스맨이었다. 그는 하나님의 명령을 따라 짧게는 2주, 길게는 2개월 정도 북왕국 이스라엘로 '단기 선교'를 갔다. 그때 그가 북왕국 이스라엘 사람들을 상대로 선포한 메시지가 아모스서의 대부분을 차지한다. 비록 그가 전문 선지자가 아니고 비즈니스맨이었지만, 그의 책은 유대인 정경에서 선지서 섹션에 포함되어 있다. 이스라엘 땅에서 그에게 하나님의 말씀이 임했기 때문이다.

두 번째 조건(저자가 타국에서 받은 신탁)에 해당하는 경우는 에스겔서이다(나훔도 이 분류에 해당한다고 볼 수 있다). 에스겔서는 선지자가 바빌론에서 받은 말씀과 묵시를 기록한 책이다. 그가 하나님의 소명을 받은 후 선지자 사역에만 몰두했던 흔적이 에스겔서 곳곳에 남아 있다. 그러므로 그가 남긴 책이 유대인 정경의 선지서 섹션에 포함된 것이다.

일부 학자들은 에스겔의 경우 그가 환상 속에서라도 예루살렘을 방문했기 때문에 이 원리에 영향을 받지 않는다고 한다. 그러나 이런 주장은 큰 설득력을 지닌 것이 아니며, 이스라엘 땅을 지나치게 거룩하고 특별하게 간주하는 처사에서 비롯된 것에 불과하다. 그들이 주장하는 것처럼 이스라엘은 하나님이 창조하신 특별한 땅이다. 그러나 그 땅은 세상에 있는 여느 나라만큼 거룩하고 경건한 땅이지, 그 이상도 그 이하도 아니다. 한국이나 중국도 이스라엘만큼이나 거룩하고 특별한 땅이다. 창조주 하나님이 매우 특별하게 만드셨기 때문이다.

이러한 정황을 고려할 때 이 두 조건이 충족되면 유대인의 정경 중 선지서 섹션이 아니라, 성문서 섹션에 포함되었다. 그러므로 유대인들이 다니엘서를 선지서 섹션에 포함시키지 않은 것은 당연한 일이다.

(3) 다니엘(דָּנִיֵּאל)과 다넬(דָּנִיאֵל)

다니엘은 매우 지혜로운 사람이었다. 에스겔 14:14, 20은 그를 노아, 욥과 함께 의에서 뛰어난 모범이 되는 삼총사로 기록하고 있다. 그런데 학자 중에는 에스겔이 언급하는 '다니엘'은 우가릿 신화에 등장하는 '다넬'이라고 주장하는 사람들이 있다. 사실 히브리어로는 이 두 사람의 이름은 차이가 없다고 보아도 무관하기 때문에 혼란이 더 가중된다.

우가릿 신화의 다니엘은 반(半)이 신(demi-god)적인 존재였으며 지혜롭고 의로운 재판으로 유명했다(cf. Seow). 그는 고아와 과부를 송사했던 왕이었으며, 아캇(Aqahat)의 아버지였다(ANET, 149-55). 학자들은 에스겔 선지자가 이 신화적인 인물을 언급하고 있는 것이지, 다니엘서와 연관된 다니엘을 가리키는 것이 아니라고 주장한다. 그러나 이 학자들의 주장에는 그들이 설명하지 못하는 문제들이 있다.

첫째, 에스겔 선지자가 우상을 숭배하던 이교도 다니엘과 유대교 안에서 의를 상징하는 대표적인 인물인 노아와 욥을 동일시했다는 주장은 받아들이기가 쉽지 않다. 욥과 노아는 성경에 등장하는 인물들이라는 사실을 감안할 때, 에스겔처럼 이방 신들에 대해 극에 달하는 부정적인 시각을 가진 선지자가 이방 사람들의 종교적인 신화에나 등장하는 인물을 의의 모범 사례로 들었을 가능성이 얼마나 될까? 특히 우가릿 신화에 등장하는 다니엘이 실제 인물이었는지, 아니면 단순한 전설에 불과했는지도 확실치 않다. 반면에 성경은 욥과 노아는 실제 인물이었다는 것을 전제한다.

둘째, 에스겔이 언급하는 세 사람 중 노아와 욥은 성경에 등장하는 인물 중에서도 매우 오래전 사람들이었다는 사실을 감안할 때, 다니엘서와 관련된 다니엘은 에스겔 시대에 살던 사람이었기 때문에 이 목록에 잘 어울리지 않는다는 것이 문제가 되기도 한다. 그러나 다음과 같이 생각해보자. 노아는 대홍수 전후로 살았던 사람이며 그가 죽은 후 얼마나 많은 세월이 흘렀는지 전혀 알 수도 없는 희미한 과거의 사람이다. 그러나 그를 통해 온 인류가 세상에 퍼졌다.

욥은 아브라함 시대의 사람이다. 그렇다면 그는 어느 정도 확신을 가지고 가늠할 수 있는 시대의 사람일 뿐만 아니라, 이스라엘의 창시자인 아브라함과 동시대를 살았던 사람이다. 욥은 이스라엘이 잉태되었을 때 살았던 의인인 것이다. 반면에 다니엘은 이스라엘의 최후 순간을 지켜본 사람이다. 그렇다면 에스겔이 노아-욥-다니엘을 언급하는 것에는 설득력 있는 논리가 있다. 그는 아득한 옛(viz., 태초) 시대를 대표하는 의인으로 노아를 지목하고 있으며, 이스라엘이 탄생하던 시대를 대표하는 의인으로 욥을, 이스라엘이 멸망한 시대를 대표하는 의인으로 다니엘을 지목하고 있다. 이런 논리에서 볼 때, 우가릿의 다니엘보다는 다니엘서의 다니엘이 이 목록에 훨씬 더 잘 어울린다.

셋째, 다니엘은 주전 605년에, 에스겔은 다니엘이 바빌론으로 끌려간 지 8년 후인 주전 597년에 바빌론으로 갔다. 다니엘은 어린 시절부터 바빌론 사회에 형성된 '유대인들의 사회'에서 매우 명성이 높았을 것이다. 에스겔이 처음으로 하나님의 계시를 받기 시작한 때가 주전 592년이다(cf. 겔 1:1-2). 그렇다면 에스겔이 계시를 받기 시작했을 때, 다니엘은 이미 바빌론의 정치계에 깊이 관여하고 있었을 가능성이 높고 그의 명성이 유대인들 사이에 매우 자자했을 수 있다. 에스겔이 자신의 책에 다니엘에 대해 자랑스럽게 기록했을 가능성이 더 큰 것이다.

넷째, 에스겔 28:3에서는 선지자가 다니엘을 의가 아니라 지혜의 상징으로 언급하고 있다. 물론 우가릿의 다니엘도 지혜를 겸비한 자였지만, 그는 의로움으로 더 많이 알려졌다. 그러므로 에스겔이 다니엘을 언급하면서 지혜를 더 부각한다는 것은 다니엘서의 다니엘에게 더 적합한 명성이다.[5]

(4) 추가 부분

다니엘서의 칠십인역(LXX)은 우리 성경에 포함되어 있지 않은 부분을 네 개나 더 지니고 있다. (1) 아자리야의 기도, (2) 세 소년의 노래, (3) 수산나 이야기, (4) 벨과 용. 가톨릭 성경은 이 이야기들을 외경에 포함했다.

첫째, 아자리야의 기도와 세 소년의 노래는 다니엘서 3:23과 3:24 사이에 삽입되어 있다. 내용은 다음과 같다.

---

5 우가릿 신화에 등장하는 다니엘은 에스겔이 모범 사례로 지목할 만한 지혜나 의로움을 지니지 않았다고 결론짓는 학자들이 있다(cf. Collins). 그렇다고 해서 이 학자들이 다니엘서의 다니엘을 대안으로 받아들이는 것은 아니다. 그들은 우가릿 신화와 전혀 상관없는 또 하나의 다니엘 이야기가 존재했을 것으로 추측한다. 에스겔이 오늘날까지 전혀 알려지지 않은 다니엘을 언급하고 있다는 것이다. 그러나 이 다니엘에 관해 아직까지 아무것도 발굴되거나 알려진 바가 없다. 이 인물은 학자들의 상상 속에 존재할 뿐이다. 다소 안타까운 것은 학자들이 존재하지 않는 인물을 상상해낼지언정 다니엘서의 다니엘을 에스겔이 언급하는 다니엘로는 받아들일 수 없다고 선을 긋는 현실이다.

아자리야의 기도(공동번역)
24 그들은 불길 가운데를 걸으면서 하느님을 찬양하고 주님께 찬미를 드렸
다. 25 아자리야는 불 속에 우뚝 서서 입을 열어 이렇게 노래하였다. 26 우
리 조상들의 하느님이시며 공경하올 주님, 찬미받으소서. 당신의 이름이
영원히 찬미를 받으소서. 27 당신께서 우리에게 하신 모든 일이 옳았으며,
당신의 모든 약속은 어김없이 이루어졌사오며 당신의 길은 곧바르며 당신
의 심판은 언제나 올바르옵니다. 28 당신께서 우리들에게 내리신, 그리고
우리 조상들의 거룩한 도시 예루살렘에 내리신, 모든 징벌에 있어서 당신
의 판결은 옳았습니다. 당신께서 우리에게 이런 징벌을 내리신 것은 우리
의 죄 때문이고 우리는 당신의 징벌을 받아 마땅하옵니다. 29 우리는 죄를
지었으며 당신을 떠남으로써 죄악을 저질렀습니다. 과연 우리는 큰 죄를
지었읍니다. 우리는 당신의 율법이 명하는 것을 귀담아 듣지 않았으며 30
그것을 지키지도 않았읍니다. 우리에게 잘 되라고 명령하신 것을 우리는
지키지 않았읍니다. 31 그러므로 당신께서 우리에게 내리신 모든 징벌과
당신께서 우리에게 하신 모든 일은 정의로우신 처사였습니다. 32 당신은
우리를 원수들의 손에 넘기셨으며 율법을 모르는 자들과 최악의 배교자들
손에 넘기셨고 온 세상에서 가장 나쁜 불의한 왕의 손에 넘기셨읍니다. 33
그래서 오늘날 우리는 입이 있어도 말을 못하고 당신을 섬기고 경배한다
는 우리들이 차지할 몫은 치욕과 불명예뿐입니다. 34 그러나 당신의 이름
에 의지하오니 언제까지나 우리를 저버리지 마시고 당신의 계약을 외면하
지 마소서. 35 당신의 친구 아브라함과 당신의 종 이사악과 당신의 거룩한
백성 이스라엘을 보시고 당신의 자비를 우리에게서 거두지 마소서. 36 당
신은 하늘의 별과 같이 무수하고 바닷가의 모래알과 같이 수많은 자손을
약속하셨습니다. 37 주님, 이제 우리는 모든 민족 중에서 가장 작은 민족이
되었고 오늘 우리는 세상 어디에서나 천대받는 백성이 되었읍니다. 이것
은 우리의 죄 때문입니다. 38 지금 우리에게는 지도자도 예언자도 왕도 없
으며 번제물도 희생제물도 봉헌제물도 유향도 없고 첫 열매를 바칠 장소

조차 없습니다. [39] 그러니 어디에서 당신의 자비를 구할 수 있겠습니까? 그러나 우리의 뉘우치는 마음과 겸손하게 된 정신을 받아 주소서. [40] 이것을 염소와 황소의 번제물로 여기시며 수많은 살진 양으로 여기시고 받아 주소서. 이것이 오늘 당신께 바치는 제물이오니 우리로 하여금 당신을 완전히 따르게 하소서. 당신께 희망을 건 사람들은 절대로 실망하지 않습니다. [41] 이제 우리는 온전한 마음으로 당신을 따르렵니다. 그리고 당신을 두려워하며 당신의 얼굴을 다시 한번 뵈옵기를 갈망합니다. [42] 우리로 하여금 부끄러움을 당하지 말게 하소서. 당신은 관대하시고 지극히 자비로운 분이시니 우리에게 관용을 베푸소서. [43] 당신은 놀라운 업적을 이룩하신 분이시니, 우리를 구해 주소서. 주님, 당신 이름이 영광스럽게 빛나시기를 빕니다. [44] 당신을 섬기는 사람을 학대하는 자들이 부끄러움을 당하게 하소서. 그들의 콧대가 꺾이고 힘을 박탈당하여 그들로 하여금 치욕을 뒤집어 쓰게 하소서. [45] 당신 홀로 하느님이시고 주님이심을 알게 하시고 당신의 영광이 온 땅에 빛남을 알게 하소서. [46] 왕의 종들은 그들을 불타는 가마 속에 집어 던지고 거기에 나프다 기름과 송진과 삼 부스러기와 나뭇조각을 계속 넣었다. [47] 그래서 불길이 가마 위로 마흔 아홉 자나 치솟아 올라 갔고 [48] 또 밖으로 퍼져 나와서, 가마 주위에 있던 갈대아 사람들을 태워 버렸다. [49] 그러나 주의 천사가 가마로 내려 와서 아자리야와 그의 동료들 곁으로 갔다. 그리고 불꽃을 가마 밖으로 내어 몰고 [50] 가마 가운데서 마치 산들바람이나 이슬과 같은 시원한 입김을 그들에게 불어 주었다. 그래서 불은 그들을 다치지 못하였고 그들에게는 어떠한 아픔이나 괴로움도 미치지 않았다.

이어 칠십인역은 세 소년의 노래로 이어진다.

세 소년의 노래

[51] 그 때에 세 젊은이는 가마 속에서 입을 모아 하느님께 영광을 드리며 하

느님을 찬미하고 찬송하는 노래를 이렇게 불렀다. [52] 우리 조상들의 주 하느님, 찬미받으소서. 영원무궁토록 주님을 높이 받들며 찬양합니다. 당신의 영광스럽고 거룩한 이름, 찬미받으소서. 영원무궁토록 그 이름 높이 받들며 찬양합니다. [53] 성스럽고 영광스러운 성전 안에 계신 주님, 찬미받으소서. 영원무궁토록 모든 것 위에 주님을 높이 받들며 영광을 올립니다. [54] 당신의 왕국을 통치하시는 주님, 찬미받으소서. 영원무궁토록 모든 것 위에 주님을 높이 받들며 찬양합니다. [55] 거룹 위에 앉으시어 깊은 곳을 살피시는 주님, 찬미받으소서. 영원무궁토록 모든 것 위에 주님을 높이 받들며 영광을 올립니다. [56] 높은 하늘에 계신 주님, 찬미받으소서. [57] 주님께서 만드신 만물이여, 주님을 찬미하여라. 주님께 지극한 영광과 영원한 찬양을 드려라. [58] 주님의 천사들이여, 모두 주님을 찬미하여라. 주님께 지극한 영광과 영원한 찬양을 드려라. [59] 천체들이여, 주님을 찬미하여라. 주님께 지극한 영광과 영원한 찬양을 드려라. [60] 하늘 위의 물들이여, 주님을 찬미하여라. 주님께 지극한 영광과 영원한 찬양을 드려라. [61] 주님의 권세들이여, 모두 주님을 찬미하여라. 주님께 지극한 영광과 영원한 찬양을 드려라. [62] 해와 달이여, 주님을 찬미하여라. 주님께 지극한 영광과 영원한 찬양을 드려라. [63] 하늘의 별들이여, 주님을 찬미하여라. 주님께 지극한 영광과 영원한 찬양을 드려라. [64] 비와 이슬이여, 모두 주님을 찬미하여라. 주님께 지극한 영광과 영원한 찬양을 드려라. [65] 바람들이여, 모두 주님을 찬미하여라. 주님께 지극한 영광과 영원한 찬양을 드려라. [66] 불과 열이여, 주님을 찬미하여라. 주님께 지극한 영광과 영원한 찬양을 드려라. [67] 겨울의 추위와 여름의 더위여, 주님을 찬미하여라. 주님께 지극한 영광과 영원한 찬양을 드려라. [68] 이슬과 우박이여, 주님을 찬미하여라. 주님께 지극한 영광과 영원한 찬양을 드려라. [69] 서리와 추위여, 주님을 찬미하여라. 주님께 지극한 영광과 영원한 찬양을 드려라. [70] 얼음과 눈이여, 주님을 찬미하여라. 주님께 지극한 영광과 영원한 찬양을 드려라. [71] 밤과 낮들이여, 주님을 찬미하여라. 주님께 지극한 영광과 영원한 찬양을 드려라. [72] 빛과 어둠이여,

주님을 찬미하여라. 주님께 지극한 영광과 영원한 찬양을 드려라. 73 번개
와 구름이여, 주님을 찬미하여라. 주님께 지극한 영광과 영원한 찬양을 드
려라. 74 땅이여, 주님을 찬미하여라. 주님께 지극한 영광과 영원한 찬양을
드려라. 75 산과 언덕들이여, 주님을 찬미하여라. 주님께 지극한 영광과 영
원한 찬양을 드려라. 76 땅에서 자란 모든 것들이여, 주님을 찬미하여라.
주님께 지극한 영광과 영원한 찬양을 드려라. 77 샘물들이여, 주님을 찬미
하여라. 주님께 지극한 영광과 영원한 찬양을 드려라. 78 바다와 강들이여,
주님을 찬미하여라. 주님께 지극한 영광과 영원한 찬양을 드려라. 79 고래
와 바다에 사는 모든 것들이여, 주님을 찬미하여라. 주님께 지극한 영광과
영원한 찬양을 드려라. 80 하늘의 새들이여, 모두 주님을 찬미하여라. 주님
께 지극한 영광과 영원한 찬양을 드려라. 81 야수들과 가축들이여, 주님을
찬미하여라. 주님께 지극한 영광과 영원한 찬양을 드려라. 82 사람의 아들
들이여, 주님을 찬미하여라. 주님께 지극한 영광과 영원한 찬양을 드려라.
83 이스라엘아, 주님을 찬미하여라. 주님께 지극한 영광과 영원한 찬양을
드려라. 84 사제들이여, 주님을 찬미하여라. 주님께 지극한 영광과 영원한
찬양을 드려라. 85 주님의 종들이여, 주님을 찬미하여라. 주님께 지극한 영
광과 영원한 찬양을 드려라. 86 의인들의 마음과 영혼이여, 주님을 찬미하
여라. 주님께 지극한 영광과 영원한 찬양을 드려라. 87 성스러운 자들과 마
음이 겸손한 사람들이여, 주님을 찬미하여라. 주님께 지극한 영광과 영원
한 찬양을 드려라. 88 아나니야와 아자리야와 미사엘이여, 주님을 찬미하
여라. 주님께 지극한 영광과 영원한 찬양을 드려라. 주님은 우리를 지옥에
서 건져 주셨고 죽음의 손에서 빼내 주셨으며 불타는 가마 속에서 구해 주
셨고 불길 속에서 구해 주셨다. 89 주님께 감사를 드려라. 주님은 선하시고
그분의 사랑은 영원하시다. 90 주님을 경배하는 모든 이들이여, 모든 신들
위에 계시는 하느님을 찬미하여라. 그분을 찬양하고 감사를 드려라. 그분
의 사랑은 영원하시다.

수산나 이야기는 다니엘서 12:13 이후에 삽입되어 있다.

1 바빌론에 요야킴이라는 사람이 살고 있었다. 2 그는 힐키야의 딸 수산나
와 결혼하였는데 수산나는 그 용모가 아름답고 하느님을 공경하며 사는
여자였다. 3 수산나의 양친이 대단히 훌륭한 사람들이어서 그 딸을 모세의
율법에 따라 잘 키웠던 것이다. 4 한편 요야킴은 큰 부자로서 자기 집에 넓
은 정원을 가지고 있었다. 그는 누구보다도 큰 존경을 받는 사람이었기 때
문에 많은 유다 사람들이 자주 그를 찾아 오곤 하였다. 5 그런데 그 해에
두 노인이 백성 가운데서 재판관으로 뽑혔다. "백성의 지도자로 자처하는
원로들과 재판관들을 통하여 악이 바빌론에 들어 왔다"라는 주님의 말씀
은 바로 이자들을 두고 하신 말씀이었다. 6 이 두 사람은 자주 요야킴의 집
을 드나들었으며 소송거리가 있는 사람들은 누구나 그곳으로 그들을 찾아
갔다. 7 사람들이 모두 다녀 간 다음 오정 때가 되면, 수산나는 자기 남편
의 정원을 거닐곤 하였다. 8 정원에서 산책하는 수산나를 매일 눈여겨 본
그 두 노인은 수산나에게 음욕을 품기 시작하였다. 9 그들은 하늘 무서운
것도 모르고, 정당한 판단을 할 수 없을 만큼 이성을 잃어 버리게 되었다.
10 이 두 사람은 같은 욕정에 불타면서도 서로 내색을 하지 않았다. 11 수
산나와 정을 통하고 싶다는 말을 털어 놓기가 몹시 부끄러웠기 때문이다.
12 그러나 그들은 여전히 매일 그 여자를 보려고 애썼다. 13 그러다가 어느
날 그들은 "이제 점심 때가 되었으니 집으로 돌아 가세"라고 말하고 헤어
져 각기 다른 방향으로 떠났다. 14 그러나 그 두 사람은 제각기 가던 길을
되돌아 와서 다시 마주치게 되었다. 그들은 서로 돌아 온 이유를 묻게 되
어 마침내 그들의 음욕을 고백하고는 수산나가 혼자 있을 때에 기습할 기
회를 찾기로 하였다. 15 그래서 그들은 좋은 때가 오기만을 기다리고 있었
다. 그런데 어느 날 수산나가 젊은 하녀 둘만을 데리고 여느 때와 마찬가
지로 정원에 나타났다. 그 날은 몹시 더워서 수산나는 정원에서 목욕을 하
려고 하였다. 16 거기에는 숨어서 수산나를 엿보고 있는 그 두 노인들 외에

는 아무도 없었다. [17] 수산나는 하녀들에게, 기름과 향유를 가져오고 자기
가 목욕하는 동안 정원문을 닫아 걸라고 일렀다. [18] 그들은 수산나가 시키
는 대로 정원문을 닫고 수산나가 원하는 것을 가지러 옆문으로 해서 집으
로 들어갔다. 하녀들은 그 두 노인들이 숨어 있는 것을 전혀 모르고 있었
다. [19] 하녀들이 나가자마자, 그 두 노인은 곧 일어나서 수산나에게로 달려
가 이렇게 말하였다. [20] "자, 정원문은 닫혔고 우리를 보는 사람은 아무도
없소. 우리는 부인을 사모하오. 그러니 거절하지 말고 같이 잡시다. [21] 만일
거절하면 부인이 젊은 청년과 정을 통하려고 하녀들을 내보냈다고 증언하
겠소." [22] 수산나는 한숨을 내쉬면서 말하였다. "나는 지금 함정에 빠져 사
방으로부터 몰리고 있구나. 만일 내가 이자들의 말을 들어 주면 그것은 곧
나에게는 죽음이다. 만일 거부하면 이자들의 손아귀에서 벗어날 수가 없
다. [23] 내가 주님 앞에 죄를 짓느니 차라리 깨끗한 몸으로 이자들의 모략
에 걸려드는 편이 낫겠구나." [24] 그리고 수산나는 크게 소리쳤다. 두 노인
도 수산나를 향해서 소리소리 지르고 [25] 그 중 한 사람은 달려 가서 정원
문을 열어 제쳤다. [26] 그 집 하인들이 정원에서 나는 고함소리를 듣고 무슨
일인가 하고 옆문으로 달려 나왔다. [27] 하인들은 그 노인들의 이야기를 듣
고 어리둥절하였다. 일찍이 수산나를 두고 그와 같은 추문을 들은 적은 단
한 번도 없었기 때문이다. [28] 그 다음날 수산나의 남편 요야킴의 집에 사람
들이 모여 들었다. 그 두 노인도 복수심에 불타 수산나를 죽이리라 결심하
고 그 집으로 왔다. [29] 그들은 그 곳에 모인 사람들에게 "힐키야의 딸이며
요야킴의 아내인 수산나를 불러 오시오" 하고 말하였다. 그래서 수산나를
부르러 사람이 갔다. [30] 수산나는 그 양친과 자녀들과 온 친척들과 함께 그
자리에 나왔다. [31] 그 때의 수산나는 매우 우아하였고 그의 모습은 보기만
하여도 아름다웠다. [32] 수산나는 너울로 얼굴을 가리고 나왔는데 그 악인
들은 수산나의 아름다운 자태를 보고 즐기기 위하여 너울을 벗게 하였다.
[33] 그러자 수산나의 일가친척들은 모두 울음을 터뜨렸고 그 모습을 본 다
른 사람들도 모두 울었다. [34] 그 두 노인은 그 자리에 모인 사람들 한가운

데에서 벌떡 일어나 수산나의 머리에 그들의 손을 얹었다. [35] 수산나는 하느님을 믿고 눈물어린 두 눈을 들어 하늘을 쳐다보았다. [36] 두 노인은 이렇게 고발하였다. "우리가 단 둘이서 정원을 거닐고 있을 때, 이 여자가 하녀 두 사람을 데리고 정원으로 왔소. 그는 정원문을 닫아 걸고 하녀들을 내보내었소. [37] 그 때 숨어 있던 한 젊은 청년이 그에게로 달려 가 남녀가 정을 통했소. [38] 그 때 우리는 정원 구석에 있었는데 거기서 범행이 벌어지는 광경을 보고 그들에게로 달려 갔지요. [39] 우리는 두 남녀의 정사를 틀림 없이 보았지만 그 젊은이는 놓치고 말았소. 그자는 우리보다도 힘이 센 놈이어서 문을 열어 제치고 도망쳐 버렸던 것이오. [40] 그래서 이 여인을 붙잡아 그 남자가 누구냐고 물었지요. [41] 그는 입을 다물고 말하지 않았소. 이것이 우리의 증언이오." 그 두 노인은 백성들의 원로이며 또한 재판관이었기 때문에 거기에 모인 사람들은 그들의 말을 곧이들었다. 따라서 수산나는 사형을 선고받았다. [42] 수산나는 큰 소리로 외치며 이렇게 말하였다. "영원하신 하느님, 당신은 모든 비밀을 다 아시며, 무슨 일이 일어나기 전에 다 아십니다. [43] 당신은 이들이 저에 대하여 한 증언이 거짓이라는 것을 알고 계십니다. 그들이 악의로 저를 고발하여 저는 지금 죽습니다마는 저들이 조작해 낸 모든 죄는 저와 상관이 없습니다." [44] 주님께서는 수산나의 절규를 들으시고 [45] 그가 사형장으로 끌려 나갈 때에 다니엘이라는 소년의 마음 속에 성령을 불어 넣어 일으키셨다. [46] 그러자 다니엘은 큰 소리로 "나는 이 부인의 죽음에 대하여 책임이 없다"라고 외쳤다. [47] 그 자리에 모인 사람들의 눈이 다니엘에게 쏠렸다. 그리고 그들은 "그 말이 무슨 소리냐?" 하고 물었다. [48] 다니엘은 군중들 한가운데 서서 이렇게 말하였다. "이스라엘의 피를 받은 여러분이 이렇게 우둔할 수가 있겠습니까? 심문하시도 않고, 확증도 없이 이스라엘의 한 여자를 처단할 수 있겠습니까? [49] 모두 재판하던 장소로 돌아 가십시오. 이자들이 수산나에 대하여 모함하려고 한 증언은 모두 거짓말입니다." [50] 사람들은 모두 급히 되돌아 갔다. 원로들이 다니엘에게 말하였다. "자, 하느님께서 너에게 원로 자격을 주셨으니 우리와 함께 앉아서 네 생각을 말해 보아라." [51] 다니엘은 "저들을 심문하고 싶으니 두 노인을 따로 떼어 놓으십시오" 하고 대답하였다. [52] 사람들이 그 두 노인을 따로 떼어 놓자 다니엘은 그 중 한 사람을 불러서 이렇게 심문하였다. "악행으로 늙은 당신이 전날에 저지른 온갖 죄가 이제 다 드러나게 되었소. [53] 당신은 불의한 재판을 하여 죄없는 사람을 처벌하고 죄있는 사람을 놓아주었소. 무죄하고 의로운 사람을 죽이지 말라고 말씀하시지 않았소? [54] 자 그러면, 당신이 분명히 보았다니, 그 두 사람이 어느 나무 밑에서 정을 통했소? 말해 보시오." 그 노인은 아카시아나무라고 대답하였다. [55] 다니엘이 말하였다. "당신이 한 거짓말 때문에 당신이 걸려 들었소. 하느님의 심판이 천사에게 전달되었소. 이제 곧 당신은 두 동강이가 날 것이오." [56] 다니엘은 그 노인을 물러가게 하고 다른 노인을 불러 들여 심문하였다. "당신은 유다 민족이 아니고 가나안 족속이오. 당신은 미모에 홀려서 정욕 때문에 당신 마음이 빗나갔소. [57] 당신은 이스라엘의 뭇 여자들을 그런 식으로 희롱해 왔는데, 그들은 겁에 질려 당신의 요구를 거부하지 못했던 것이오. 그러나 이 유다의 딸만은 당신의 악행을 참을 수가 없었소. [58] 자 그러면, 당신이 그 정사 현장을 기습하였다는데, 어느 나무 밑이었소?" 그 노인은 떡갈나무라고 대답하였다. [59] 다니엘은 이렇게 말하였다. "당신도 당신 거짓말에 걸려 들었소. 하느님의 천사가 칼을 손에 쥐고 당신을 두 동강이내어, 당신들 두 사람을 죽이려 하고 있소." [60] 그러자 온 군중은 주님을 믿는 사람들의 구원자이신 하느님을 소리 높여 찬양하였다. [61] 그리고 그들은 다니엘의 심문을 받아 자기들이 거짓증언했음을 자백한 두 노인에게 향했다. [62] 그들은 모세의 율법대로 그 두 노인에게, 자기의 이웃에게 덮어 씌우려고 하던 것과 같은 벌을 내렸다. 그 날 두 노인은 사형을 당하고 죄없는 한 여자는 목숨을 건졌다. [63] 힐키야와 그의 아내는 딸 수산나의 생명을 살려 주신 하느님께 감사를 드렸다. 또 수산나의 누명이 깨끗이 씻겨졌기 때문에 그의 남편 요야킴과 그의 모든 친척들도 하느님께 감사를 드렸다. [64] 그 날로부터 다니엘의 명성은 백성들 사이에 크게 퍼졌다.

마지막으로 벨과 용의 이야기는 다니엘서의 칠십인역(LXX) 끝에 첨부되어 있다.

다니엘과 벨의 사제들

[1] 아스티야게스 왕이 죽어서 그의 조상들 곁에 묻히고, 그 뒤를 이어 페르샤의 고레스가 왕이 되었다. [2] 그 왕은 다니엘을 매우 가까이하고, 그를 다른 어떤 친구보다도 높이 평가했다. [3] 그런데 당시 바빌론에는 벨이라는 우상이 하나 있었는데 사람들은 매일 가장 좋은 밀가루 열두 말과 양 사십 마리와 포도주 여섯 섬을 그에게 바치고 있었다. [4] 고레스왕도 매일 이 예식에 참예하러 가서 그 우상을 숭배하였다. 그러나 다니엘은 참 하느님을 숭배하였다. [5] 그래서 왕은 다니엘에게 왜 벨을 숭배하지 않느냐고 물었다. 다니엘은 이렇게 대답하였다. "저는 인간이 만들어 낸 우상을 숭배하지 않습니다. 다만 천지를 내시고 모든 인간을 다스리는 권능을 가지신 살아 계신 하느님만을 숭배합니다." [6] "그렇다면 너는 벨이 매일 먹고 마시고 하는 것을 보고도 그가 살아 있는 신이 아니라고 생각하느냐?" 하고 왕이 되물었다. [7] 다니엘은 웃으면서 "임금님, 속지 마십시오. 그 신은 속은 진흙이고 겉은 구리로 되어 있는데 먹고 마신다는 것이 웬 말씀입니까?" 하고 말하였다. [8] 이 말을 들은 왕은 크게 노하여 사제들을 불러다 놓고 이렇게 말하였다. "이 많은 음식을 누가 먹는지 말해 보아라. 그렇지 않으면 죽으리라. 너희가 그것을 벨이 먹는다는 것을 증명하기만 하면 벨을 모독한 죄로 다니엘을 사형에 처하겠다." [9] 다니엘은 "뜻대로 하십시오" 하고 왕에게 말하였다. 사제들의 수는 칠십 명이나 되었고 그 외에 그들의 처자들도 있었다. [10] 왕은 다니엘을 데리고 벨의 신전으로 갔다. 벨의 사제들은 왕에게 이렇게 말하였다. [11] "폐하! 폐하께서 친히 먹을 것과 포도주를 차려 놓으십시오. 우리는 이제 물러갑니다. 그리고 문을 잠그시고 폐하

의 옥새로 봉하십시오. 내일 아침에 와 보시고 벨이 이 모든 것을 잡수시
지 않았으면 우리는 사형을 받아도 좋습니다. 그러나 만일 다 잡수셨다면
모독자 다니엘을 죽이셔야 합니다." 12 그들은 젯상 밑에 비밀통로를 뚫어
놓고 매일 그 제물을 가져가곤 했었기 때문에 자신만만하게 이런 말을 하
였던 것이다. 13 사제들이 나간 후에 왕은 벨이 먹을 음식을 차려 놓았다. 14
한편 다니엘은 자기 신하들을 시켜 재를 가져오게 하고, 그 재를 성전 바
닥에 모두 뿌려 놓았다. 다니엘은 이것을 왕에게 알렸다. 그리고 나서 그
들은 성전을 나가 문을 닫고, 옥새로 봉인을 한 다음 궁으로 돌아 갔다. 15
그 날 저녁에도 여느 때와 같이 사제들은 처자들을 데리고 와서 이 모든
것을 먹고 마셔 버렸다. 16 다음날 아침 왕과 다니엘은 일찍이 일어났다. 17
왕은 다니엘을 보고 봉인이 그대로 있느냐고 물었다. 다니엘은 "폐하, 그
대로 있읍니다" 하고 대답하였다. 18 왕은 신전 문을 열고 젯상을 살펴 보
고 나서 "오 벨이여, 위대하십니다. 당신은 과연 우리를 속이지 않으셨읍
니다" 하고 부르짖었다. 19 그러나 다니엘은 웃으면서 왕이 안으로 더 들어
가지 못하게 막아 서고는 "바닥을 살펴 보십시오. 그리고 저 발자국들을
보십시오" 하고 말하였다. 20 왕은 "저것은 남자들과 여자들과 어린아이들
의 발자국이 아니냐?" 하고 말하면서, 21 노한 나머지 그 사제들과 그들의
처자들을 잡아오라고 명령하였다. 사제들은 자기들이 젯상 위의 제물을
처분할 때 사용하던 비밀통로를 왕에게 보여 주었다. 22 왕은 그들을 사형
에 처하고 벨을 다니엘에게 넘겨 주어 그 우상과 신전을 함께 부숴 버리게
하였다.

밲을 죽인 다니엘

23 그 당시 바빌론에는 큰 뱀이 있었는데 사람들은 또 이것을 숭배하였다.
24 왕이 다니엘에게 말하였다. "너는 이것도 사람이 구리로 만든 것이라고
하겠느냐? 보아라, 저렇게 살아 있으면서 먹고 마시고 하지 않느냐? 그
뱀을 살아 있는 신이 아니라고 할 작정이냐? 그러니 저 뱀을 숭배하여라."

25 다니엘은 이렇게 대답하였다. “나는 나의 하느님이신 주님을 숭배할 뿐
입니다. 그분만이 살아 계신 하느님이십니다. 폐하, 폐하께서 허락하신다
면 내가 칼이나 몽둥이를 쓰지 않고 그 뱀을 죽이겠읍니다.” 26 왕은 그렇
게 해보라고 허락하였다. 27 다니엘은 역청과 비계와 머리털을 한데 섞어
끓여 가지고 여러 덩어리로 만들어 뱀에게 먹였다. 뱀은 그것을 먹자 곧
죽어 버렸다. 다니엘은 왕에게 “저것이 폐하께서 숭배하시던 뱀입니다” 하
고 말하였다. 28 이 말을 들은 바빌론 사람들은 미칠 듯이 화가 나서 왕을
거역하여 들고 일어나 이렇게 말하였다. “저 왕은 유다 사람이 되어 버렸
다. 벨을 부숴 버렸고 뱀은 죽게 하고 사제들은 사형에 처하지 않았느냐?”
29 그들은 왕에게 가서 “다니엘을 우리에게 내주시오. 그렇지 않으면 당신
과 당신 가족을 죽여 버리겠소” 하고 말하였다. 30 왕은 격한 군중을 보고
다니엘을 그들에게 내어 주지 않을 수가 없었다.

사자 굴 속의 다니엘

31 군중은 다니엘을 사자굴 속에 던져 버렸다. 다니엘은 그 속에서 엿새 동
안을 지냈다. 32 그 굴 속에는 사자 일곱 마리가 있었는데 매일 죽은 사람
둘과 양 두 마리를 먹이로 주곤 하였다. 그런데 그 때는 그 엿새 동안 사
자들을 꼬박 굶겨, 틀림없이 다니엘을 잡아 먹게 하였다. 33 그런데 유다
에 하바꾹이라는 예언자가 있었다. 그 예언자는 국을 끓이고 빵을 잘게 썰
어 가지고 국과 빵을 바구니에 넣어 들에서 일하는 추수꾼들에게 가져가
는 길이었다. 34 그 때에 주님의 천사가 나타나, “네가 가지고 가는 그 음식
을 바빌론으로 가지고 가서 사자굴 속에 있는 다니엘에게 주어라” 하고 말
하였다. 35 하바꾹은 “주님! 저는 바빌론에 가 본 적도 없고 그 굴이 어디에
있는지도 모릅니다” 하고 대답하였다. 36 주님의 천사는 그의 머리털을 휘
어잡고 그를 번쩍 들어서 거센 입김으로 바빌론까지 날려 보내어 사자굴
가장자리에 내려 놓았다. 37 하바꾹은 “다니엘, 다니엘, 하느님께서 보내신
음식을 받아 먹으시오” 하고 외쳤다. 38 다니엘은 “하느님, 당신은 저를 잊

> 지 않으셨고 당신을 사랑하는 사람들을 저버리지 않으셨읍니다" 하고 말하였다. [39] 다니엘은 일어나서 그 음식을 먹었다. 한편 하느님의 천사는 즉시 하바꾹을 제 나라로 돌려 보냈다. [40] 일곱째 날에 왕은 다니엘의 죽음을 애도하려고 그 사자굴에 와서 속을 들여다 보았다. 그랬더니 다니엘이 그 속에 의젓이 앉아 있는 것이 아닌가. [41] 왕은 "다니엘의 하느님이신 주님, 당신은 위대하십니다. 당신밖에는 다른 신이 없읍니다" 하고 외쳤다. [42] 그러고 나서 왕은 다니엘을 사자굴에서 풀어 주고 그 대신 다니엘을 죽이려고 하던 자들을 그 속에 처넣었다. 그들은 당장에 사자의 밥이 되었다.

칠십인역(LXX)에 첨부된 이 이야기들이 의도하는 바를 쉽게 포착할 수 있다. 다니엘의 세 친구가 불구덩이에서 하나님의 특별한 은혜로 살아나게 되었는데, 특별한 찬양이 없는 점을 아쉬워해서 그들의 찬양을 더했다. 두 번째 이야기는 다니엘의 지혜가 어느 정도인지를 잘 묘사하고 있으며, 세 번째 이야기는 의로운 다니엘이 어찌 바빌론의 우상을 가만히 둘 수 있겠는가? 그러므로 다니엘이 지혜와 신앙을 동원해 바빌론의 신들을 심판했다며 그의 업적을 높이고 있다. 물론 이 이야기들은 사실이 아니다. 그러므로 이 이야기들은 유대교와 기독교 정경에 포함되지 않았다.

5. 메시지

다니엘서는 여러 가지 다양한 신학적 교훈을 지니고 있는 책이다. 그 중 몇 가지 중요한 것들을 살펴보자.

(1) 숨겨진 하나님

다니엘서의 가장 기본적이고 포괄적인 신학적 메시지는 "우리의 눈에 비추어진 현실은 전부가 아니다"라고 요약될 수 있다. 다니엘서는 바빌론으로 끌려온 이스라엘 포로민들의 암울하고 어두운 시대를 배경으로 하고 있다. 포로민들은 자신들의 바빌론 체험을 다음과 같이 회고했다.

우리가 바빌론의 강변 곳곳에 앉아서, 시온을 생각하며서 울었다.
그 강변 버드나무 가지에 우리의 수금을 걸어 두었더니,
우리를 사로잡아 온 자들이 거기에서 우리에게 노래를 청하고,
우리를 짓밟아 끌고 온 자들이 저희들 흥을 돋우어 주기를 요구하며,
시온의 노래 한 가락을 저희들을 위해 불러 보라고 하는구나.
우리가 어찌 이방 땅에서 주님의 노래를 부를 수 있으랴.
예루살렘아, 내가 너를 잊는다면,
내 오른손아, 너는 말라비틀어져 버려라.
내가 너를 기억하지 않는다면,
내가 너 예루살렘을
내가 가장 기뻐하는 것보다도
더 기뻐하지 않는다면,
내 혀야, 너는 내 입천장에 붙어 버려라.
(시 137:1-6, 새번역)

다니엘서를 통해 좌절과 슬픔으로 가득 찼던 유대인 포로들의 삶에 하나님의 위로의 메시지가 찬란하게 임했다. 선지자는 하나님이 아직도 자기 백성들을 사랑하실 뿐만 아니라, 그들이 이 땅에서 눈으로 보고 체험하는 일들이 전부가 아니라는 사실을 선언한다. 여호와께서는 이스라엘의 하나님이실 뿐만 아니라 온 열방의 통치자이시며, 인류의 모든 역사가 주님의 통치 아래 진행되고 있다. 또한 다니엘의 기도(9장)는 그들이 바빌론으로 끌려온 것이 여호와께서 바빌론의 신에게 패배

한 증거가 아니라, 이스라엘과 언약을 맺은 하나님이 그 언약의 세부 사항(viz., 언약 내용을 이행하지 않을 때 내려지는 저주)을 이행하시는 것뿐이라는 사실을 밝힌다.

주의 백성이 바빌론에서 보내는 징계의 시간이 지나면 그들은 다시 약속의 땅으로 회복될 것이다. 이런 면에서 다니엘서는 "믿음은 바라는 것들의 실상이요, 보이지 않는 것들의 증거"(히 11:1)라는 히브리 기자의 증언을 실감하게 한다. 그러므로 여호와를 의지하는 사람은 어떤 연단과 시련이 와도 전혀 걱정할 필요가 없다. 하나님이 역사를 주관하시고 있을 뿐만 아니라 그들의 눈에 비추어지는 현실은 더 큰 실체의 한 부분일 뿐이기 때문이다. 그리고 이 실체는 여호와 하나님의 철저한 통제에 의해 진행되고 있다.

(2) 열방의 주인

이스라엘의 하나님 여호와는 열방의 왕들에게 존귀와 영광을 받기에 합당하신 분이다. 다니엘서는 이방 신이나 우상숭배에 대한 반박(disputation)이 아니다. 이방 신들은 책 안에서 전혀 실력을 발휘하지 못하며, 심지어 모습을 드러내지도 못한다. 여호와 외에는 신이 없기 때문이다. 다니엘은 하나님의 이름을 전략적으로 사용해 주님의 존귀함을 독자들에게 드러낸다. 그가 하나님을 부르는 방식은 크게 세 가지로 구분된다. 첫째, 구약의 다른 부분에서 사용되는 전통적인 이름들이다. 그는 기도문들에서 '여호와'(YHWH), '주'(adonai), '하나님'(elohim), '선조의 하나님' 등 성경 다른 부분에서 사용되는 칭호를 그대로 사용해 전통적인 명맥을 이어가고 있다. 비록 주의 백성들이 바빌론까지 끌려왔지만, 포로로 끌려온 그들도 이스라엘의 전통을 그대로 이어가고 있다는 것을 암시한다.

둘째, 소유격과 함께 사용된 하나님의 이름들이다. 다니엘의 세 친구가 당한 핍박 이야기(3장)와 다니엘이 사자 굴에 던져지는 이야기(6장)에서 두드러지게 나타나는 성향은 소유격의 지속적인 사용이다. '우리 하나님', '그들의 하나님', '사드락, 메삭, 아벳느고의 하나님', '나의 하나님', '다니엘의 하나님' 등이 이 이야기들을 장식한다. 생사가 불분명한 상황에서 각별하게 하나님이 '우리/나' 등 소유격과 연관되어 불리는 현상은 무엇을 의미하는가? 예수님께서도 십자가에 매달리셨을 때 "나의 하나님, 나의 하나님 어찌하여 나를 버리셨나이까?" 하고 외치셨다. 고통과 아픔이 우리의 삶에 임할 때, 우리는 과연 누구를 찾는가를 생각해보아야 한다.

셋째, 우주의 주가 되시는 하나님의 이름들이다. 이 유형은 가장 감동적인 하나님의 이름 사용이다. 다니엘서 안에서 '신 중의 신', '왕들의 주', '지극히 높으신 이', '지극히 높으신 하나님', '살아 계신 하나님' 등이 성호로 사용된다. 특히 중요한 것은 이렇게 여호와를 부르는 사람들이 다름 아닌 이스라엘 사람들을 종교적으로 핍박하던 이방 왕들이라는 사실이다. 바빌론 제국의 느부갓네살(4:34-37)과 페르시아 제국의 다리우스 왕(6:26-27)이 유대인들의 하나님이신 여호와의 능력을 찬양하는 노래를 한다. 또한 그들은 자기 제국의 시민들이 이스라엘의 하나님을 경외하도록 명령한다. 하나님은 온 우주를 통치하시는 분이실 뿐만 아니라, 악을 선으로 바꾸실 수 있는 하나님이다.

(3) 역사

역사는 여호와께서 자신의 뜻을 펼쳐 나가는 무대에 불과하다. 이스라엘 사람들은 바빌론에 끌려왔다. 그들은 큰 혼란에 빠져 있다. 그들의 신 여호와는 그 어떤 신보다도 능력이 있고 싸움도 잘하는 용사(divine warrior)라고 성경은 가르쳤다. 그런데 하나님은 왜 자기 백성을 바빌론에게 넘겨주셨는가? 바빌론의 신들이 여호와에게는 너무 벅찬 상대였기 때문에 하나님이 바빌론 신들에게 항복하고 자기 백성을 내주신 것인가? 이런 질문이 제기될 수 있는 상황에서 다니엘은 역사는 하나님의 손에 의해 주님의 뜻에 따라 조작되어가는 것에 불과하다는 사실을 명확하게 선언한다.

하나님은 모든 것을 알고, 지배하고, 필요에 따라서는 자기 백성을 구원하시는 분이다. 하나님은 "때와 계절을 바뀌게 하시고 왕들을 폐하기도 하시고, 세우기도 하신다. 지혜자들에게 지혜를 주시고, 총명한 사람들에게 지식을 주신다"(2:21). 하나님이 이렇게 하시는 것은 "가장 높으신 분이 인간의 나라를 지배하신다는 것과, 뜻에 맞는 사람에게 나라를 주신다는 것과, 가장 낮은 사람을 그 위에 세우신다는 것을, 사람들이 알도록 하려는 것이다"(4:17)라는 말씀은 대단한 간증이자, 책의 저작 목적을 잘 드러내고 있다. 다니엘서 전체에는 이런 성향의 가르침이 매우 많이 등장한다. 특히 7-12장을 통하여 다니엘에게 주어지는 미래에 대한 환상은 여호와께서 인간의 역사를 주장하신다는 사실을 강조한다.

핍박 앞에서 비굴하지 않았던 다니엘과 그의 친구들의 행위도 이런 점을 강조하고 있다. 그들의 용감한 행동은 무엇보다도 그들의 생사가 세상의 왕들에 의해 좌지우지되는 것이 아니라 우주를 통치하시는 분의 뜻에 따른 것이라는 사실을 드러내며, 그들이 바빌론으로 끌려와 생활하는 것 또한 여호와의 깊은 뜻이지 세상 왕들이 그렇게 한 것이 아니라는 것이다. 다니엘과 친구들이 1장에서 왕의 음식을 먹지 않고 자청해서 채소만 먹었던 일도 느부갓네살 왕이 그들의 통치자이자 그들을 먹여 살리는 주인이라는 것을 부인하는 상징적인 행동이다.

(4) 우상숭배 강요

다니엘서는 '갈등의 책'(book of tensions)이다(Longman). 바빌론의 왕들은 포로로 끌려온 이스라엘 사람들에게 정치적인 충성을 요구했다. 문제는 그들이 요구한 정치적인 충성이 종교적인 성향을 띠고 있다는 점이다. 그 당시 모든 사회에 팽배해 있던 정서를 감안하면 당연한 일이라고도 할 수 있다. 각 나라의 왕은 자신들의 수호신(들)의 아들일 뿐만 아니라, 한 나라가 다른 나라를 정복했다면, 그것은 또한 정복한 나라의 신(들)이 정복당한 나라의 신(들)을 정복한 것과 마찬가지로 여겼다. 그러므로 바빌론 왕들이 정복한 나라들에서 끌려온 사람들에게 바빌론의 우상들에게 절을 하도록 요구하는 것은 당연한 일이다.

비록 이 순간에는 자기 하나님께 버림을 받았지만, 온 우주를 창조하신 여호와를 유일한 신으로 섬겼던 유대인들에게 이러한 바빌론 왕의 요구는 큰 갈등을 일으킬 수밖에 없었다. 바빌론 왕에게 정치적인 충성을 보이자니 우상에게 절하는 일을 함께해야 하며, 자신들의 하나님 여호와에게만 충성을 하자니 그들의 생명이 위협을 받게 될 수 있다(cf. 3, 6장). 이러한 상황에서 저자는 분명히 외친다. “다니엘과 그의 친구들과 같은 믿음을 가지고 여호와를 의지하라!”

다니엘의 세 친구가 죽음을 무릅쓰고 느부갓네살에게 했던 간증은 큰 의미가 있다. 그들은 말하기를 “이 일을 두고서는, 우리가 임금님께 대답할 필요가 없는 줄 압니다. 불 속에 던져져도, 임금님, 우리를 지키시는 우리 하나님이 우리를 활활 타는 화덕 속에서 구해 주시고, 임금님의 손에서도 구해 주실 것입니다. 비록 그렇게 되지 않더라도, 우리는 임금님의 신들은 섬기지도 않고, 임금님이 세우신 금 신상에게 절을 하지도 않을 것입니다”(3:16-18, 새번역).

여호와의 주권에 전적으로 자신들의 삶을 내던지고, 살려주셔도 그분을 찬양할 것이요, 죽게 내버려둬도 그분을 찬양할 것이라는 이들의 간증은 우리에게도 큰 도전이 되어야 한다. 다니엘과 친구들의 신앙적 모범은 안티오쿠스 4세를 통해 이스라엘에 행해졌던 무시무시한 종교적 핍박을 이겨내는 데 큰 도움을 주었다. 우리의 신앙생활도 이런 것이 아닐까? 히브리서 11–12장은 우리 이전에 이미 믿음의 경주를 달린 수많은 사람들이 우리를 응원하고 있다고 한다. 우리도 다음 세대에게서 "그들은 진실했고 신실했다"는 평가를 받을 수 있기를 소망해 본다.

6. 개요

다니엘서의 구조는 상당히 단순하다. 처음 여섯 장은 여러 왕국에 대한 꿈과 해몽으로 구성되어 있으며, 나머지 여섯 장은 미래에 있을 일에 관한 계시이다. 처음 여섯 장에 전개되는 꿈 이야기들의 핵심은 각 해몽이 이방 왕들의 하나님에 대한 고백을 포함하고 있다는 것에 있다. 그만큼 다니엘서는 하나님을 온 열방의 왕이시고 세계 역사를 주관하시는 분이라는 표현을 하고 있는 것이다. 다니엘서는 다음과 같이 구분될 수 있다.

I. 꿈과 해몽(1:1–6:28)
  A. 다니엘과 세 친구(1:1–21)
  B. 느부갓네살의 꿈(2:1–49)
  C. 세 친구의 증언(3:1–30)
  D. 느부갓네살의 교만과 심판(4:1–37)
  E. 벽에 쓰인 글(5:1–31)
  F. 다니엘과 사자 굴(6:1–28)
II. 미래에 관한 비전(7:1–12:13)
  A. 네 짐승 비전(7:1–28)
  B. 양과 염소 비전(8:1–27)
  C. 다니엘의 회개 기도(9:1–27)
  D. 하늘의 사자(10:1–11:1)

E. 근동의 역사와 세상의 종말(11:2–12:13)

다니엘서는 두 개의 언어(히브리어와 아람어)를 사용하면서도 통일성이 있는 흐름과 짜임새를 보이고 있다. 책의 전반부(1–6장)는 다니엘이 바빌론에서 살면서 어떻게 바빌론 왕들의 꿈을 해몽해주었는가를 중심으로 구성되어 있다. 후반부(7–12장)는 하나님이 다니엘에게 보여주신 비전들을 중심으로 형성된다. 두 부분 모두 환상/꿈이 중심을 차지하고 있다는 공통점을 지니고 있다.

또한 주제로도 두 부분은 매우 밀접한 연관성을 보인다. 전반부는 사람의 눈에 보이는 것이 전부가 아니며, 보이지 않는 곳에서 인류의 역사를 주관하시는 하나님을 의식해야만 세상의 역사를 제대로 이해할 수 있다고 한다. 후반부는 하나님이 다니엘에게 장차 세상에 있을 일을 미리 보여주심으로써 세상을 지배하고 지휘하는 이가 다름 아닌 이스라엘의 하나님 여호와라는 사실을 강조한다. 두 부분 모두 하나님의 절대적인 주권을 강조하는 것이다.

이 같은 책의 전반적인 메시지는 바빌론으로 끌려와 사는 유대인 포로민들에게 매우 의미심장한 교훈을 주었을 것이다. 그들이 바빌론으로 끌려온 것은 이스라엘의 하나님 여호와가 바빌론의 신 마르두크에게 패했기 때문이 아니라, 인류의 역사를 주관하시는 하나님이 그들을 의도적으로 바빌론으로 보내셨기 때문이다. 그렇다면 주의 백성에게는 소망이 있다. 하나님이 마음만 먹으면 언제든 자기 백성을 다시 약속의 땅으로 데리고 가실 것이다. 그러므로 다니엘서는 바빌론으로 끌려온 유대인들에게 미래에 관해 상당히 긍정적인 메시지를 선포하고 있다. 책은 자연스럽게 다음과 같이 두 부분으로 구분된다.

A. 꿈과 해몽(1:1–6:28)

B. 미래에 관한 비전(7:1–12:13)

I. 꿈과 해몽
(1:1–6:28)

몇 가지 꿈과 그 꿈들에 관한 해몽을 중심으로 구성되어 있는 전반부는 다니엘과 그의 친구들에게 일어난 일들도 포함한다. 꿈에 관한 이야기들과 다니엘과 친구들에 관한 '전기'(biography)가 섞여 있는 것이다. 이 본문은 한결같이 이스라엘의 하나님 여호와께서 온 세상을 다스리신다는 것을 이야기한다. 또한 백성들이 가장 두려워하는 바빌론 제국과 페르시아 제국 역시 주님의 주권에 의해 통제되고 있다고 말한다. 세상을 호령하는 이 나라들은 여호와께서 제작하신 각본에 따라 잠시 세상을 통치하고 있는 것뿐이다.

여호와는 이스라엘뿐만 아니라 온 열방의 찬송과 경배를 받기에 합당하다는 것이 전반부의 중심 사상이다. 마치 이러한 사실을 인정이라도 하듯이 이방 왕들이 이스라엘의 하나님을 찬양하는 사례가 본문에 여럿 나온다. 이스라엘을 멸망시키고 사람들을 포로로 잡아온 이방 왕들이 이스라엘의 하나님을 찬양한다는 것은 무엇을 의미하는가?

하나님의 백성들은 어떤 어려움과 난관에 처하더라도 결코 좌절할 필요가 없다. 그들의 눈에 비추어진 현실이 세상의 모든 것이 아니기 때문이다. 하나님의 백성들은 세상이 아무리 그들에게 불리하게 돌아가는 것 같고, 심지어는 하나님이 이 세상을 통치하신다는 사실을 의심하도록 인류의 역사가 흘러간다 하더라도 아무런 걱정을 할 필요가 없다. 그들의 눈에 보이는 것만이 세상의 전부가 아니기 때문이다. 그러므로 이 이야기들은 주의 백성들이 현실에서 어려움을 느낄수록 그들이 하나님의 관점에서 이 세상의 일들을 보고 판단할 수 있는 통찰력을 갖도록 기도하라는 권면을 내포하고 있다. 옛날에도 그랬고, 지금도 그렇듯이, 미래 또한 여호와의 섭리와 주권에 따라 움직일 뿐이기 때문이다. 다니엘서 전반부는 다음과 같이 구분될 수 있다.

A. 다니엘과 세 친구(1:1-21)
B. 느부갓네살의 꿈(2:1-49)
C. 세 친구의 증언(3:1-30)
D. 느부갓네살의 교만과 심판(4:1-37)
E. 벽에 쓰인 글(5:1-31)
F. 다니엘과 사자 굴(6:1-28)

I. 꿈과 해몽(1:1-6:28)

A. 다니엘과 세 친구(1:1-21)

다니엘서의 첫 번째 이야기는 범위를 규정하기가 매우 쉽다. 다니엘의 포로 생활을 바탕으로 한 시간에 대한 역사적 표제로 시작해(주전 605년, 1:1) 그의 인생을 마무리하는 표제로 끝을 맺기(주전 539년, 1:21) 때문이다. 다니엘서의 첫 이야기는 여호와께서 포로로 끌려온 자기 백성들이 바빌론 사회에서 성공하고 신앙도 잘 지킬 수 있도록 어떻게 축복하셨는가를 회고한다.

이 이야기를 통해 저자는 독자들에게 그들의 눈에 비추어진 아픈 현실 뒤에 서 계시는 여호와를 바라보라고 권면한다. 그들의 눈에 비추어진 현실이 이 세상의 모든 것이 아니므로 그들의 하나님 여호와께 눈을 돌리라고 권면하는 것이다. 주의 백성이 어디/무엇을 바라보고 있느냐에 따라 그들이 사는 세상에 대한 세계관이 달라지기 때문이다. 책을 구성하고 있는 첫 번째 이야기는 다음과 같이 구분할 수 있다.

A. 여호야김이 느부갓네살에게 패함(1:1–2)
B. 다니엘과 세 친구의 훈련(1:3–7)
C. 다니엘과 친구들이 부정을 피함(1:8–16)
D. 다니엘과 친구들의 성공(1:17–20)
E. 다니엘의 활동 범위(1:21)

I. 꿈과 해몽(1:1–6:28)
A. 다니엘과 세 친구(1:1–21)

1. 여호야김이 느부갓네살에게 패함(1:1–2)

[1] 유다 왕 여호야김이 다스린 지 삼 년이 되는 해에 바벨론 왕 느부갓네살이 예루살렘에 이르러 성을 에워쌌더니 [2] 주께서 유다 왕 여호야김과 하나님의 전 그릇 얼마를 그의 손에 넘기시매 그가 그것을 가지고 시날 땅 자기 신들의 신전에 가져다가 그 신들의 보물 창고에 두었더라

바빌론을 건국한 느보는 바빌론의 가장 유명한 왕 느부갓네살의 아버지였다. 느보는 주전 609년에 하란을 정복한 후 관심을 아시리아 제국의 서쪽 땅의 일부였던 가나안-시리아 지역으로 쏟기 시작했다. 가장 큰 이유는 호시탐탐 아시리아의 대를 이어 근동의 군주 자리를 노리는 이집트를 견제하기 위해서였다. 느보의 아들 느부갓네살은 주전

605년 봄에 갈그미스에서 아시리아 패잔병들에 합세한 이집트 군을 대파했으며 이 전쟁을 계기로 바빌론이 근동의 군주 자리를 장악했다.

여호야김은 요시야가 죽던 해인 주전 609년부터 11년간 유다를 통치한 왕이다. 그의 3년째 되던 해는 주전 606년 티스리월(Tishri, 9–10월)부터 605년 티스리월까지를 의미한다(Millard). 본문은 이때 바빌론 왕 느부갓네살이 예루살렘을 공략했다고 하는데, 문제는 주전 606년경에 느부갓네살이 예루살렘을 공격했다는 사실이 바빌론 기록(annals)에는 남아 있지 않다는 것이다(Grayson, cf. Lucas, Seow, Smith–Christopher). 더 나아가 느부갓네살이 주전 604년까지 바빌론 왕이 되지 않았다는 주장을 펴는 학자들도 있다(cf. Collins). 그러므로 이 학자들은 느부갓네살이 주전 605년에 예루살렘을 공격하지 않았으며, 다니엘서의 저자(주전 2세기 사람)가 역대기하 36:6–7과 열왕기하 24:1을 잘못 읽고 혼동한 것에 불과하다고 주장한다(Hartman & Di Lella, Lacocque, Porteus).

이런 문제를 해결하기 위해 오래전부터 일부 유대인 학자들은 "여호야김이 다스린 지 삼 년이 되는 해"(1절)를 "여호야김이 [바빌론에] 반역한 지 삼 년이 되는 해"로 해석하기도 했다(Lucas). 그렇다면 본문은 주전 605년이 아니라 597년에 있었던 일을 회고한다(cf. Smith–Christopher). 그러나 여호야긴이 끌려간 사건을 그와 연결하지 않고, 그의 아버지 여호야김의 반역과 연결해 언급하는 것이 잘 납득이 되지 않는다(cf. 겔 1:1–2, 렘 52:31).

또한 이 학자들의 주장을 받아들이기에는 몇 가지 문제점이 있다. 첫째, 느부갓네살이 주전 605년 혹은 604년에 왕이 된 것이 이 논쟁에서 이렇다 할 증거로 사용하기가 어렵다. 주전 605년 5–6월에 갈그미스에서 이집트 군을 무찌른 느부갓네살이 8월에는 가나안 남쪽에서 이집트를 공격하고 있었는데, 이때 아버지 느보가 죽었다는 소식을 듣고 급히 바빌론으로 돌아가 아버지를 이어 왕이 된 것은 학계가 인정하는 정설이다(Wiseman). 이때가 주전 605년인데, 이 해를 본문이 여호야김 즉위 4년이라 하지 않고 3년이라고 한 것이 문제가 된다는 것이 어느 정도 타당성이 있어 보이나, 고대 연대를 논할 때 1-2년의 차이가 큰 논란이 되어서는 안 된다(cf. Gowan, Seow). 이미 서론에서 언급했듯이 나라마다 연대의 표기법이 달랐고, 이스라엘은 근동의 다른 나라들과 비슷한 일반 달력과 약 6개월의 차이를 보이는 종교 달력을 함께 사용했기 때문이다. 또한 바빌론 연대 표기법을 감안하면 여호야김 즉위 3년은 주전 605년 10월까지 가능하다(Millard, cf. Lucas). 본문을 전혀 수정하지 않고 수용할 수 있는 것이다. 또한 사본을 필사한 사람들의 실수로 차이를 보일 수도 있다.

둘째, 다니엘은 느부갓네살이 통치하던 시대에 살았다. 그는 지난날에 있었던 일들을 회고하면서 다니엘서를 정리했다. 그러므로 그가 이미 느부갓네살이 바빌론의 왕으로 군림하거나 군림했을 때 이 책을 집필한 것을 전제하면, 느부갓네살이 그의 아버지 느보의 대를 이어 왕이 된 해가 주전 604년이라 하더라도 605년에 있었던 예루살렘 공략 사건을 정리하면서 그를 왕으로 칭하는 것은 당연한 일이다.

셋째, 바빌론 기록에 예루살렘 정복이 언급되지 않았기 때문에 본문에 기록된 사건도 실제로 있었던 일이 아니라는 것도 설득력이 없다. 당시 바빌론 기록을 살펴보면 그들은 경쟁자라고 느낀 이집트를 견제하는 일에 집중했다. 가나안처럼 작은 지역은 눈에 들어오지도 않던 시대였다. 또한 바빌론 기록은 갈그미스 전쟁 이후에 느부갓네살이 바빌론 군을 이끌고 '다시 하티(Hatti)의 땅'으로 갔다고 하는데, 하티의 땅은 시리아-팔레스타인 지역을 뜻한다(Wiseman). 느부갓네살이 가나안 지역으로 '다시' 갔다는 말은 그가 주전 605년에 갈그미스 전쟁에서 승리한 직후 가나안 지역으로 원정을 갔다는 것을 암시한다(Lucas).

넷째, 바빌론 군의 가나안 원정은 시간적으로 생각할 때에도 충분하다. 느부갓네살이 5-6월에 갈그미스에서 이집트 군을 물리치고 난 후, 8월에 바빌론으로 돌아가기까지 약 2개월의 공백 기간이 있다. 유프라테스 강 유역에 있었던 갈그미스는 가나안 땅과 가까운 곳에 있다. 그렇다면 느부갓네살이 갈그미스에서 이집트 군을 물리친 다음 어디서 무엇을 하며 2개월을 보냈을까? 그는 이때 가나안 지역을 정복하고 이집트 국경에 가 있었다.

논리적으로 생각할 때, 갈그미스에서 대승을 거둔 바빌론 군이 다시 있을 수도 있는 이집트 군의 도전을 예방하려면 이집트 군이 자기 나라를 벗어나지 못하도록 국경을 견제해야 한다. 이집트의 국경은 가나안 남쪽 지역을 접하고 있었다. 그러므로 바빌론이 이집트를 견제하기 위해서는 가나안 지역을 지나가야 한다. 이 과정에서 바빌론 군이 가나안을 정복해 이곳에 있는 나라들로부터 충성 맹세를 받는 것은 당연한 일이다. 바빌론의 기록에 상관없이 가나안 지역이 갈그미스 전투 이후 곧바로 바빌론의 손에 넘어갔을 것은 충분히 예상할 수 있는 일이다.

한 가지 해석하기 어려운 것은 역대하 36:4-8이 여호야긴이 아닌 여호야김이 바빌론으로 끌려간 것으로 기록하고 있다는 점이다. 여호야긴이 바빌론으로 끌려간 것은 열왕기뿐만 아니라 바빌론의 기록에도 남아 있다. 그러나 여호야김이 끌려간 기록은 없다. 여호야김은 주전 598년 12월에 예루살렘이 바빌론 군에 포위된 상태에서 죽었다. 그의 뒤를 이어 왕이 된 여호야긴은 3개월 후에 바빌론 군에게 항복하고 바빌론으로 끌려갔다. 역대기에 기록된 사건은 주전 605년대를 언급하고 있다. 따라서 여호야김이 바빌론으로 끌려가는 도중에 돌아왔거나 도착한 지 얼마 지나지 않아 다시 유다로 돌아왔을 수도 있고, 포로로 끌려갈 절박한 상황에서 가까스로 위기를 모면한 사실을 강조하기 위해 역대기 기자가 이렇게 기록했을 가능성을 배제할 수 없다. 일종의 과장법일 수도 있다는 것이다.

본문이 한 가지 확인해주는 사실은 다니엘과 그의 친구들이 주전 605년에 느부갓네살에 의해 성전에서 사용하던 기물들과 함께 바빌론으로 끌려왔다는 것이다. 성전의 기물들은 바빌론의 신전에 보관되었다(1:2). 정복한 나라가 정복당한 나라의 신전에서 기물을 가져가는 것은 그 당시의 풍습이었다(cf. 삼상 4-5장). 한 나라가 다른 나라를 점령하면 그들의 신상들이나 거룩한 물건들을 가져다 자신들이 섬기는 신(들)의 신전에 가져다두었다. 그들은 이렇게 하면 신들의 '위계질서'(정복당한 나라의 신[들]이 정복한 나라의 신[들]의 지배를 받는다고 생각함)를 정리할 뿐만 아니라 잡혀온 신들의 힘과 능력이 자신들의 신(들)의 힘과 능력으로 흡수된다고 생각했다. 정복자들의 신들은 더 왕성해지고 정복된 나라의 신들은 그나마 남은 능력을 다 빼앗기고 더 무능해지는 것이다.

저자는 바빌론을 '시날 땅'(אֶרֶץ־שִׁנְעָר)이라고 부른다. '시날 땅'은 바빌론을 일컫는 아주 오래된 이름이다(cf. HALOT). 또한 인류가 하나님께 반역해 바벨탑을 쌓은 곳이기도 하다(창 11:1-9, cf. 10:10). 바벨탑 사건 이후부터 시날 땅은 하나님을 대적하는 것을 상징하게 되었다. 그곳은 온갖 악이 거주하며(슥 5:11), 의인이 항상 핍박을 받는 곳이었다(Baldwin). 성전의 물건들과 다니엘과 세 친구들은 바빌론으로 끌려왔을 뿐만 아니라 세상에서 가장 악이 성행하는 '악의 소굴'로 끌려온 것이다(Lacocque, cf. Seow). 그러므로 성경에서 시날 땅이 상징하는 바를 깨닫고 나면 바빌론으로 끌려온 유다 포로민들의 눈에는 모든 것이 절망적으로 보일 수밖에 없다. 다행히 그들이 보는 절망 뒤에 그들의 하나님 여호와께서 우뚝 서 계신다.

이스라엘이 바빌론 왕 느부갓네살에게 넘어갔을 때, 이스라엘의 하나님 여호와께서는 무엇을 하셨는가? 정말 여호와가 바빌론의 신 마르두크(Marduk[Bel])보다 약하시단 말인가? 그래서 여호와는 자기 백성을 마르두크의 백성 바빌론에게 내주셨는가? 다니엘은 이 질문에 대하여 "여호야김이 패하고 성전 기물의 일부가 바빌론으로 가게 된 것은 순전히 주님(אֲדֹנָי)의 계획대로 이루어진 일"이라고 답하고 있다(2절). 이스라엘은 하나님의 계획을 따라 바빌론으로 보내진 것이다.

이사야 선지자는 다니엘보다 100여 년 앞선 시점에서 이미 히스기야 왕에게 이 일을 예언했다(사 39:2, 4, 6). 이사야를 통해 주신 예언이 다니엘 시대에 있었던 이 일을 통해 성취된 것이다. 오래전부터 유대인 해석자들도 이러한 사실을 의식했기 때문에 다니엘과 세 친구가 끌려간 것을 이사야가 히스기야에게 선포한 "너의 후손들이 바빌론 왕의 환관이 되어 섬길 것"이라는 예언의 성취로 생각했다. 다니엘과 세 친구는 모두 환관으로 살았다는 것이다. 유대인 해석자들이 이렇게 결론지은 것에는 다니엘서가 다니엘과 세 친구의 가정에 대해 전혀 언급하지 않은 것도 일조했다.

다니엘과 함께 예루살렘 성전에 있던 그릇들이 바빌론으로 이송되어 왔다. 약 70년 후 벨사살 왕은 이 거룩한 그릇들을 꺼내 잔치를 하다가 벽에 글을 쓰는 손가락을 보게 된다(cf. 5:2-4). 하나님께 속한 거룩한 것들을 함부로 대하다가 벌을 받게 된 것이다. 그러므로 성전 그릇을 언급하고 있는 2절은 5장에 기록된 벨사살의 잔치를 예고하고 있다.

인류의 역사가 여호와의 뜻을 따라 진행되어 사실은 주님이 이 세상의 유일한 통치자이심을 암시한다. 본문은 전능하신 하나님의 섭리를 강조하는 말씀인 것이다(Calvin). 이 점을 강조하기 위해 저자는 이스라엘과 특별한 관계를 맺은 언약의 하나님 '여호와'(יהוה)라는 이름 대신에 주님의 범세계적인 주권을 강조하는 '주/주인'(אֲדֹנָי)이라는 성호를 사용하고 있다.

또한 다니엘은 하나님(אֱלֹהִים)이라는 단어 앞에 지속적으로 정관사(ה)를 붙이는 경향이 있다(cf. בֵּית־הָאֱלֹהִים). 이처럼 '하나님'에 정관사를 붙이는 일은 매우 특이한 경우이다. 그래서 한 학자는 다니엘서가 '하나님'에 정관사를 붙이는 독특성이 이 책의 통일성을 입증하는 증거 중 하나라고 했다(Young). 그러나 다니엘이 '하나님' 앞에 정관사를 더하는 것은 주님만이 유일한 신(אֱלֹהִים)이시고 세상의 나머지 '신들'은 신이 아니라는 사실을 강조하기 위해서이다.

I. 꿈과 해몽(1:1-6:28)
A. 다니엘과 세 친구(1:1-21)

2. 다니엘과 세 친구의 훈련(1:3-7)

3 왕이 환관장 아스부나스에게 말하여 이스라엘 자손 중에서 왕족과 귀족 몇
사람 4 곧 흠이 없고 용모가 아름다우며 모든 지혜를 통찰하며 지식에 통달
하며 학문에 익숙하여 왕궁에 설 만한 청년을 데려오게 하였고 그들에게 갈
대아 사람의 학문과 언어를 가르치게 하였고 5 또 왕이 지정하여 그들에게
왕의 음식과 그가 마시는 포도주에서 날마다 쓸 것을 주어 삼 년을 기르게
하였으니 그 후에 그들은 왕 앞에 서게 될 것이더라 6 그들 가운데는 유다
자손 곧 다니엘과 하나냐와 미사엘과 아사랴가 있었더니 7 환관장이 그들의
이름을 고쳐 다니엘은 벨드사살이라 하고 하나냐는 사드락이라 하고 미사엘
은 메삭이라 하고 아사랴는 아벳느고라 하였더라

느부갓네살이 어떤 목적으로 이스라엘의 청년들을 선별해서 훈련한 것일까? 느부갓네살은 유다-시리아를 직접 통치하는 일에는 처음부터 관심이 없었다. 규모나 영향력에서 그럴 만한 가치를 느끼지 못했다. 느부갓네살은 주전 597년에 반역한 예루살렘을 함락시킨 다음 직접 유다를 통치하지 않고 시드기야를 꼭두각시 왕으로 세워 유다를 통치했다. 그는 예루살렘에서 끌려온 유다의 귀족 중 총명한 청년들을 선발해 바빌론의 철학과 종교와 문화와 사상 등으로 훈련시켜 '바빌론화' 했다.

이렇게 훈련한 다음 그들을 본국으로 보내 그들이 자신을 대신해서 이스라엘을 통치하게 하거나, 바빌론에 머물면서 그들의 민족에게 바빌론 왕 대신 영향력을 끼치게 하기 위해서였다(Longman). 이 시대에 바빌론 제국은 매우 급격히 팽창했기 때문에 많은 정치 관료를 필요로 했다. 바빌론 사람들만으로는 이 필요를 채울 수 없었다. 따라서 느부갓네살은 바빌론이 정복한 나라들의 백성 중에 유능한 사람들을 선별해 훈련해서 바빌론 제국의 관료들로 등용했다(Berquist, cf. Gowan). 다니엘과 친구들이 바빌론의 좋은 정책의 혜택을 받게 된 것 같지만, 사실은 보이지 않는 곳에서 역사하시는 하나님의 은혜이다(cf. 1:1, 9, 17).

느부갓네살은 환관장 아스부나스에게 명령해 이스라엘의 어린 청년들을 선별해 3년 동안 훈련하도록 했다. 아스부나스(אַשְׁפְּנַז)는 페르시아어로 '여관장/왕궁 관리인'이라는 의미를 지닌 단어에서 파생했다(Smith-Christopher, cf. HALOT). 아스부나스는 사람 이름이 아니라, 직책을 의미하는 것이다. 페르시아 제국은 청년들에게 3년 동안 종교 교육을 시켰다고 한다(Seow, cf. Smith-Christopher). 바빌론도 비슷한 정책을 펼친 것으로 생각된다. 바빌론 사람들이 선발한 청년 중에 유다에서 끌려온 다니엘과 하나냐와 미사엘과 아사랴가 있었다. 이 청년들은 선발되는 과정에서 여러 가지 조건을 충족시켜야 했다.

첫째, 선발되는 이들은 청년들(יְלָדִים)이었다(4절). 이 단어가 대체적으로 어린 남자아이들을 가리키는 단어라는 것을 감안할 때(HALOT), 다니엘과 세 친구들이 20세는 넘지 않았다는 것을 암시한다(Longman). 플라톤(Plato, Alcibiades, 1.121)에 의하면 페르시아 제국의 청년들은 14세 때 교육을 받기 시작했다(Young, cf. Seow). 페르시아는 많은 면에서 바빌론 제국의 정책을 그대로 계승했다. 바빌론의 청년들도 비슷한 시기에 교육을 받기 시작했을 가능성이 많다. 그렇다면 다니엘과 친구들이 훈련을 받기 시작할 때 14-15세쯤 되었을 것이다. 이때가 사람의 학습 능력이 가장 왕성할 때이다. 느부갓네살은 가르칠 만한 나이의 청년들을 선발했던 것이다(Montgomery). 그들은 3년 동안 바빌론이 제공할 수 있는 최고의 교육을 받았다(5절).

둘째, 몸이 건강해야 하는 신체적 조건을 충족시켰다(4절). 율법에 의하면 몸에 흠(מוּם)이 없는 것은 제사장이 되기 위한 조건이기도 했다(레 21:17-18, 21). 모세는 같은 단어를 제물에 사용될 짐승에게 적용하기도 했다(레 22:20). 선발되려면 어떠한 육체적으로 결함도 없어야 한다는 의미이다(Lacocque). 왕을 보필하는 사람이 육체적인 결함이 있을 경우 왕을 제대로 보좌하지 못한다는 생각에서 비롯된 기준이다. 그러나 생각해보면 육체적인 장애는 별문제가 되지 않으며 오히려 눈에 보이지 않는 정신적인 장애가 더 큰 문제이다. 청년들은 선발되려면 용모도 잘생겨야 했다(טוֹבֵי מַרְאֶה). 신체적인 조건을 중요하게 여겼던 바빌론의 왕궁에 종사하려면 이것도 필수적인 조건이었다.

셋째, 일정한 지적인 요건을 충족시켰다(4절). 본문은 그들이 지혜(מַשְׂכִּילִים)와 지식(יֹדְעֵי דַעַת)과 통찰력(מְבִינֵי מַדָּע)을 겸비했다고 한다. 이 세 가지를 따로 구분해 각 개념의 중요성을 해석하는 학자들이 있다(Leupold, Wood). 이 세 가지는 분명 서로 구분될 수는 있지만 삼각관계를 형성하면서 뛰어난 학습 능력을 지닌 사람의 특징으로 인식된다. 그러므로 이 문구들은 일종의 축적(building up) 성향을 지닌 비슷한 말로, 느부갓네살이 참으로 총명한 청년들을 선택했다는 사실을 강조한다. 그는 인재를 알아보는 안목을 가진 왕이었다.

잠언에서 자주 사용되는 이 문구들은 여호와를 경외하는 사람들이 추구하는 가치들이다. 물론 느부갓네살이 여호와를 경외해서 이러한 지적 능력을 겸비한 청년들을 찾은 것은 아니다. 느부갓네살은 본의 아니게 여호와를 경외하는 사람들이야말로 자기 제국이 필요로 하는 인재들이라는 사실을 인정한다. 특별한 경우를 제외하고는 여호와를 경외하는 사람들은 세상에서도 환영을 받는다.

넷째, 기품(manner)이 있는 사람이어야 했다. 바빌론 왕궁에서 제왕을 모실 능력이 있어야 한다는 것이다. 신하가 되어 왕의 시중을 들려면 여러 가지 관습에 익숙해야 하고 몸가짐도 특별해야 했다. 다니엘과 친구들도 이스라엘의 왕족 출신이었기 때문에 이러한 풍습에 상당히 익숙해져 있었을 것이다(cf. 1:3). 그러므로 그들은 느부갓네살이 찾던 이상적인 청년들이었다.

다니엘과 그의 친구들이 이스라엘의 왕족이었다는 것은 거의 확실하다(1:3). 유대인들의 전통에 의하면 그들은 유다 왕 히스기야의 후손들이었다(Braverman). 유대인 해석자들은 다니엘과 친구들이 히스기야에게 주어진 "너에게서 태어날 아들 가운데서 더러는 포로로 끌려가서, 바빌론 왕궁의 환관이 될 것이다"(사 39:7)라는 예언에 따라 환관이 되었다고 해석했다. 본문에서도 그들을 훈련시키는 바빌론 관료가 환관장(רַב סָרִיס)이었다는 사실을 감안할 때, 충분히 가능한 해석이다.

그러나 일부 주석가들은 그들의 몸에 '흠이 없어야 한다'는 점을 들어 다니엘과 친구들이 환관장의 훈련을 받기는 하지만 환관이었다는 해석을 부인한다(Miller). 바빌론 기록에 의하면 느부갓네살의 왕궁에는 실제로 많은 환관이 있었으며 정치에 깊이 관여했다. 바빌론과 페르시아 왕들이 환관들을 제국의 정치에 많이 고용한 이유는 대부분 환관들은 부양할 가족이 없어서 부정부패를 저지를 가능성이 적다고 생각했기 때문이다. 그러나 이 이야기에서 '흠이 없는 것'을 판단하는 자는 이방 왕이지 모세의 율법이 아니다. 그래서 환관들에게 있는 신체적 흠을 지니지 않아 다니엘과 친구들이 선발되었다는 것은 별로 설득력이 없는 반론이다.

느부갓네살 왕은 선별된 청년들에게 의식주를 공급하며 3년 동안 바빌론의 문화와 언어를 훈련받도록 했다. 그들은 어떤 것들을 배웠을까? 그들은 바빌론어를 배워야 했으며 아마도 히브리어, 아람어, 페르시아어 등도 배웠을 것이다. 바빌론은 아시리아를 정복함으로써 아슈르바니팔(주전 669-626년)의 엄청난 도서관을 접수했고 이 도서관에 소장된 자료들을 보려면 근동의 여러 언어를 잘 아는 것은 필수적이었다.

그 당시 바빌론 교육은 사인(sign), 단어(word), 공식(formula), 계약서(contract), 종교적인 글(religious writing) 등을 토판에 복사하고 외우는 것들을 포함했다(Wiseman). 바빌론의 종교적인 문서들은 신화와 우화와 점성술과 마술과 악령과 귀신들에 관한 것 등이 주류를 이루었다. 바빌론 교육은 청년들에게 '체계화된 미신'(systematized superstition)을 가르친 것이다(Driver). 이런 바빌론의 교육이 다니엘과 친구들처럼 유다에서 온 히브리 청년들에게는 어떤 영향을 미쳤을까? 다니엘서 전체를 살펴보면 그와 친구들은 이런 체계화된 미신에 전혀 동요되지 않은 것이 확실하다. 바빌론의 최고 교육이 탄탄한 가정교육으로 이미 '여호와화'된 히브리 청년들을 설득시키지 못한 것이다. 히에로니무스는 그들이 바빌론의 종교를 반박하기 위해 이것들을 배웠다며 청년들의 교육을 미화하기도 했다(Braverman).

다니엘과 친구들은 새로운 바빌론 이름을 받았다. 그들이 새 이름을 받는다는 것은 바빌론 시민으로서 새로운 정체성을 갖게 된 것을 상징할 뿐만 아니라, 그들이 새로운 주인(느부갓네살)을 섬기게 되었다는 것을 의미한다(Lucas, cf. Smith–Christopher). 네 청년의 히브리어 이름이 지닌 의미는 정확하지만, 그들의 바빌론 이름의 의미가 정확하지 않아 어느 정도 추측할 수밖에 없다(cf. Lacocque, Smith–Christopher). 아마도 청년들의 바빌론 이름들이 바빌론 신들의 이름과 연관되어 있기 때문에 저자가 의도적으로 바빌론 이름들의 뜻을 의도적으로 모호하게 사용하는 듯하다(Gowan).

'하나님이 나의 재판관이시다'라는 뜻의 다니엘(דָּנִיֵּאל)은 '신이 그의 생명을 보호하리라'라는 뜻의 벨드사살(בֵּלְטְשַׁאצַּר)이라는 이름을 얻었다(HALOT, cf. Berger). '여호와께서 자비를 베푸시다'라는 뜻의 하나냐(חֲנַנְיָה)는 '아쿠[바빌론의 달(月)신]의 명령'이라는 뜻의 사드락(שַׁדְרַךְ)이라는 이름을 받았다(HALOT, cf. Montgomery). '누가 하나님과 같은가?'라는 뜻의 미사엘(מִישָׁאֵל)은 '누가 아쿠[바빌론의 달(月)신]와 같은가?'라는 뜻의 메삭(מֵישַׁךְ)이라고 불렸다(HALOT, cf. Lacocque). '여호와가 나의 도움이시다'라는 뜻의 아사랴(עֲזַרְיָה)는 '나부[바빌론의 신 중 마르두크/벨 다음으로 유능한 제2인자]의 종'이라는 뜻의 아벳느고(עֲבֵד נְגוֹ)라는 이름으로 불렸다(HALOT). 네 청년은 모두 타국 땅에서 타국인의 이름을 받고 타국의 교육을 받는 타향살이를 시작한 것이다.

I. 꿈과 해몽(1:1-6:28)
A. 다니엘과 세 친구(1:1-21)

3. 다니엘과 친구들이 부정을 피함(1:8-16)

8 다니엘은 뜻을 정하여 왕의 음식과 그가 마시는 포도주로 자기를 더럽히
지 아니하리라 하고 자기를 더럽히지 아니하도록 환관장에게 구하니 9 하나
님이 다니엘로 하여금 환관장에게 은혜와 긍휼을 얻게 하신지라 10 환관장이
다니엘에게 이르되 내가 내 주 왕을 두려워하노라 그가 너희 먹을 것과 너
희 마실 것을 지정하셨거늘 너희의 얼굴이 초췌하여 같은 또래의 소년들만
못한 것을 그가 보게 할 것이 무엇이냐 그렇게 되면 너희 때문에 내 머리가
왕 앞에서 위태롭게 되리라 하니라 11 환관장이 다니엘과 하나냐와 미사엘과
아사랴를 감독하게 한 자에게 다니엘이 말하되 12 청하오니 당신의 종들을
열흘 동안 시험하여 채식을 주어 먹게 하고 물을 주어 마시게 한 후에 13 당
신 앞에서 우리의 얼굴과 왕의 음식을 먹는 소년들의 얼굴을 비교하여 보아
서 당신이 보는 대로 종들에게 행하소서 하매 14 그가 그들의 말을 따라 열흘
동안 시험하더니 15 열흘 후에 그들의 얼굴이 더욱 아름답고 살이 더욱 윤택
하여 왕의 음식을 먹는 다른 소년들보다 더 좋아 보인지라 16 그리하여 감독
하는 자가 그들에게 지정된 음식과 마실 포도주를 제하고 채식을 주니라

이때까지 다니엘과 친구들은 그들에게 강요된 바빌론 생활과 풍습에 어떤 저항도 하지 않았다. 그들은 환관장이 각자에게 지어준 바빌

론 이름을 그대로 받았다. 낯선 바빌론 철학과 점성술을 중심으로 한 이교도적인 종교 교육도 받았다. 심지어는 환관이 되어 지워진 자신들의 성(性)도 감수했다. 그렇기 때문에 본문이 묘사하고 있는, 바빌론의 음식을 거부한 것이 우리를 놀라게 한다. 그들에게 강요된 바빌론 문화와 풍습의 모든 것을 아무런 말없이 받아들인 청년들이 바빌론이 줄 수 있는 최고의 음식은 거부했기 때문이다. 청년들은 바빌론 사람들의 요구를 최대한 수용하지만, 그렇다고 해서 신앙과 양심을 팔면서까지 수용하지는 않는다. 그들은 어디엔가 분명한 선을 긋기를 원했다(Seow). 학자들은 청년들의 놀라운 행동에 관해 여러 가지 해석을 내놓았다.

첫째, 다니엘과 친구들은 모세의 율법을 범하지 않기 위해서 이런 행동을 취하고 있다(Miller). 8절에서 사용되는 '더럽히다'(גאל)라는 단어는 구약에서 11차례 사용되는데, 윤리적인 더럽힘이나 예식적인 더럽힘을 의미한다. 당시 많은 문화권에서 짐승을 잡으면 고기를 시장에 내다 팔기 전에 먼저 신전(들)에서 신들에게 예물로 바쳤다(cf. Oppenheim). 또한 바빌론 사람들은 돼지고기와 말고기도 먹었다. 율법은 이런 고기를 먹는 일을 부정한 것으로 규정한다(cf. 레 11, 신 14장).

만일 청년들이 부정한 음식을 먹음으로써 율법을 어기게 되는 것을 염려한다면, 그들은 왜 포도주마저 거부하는 것일까? 율법은 포도주의 식음을 나실인에게만 금한다(민 6:1-4). 물론 간혹 포도주가 시중에 유통되기 전에 상징적으로나마 우상들에게 헌주(獻注)로 바쳐진 경우가 있었다. 또한 채소마저 시중에 유통되기 전에 신들에게 제물로 바쳐지기 일쑤였다(Lucas). 그러므로 히브리 청년들이 이러한 상황을 염려한 것 같지는 않다. 그들에게는 하나님만이 유일한 세상의 주인이시고 다른 신은 존재하지 않기 때문이다(cf. 1-2절 주해). 또한 포로기 이전에 사역했던 선지자들에 의하면 이방 땅에서 정결을 지키는 것은 불가능해 보인다(암 7:17, 호 9:3). 이 선지자들에 의하면 바빌론에서 음식을 가려 먹는다고 해서 사람이 정결을 유지할 가능성은 없다.

둘째, 다니엘과 친구들은 금욕주의를 지향하기 위해 이런 일을 했다(Josephus, Antiq. 10:10.2). 이러한 해석에 따라 훗날 유대인들은 금식을 권장하면서 이 이야기를 인용하기도 했다. 그러나 구약에는 금욕주의를 권장하거나 지향하는 사상이 배어 있지 않다(Gowan). 게다가 이 청년들이 왕이 하사한 음식(고기)을 거부하는 것은 삶의 낙을 금하는 금욕주의적인 관점 때문이 아니라, 자신들의 몸을 왕의 음식으로 더럽히지 않기 위해서이다. 그러므로 이 해석은 별 설득력이 없다.

셋째, 이 히브리 청년들은 신학적인 이유 때문이 아니라 정치적인 이유로 이런 행동을 취했다(Baldwin, Fewell, Towner). 본문에서 사용되는 '음식'(פַּתְבַּג, 8절, cf. 11:26)이라는 단어가 언약적인 우위를 내포하고 있다는 주장에 근거한 해석이다(cf. 창 31:44-54, 출 24:1-11). 왕이 주는 음식을 먹는다는 것은 전적으로 그의 언약적 우위(covenant overlordship)를 인정하고 거기에 순종하겠다는 뉘앙스를 풍긴다(Calvin, cf. 삼상 20:30-34, 삼하 9:9-13, 19:27-29). 그러므로 다니엘과 친구들이 왕의 음식을 거부하는 것은 느부갓네살과의 관계를 거부하는 행위라는 것이다.

만일 청년들이 이러한 의도에서 왕의 음식을 거부했다면, 왕의 모든 음식을 거부해야 한다(Smith-Christopher). 그러나 그들은 왕의 채소는 받았다. 그들은 왕이 내린 음식을 전적으로 거부한 것이 아니라 선별해서 먹고 있는 것이다. 게다가 만일 그들이 느부갓네살과의 관계를 거부하기 위해 이런 일을 행했다면, 그들은 살아남을 수가 없다. 바빌론에 살면서 바빌론 왕의 지배를 받지 않겠다는 시위가 용납될 수 없기 때문이다. 훗날 다니엘과 친구들은 바빌론에서 매우 중요한 정치적 위치에 오른다(3:48-49, 6:1-3). 정치적인 관료가 된다는 것은 왕에게 충성하겠다는 의지를 전제로 한다. 그러므로 설득력이 없는 해석이다.

넷째, 다니엘과 친구들은 민족의 슬픔을 표현하고 남에게 강탈한 풍요로움을 거부하기 위해 왕의 음식을 거부했다(Goldingay, Smith-

Christopher). 고기와 포도주는 잔치의 상징이기 때문에 다니엘과 친구들은 바빌론까지 끌려온 유다의 슬픈 현실을 생각하며 이 음식을 거부했다는 것이다. 또한 느부갓네살이 내려주는 음식은 다른 나라들을 강탈해 빼앗은 부에서 비롯된 것들이다. 그러므로 청년들은 느부갓네살의 폭력적인 강탈에 동의할 수 없다는 차원에서 왕의 음식을 거부했다(cf. Seow). 그러나 이 해석도 만족스럽지 않다. 만일 이런 이유로 청년들이 왕의 음식을 거부했다면, 그들은 평생 정치계에 입문하면 안 된다. 정치계에 입문하는 순간 왕의 녹을 먹게 되기 때문이다. 또한 고기와 포도주는 풍요의 상징이 될 수는 있지만, 꼭 잔치의 상징이 될 필요는 없다. 당시 장례식에도 이런 것들이 사용되었기 때문이다. 그러므로 별 설득력이 없는 해석이다.

다섯째, 청년들은 자신들을 살리시는 이는 하나님이라는 사실을 고백하고 드러내기 위해 이런 행동을 취했다(Longman, cf. Collins, Lucas). 이 행위는 무엇보다도 여호와에 대한 믿음을 표현하는 행위라는 것이다. 다니엘과 친구들은 바빌론 왕의 선처로 교육을 받고 있다. 그렇다면 그들이 성공하면 누가 가장 큰 영광을 받을 것인가? 느부갓네살과 바빌론 사람들이 아닌가! 그러므로 청년들은 바빌론 왕이 내려준 음식(viz., 바빌론이 줄 수 있는 최고의 것들)을 거부하고도 "왕이 내린 음식을 먹은 젊은이들의 얼굴빛보다 좋고 건강하여 보인 것"(1:15)은 하나님의 은혜였다는 것을 간증하기 위함이다.

그러나 이 일은 사람들 앞에서 공식적으로 이루어진 것이 아니라, 아주 사적인 곳에서 은밀하게 진행되었다. 느부갓네살이 지혜롭고 건강한 히브리 청년들을 보며 모든 것을 '자신의 업적'으로 여기며 스스로 흡족해하는 동안, 이 청년들은 자신들의 건강은 결코 왕의 보살핌 때문이 아니라 이스라엘의 하나님 여호와께서 보살펴주신 결과라는 사실을 알고 있었던 것이다. 이 해석은 다니엘서의 신학과 매우 잘 어울린다. 보이는 현실이 세상의 모든 것이 아니라는 것이다. 이 다섯 가지 해석 중 가장 설득력이 있다.

다니엘은 그들을 관리하는 환관장에게 가서 동조를 구했다(8절). 환관장은 자신의 생명이 달린 문제라 쉽게 대답하지 않았다. 환관장은 선발된 청년들의 교육뿐만 아니라 건강까지 책임져야 하는 위치에 있었기 때문에, 만일 청년들이 잘못되면 왕의 진노를 살 뿐만 아니라 목숨까지 잃을 수 있다(10절). 다행히 환관장은 다니엘의 청을 단번에 거절하지 않고 부하인 감독관에게 가서 상의하도록 했다(11절). 다니엘은 감독관에게 10일 동안만 자신들의 요청에 따라 채소만 먹도록 허락해 주기를 간구했다(12절). 만일 결과가 좋지 않으면 왕이 하사하는 음식을 다시 먹겠다고 제안했다.

감독관의 허락으로 10일 동안 실험이 진행되었다(14절). 왜 하필이면 10일인가? 10일은 결과가 좋지 않다 할지라도 다니엘과 친구들이 왕의 음식을 거부하고 있다는 의심을 사기에는 짧은 시간이고, 동시에 실험 결과를 육안으로 확인하기에는 충분한 시간이기 때문이다(Lucas). 10일 후에 청년들은 왕의 음식을 먹은 청년들보다 더 건강한 모습이었다(15절). 결과에 만족한 감독관은 다니엘과 친구들이 3년 동안 채소만 먹고 살 수 있도록 허락했다(16절).

다니엘과 세 친구가 왕이 내려준 대부분의 음식(고기)을 거부하고 3년 동안 채소만 먹고 살았다는 사실이 성도들에게 채식주의를 강요하는 것은 아니다(cf. Gowan, Seow). 훗날 다니엘이 고기를 먹은 것은 확실하다(cf. 10:3). 이 사건은 주님의 자녀들이 3년이라는 한시적인 기간을 정해놓고 자신들의 삶에서 하나님을 의지해 여호와의 주권과 돌보심을 확인한 일이다. 그 이상이나 이하의 이야기가 아니다.

겉으로는 이 모든 일이 다니엘과 친구들의 노력과 환관장의 인간적인 배려가 만들어낸 결과로 보인다. 당연하다. 다니엘과 세 친구가 좋은 상관들을 만났기 때문에 이런 일이 가능했다. 그러나 다니엘과 친구들이 좋은 상관을 만나고, 상관들이 청년들을 특별히 배려한 것이 우연일까? 저자는 아니라고 한다. 그는 이 모든 것이 보이지 않는 곳에서 역사하시는 하나님의 은혜(חֶסֶד)가 빚어낸 일이라고 한다. "하나님은 다니엘이 환관장에게서 호의와 동정을 받도록 해주셨다"(9절). 환관장이 단번에 사안을 거절하지 못하도록 하나님이 그의 마음을 움직여 주신 것이다. 하나님이 자기 백성을 끝까지 보호하고 인도하겠다며 맺으신 시내 산 언약에 대한 충성(חֶסֶד)이 타국으로 끌려온 히브리 청년들의 삶에서 빛나는 순간이다(cf. Sakenfeld).

하나님의 자비(חֶסֶד)가 다니엘과 세 친구의 삶에 임하게 된 동기도 매우 중요하다. 다니엘이 먼저 왕의 음식으로 자신을 더럽히지 않겠다고 마음을 먹었기 때문이다(8절). 하나님은 전적으로 여호와의 주권에 의지해 바빌론 음식을 거부하겠다는 다니엘의 결단을 귀하게 여기고 복을 내려주셨다. 다니엘의 믿음의 결단은 그와 함께한 세 친구에게도 큰 축복이 되었다(Seow). 하나님은 종종 이렇게 역사하신다. 한 사람의 선한 결단이 주변 사람들에게 큰 복이 되게 하시는 것이다.

이 히브리 청년들의 결정이 결코 쉽지 않았을 것을 충분히 상상할 수 있다. 왕이 하사한 음식을 먹지 않는다는 것은 왕을 모욕하는 행위로 해석될 수 있는 정치적인 부담을 내포하고 있었기 때문이다. 그들과 같이 훈련을 받고 있는 다른 청년들이 가하는 또래 압력(peer pressure)도 상당했을 것이다. 남들은 다 잘 먹고 있는데 왜 이 청년들만 '튀려고' 하는가? 다니엘과 친구들이 거부한 음식의 질 또한 물리치기 쉬운 것들은 아니었을 것이다. 끼니마다 밥상에 차려진 음식은 바빌론이 제공할 수 있는 최고의 것들이다. 청년들은 여호와께서 자기들을 보호하고 건강하게 하신다는 믿음으로 당시 세상의 최고 음식을 거부했다.

타국 생활은 이 히브리 청년들에게 도덕적인 기준뿐만 아니라, 율법이 제시하는 종교적-예식적 기준도 낮추도록 많은 압력을 가했을 것이다. 또한 여호와께서 그들을 보호하지 않고 바빌론까지 끌려오게 하셨는데, 무엇 때문에 자기들은 여호와의 기준에 신실해야 하는가라는 질문도 하게 했을 것이다. 그러나 다니엘과 친구들은 이 모든 유혹과 하나님에 대한 섭섭함을 뒤로하고 오로지 여호와 하나님을 의지하며 살고자 했다.

이 이야기는 반기독교적인 가치관과 정서로 가득한 세상을 살아가는 우리에게 어떤 도전을 주는가? 다니엘의 이야기는 하나님께 실망했다고 하는 사람들에게 어떤 메시지를 주는가? 우리가 인정하든, 하지 않든, 우리 눈에 보이든, 보이지 않든 상관없이 하나님은 오늘도 세상을 다스리시고 우리의 삶에 관여하신다. 너무 쉽게 하나님에 대한 실망을 표하는 일은 없어야 한다.

I. 꿈과 해몽(1:1-6:28)
A. 다니엘과 세 친구(1:1-21)

4. 다니엘과 친구들의 성공(1:17-20)

[17] 하나님이 이 네 소년에게 학문을 주시고 모든 서적을 깨닫게 하시고 지혜를 주셨으니 다니엘은 또 모든 환상과 꿈을 깨달아 알더라 [18] 왕이 말한 대로 그들을 불러들일 기한이 찼으므로 환관장이 그들을 느부갓네살 앞으로 데리고 가니 [19] 왕이 그들과 말하여 보매 무리 중에 다니엘과 하나냐와 미사엘과 아사랴와 같은 자가 없으므로 그들을 왕 앞에 서게 하고 [20] 왕이 그들에게 모든 일을 묻는 중에 그 지혜와 총명이 온 나라 박수와 술객보다 십 배나 나은 줄을 아니라

다니엘과 세 친구들은 정해진 3년 동안의 훈련을 마쳤다. 그들은 모든 서적을 읽고 이해할 수 있게 되었고, 다니엘은 환상과 꿈을 해석하는 능력도 갖게 되었다. 일부 주석가들은 네 청년이 다른 사람들보다 더 뛰어난 능력을 지닌 것과 그들의 신앙(cf. 8-16절)은 전혀 상관이 없다고 주장한다(Goldingay, cf. Gowan). 이렇게 해석할 경우 이 청년들의 총명함은 바빌론의 교육과 그들의 타고난 재능 덕분이다(cf. 4-5절). 그러나 이 이야기 바로 앞에 그들의 신앙 이야기가 기록된 것을 감안할 때, 이 히브리 청년들이 특별히 총명해진 것은 하나님이 그들의 믿음에 복을 내려주신 결과라는 것이 확실하다. 성경도 여호와를 경외하는 것이 모든 지식의 근본이라고 한다.

그 어느 훈련생들보다 모든 면에서 뛰어난 네 청년은 느부갓네살 왕의 환심을 사게 되었다. 바빌론 왕이 히브리 청년들의 특별한 재능과 능력을 인정한 것이다. 어떻게 이런 일이 가능했는가? 모든 것이 하나님의 은혜였다.

저자는 17절에서 하나님이 [그들에게] '주셨다'(נָתַן)라는 단어를 사용한다. 이 단어가 1장에서 벌써 세 번째 사용되고 있다. 하나님은 성전 기물과 여호야김을 느부갓네살에게 넘겨주셨다(נָתַן, 2절). 또한 다니엘이 환관장에게 호의와 동정을 받도록 해주셨다(נָתַן, 9절). 이제 하나님은 다니엘과 그의 친구들에게 지식과 학문과 문학에 능통할 수 있도록 해주셨다(נָתַן, 17절). 이 이야기는 여호와께서 자기 자녀들을 통해 바빌론에서 승리하신 이야기인 것이다(Seow).

세상의 눈으로 바라보면 다니엘과 친구들의 총명함과 박식함은 느부갓네살 왕의 업적이라고 말할 것이다. 그가 이 청년들에게 바빌론에서 최상의 교육을 제공했기 때문이다. 그러나 저자는 분명히 "우리의 눈에 비추어진 현실은 전부가 아니다"라고 외치고 있다. 우리 눈에 비추어진 현실에 지나치게 집착하지 말라는 경고이다.

구체적으로 하나님이 다니엘과 친구들에게 주신 것은 무엇인가? 하나님이 그들에게 주신 능력 중에서 '환상과 온갖 꿈을 해석하는 능력'이 가장 큰 비중을 차지하고 있다(17절). 바빌론 사람들의 지혜는 점성술을 매우 중요하게 여겼다. 그래서 그들은 짐승을 잡아 간(肝)을 보기도 하고, 사람과 짐승의 출산과 새들이 날아가는 모습과 별자리의 변화와 꿈 해몽 등을 통해 점을 치거나 예언을 했다. 비록 그들이 미신적인 이유에서 점을 치기 위해 별자리를 연구하기 시작했지만, 바빌론의 천문학은 상당한 수준에 도달했다. 주전 500년대에 살았던 바빌론의 천문학자 나부리만누(Naburimannu)는 1년을 365일 6시간 15분 41초(실제보다 26분 55초 더 김)로 계산했다(Whitcomb).

이스라엘의 지혜는 이러한 바빌론의 미신과는 근본이 다른 것처럼, 다니엘이 소유하게 된 지혜도 전적으로 다른 차원의 질이었다. 그는 요셉처럼 하나님이 주신 지혜를 품은 사람이었다. 본문은 다니엘이 하나님께 꿈을 풀이하는 능력을 받은 일을 언급함으로써 앞으로 다니엘서에 여러 가지 꿈이 등장할 것을 암시하고 있다. 이 꿈들을 풀이할 수 있는 능력은 바빌론의 지혜가 아니라, 하나님이 다니엘에게 주신 능력이다.

다니엘의 이야기는 여러 면에서 요셉의 이야기(창 37-44장)와 평행을 이룬다. 첫째, 다니엘도 요셉처럼 타국에서 살아간다. 요셉은 이스라엘의 남서쪽에 있는 이집트에서 살았는데, 다니엘은 이스라엘의 북동쪽에 있는 바빌론에 와 있다. 둘째, 두 사람 모두 매우 준수한 용모를 지녔다. 셋째, 요셉이 이집트 이름을 갖게 된 것처럼 다니엘도 바빌론 이름을 갖게 되었다. 넷째, 요셉이 보디발의 아내의 유혹을 경험한 것처럼, 다니엘은 왕의 진귀한 음식으로 유혹을 경험했다. 다섯째, 하나님이 간수장들의 자비와 긍휼이 요셉에게 임하게 하신 것처럼 환관장과 감독관들의 자비가 다니엘에게 임하게 하셨다. 여섯째, 요셉이 이집트의 모든 지혜자보다 뛰어났던 것처럼, 다니엘도 바빌론의 모든 지혜자보다 뛰어났다. 일곱째, 우리가 눈으로 보지 못하는 곳에서 하나님이 요셉을 축복하고 보호하신 것처럼, 다니엘에게도 보이지 않는 곳에서 복을 내리고 보호하신다. 하나님이 함께하시는 한, 앞으로도 다니엘은 바빌론의 모든 마술가와 주술가보다 뛰어날 것이다.

본문은 다니엘과 세 친구가 받은 바빌론 교육과 점성술을 중심으로 한 그들의 종교를 긍정적으로 평가하지 않는다. 단지 주의 자녀들이 이것들을 이기고 승리할 수 있다는 사실을 강조하고 있을 뿐이다(Goldingay). 앞으로 이 책은 다니엘과 친구들이 여호와께 받은 참 지혜를 사용해 어떻게 바빌론의 거짓 지혜를 이겼는가를 전할 것이다. 세상에는 항상 온갖 지혜와 학문이 성행하는 듯해도, 하나님의 지혜는 분명히 이 모든 지혜를 상대로 승리할 것이다.

I. 꿈과 해몽(1:1–6:28)
A. 다니엘과 세 친구(1:1–21)

5. 다니엘의 활동 범위(1:21)

21 다니엘은 고레스 왕 원년까지 있으니라

본문은 다니엘이 키루스 왕 일 년(주전 539년)까지 바빌론 왕궁에 머물러 있었다고 한다. 일부 학자들은 이 문장을 다니엘이 이때 죽은 것으로 해석해 10:1(cf. 6:28)과 상반된다고 주장하기도 한다(Lacocque). 만일 본문을 다니엘이 죽은 해로 해석하면 10장에 기록된 환상은 그가 죽은 후에 받은 것이 되기 때문이다. 그러나 본문은 단순히 그가 키루스 즉위 1년에도 정치적인 활동을 하고 있었다는 사실을 말할 뿐이다(cf. Lucas). 이때로부터 2년 후에 10장에 기록된 환상을 받은 것이다.

키루스 왕 1년 때 다니엘의 나이는 80세 정도 되었을 것이다. 이때 평균 수명이 40–50이었음을 감안하면 다니엘은 매우 장수했다. 장수하면서 오래 사역한 사람들(이사야, 예레미야 등)이 성경에 많이 기록되어 있으므로 다니엘이 예외적인 경우는 아니다. 또한 기록에 의하면 바빌론 제국의 서기관 중 80세 이상 살았던 사람들이 제법 많았다(Wiseman). 다니엘이 오래 산 일의 중요성은 그가 이스라엘을 망하게 한 바빌론 제국보다 더 오래 살았다는 사실에 있다. 아무리 무시무시하고 두려운 권세라 할지라도 망하는 때가 분명 있으며, 때로는 한 사람의 일생보다 짧은 기간에 망한다. 1장이 이스라엘을 멸망시켜 바빌론으로 끌고 온 느부갓네살 왕 이야기로 시작해 그들에게 자유를 주어 조국으로 돌아가게 한 키루스 왕 이야기로 마무리되는 것도 이러한 메시지를 주는 듯하다(cf. Goldingay, Seow).

다니엘은 이처럼 오랫동안 살면서 바빌론과 페르시아 정치에 관여했다. 오늘날 많은 기독교인들이 정치는 매우 추하고 더러운 것이므로 '나쁜 사람들'이나 하는 것으로 간주한다. 다니엘의 정치 일생에서 우리는 무엇을 배우는가? 우리는 분명 어떤 형태의 세상 정부에도 지나치게 충성해서는 안 된다. 우리가 충성할 것은 하나님 나라와 메시아가 다스리시는 정부이기 때문이다. 그러나 이 땅에 사는 한 정치를 하지 않고 살 수 있는가?

I. 꿈과 해몽(1:1–6:28)

B. 느부갓네살의 꿈(2:1–49)

바빌론 왕 느부갓네살에게 잠 못 이루는 밤이 찾아왔다. 그는 왕이 된 지 2년째 되던 해(주전 603년)에 꿈을 꾸었는데, 도대체 뜻을 알 수 없는 신비로운 꿈이었다. 왕은 바빌론에서 능력이 있다고 하는 마술사와 주술가와 점쟁이들을 모두 불러 자기가 꾼 꿈의 내용과 해몽을 제시하라고 명령했다. 불려온 지혜자들은 한결같이 왕에게 "먼저 어떤 꿈을 꾸었는지 말해달라"고 했다. 꿈의 내용을 알아야 해몽할 수 있지 않겠느냐는 취지의 요청이었다. 그러나 느부갓네살은 그들에게 단호하게 말했다. "너희들이 내가 꾼 꿈을 말하고 해몽하라. 만약에 그렇게 하지 못하면 너희들을 모두 사기꾼으로 간주해서 처형하겠다"(5절, 새번역). 이렇게 해서 바빌론의 모든 지혜자가 위기에 처하게 되었다(cf. 1:13). 일단 왕이 꾼 꿈의 내용을 알아야 대충 얼버무릴 텐데 왕이 꿈을 알려

주지 않으면서 이처럼 협박했기 때문이다.

이 이야기는 여러 면에서 요셉과 바로가 꾼 꿈 이야기와 비슷하다(cf. 창 41장). 세상에서 가장 위대한 이방 왕들이 꾼 혼란스런 꿈을 하나님의 은혜를 입은 유대인 신분의 가장 낮은 자들(노예로 팔려간 요셉은 감옥살이를 하고 있었고, 다니엘은 포로가 되어 바빌론으로 끌려와 살고 있음)이 풀이해주었다. 이집트의 점술가들이 바로의 꿈을 풀이하지 못한 것처럼 바빌론의 지혜자들도 느부갓네살의 꿈을 풀이하지 못한다. 뒤늦게 바로의 술관원이 감옥에 갇혀 있던 요셉을 이집트 왕 앞으로 불러온 것처럼 사형 집행자 아리옥이 다니엘을 느부갓네살 앞으로 데려와 꿈을 풀이하도록 한다. 바로의 꿈을 풀이한 요셉의 신분과 지위가 급부상한 것처럼 느부갓네살 왕의 꿈을 풀이한 다니엘의 위상이 급부상한다. 어떤 면에서 다니엘은 요셉보다 더 위대하다. 다니엘이 바빌론 왕이 꾼 꿈을 풀이할 뿐만 아니라 그가 꾼 꿈의 내용까지 말했기 때문이다.

본문이 이처럼 요셉 이야기와 많은 공통점을 지녔다고 해서 이 이야기를 창세기 41장에 기록된 요셉 이야기에 근거한 미드라쉬(midrash)라고 주장하는 학자가 있다(Lacocque). 요셉 이야기의 새로운 버전(version)이라고 주장하는 사람도 있다(Heaton). 그러나 두 이야기가 공통점을 지녔다고 해서 이렇게 평가하는 것은 지나치게 단순화한 시각이다(Collins, cf. Smith-Christopher). 두 이야기의 언어 사용 등이 현저한 차이를 보이고 있기 때문이다(Mitchell, cf. Lucas). 또한 두 이야기의 관계를 이렇게 정의하기에는 차이점이 너무 많다(Goldingay).

이 이야기에 비추어진 다니엘은 이스라엘이 지향하는 지혜의 표본이다(cf. 14절). 또한 그의 기도(18절)와 비전(19절)과 찬양(19-23절)과 간증(27-28절)과 겸손(30절)과 확신(45절)은 여호와 종교가 지향하는 믿음의 모델이기도 하다(Goldingay). 다니엘이 지닌 신앙의 가장 큰 열매는 바빌론 왕의 꿈을 풀이해준 대가로 주어진 여러 가지 포상이 아니라,

느부갓네살의 입술을 통해 고백된 여호와의 능력과 존귀하심이다(cf. 46-47절).

또한 이 이야기는 다니엘과 바빌론 왕의 고문들과의 대결로 간주될 수 있다. 그러나 다니엘과 바빌론 지혜자들의 대결은 표면적인 것에 불과하다. 진짜 대결은 다니엘의 지혜를 통해 역사하시는 이스라엘의 하나님 여호와와 왕의 고문들이 숭배하는 우상들 사이에 있다. 여호와는 자기 종 다니엘을 통해 바빌론 신들의 무능함을 온 천하에 드러내신다. 이미 서론에서 언급한 것처럼 2-7장은 다음과 같은 교차 대구법적 구조를 형성하며 하나님의 위대하심과 주의 백성의 신실함을 부각시킨다. 하나님의 신실하심(A, A′)과 주의 백성의 신실함(B, B′)이 이방 왕들을 겸손하게 만든다(C, C′).

A. 여호와의 통제 아래 있는 네 개의 제국(2장)
　B. 핍박 중에도 신실한 주의 자녀들(3장)
　　C. 교만한 이방 왕이 겸손해짐(4장)
　　C′. 교만한 이방 왕이 겸손해짐(5장)
　B′. 핍박 중에도 신실한 주의 자녀들(6장)
A′. 여호와의 통제 아래 있는 네 개의 제국(7장)

1장의 이야기는 우리 눈에 비추어지는 일들이 모든 것이 아니라는 강력한 메시지를 선포했다. 우리가 현실에서 경험하는 현상들 뒤에는 더 큰 실체가 있으며, 이 실체를 주관하시는 분이 하나님이라고 했다. 본문의 이야기는 이스라엘의 하나님 여호와는 세상의 모든 비밀을 알고 계신 분이라는 사실을 강조한다. 이러한 가르침은 이사야서 후반에 비추어진 하나님의 모습과 깊은 연관이 있다. 이사야는 하나님과 우상들의 가장 기본적인 차이점은 우상은 미래를 예언할 수도, 비밀을 말할 수도 없지만, 여호와 하나님은 미래의 일을 잘 알고 계실 뿐만 아니라 그 일들이 있기 전에 미리 예언까지 할 수 있는 능력을 가지신 분이라고 한다. 다니엘의 하나님도 바로 이런 능력을 지니신 분이다. 이 이야기는 다음과 같이 구분될 수 있다.

A. 왕의 꿈과 고문들의 반응(2:1–13)
  B. 다니엘에게 왕의 꿈을 보이심(2:14–23)
  B′. 왕의 꿈과 다니엘의 해몽(2:24–45)
A′. 왕의 반응(2:46–49)

I. 꿈과 해몽(1:1–6:28)
B. 느부갓네살의 꿈(2:1–49)

1. 왕의 꿈과 고문들의 반응(2:1–13)

[1] 느부갓네살이 다스린 지 이 년이 되는 해에 느부갓네살이 꿈을 꾸고 그로
말미암아 마음이 번민하여 잠을 이루지 못한지라 [2] 왕이 그의 꿈을 자기에게
알려 주도록 박수와 술객과 점쟁이와 갈대아 술사를 부르라 말하매 그들이
들어가서 왕의 앞에 선지라 [3] 왕이 그들에게 이르되 내가 꿈을 꾸고 그 꿈을
알고자 하여 마음이 번민하도다 하니 [4] 갈대아 술사들이 아람 말로 왕에게
말하되 왕이여 만수무강 하옵소서 왕께서 그 꿈을 종들에게 이르시면 우리
가 해석하여 드리겠나이다 하는지라 [5] 왕이 갈대아인들에게 대답하여 이르
되 내가 명령을 내렸나니 너희가 만일 꿈과 그 해석을 내게 알게 하지 아니
하면 너희 몸을 쪼갤 것이며 너희의 집을 거름더미로 만들 것이요 [6] 너희가
만일 꿈과 그 해석을 보이면 너희가 선물과 상과 큰 영광을 내게서 얻으리
라 그런즉 꿈과 그 해석을 내게 보이라 하니 [7] 그들이 다시 대답하여 이르되
원하건대 왕은 꿈을 종들에게 이르소서 그리하시면 우리가 해석하여 드리겠
나이다 하니 [8] 왕이 대답하여 이르되 내가 분명히 아노라 너희가 나의 명령
이 내렸음을 보았으므로 시간을 지연하려 함이로다 [9] 너희가 만일 이 꿈을

내게 알게 하지 아니하면 너희를 처치할 법이 오직 하나이니 이는 너희가
거짓말과 망령된 말을 내 앞에서 꾸며 말하여 때가 변하기를 기다리려 함이
라 이제 그 꿈을 내게 알게 하라 그리하면 너희가 그 해석도 보일 줄을 내가
알리라 하더라 10 갈대아인들이 왕 앞에 대답하여 이르되 세상에는 왕의 그
일을 보일 자가 한 사람도 없으므로 어떤 크고 권력 있는 왕이라도 이런 것
으로 박수에게나 술객에게나 갈대아인들에게 물은 자가 없었나이다 11 왕께
서 물으신 것은 어려운 일이라 육체와 함께 살지 아니하는 신들 외에는 왕
앞에 그것을 보일 자가 없나이다 한지라 12 왕이 이로 말미암아 진노하고 통
분하여 바벨론의 모든 지혜자들을 다 죽이라 명령하니라 13 왕의 명령이 내
리매 지혜자들은 죽게 되었고 다니엘과 그의 친구들도 죽이려고 찾았더라

고대 근동에서 왕들이 꿈을 통해 신들의 계시를 받는 것은 매우 흔한 현상이었다(Oppenheim). 물론 거짓이지만, 그들은 그렇게 믿었다. 어느 날 바벨론 왕 느부갓네살이 꿈을 꾸었다. 꿈이 매우 특이하다고 생각되어 자다가 깨어난 왕은 잠을 이루지 못했다. 그는 바벨론에서 내로라할 만한 지혜자들과 고문들을 모두 불렀다. 저자는 네 유형의 지혜자들이 모두 모였다고 한다. 박수, 술객, 점쟁이, 갈대아 술사. 숫자 4가 총체성을 강조하는 숫자라는 사실을 감안할 때, 저자가 모인 지혜자들을 네 유형으로 묘사하는 것은 바벨론의 모든 지혜자가 다 모였다는 점을 암시한다. 또한 이중 '박수들'(חַרְטֻמִּים)은 이집트어에서 도입된 용어이다(HALOT, cf. 창 41:8-24). 바벨론의 지혜자들뿐만 아니라 이집트의 지혜를 습득한 자들도 모두 이 자리에 모였다는 것이다.

왕의 자초지종을 듣고 왕이 꿈의 내용을 말해주기만 하면 풀이해주겠다는 사람은 많았다(cf. 4절). 지혜자들은 먼저 "왕이여 만수무강 하옵소서"(מַלְכָּא לְעָלְמִין חֱיִי, lit., "왕이여 영원히 사시옵소서")라고 인사를 하고 시작하는데, 이 "왕이여 영원히 사시옵소서"라는 말이 다소 아이러니하다(Smith-Christopher). 느부갓네살의 꿈의 내용이 그와 그의 나라는 머지않아 끝이 날 것이며, 유일하게 영원한 것은 하나님의 나라라고 하기 때문이다.

왕의 요구에 대하여 "꿈을 말해달라"는 지혜자들의 반응(4b절)부터 아람어가 사용된다. 다니엘서의 아람어 사용은 7:28까지 계속되며 언어가 바뀌어도 이야기의 흐름은 매우 매끈하다. 책이 왜 두 언어를 사용하는가에 관한 힌트는 책의 흐름에서는 전혀 찾을 수가 없다.

왕이 세 차례나 꿈의 내용을 말하고 해몽하라고 했지만(3, 5-6, 8-9절), 지혜자 중 그 아무도 왕이 꾼 꿈의 내용이 무엇인지에 대하여는 말할 수 없었다. 당연하다. 그들은 누가 꿈의 내용을 말하면 해몽이라며 그럴싸하게 둘러대는 사람들이지, 사람이 꾼 꿈의 내용까지 알아낼 수 있는 능력을 지닌 자들이 아니기 때문이다. 오늘날 활동하는 점쟁이들도 모두 다 그렇다. 오직 참 하나님이신 여호와만이 이런 일을 하실 수 있다. 세상의 지혜와 하나님의 지혜가 가장 극명하게 차이를 보이는 순간이다.

왕이 자기가 꾼 꿈을 말하지 않으면 모두 죽이겠다며 지혜자들을 협박하자 그들은 모두 "왕이 요구하는 것을 충족시킬 자는 세상에 아무도 없습니다. 육체를 가진 사람들과 함께 살지 않는 신들이라면 몰라도, 아무도 그 일을 왕에게 알려드릴 자가 없습니다"(10-11절, 새번역)라고 소리쳤다. 바빌론의 지혜자들이 왕의 "꿈을 말하고 해몽하라"는 명령을 세 차례(3, 5-6, 8-9절)나 듣고 나서 비로소 자신들의 한계를 인정하고 있다. 지혜자들은 한계를 인정하면서도 심술이 난 느부갓네살이 괜한 꼬투리를 잡아 자기들을 죽이려 한다고 생각했을 것이다. 그들이 말한 대로 이 세상에는 바빌론 왕이 요구하는 일을 해낼 사람이 없기 때문이다.

그러나 바빌론의 지혜자들의 고백은 이 이야기가 드러내고자 하는 핵심 메시지이다. 다니엘과 그의 하나님 여호와는 바빌론의 신들이나 그것들을 섬기는 자들과 질적으로 다르다는 것이다. 세상의 모든 비밀을 아시는 하나님에게 느부갓네살이 꾼 꿈의 내용이나 해몽은 문제가 될 수 없다. 왕의 꿈은 비밀을 알기는커녕 말할 줄도 모르는 우상들을 신(들)으로 숭배하는 바빌론 지혜자들에게나 문제가 될 뿐이다. 바빌론에서 가장 지혜로운 자들이라고 하는 사람들이 참 하나님 여호와를 아는 지혜는 없다는 것이 아이러니하다.

느부갓네살이 꿈을 꾼 때는 그가 왕이 된 지 2년째 되던 해(주전 603년)였다. 1:1-3에 의하면 다니엘은 주전 605년부터 3년 동안 교육과 훈련을 받았다. 1:18은 다니엘이 모든 훈련을 받은 것으로 기록하고 있다. 이때가 주전 602년이 될 가능성이 많다. 그렇다면 2장 사건은 다니엘이 훈련을 받고 있는 도중에 일어난 사건일까? 설령 그렇다 할지라도 별문제는 없다(Seow, Wood). 그러나 서론에서 언급한 것같이 바빌론과 이스라엘의 통치 연대 기록 방식이 달랐다. 이 차이에 의하면 다음과 같은 결론이 성립된다(cf. Baldwin, Driver, Millard, Miller, Wood).

다니엘의 훈련 기간	바빌론 왕의 즉위 연대	날짜
첫해	왕위에 오른 해	주전 605년 9월-604년 3/4월
둘째 해	첫해	주전 604년 3/4월-603년
셋째 해	둘째 해	주전 603년 3/4월-602년

그러므로 2장의 사건을 다니엘의 훈련이 모두 끝난 다음에 일어난 일로 간주해도 별 어려움은 없다. 다니엘의 훈련 기간으로 밝혀진 3년이 부분적인 해를 포함하고 있다면(예, 2년 반), 더욱더 문제는 없다(Young). 일부 학자들은 1절에서 10단위가 빠진 것이라고 한다(Ewald). 이 일은 느부갓네살 즉위 2년이 아니라, 12년에 있었던 일이라는 것이다. 이 사건이 있었을 때 다니엘의 나이는 아마도 17-18세쯤 되었던 것으로 추정된다.

느부갓네살의 요구는 바빌론의 모든 지혜자를 당황하게 만들었다.

이 지혜자들은 평소에 자신들이 죽인 짐승들의 간이나 들여다보며 미래를 점치고, 누구의 꿈을 듣고 나서야 기분 내키는 대로 해몽했다. 그런 그들에게 왕이 자기가 꾼 꿈까지 말하라고 하니 당연히 그렇게 느낄 수밖에 없었을 것이다.

느부갓네살이 자신이 꾼 꿈의 내용을 잊어서 이런 요구를 한 것일까? 그가 꿈을 꾸었는데 내용을 기억하지 못해서 이런 명령을 내렸다고 하는 주석가들이 있다(Baldwin, cf. Josephus Ant. 10.10.3). 고대 사람들은 자기가 꾼 꿈을 기억하지 못하는 것은 신들이 그를 벌하고 있기 때문이라고 생각했다(Oppenheim). 이러한 정서에서 느부갓네살이 지혜자들에게 화를 내며 강경한 자세를 취하는 것은 쉽게 설명이 되지 않는다. 왕이 신들에게 받는 벌을 부하들에게 떠넘기려고 하는 것과 같기 때문이다(cf. 9절).

느부갓네살은 자기가 꾼 꿈의 내용을 알고 있으면서 이러한 요구를 했다(Longman, Gowan, Lucas, Miller) 왕이 불러모은 지혜자들이 지속적으로 왕의 꿈에 대해 알려달라고 할 때, 느부갓네살이 보이는 태도도 그가 꾼 꿈의 내용을 알고 있었던 것을 전제하는 듯하다(9절). 그러므로 1절이 그가 꾼 꿈 때문에 잠을 이루지 못했다고 하는 것은, 그가 내용을 기억하지만 꿈이 너무 특이해서 잠을 이루지 못했다는 것을 의미한다.

왜 느부갓네살은 자기 꿈의 내용을 지혜자들에게 알려주기를 꺼려했을까? 고대 사람들은 누가 꿈을 풀이하면, 그 꿈이 끼칠 영향력이 꿈을 꾼 사람에게서 풀이한 사람에게로 옮겨간다고 생각했다(Oppenheim). 왕이 꾼 꿈의 내용이 매우 특이하고 그 꿈이 무엇을 의미하는지 전혀 알 수 없기 때문에 왕은 꿈을 제대로 풀이해줄 믿을 만한 사람을 찾고 있다(Lucas).

느부갓네살은 자신의 꿈을 말하고 풀이하는 사람에게는 큰 상을 줄 것이지만, 그렇게 하지 못할 경우에는 모두 죽이고 그들의 집을 쓰레기 더미로 만들 것이라고 선언했다. 가족들도 모두 죽이겠다는 의미이다. 느부갓네살이 왜 바빌론의 지혜자들을 이처럼 무지막지하게 대하려 하는가? 아마도 자기가 꾼 꿈의 내용이 범상치 않았던 것에 자극을 받았던 것으로 생각된다. 왕은 자기가 꾼 특이한 꿈은 아무런 힌트 없이 그 꿈의 내용을 알아낼 수 있는 사람만이 제대로 해석할 수 있다고 믿었다.

또한 그동안 왕의 녹을 먹고 살았던 지혜자들은 한결같이 자신들은 신들과 특별한 관계를 유지하고 있는 특별한 사람들이라고 과시했을 것이다. 느부갓네살은 이번 기회를 통해 그들이 참으로 신들과 교통하는 자들인지 시험해보기를 원했다. 만약에 그들의 말대로 그들이 신들과 교통하고 있다면, 왕의 요구는 아무런 문제가 되지 않을 것이다. 그러나 만일 그들이 신들과 교통하지도 않으면서 교통하는 척했다면, 큰 문제가 될 것이다. 느부갓네살은 자신의 요구를 통해 지혜자들의 정직성(integrity)을 문제 삼고 있는 것이다.

왕의 요구를 듣고 점성가들은 소리를 지른다. 왕의 요구를 충족시킬 수 있는 사람은 이 세상에 단 한 사람도 없다. 만일 왕의 요구를 들어줄 수 있는 이가 있다면, 그는 결코 사람이 아니다(10-11절). 지혜자들은 자신들도 모르게 여호와와 그의 종 다니엘은 세상의 신들이나 사람들과 완전히 다르다는 사실을 고백하고 있다!

지혜자들의 말에 느부갓네살 왕은 화가 머리끝까지 났다. 아마도 여태까지 이 사기꾼들에게 속았다는 생각을 했을 것이다. 왕은 자기 앞에 서 있는 사람들을 포함한 바빌론의 모든 지혜자를 죽이라고 명령했다. 이번 기회에 종교와 점성술을 이용해 사람들을 현혹시키는 집단을 바빌론에서 완전히 뿌리 뽑겠다는 생각이었다. 문제는 다니엘과 친구들도 사형을 선고받은 무리에 포함되었다는 것이다. 이 히브리 청년들이 앞으로 어떻게 될 것인가라는 불안감과 동시에 여호와 하나님이 어떻게 그들을 구하실 것인가에 대한 기대감을 갖고 다음 본문을 읽게 된다.

I. 꿈과 해몽(1:1–6:28)
B. 느부갓네살의 꿈(2:1–49)

2. 다니엘에게 왕의 꿈을 보이심(2:14–23)

14 그 때에 왕의 근위대장 아리옥이 바벨론 지혜자들을 죽이러 나가매 다니
엘이 명철하고 슬기로운 말로 15 왕의 근위대장 아리옥에게 물어 이르되 왕
의 명령이 어찌 그리 급하냐 하니 아리옥이 그 일을 다니엘에게 알리매 16 다
니엘이 들어가서 왕께 구하기를 시간을 주시면 왕에게 그 해석을 알려 드리
리이다 하니라 17 이에 다니엘이 자기 집으로 돌아가서 그 친구 하나냐와 미
사엘과 아사랴에게 그 일을 알리고 18 하늘에 계신 하나님이 이 은밀한 일에
대하여 불쌍히 여기사 다니엘과 친구들이 바벨론의 다른 지혜자들과 함께
죽임을 당하지 않게 하시기를 그들로 하여금 구하게 하니라 19 이에 이 은밀
한 것이 밤에 환상으로 다니엘에게 나타나 보이매 다니엘이 하늘에 계신 하
나님을 찬송하니라 20 다니엘이 말하여 이르되

영원부터 영원까지 하나님의 이름을 찬송할 것은
지혜와 능력이 그에게 있음이로다
21 그는 때와 계절을 바꾸시며
왕들을 폐하시고 왕들을 세우시며
지혜자에게 지혜를 주시고
총명한 자에게 지식을 주시는도다
22 그는 깊고 은밀한 일을 나타내시고
어두운 데에 있는 것을 아시며
또 빛이 그와 함께 있도다
23 나의 조상들의 하나님이여
주께서 이제 내게 지혜와 능력을 주시고
우리가 주께 구한 것을 내게 알게 하셨사오니
내가 주께 감사하고 주를 찬양하나이다
곧 주께서 왕의 그 일을 내게 보이셨나이다 하니라

일부 학자들은 1장에서 다니엘과 친구들이 바빌론 왕의 인정을 받고 왕궁을 출입하며 느부갓네살을 섬겼는데(1:19-21), 이 이야기에서는 왕이 다니엘과 친구들에 관해 전혀 모르고 있는 것과 그들이 소집된 왕의 지혜자들 사이에 있지 않은 것에 대해 문제를 제기한다(Anderson, Collins, Davies, Hartman & Di Lella). 그러나 전혀 문제가 되지 않는다(Porteus). 2장의 이야기가 1장에 기록된 일(3년의 훈련)이 진행되는 동안 일어났을 수도 있다(Seow). 1장 마지막 부분(21절)이 키루스 왕 1년까지의 시간을 기록하고 있기 때문이다. 1장 마지막 부분은 다니엘의 삶을 망원경식(telescoping)으로 요약하고 있다.

영문도 모르고 죽게 된 다니엘이 그를 죽이기 위해 찾아온 왕의 근위대장 아리옥을 만났다. 다니엘은 왕이 왜 이런 명령을 내렸는지 물어보았고, 아리옥에게 자초지종을 듣게 되었다. 다니엘이 들어보니 별로 어려운 문제가 아니었다. 온 바빌론의 지혜자들을 죽음으로 몰아간 문제가 지혜를 주시고 꿈을 풀이할 능력을 주신 하나님께는 '식은 죽 먹기' 수준의 문제였던 것이다. 다니엘은 아리옥에게 왕의 꿈을 말하고 풀이할 자가 있다고 보고해달라는 부탁을 하고 즉시 돌아가서 친구들과 함께 하나님께 기도하기 시작했다.

다니엘이 아리옥을 찾아가 취하는 자세가 돋보인다. 그는 자신의 억울함과 원통함을 하소연하지 않았다. 아리옥은 왕의 명령을 실천하는 사람일 뿐 사람들의 원통함을 헤아려줄 위치에 있는 사람이 아니기 때문이다. 다니엘은 '슬기로운 말로 조심스럽게' 아리옥에게 접근했다(14절). 하나님이 1장에서 다니엘에게 환관장의 호의와 동정을 받도록 하신 것(1:9)을 감안할 때, 이곳에서도 아리옥의 마음을 움직여 다니엘에게 호의와 동정을 베풀게 하셨다는 것을 전제할 수 있다(Gowan).

사형을 집행하러 나온 아리옥은 다니엘의 '조심스럽고 지혜로운 말'에 마음을 열고 모든 것을 자세하게 설명해줄 뿐만 아니라 그를 적극적으로 도와주었다. 아리옥도 무고한 사람들을 죽이는 걸 좋아하지 않아서였을 테지만, 그가 다니엘에게 친절을 베푼 것은 다니엘의 지혜로운 말도 한몫했다. 주변에서 사람들이 언성을 높이는 모습을 볼 때마다 다니엘의 슬기롭고 조심스러운 말이 생각난다. 감정을 다스리는 이는 지혜로운 사람이며 자기 생명을 구한다.

다니엘은 아리옥을 통해 왕에게 하루를 기다려주면 왕이 원하는 대로 자신이 꿈을 풀이할 수 있다고 전해달라고 했다(cf. 19절). 곤경에 처한 사람의 시간 벌기 작전이 아니라 신앙에서 우러난 확신이었다. 다니엘이 당장 처형당하지 않고 왕이 꾼 꿈을 알아내고 풀이할 시간을 얻은 것도 보이지 않는 곳에서 역사하시는 하나님의 은혜이다(Gowan). 다니엘은 친구들을 찾아가 합심해 '하늘의 하나님' 여호와께 기도할 것을 부탁했다. 다니엘은 영적 전쟁에 임하기 전에 자신이 모을 수 있는 모든 영적 능력을 모으고 있다(Smith–Christopher). 다니엘뿐만 아니라 세 친구들도 죽을 위기에 처했으니, 합심해 기도하는 일이 매우 쉬웠을 것이다.

그가 여호와를 '하늘의 하나님'으로 부르는 것은 바빌론의 점성가들이 주장한 것처럼, 다니엘이 필요한 정보는 오직 하늘에서만 올 수 있는 것이기 때문이다(cf. 10–11절). 하늘의 하나님만이 왕이 꾼 꿈을 알려주실 수 있는 분이기 때문에, 만일 주님이 침묵하시면 다니엘과 친구들을 포함한 바빌론의 모든 지혜자가 죽을 수밖에 없는 절박한 순간이다. 다행히 하나님이 그날 밤에 다니엘과 친구들의 기도에 응답해주셨다. 여호와 하나님은 자기 종들의 절박함을 잘 헤아리는 분이며 결정적인 순간에 침묵을 지키는 무능하거나 무감각한 분이 아니시다. 그러므로 우리가 곤경에 처하면 하나님은 어디에서 무엇을 하시는가에 대해 질문할 필요가 없다. 바로 우리 옆에서 우리의 모든 기도를 듣고 우리를 구원하기 위해 역사하시는 분이기 때문이다.

하나님의 응답을 받은 다니엘은 감격해서 그날 밤 여호와께 찬양을 드렸다(20–23절). 그의 찬양은 감사 시(psalm of thanksgiving) 양식을 취하고 있다(Gowan, cf. Smith-Christopher). 다니엘은 '영원부터 영원까지' 하나님의 이름을 찬양하라며 찬송을 시작하는데(20절), 영원하신 하나님에 대한 그의 고백은 바빌론 지혜자들이 자기 왕에게 '영원무궁하라'고 한 것과 강력한 대조를 이룬다(Seow). 다니엘은 누가 영원하신가에 대해 잘 알고 있었던 것이다. 다니엘은 찬양의 마지막 절에서 '나의 조상의 하나님'(23절)을 찬양하고 있는데, '나의 조상의 하나님'은 주의 백성이 타국에 끌려가 사는 동안 자주 사용하는 성호였다(Smith-Christopher, cf. 스 7:27). 다니엘의 하나님에 대한 두 가지 진리가 이 기도의 핵심이다. 또한 이 두 가지 진리는 다니엘서의 신학적 핵심이기도 하다.

첫째, 하나님은 능력이다. 여호와께서는 세상의 계절이 바뀌게 하시고, 제국의 왕들을 세우기도 하고 폐하기도 하시는 분이다(21절). 본인의 의사와는 상관없이 강제로 타국까지 끌려온 다니엘이 이러한 고백을 하는 것은 대단한 일이다. 그는 자신이 바빌론으로 끌려온 것은 여호와의 계획대로 이루어진 일이라고 고백한다. 다니엘이 끌려온 타국에서 포로로 일생을 마치기는 했지만, 그의 마음속 깊은 곳에는 항상 이러한 신앙고백이 자리 잡고 있었다. 이런 확신 때문에 어떤 여건 속에서도 그의 믿음은 흔들리지 않을 수 있었다.

둘째, 하나님은 지혜로우시다. 여호와께서는 지혜자들에게 지혜를 주시고, 총명한 사람들에게 지식을 주시며, 심오한 것과 비밀을 드러내시고, 어둠 속에 감추어진 것도 알고 계신다(21-22절). 하나님께 숨겨진 것은 세상에 존재하지 않는다. 다니엘이 환관장과 아리옥의 마음을 사로잡을 수 있었던 것은 그가 이렇게 지혜로우신 하나님께 받은 지혜로 그들을 대했기 때문이다.

찬양의 마무리 부분이 매우 인상적이다(cf. 23절). 다니엘은 이때까지 삼인칭을 사용해 여호와를 찬양했다(20-22절). 마지막 부분에서 그는 일인칭을 사용해 자신과 하나님의 관계를 확인하고 있다. 믿는 자가 온 우주의 주인이신 하나님을 찬양하는 것은 당연한 일이다. 그러나 주님을 찬양한다고 해서 우리와 주님의 관계가 자연스럽게 형성되는 것은 아니다. 우리는 이 땅을 살면서 끊임없이 창조주와 어떤 인격적인 관계를 유지하고 있는가를 질문해보아야 한다. 그리고 하나님과 좋은 관계를 형성하고 유지해가는 일에 최선을 다해야 한다.

I. 꿈과 해몽(1:1–6:28)
B. 느부갓네살의 꿈(2:1–49)

3. 왕의 꿈과 다니엘의 해몽(2:24–45)

24 이에 다니엘은 왕이 바벨론 지혜자들을 죽이라 명령한 아리옥에게로 가
서 그에게 이같이 이르되 바벨론 지혜자들을 죽이지 말고 나를 왕의 앞으로
인도하라 그리하면 내가 그 해석을 왕께 알려 드리리라 하니 25 이에 아리
옥이 다니엘을 데리고 급히 왕 앞에 들어가서 아뢰되 내가 사로잡혀 온 유
다 자손 중에서 한 사람을 찾아내었나이다 그가 그 해석을 왕께 알려 드리
리이다 하니라 26 왕이 대답하여 벨드사살이라 이름한 다니엘에게 이르되 내
가 꾼 꿈과 그 해석을 네가 능히 내게 알게 하겠느냐 하니 27 다니엘이 왕 앞
에 대답하여 이르되 왕이 물으신 바 은밀한 것은 지혜자나 술객이나 박수나
점쟁이가 능히 왕께 보일 수 없으되 28 오직 은밀한 것을 나타내실 이는 하
늘에 계신 하나님이시라 그가 느부갓네살 왕에게 후일에 될 일을 알게 하셨
나이다 왕의 꿈 곧 왕이 침상에서 머리 속으로 받은 환상은 이러하니이다 29
왕이여 왕이 침상에서 장래 일을 생각하실 때에 은밀한 것을 나타내시는 이
가 장래 일을 왕에게 알게 하셨사오며 30 내게 이 은밀한 것을 나타내심은
내 지혜가 모든 사람보다 낫기 때문이 아니라 오직 그 해석을 왕에게 알려
서 왕이 마음으로 생각하던 것을 왕에게 알려 주려 하심이니이다 31 왕이여
왕이 한 큰 신상을 보셨나이다 그 신상이 왕의 앞에 섰는데 크고 광채가 매
우 찬란하며 그 모양이 심히 두려우니 32 그 우상의 머리는 순금이요 가슴과

두 팔은 은이요 배와 넓적다리는 놋이요 33 그 종아리는 쇠요 그 발은 얼마는 쇠요 얼마는 진흙이었나이다 34 또 왕이 보신즉 손대지 아니한 돌이 나와서 신상의 쇠와 진흙의 발을 쳐서 부서뜨리매 35 그 때에 쇠와 진흙과 놋과 은과 금이 다 부서져 여름 타작 마당의 겨 같이 되어 바람에 불려 간 곳이 없었고 우상을 친 돌은 태산을 이루어 온 세계에 가득하였나이다 36 그 꿈이 이러한즉 내가 이제 그 해석을 왕 앞에 아뢰리이다 37 왕이여 왕은 여러 왕들 중의 왕이시라 하늘의 하나님이 나라와 권세와 능력과 영광을 왕에게 주셨고 38 사람들과 들짐승과 공중의 새들, 어느 곳에 있는 것을 막론하고 그것들을 왕의 손에 넘기사 다 다스리게 하셨으니 왕은 곧 그 금 머리니이다
39 왕을 뒤이어 왕보다 못한 다른 나라가 일어날 것이요 셋째로 또 놋 같은 나라가 일어나서 온 세계를 다스릴 것이며 40 넷째 나라는 강하기가 쇠 같으리니 쇠는 모든 물건을 부서뜨리고 이기는 것이라 쇠가 모든 것을 부수는 것 같이 그 나라가 뭇 나라를 부서뜨리고 찧을 것이며 41 왕께서 그 발과 발가락이 얼마는 토기장이의 진흙이요 얼마는 쇠인 것을 보셨은즉 그 나라가 나누일 것이며 왕께서 쇠와 진흙이 섞인 것을 보셨은즉 그 나라가 쇠 같은 든든함이 있을 것이나 42 그 발가락이 얼마는 쇠요 얼마는 진흙인즉 그 나라가 얼마는 든든하고 얼마는 부서질 만할 것이며 43 왕께서 쇠와 진흙이 섞인 것을 보셨은즉 그들이 다른 민족과 서로 섞일 것이나 그들이 피차에 합하지 아니함이 쇠와 진흙이 합하지 않음과 같으리이다 44 이 여러 왕들의 시대에 하늘의 하나님이 한 나라를 세우시리니 이것은 영원히 망하지도 아니할 것이요 그 국권이 다른 백성에게로 돌아가지도 아니할 것이요 도리어 이 모든 나라를 쳐서 멸망시키고 영원히 설 것이라 45 손대지 아니한 돌이 산에서 나와서 쇠와 놋과 진흙과 은과 금을 부서뜨린 것을 왕께서 보신 것은 크신 하나님이 장래 일을 왕께 알게 하신 것이라 이 꿈은 참되고 이 해석은 확실하니이다 하니

찬양을 마친 다니엘은 곧바로 사형 집행자 아리옥을 찾아갔다. 아리옥에게 자신을 왕에게 데려다줄 것을 부탁했다. 아리옥은 왕을 찾아가

다니엘에 대해 보고했다. 드디어 아리옥은 사람들을 죽이지 않아도 될 희망을 본 것이다. 이렇게 해서 다니엘은 느부갓네살이 꾼 꿈을 말하고 해몽하기에 이르렀다.

다니엘은 왜 바빌론의 점성가들이 모두 처형당하도록 조금 더 기다리지 않고 급히 왕을 찾은 것일까? 혹은 해몽이 끝난 후 왕에게 '거짓 지혜자들'을 모두 죽여달라고 부탁하지 않는가? 무엇보다도 그는 성경이 요구하는 대로 원수를 사랑한 사람이었다(출 23:4–5, 눅 6:27). 그는 또한 아브라함의 자손으로서 자신을 통해 온 열방이 복을 받게 하는 축복의 통로이자 복의 근원이었던 사람이다(cf. 창 12:1–3). 우리의 삶도 남에게 파괴와 죽음을 안기지 않고 치유와 생명을 안겨주었으면 좋겠다.

다니엘이 정식으로 느부갓네살에게 소개되었다. 왕에게 소개될 때 그가 유다에서 끌려온 포로라는 점이 특히 강조된다. 느부갓네살은 아마도 평소에 "유다에서 무슨 선한 것이 날까?" 하는 생각에 젖어 있던 사람이었을 것이다. 대제국을 호령하는 왕이 매우 작고 보잘것없는 나라에서 무엇을 기대하겠는가? 그러나 하나님은 어린 유다 청년 다니엘을 통해 바빌론 왕 느부갓네살의 선입견을 깨신다. 하나님 나라의 어리석은 사람이 세상의 박식한 이보다 더 지혜로운 것처럼, 다니엘 때문에 바빌론의 지혜자들이 모두 수치를 당한다. 하나님은 이런 분이다. 세상이 전혀 상상하거나 기대하지 못하는 사람들과 방법으로 자기 영광을 드러내신다. 그러므로 연약하고 보잘것없는 우리도 하나님이 자기 영광을 드러내기 위해 사용하실 수 있다는 소망이 있다.

느부갓네살은 미심쩍은 투로 다니엘에게 "너는 내가 꾼 꿈을 말하고 해몽까지 할 수 있느냐?"라며 직선적으로 물었다(26절). 다니엘은 왕에게 자신의 입장을 분명하게 밝혔다(27–30절). "왕의 지혜자들이 말한 것같이 인간인 나로서는 불가능한 일입니다. 그러나 제 뒤에는 여호와라는 온 우주를 통치하는 '하늘의 하나님'이 계십니다. 그분은 하실 수 있습니다. 여호와께서 저에게 알려주셨기 때문입니다." 다니엘은

2장에서 세 차례나 하나님은 모든 비밀을 아시는 분이라고 한다(20-23, 27-28, 39-30). 또한 꿈을 풀이할 수 있는 지혜는 바로 모든 비밀을 아시는 하나님이 주신 선물이라는 사실을 고백한다. 다니엘의 이 같은 대답은 10-11절에 기록된 바빌론 지혜자들의 주장에 동의하는 것일 뿐만 아니라, 바빌론 왕 느부갓네살 앞에서 간증 집회 및 그를 전도하는 것과 별반 다를 바가 없다!

다니엘은 하늘에 계신 하나님이 느부갓네살에게 앞으로 있을 일을 알려주기 위해 이 비전을 보여주셨다고 한다(28절). 다니엘의 말은 바빌론 신들의 무능함에 대한 비난을 내포하고 있다(Lucas). 이 신들은 숭배자인 느부갓네살에게 아무것도 알려줄 수 없다. 도대체 도움이 안 되는 우상들에 불과하다. 반면에 이스라엘의 하나님은 바빌론 왕도 사랑하신다. 그러므로 그에게 이 비전을 보여주셨다. 다니엘은 느부갓네살에게 여호와의 능력뿐만 아니라 바빌론 왕을 향한 하나님의 인자하심을 증언하고 있다. 그러고 나자 놀라운 일이 벌어진다. 다니엘의 해몽이 끝나자 느부갓네살도 다니엘의 하나님의 능력을 인정한 것이다(cf. 47절). 하나님은 믿지 않는 사람들에게도 찬양을 받기에 합당하신 분이다.

하나님께 영광을 돌린 다니엘은 느부갓네살이 꾼 꿈의 내용을 설명하기 시작했다(31-35절). 바빌론 왕은 꿈속에서 대단히 큰 동상을 보았다. 그 동상의 머리는 순금, 가슴과 팔은 은, 배와 넓적다리는 놋쇠, 무릎 아래는 쇠, 발은 진흙과 쇠가 섞여 있었다. 그런데 갑자기 난데없이 돌 하나가 날아와 그 동상을 부숴버렸다. 또한 그 돌이 온 세상을 가득 채웠다는 것으로 끝나는 꿈이었다.

고대 근동에서 갑자기 꿈에 나타난 커다란 동상 이야기는 상당히 흔한 편이었다(Collins, Gowan, Oppenheim). 또한 현존하는 왕국을 비싼 광물로, 앞으로 그 왕국의 뒤를 이을 나라들을 값어치가 덜한 광물들로 표현하는 일도 주전 8세기 근동 문헌들에서 자주 발견된다(Hasel). 그러므로 이 이야기가 특별한 것은 왕이 꾼 꿈의 내용이 아니라, 그가 아무에게도 자기가 꾼 꿈에 대해 말하지 않았는데 다니엘이 왕이 꾼 꿈의 내용을 정확하게 알고 있다는 점이다.

다니엘은 이어서 왕이 꾼 꿈을 풀이하기 시작했다(2:36–45). 느부갓네살이 바로 순금으로 묘사된 머리이며(38절), 이것은 우주의 주인이신 하늘의 하나님이 느부갓네살에게 온 세상을 다스릴 수 있는 권세를 주신 것을 상징한다(37–38절). 왕이 본 동상의 나머지 부분들은 앞으로 느부갓네살의 뒤를 이어 형성될 나라들이지만 느부갓네살이 다스린 바빌론보다 못한 나라들로 묘사된다.

느부갓네살이 본 환상이 네 제국을 중심으로 하고 있다는 것은 페르시아의 종교에 근거한 해석이라는 주장이 있다(Swain, Winston). 이 학자들은 특히 조로아스터교(Zoroastrianism)에 주목한다(Flusser). 그러나 본문과 이 종교의 관계는 설득력이 없다는 것이 학자들의 일반적인 견해이다(cf. Collins). 문서들이 저작된 시대를 고려할 때 오히려 조로아스터교의 네 왕국 패턴이 성경에서 영향을 받았을 가능성이 많기 때문이다(cf. Lucas). 게다가 주전 8세기 그리스 시인이었던 헤시오도스(Hesiodos)도 '네 제국' 패턴을 사용한 기록이 있다(Collins, Gowan, Smith–Christopher).

다니엘의 해몽에서 한 가지 특이한 것은 동상의 순금 머리는 느부갓네살 왕 개인이라고 해석하면서 나머지 부분들은 모두 앞으로 등장할 왕국들로 해석하고 있다는 점이다. 다니엘이 이 왕국들에 대한 구체적인 이름을 주지 않기 때문에 느부갓네살 이후에 나타나는 왕국들이 어느 나라들을 의미하는지는 이 책을 읽어 내려가는 독자들의 몫이다.

본문에서 느부갓네살이 본 환상은 7장에 기록된 짐승들에 대한 환상과 직접 관련이 있다. 같은 내용을 두 개의 이미지(2장은 동상, 7장은 짐승)로 표현하고 있기 때문이다. 또한 7장에 가서 보겠지만, 7장의 해석은 8장의 '양과 염소 꿈'의 해석에 영향을 미친다.

다니엘의 환상들이 가리키고 있는 왕국들은 어느 것들인가? 이 문제는 지난 2,000년 동안 계속 논쟁이 되어왔다. 특히 지난 100년 동안에는 이 논쟁이 매우 뜨겁게 달아올랐다. 논쟁의 핵심은 다니엘이 본 환상에서 마지막 나라가 그리스인가 혹은 로마인가이다. 기독교 역사를 살펴보면 전통적으로 다음 도표의 첫 번째 해석(일명 '그리스설')과 두 번째 해석(일명 '로마설')이 주류를 이루었다.

느부갓네살의 꿈(2장)	다니엘이 본 짐승들(7장)	해석 1	해석 2	해석 3
정금 머리	독수리 날개의 사자	바빌론	바빌론	느부갓네살(2:38)
은 가슴, 팔	곰	메디아	메디아-페르시아	느부갓네살의 후계자 시대의 메디아
	세 갈빗대	메디아의 다리우스-역사적인 인물이 아님	세 갈빗대 = 리디아, 바빌론, 이집트	세 갈빗대 = 우라르투(Urartu), 스키타이(Scythia), 만나이인(Mannaeans)
놋 배, 넓적다리	날개 넷, 머리 넷의 표범	페르시아의 첫 네 왕	알렉산드로스 대왕의 장군들	페르시아의 네 왕(11:2)
철 종아리, 철-진흙 발, 발가락	무명의 짐승	그리스	로마	그리스
	열 개의 뿔	열 뿔 = 셀레우코스 왕들 작은 뿔 = 안티오쿠스 4세	세 가지 가능성: 과거 미래 1: 현재 제국 미래 2: 재성립된 제국	열 뿔 = 알렉산드로스 대왕의 영토로부터 주전 2세기까지 자라난 열 개의 나라들

위 도표에서 첫 번째 자리를 차지하는 그리스설을 생각해보자. 그동안 그리스설을 주장했던 사람들 대부분은 진보적인 학자들이었다. 그들은 다니엘서가 주전 2세기 중반 마카비 시대 때 예언처럼 기록된 역

사서라고 주장한다. 그러므로 주전 2세기에 살았던 다니엘서 저자가 자기 시대에 이르기까지 근동에서 있었던 일을 마치 예언인 것처럼 이 책을 저작했다는 것이다. 주전 2세기에는 아직 로마제국이 시작되지 않았고, 4세기에 시작된 알렉산드로스 대왕의 그리스 시대가 계속되고 있으므로, 다니엘서가 언급하는 마지막 나라/제국은 그리스가 될 수밖에 없다는 것이다. 인간은 미래를 예언하는 능력을 가지고 있지 않기 때문이다.

한 가지 재미있는 사실은 이런 주장을 펼쳐가는 사람들 대부분이 로마제국이 세계 무대에서 중요한 위치를 차지하기 전에 다니엘서 2장이 이미 기록되었다고 인정한다는 것이다. 그러므로 만일 다니엘이 본 네 번째 왕국을 로마로 해석하면 "사람은 미래를 예언할 수 없다"라는 그들의 전제에 문제가 생긴다. 결국 그들은 자신들의 편견에 근거한 순환 논리에 빠져 그리스설을 주장할 수밖에 없다. 이 학자들은 흙과 철이 섞여 형성된 물질(43절)은 시리아를 중심으로 한 셀레우코스 왕조와 이집트를 중심으로 한 프톨레마이오스 왕조의 정혼으로 해석한다(Collins).

두 번째 설은 다니엘이 본 마지막 제국이 로마라고 주장하는 로마설이다. 이런 해석은 최소한 요세푸스까지 거슬러 올라가며(Ant. 10.10.4), 초대교회의 교부들 사이에서 압도적인 인기를 누렸다(Walton). 또한 보수적인 학자들 대부분이 고수해온 입장이기도 하다. 2장의 전체적인 내용과 7장의 내용을 감안할 때, 또한 신약에 암시되어 있는 여러 가지를 고려할 때, 다니엘이 본 마지막 왕국을 로마제국으로 해석하는 것이 가장 설득력이 있어 보인다는 주장이다. 이 입장을 취하는 사람들은 성경이 먼 미래에 대해 예언하는 것이 결코 문제가 될 수 없다고 생각한다. 최근에 와서는 일부 보수적인 성향의 학자들이 그리스설을 주장한다(Gurney).

이 주석은 로마설을 지향한다. 로마설을 주장하는 학자들 사이에 동상의 각 부위가 상징하고 있는 왕국들에 관한 해석은 거의 모두 일치한다. 다만 한 가지 문제는 발가락들이다. 한 부류의 학자들은 이 발가락들이 로마제국에 대한 더 구체적인 암시라고 해석한다. 다른 부류의 학자들은 이 발가락들이 앞으로 종말에 이 땅을 지배할 제국이라고 한다(cf. 계 13:1, 17:12). 발가락에 대한 견해 차이로 인해 로마설을 주장하는 사람들 사이에 두 부류가 생겼다.

첫째, 느부갓네살이 꿈에서 본 큰 동상의 머리는 순금으로 되어 있었는데, 다니엘은 이 금 머리가 바빌론 제국을 상징하는 것으로 풀이한다. 다니엘이 왕에게 제시한 해석의 특이한 점은 바빌론 제국이 아닌 느부갓네살 왕 개인을 순금 머리라고 하는 것이다. 그는 동상의 다른 부위들은 모두 나라들로 해석하는데 유일하게 머리 부분만 한 개인으로 해석한다. 이러한 상황을 고려해 일부 학자들은 동상의 네 부위를 바빌론의 네 왕으로(Eerdmans) 혹은 프톨레마이오스 왕조의 네 왕으로 해석하기도 했다(Grammie). 동상의 네 부위가 다니엘서에 등장하는 느부갓네살과 벨사살과 다리우스와 키루스 왕을 의미한다는 해석도 있다(Goldingay). 그러나 대부분의 학자는 동상의 네 부위가 제국들을 상징하지 개인들을 상징하지 않는다고 해석한다(cf. Gowan, Lucas, Seow, Smith−Christopher).

그렇다면 다니엘은 왜 황금 머리를 느부갓네살이라고 해석하는가? 바빌론의 흥망성쇄를 생각해보면 느부갓네살이 곧 바빌론이었다. 바빌론은 고대 근동을 주전 605부터 주전 539년까지 66년 동안 지배했다. 이 66년에 달하는 제국의 역사 중 느부갓네살이 무려 43년 동안 군림했다. 그가 죽은 다음 바빌론은 불과 23년 만에 막을 내렸는데, 이 시대는 참으로 불안하고 몰락하는 시대였다. 느부갓네살이 주전 562년에 죽자 그의 아들 아멜마르둑(Amel−Marduk)이 대를 이어 2년(주전 562−560년) 동안 군림했다. 이때 네리글리사로스(Neriglissaros)가 쿠데타로 왕권을 강탈해 5년(560−556년) 동안 바빌론을 통치했다. 네리글리사로스가 죽자 그의 아들 라바시마르둑(Labashi-Marduk)이 왕권을 물려받았지만, 나보니두스가 그를 살해하고 왕이 되었다. 나보니두스는 바빌론의 마지막 왕이었으며 주전 556-539년 동안 나라를 다스렸다. 나보니두스는 이 기간 중 약 10년을 자기 아들 벨사살과 섭정을 했다. 느부갓네살의 장기적이고 안정적인 집권과 그가 죽은 이후에 바빌론을 강타한 정치적 혼란과 불확실성을 감안할 때, 느부갓네살은 곧 바빌론이라고 할 수 있다. 느부갓네살의 권세가 얼마나 대단했는지, 다니엘은 그가 '사람과 들의 짐승과 공중의 새를 다스리는 권세'를 가졌다고 한다(38절). 중요한 것은 느부갓네살이 스스로 이 절대적인 권세를 누리게 된 것이 아니라, 하늘의 하나님이 그에게 주셨다는 사실이다.

또한 바빌론은 느부갓네살의 통치 아래 최고의 영화를 누렸다. 어느 나라든 경제와 문화가 부흥하려면 먼저 정치가 안정되어야 한다. 느부갓네살이 제국의 부흥에 필요한 정치적 안정을 바빌론에 안겨주었다. 그러므로 다니엘은 바빌론의 왕 느부갓네살을 당대 최고의 왕으로 평가한다(37절). 바빌론의 역사적 정황을 고려할 때 적절한 평가이다. 그러나 그는 우주의 주인이신 하늘의 하나님이 그에게 이러한 권세를 누리도록 하셨기 때문이라는 말을 덧붙여 바빌론 왕이 이스라엘의 하나님의 주권에 자신을 낮추도록 유도하고 있다. 느부갓네살에 의해 바빌론까지 강제로 끌려와 살고 있는 포로에 불과한 다니엘의 입에서 나온 이 말이 느부갓네살과 그와 함께 모여 있던 사람들에게 어떻게 들렸을까? 다니엘은 기회를 얻을 때마다 자기 하나님 여호와에 대해 간증한다.

둘째, 다니엘은 느부갓네살이 본 환상에서 황금 머리 아래로 은 가슴과 팔이 있었다고 한다. 이 은 가슴과 팔은 메디아-페르시아를 상징한다. 고대 근동 역사에서 느부갓네살의 바빌론 다음으로 등장하는 제국은 메디아-페르시아 연합국이었다. 학자들은 두 팔이 이 두 나라의 연합을 상징한다고 해석하기도 한다(Miller). 그러나 사람이 두 팔을 가진 것은 당연하다. 그러므로 두 팔이 은으로 형성된 것 외에는 별다른 의미가 없다. 메디아-페르시아 제국은 주전 539-331년까지 무려 208년 동안 근동을 지배했다. 여기서는 잠깐 언급되지만, 7-8장은 그들의 역사를 더 자세하게 기록한다. 7장에서는 곰이, 8장에서는 숫양이 메디아-페르시아 제국을 상징한다.

다니엘은 메디아-페르시아 제국을 '느부갓네살의 나라보다 못한 나라'로 평가한다. 바빌론은 불과 66년 동안 유지된 제국이었고, 페르시아 제국은 208년이나 지속되었는데 말이다. 그는 어떤 면에서 메디아-페르시아가 바빌론보다 못하다고 했는가? 메디아-페르시아는 바빌론보다 더 넓은 땅을 지배했다. 그러므로 제국의 규모를 의미하는 것은 아니다. 여러 가지 가능성이 제시되었지만, 이 사회가 지향한 도덕적-윤리적 가치들이 바빌론보다 못했다는 것을 의미한다는 해석이 가장 유력하다(Calvin, Miller).

> 키루스의 왕국은 규모나 화려한 면에서 결코 바빌론보다 못하지 않았다. 그럼에도 불구하고 바빌론보다 못하다고 평가되는 것은 계속 악화되어가는 인간의 부패 때문이다. 정권이 바뀌면서 사람들의 도덕성은 더 심각하게 타락했고, 그들의 악과 부패는 새로운 수준에 도달했던 것이다(Calvin).

셋째, 느부갓네살이 본 동상에서 놋쇠로 된 배와 넓적다리는 그리스를 상징한다. 마케도니아(Macedonia)의 알렉산드로스 대왕은 주전 332년에 메디아-페르시아를 향해 진군하기 시작했으며, 몇 차례의 결정적인 전쟁을 치르며 페르시아를 순식간에 함락시켰다. 알렉산드로스는 열병으로 인해 젊은 나이에 죽었지만, 그가 이루어놓은 거대한 왕국에 기초해 그리스는 주전 331년부터 주전 146년까지 185년 동안 근동을 통치했다. 다니엘은 이 나라가 '온 세상'을 지배할 것을 예언한다.

그리스는 그만큼 넓은 땅을 다스리게 될 것이다.

넷째, 바빌론 왕이 꿈에 본 동상의 다리는 철로 되어 있었다. 당시 알려진 물질 중에 철이 가장 강력했다. 그렇다면 왕이 본 동상을 형성하고 있는 여러 부위 중 철로 된 다리가 가장 강력한 나라라는 것을 의미한다. 바로 이 철 다리가 상징하는 나라는 로마제국이다. 다니엘은 로마의 파괴력이 참으로 대단할 것이라고 예언한다. 그는 이 사실을 강조하기 위하여 40절에서 다섯 차례나 파괴에 관한 단어들을 사용한다. '으깨고, 박살내고, 부서뜨리고, 으깨고, 부서뜨리고.'

이처럼 무시무시한 파괴력을 지닌 로마제국은 자신의 파괴력을 거리낌 없이 사용하는 잔인한 세력이었다. 로마제국의 통치는 주전 146년에 북부 아프리카의 카르타고(Carthage)를 대파하면서 시작되었다. 로마제국이 동과 서로 나뉜 것은 주후 395년의 일이다. 이때까지 통일 로마제국은 최소한 500년 동안 세계를 지배했다. 서로마제국은 주후 476년까지 황제가 통치했다. 동로마제국은 주후 1453년까지 지속되었다. 두 철 다리가 이 동-서로마제국으로 해석되기도 한다(Walvoord, Whitcomb). 그러나 사람 동상이 두 팔을 지니는 것처럼 두 다리를 가진 것도 당연한 일이다. 그러므로 동상이 두 다리를 지녔다는 것에 특별한 의미를 부여하는 것은 바람직하지 않다고 주장하는 학자들도 있다(Montgomery).

다니엘은 동상을 지탱하는 철다리 아래로 진흙과 철이 섞인 발과 발가락이 있었다고 한다. '진흙'으로 번역된 아람어 단어(חֲסַף)는 항상 항아리처럼 불에 구워진 단단한 진흙을 의미한다(Montgomery, Kelso). 그러므로 느부갓네살이 본 동상의 발 부분은 흐물흐물한 진흙이 흘러내리듯 쉽게 무너져내리지는 않을 것이다. 마치 철과 항아리 부분이 조화를 이루는 듯한 이미지를 제시한다. 그러나 강도에서는 순전히 철로만 된 다리보다는 훨씬 약하다.

철과 구운 진흙으로 구성된 발과 발가락은 누구/무엇을 의미하는가? 로마설을 주장하는 학자들 사이에도 이 부분에 관해서는 해석이 분분하다. 한 그룹은 같은 로마제국에 관한 부연 설명으로 보는가 하면, 다른 한쪽은 이 부분이 세상이 끝날 때 등장할 새 제국에 관한 예언이라고 한다.

어느 쪽을 택하든 간에, 다니엘의 경고는 분명하다. 이 나라는 여러 나라의 동맹 체제로 형성되지만, 그 동맹이 결코 쉽게 유지되지는 않을 것이다. 마치 진흙과 철이 잘 융합될 수 없는 것처럼 말이다. 이 연합 체제에는 강한 나라도 있고, 약한 나라도 있을 것이다. 각 나라의 이권도 명백한 차이가 있을 것이다. 이 모든 것이 부정적으로 작용해서 항상 이 연합 체제를 위협할 것이다.

다섯째, 그다음에 세워지는 나라는 바로 메시아의 나라이다(44-45절). 이 나라는 영원히 멸망하지 않을 것이며, 하나님이 직접 세우시는 나라이다. 이 나라가 설립되는 과정에서 세상의 모든 나라가 망하게 된다. 하나님이 메시아의 나라와 경쟁하는 체제를 허락하지 않으실 것이기 때문이다.

이 환상은 어느 특정한 나라들을 염두에 둔 것이 아니라, 단순히 계속 타락해가는 인류 역사를 묘사한 것으로 해석할 수 있다(Longman, cf. Miller). 인류의 역사는 좋은 것(순금으로 된 머리)으로 시작해서 단계적인 타락을 거듭하다가 결국에는 가장 천한 모양(철과 진흙이 섞인 것)을 취하게 된다. 느부갓네살이 본 동상이 네 부분으로 형성된 것도 이런 해석을 지지하는 듯하다. 성경에서 4는 총체성을 상징하는 숫자이기 때문이다. 네 부분으로 구성된 동상은 주님이 오실 때까지 대를 이어가며 세상을 지배하는 여러 권세를 상징할 수 있다는 것이다.

사람들은 대체적으로 인류가 '발전'해 나간다고 주장한다. 그러나 과연 발전이란 무엇인가? 또한 선진국은 무엇이고, 후진국은 무엇인가? 이런 것들은 모두 서구적인 가치관에 의해 정의된 개념일 뿐이다. 반면에 하나님의 관점에서 바라볼 때, 인간은 지속적으로 타락하고 있다.

눈부신 과학의 발전으로 우리 눈에 비추어진 인류는 마치 무한한 발전을 하고 있는 것 같지만, 윤리와 도덕적인 차원에서 우리는 계속 퇴보하고 있다. 한국의 역사에서도 우리의 근대사가 이 점을 잘 드러낸다.

느부갓네살이 본 환상의 초점은 돌연 나타나서 동상을 가루로 만들어버리는 바위에 있다. 이 바위는 사람의 손으로 다듬지 않은 돌이다. 초자연적이고 신성한 돌이라는 것이다. 이 돌이 동상을 부수고 난 후에 산이 되어 온 세상을 가득 메웠다고 한다(35절).

이 돌은 과연 무엇을 상징하는가? 다니엘은 이 돌이 '하늘 하나님의 나라'를 의미한다고 한다(44-45절). 한 학자는 7장과 함께 이곳에 묘사된 '하나님의 나라'는 신약에 제시된 '하나님의 나라'에 관한 개념의 가장 기본적인 배경을 그려주고 있다고 주장한다(Wenham). 예수님이 선포한 하나님의 나라는 곧 다니엘의 하나님 나라와 맥을 같이하고 있다는 것이다. 일부 학자들은 이 나라가 다름 아닌 교회라고 하기도 한다.

이 이야기가 주는 교훈은 매우 명확하다. 인간이 세운 왕국과 권세는 시시때때로 변해간다. 오늘은 잠시 여기에 있지만, 내일은 없어질 것들이다. 반면에 하나님의 나라는 영원하다. 또한 하나님의 나라는 바위가 동상을 부수어버린 것처럼 인간의 모든 왕국을 무너뜨리고 그 위에 터를 세울 것이다. 이후 바위가 온 세상을 가득 채운 것처럼 온 세상을 정복할 것이다.

이런 가르침이 세상의 왕국에 불과한 바빌론에 강제로 끌려와 살고 있는 포로민들에게 어떤 의미로 들렸을까? 수사학적인 효과는 명백하다. 그들이 이 순간에 체험하고 있는 악과 고통은 그들의 이야기의 전부가 아니다. 그러므로 하나님의 왕국이 이 땅에 임할 때까지 참고 견디라는 권면이 내포되어 있다. 삶이 힘들고 어려울 때일수록 장차 이 땅에 임할 하나님의 나라에 대한 꿈을 마음에 품고 견뎌내야 한다. 세상의 그 어떤 권세와 세력도 장차 이 땅에 도래할 메시아의 나라를 막을 수 없기 때문이다.

4. 왕의 반응(2:46-49)

46 이에 느부갓네살 왕이 엎드려 다니엘에게 절하고 명하여 예물과 향품을
그에게 주게 하니라 47 왕이 대답하여 다니엘에게 이르되 너희 하나님은 참
으로 모든 신들의 신이시요 모든 왕의 주재시로다 네가 능히 이 은밀한 것
을 나타내었으니 네 하나님은 또 은밀한 것을 나타내시는 이시로다 48 왕이
이에 다니엘을 높여 귀한 선물을 많이 주며 그를 세워 바벨론 온 지방을 다
스리게 하며 또 바벨론 모든 지혜자의 어른을 삼았으며 49 왕이 또 다니엘의
요구대로 사드락과 메삭과 아벳느고를 세워 바벨론 지방의 일을 다스리게
하였고 다니엘은 왕궁에 있었더라

다니엘의 설명을 듣고 난 후 느부갓네살의 반응이 잘 이해가 되지 않는다. 다니엘의 해몽을 보면 머지않아 느부갓네살의 바빌론이 망할 것이라고 했다. 느부갓네살에게 별로 좋은 해몽이 아니다. 그런데도 왕은 다니엘에게 화를 내는 것이 아니라 오히려 절을 한다! 어떻게 이런 일이 가능한가? 고대 근동에서는 해몽을 들으면 그 꿈이 지닌 모든 위협적인 요소가 사라진다고 믿었기 때문이다(Oppenheim).

바빌론 왕은 다니엘에게 절을 하며 예물과 향품을 주었다. 그가 다니엘을 신으로 여기는 것인가? 일부 유대인 주석가들과 크리스천 학자들은 이렇게 해석한다(Ginzberg, Lederach). 그래서 이 학자들은 다니엘이 왕의 예배를 거부하지 않는 것에 관해 문제를 삼는다. 그러나 느부갓네살은 다니엘을 신으로 추대해 경배하는 것이 아니다. 그렇다면 다니엘은 왜 잠잠히 왕의 경배를 받고 있는가? 특히 바울과 바나바가 루스드라(행 14:8-20)에서 비슷한 일을 당했을 때 자신들의 옷을 찢으며 "우리는 사람일 뿐이다!"라고 외친 점을 감안하면 다니엘의 행동이 잘 이해가 되지 않을 수 있다.

47절에 기록된 느부갓네살의 발언이 그가 결코 다니엘을 신으로 경배한 것이 아니라는 사실을 밝힌다. "너희 하나님은 참으로 모든 신들의 신이시요 모든 왕의 주재로시다." 바빌론 왕은 단지 다니엘이 세상에서 가장 유능하신 신 여호와의 사자이기 때문에 그에게 절을 한 것뿐이다. 히에로니무스와 요세푸스도 이렇게 해석했다(Braverman, cf. Josephus, Ant. 10.10.5). 요세푸스에 의하면 알렉산드로스 대왕이 예루살렘에 와서 대제사장에게 엎드려 절을 한 적이 있다. 주변에서 그에게 왜 제사장에게 절을 하느냐고 묻자 그는 "내가 제사장에게 절을 한 것이 아니라, 이 제사장에게 섬기는 특권을 주신 그의 하나님에게 절을 하는 것이다"라고 밝힌 적이 있다(Ant, 11.331-35). 느부갓네살도 이런 자세를 취하고 있는 것이다. 이 이야기의 요점은 분명하다. 세상에서 가장 위대한 권력자 느부갓네살이 보잘것없는 유대인 포로 앞에 엎드렸다! 다니엘과 함께 바빌론으로 끌려온 사람들이 이 이야기를 들었을 때 어떤 생각을 했을까? 그들은 여호와가 힘이 없어서 자기들을 바빌론으로 내준 것으로 생각했다. 그런데 느부갓네살이 여호와를 가장 위대한 신으로 경배했다니 믿기지 않았고, 자신들의 생각이 얼마나 잘못되었는지를 회개했을 것이다.

느부갓네살은 다니엘에게 많은 선물을 주었으며, 그의 청을 받아들여 그의 친구들에게 바빌론 제국의 주요 지역을 다스리게 했다(49절). 다니엘의 이런 청이 바빌론 지혜자들 마음속에 3장의 사건을 유발시키는 시기와 질투를 심는다. 다니엘은 느부갓네살의 궁전에서 왕을 보좌했다.

이 일로 느부갓네살 왕이 여호와 종교로 개종했을까? 그렇게 생각할 필요는 없다. 그는 훌륭한 다신주의자(polytheist)에 불과했다. 바빌론 왕은 단순히 자기가 섬기던 여러 신의 목록에 여호와의 이름을 더한 것뿐이다.

2장에 기록된 이야기는 세 가지 신학적 진리를 강조한다. 첫째, 하나님은 세상의 모든 왕과 일을 주장하시는 주권자이다. 만일 하나님이 세상을 지배하지 않으신다면 우리 삶의 모든 것이 불확실해진다. 결국 우리는 일부 철학자들이 주장하는 것처럼 처한 환경의 희생자에 불과하다. 그러므로 사는 동안 어떤 일이라도 우리의 삶에서 일어날 수 있다. 그러나 하나님이 주권자시라면, 우리는 현실에 대해 긍정적일 수 있고, 미래에 대한 확신을 가질 수 있다. 또한 이 땅에서 주님을 기쁘게 하는 삶도 살 수 있다.

둘째, 하나님은 모든 것을 아신다. 주님은 과거나 현재의 일만 아시는 것이 아니라 미래의 일도 아신다. 또한 아는 것에 머물지 않으시고, 항상 이 땅의 일을 지휘하신다. 경우에 따라서는 미래의 일들을 자기 종들에게 계시해주시기도 한다. 이러한 사실을 생각하면 주의 자녀들은 어디에서 어떤 상황에 처하든 불안해할 필요가 없다. 모든 것을 아는 주님이 모든 것이 합하여 선을 이루게 하실 것이기 때문이다.

셋째, 종말 때까지 세상의 제국들과 권세들은 계속 승하고 망할 것이다. 세월이 흐를수록 이 권세들은 더 악해질 것이다. 그러나 하나님이 정하신 때가 되면 영광스러운 메시아의 왕국이 이 땅에 도래할 것이다. 그날이 오면 악한 세상 권세가 모두 파괴될 것이고 오직 메시아가 다스리는 나라의 공의와 정의가 온 세상을 가득 채울 것이다.

I. 꿈과 해몽(1:1-6:28)

C. 세 친구의 증언(3:1-30)

다니엘은 2장에 기록된 사건을 통해 죽을 뻔했던 자기 친구들뿐만 아니라 바빌론 지혜자들의 목숨을 구해주었다. 3장에서 그의 세 친구들을 중심으로 일어나는 사건을 살펴보면 바빌론 지혜자들은 도대체 구해줄 가치가 없는 사람들이었다는 것이 드러난다. 히브리 청년 다니엘이 그들의 생명을 구해주었는데도, 그들은 시기와 모함으로 다니엘의 친구들을 곤경에 빠뜨리기 때문이다. 은혜를 모르는 인간의 모습은 옛날이나 지금이나 별로 달라진 것이 없는 듯하여 씁쓸하다.

다행히 전화위복의 명수이신 여호와께서 바빌론 지혜자들의 악한 음모를 하나님의 영광을 드러내는 좋은 기회로 바꾸어 역사하신다. 하나님이 개입하셨으니, 결과는 불 보듯 뻔하다. 느부갓네살 왕이 2장에서 다니엘에게 임하신 하나님을 찬양한 적이 있다. 이 사건을 통해 바빌론 왕은 하나님 앞에 다시 한 번 무릎을 꿇는다. 느부갓네살은 여호와를 이렇게 찬양한다. “이와 같이 자기를 믿는 사람을 구원할 수 있는 신은 다시 없을 것이다”(29절).

다니엘서에 기록된 여호와에 대한 느부갓네살의 고백을 통해 그가 구원에서 멀리 떨어져 있지 않았음을 알 수 있다. 조금만 더 깊이 하나님을 알았더라면 분명 하나님의 자녀가 되었을 것이다. 그러나 하나님은 그 은혜를 느부갓네살에게 베풀지 않으셨다. 하나님을 고백하고 섬기는 것은 여호와께서 소수에게 허락하신 특권인데, 그 특권을 느부갓네살에게는 허락하지 않으셨기 때문이다. 하나님의 은혜로 말미암아 구원에 이른 우리는 얼마나 하나님의 구원하시는 은총에 감사하며 살고 있는가를 반성해보아야 한다. 또한 우리가 하나님께 드리는 예배는 인류에게 지우신 짐이 아니라, 소수인 주님의 자녀들에게만 허락하신 특권이다.

1장은 여호와께서 모든 역사의 흐름을 주장하시는 분이기 때문에 우리의 눈에 보이는 일들이 전부가 아니라는 것을 강조했다. 2장은 오직 여호와만이 가장 은밀한 곳에서 진행되는 일을 아시고, 미래 일까지 예언할 수 있는 분이라는 사실을 가르쳐주었다. 이제 3장은 주님만이 유일하게 자기를 섬기는 사람들을 죽음의 손아귀에서 구원할 수 있는 능력의 신이라는 것을 온 열방에 드러낸다. 이 이야기는 다음과 같은 구조를 지녔다. 이 이야기의 절정은 세 친구가 용광로 속에서

'하나님의 아들 같은 분'에게 구원을 받은 일(B')이 아니라, 세 친구가 느부갓네살 앞에서 당당하게 여호와에 대해 신앙을 고백한 일(C)이다.[6]

A. 느부갓네살의 금동상 숭배(3:1-7)
  B. 세 친구들에게 임한 위험(3:8-12)
    C. 세 친구들과 느부갓네살(3:13-18)
  B'. 세 친구들에게 임한 구원(3:19-27)
A'. 느부갓네살의 하나님 경배(3:28-30)

I. 꿈과 해몽(1:1-6:28)
  C. 세 친구의 증언(3:1-30)

1. 느부갓네살의 금동상 숭배(3:1-7)

[1] 느부갓네살 왕이 금으로 신상을 만들었으니 높이는 육십 규빗이요 너비는 여섯 규빗이라 그것을 바벨론 지방의 두라 평지에 세웠더라 [2] 느부갓네살 왕이 사람을 보내어 총독과 수령과 행정관과 모사와 재무관과 재판관과 법률사와 각 지방 모든 관원을 느부갓네살 왕이 세운 신상의 낙성식에 참석하게 하매 [3] 이에 총독과 수령과 행정관과 모사와 재무관과 재판관과 법률사와 각 지방 모든 관원이 느부갓네살 왕이 세운 신상의 낙성식에 참석하여 느부갓네살 왕이 세운 신상 앞에 서니라 [4] 선포하는 자가 크게 외쳐 이르되 백성들

---

6 루카스(Lucas)는 다음과 같은 구조를 제시한다.
A. 우상에게 절하라는 느부갓네살의 칙령(1-7절)
  B. 유대인들에 대한 비난(8-12절)
    C. 유대인들에 대한 위협(13-15절)
      D. 유대인들이 자기 신앙을 고백함(16-18절)
    C'. 유대인들이 처벌을 받음(19-23절)
  B'. 유대인들이 오명을 씻음(24-17절)
A'. 유대인들과 하나님을 경외하라는 느부갓네살의 칙령(28-30절)

과 나라들과 각 언어로 말하는 자들아 왕이 너희 무리에게 명하시나니 [5] 너희는 나팔과 피리와 수금과 삼현금과 양금과 생황과 및 모든 악기 소리를 들을 때에 엎드리어 느부갓네살 왕이 세운 금 신상에게 절하라 [6] 누구든지 엎드려 절하지 아니하는 자는 즉시 맹렬히 타는 풀무불에 던져 넣으리라 하였더라 [7] 모든 백성과 나라들과 각 언어를 말하는 자들이 나팔과 피리와 수금과 삼현금과 양금과 및 모든 악기 소리를 듣자 곧 느부갓네살 왕이 세운 금 신상에게 엎드려 절하니라

저자는 이 사건이 정확히 언제 일어났는지 언급하지 않는다. 학자들은 느부갓네살이 2장에서 본 동상과 이 이야기에 등장하는 동상이 무관하지 않을 것이라고 생각한다. 그가 꿈에서 본 동상에서 영감을 얻어 이 거대한 동상을 세웠다는 것이다. 한 학자는 그가 꿈에서 본 동상의 발이 흙과 철로 섞여 있어 완전하지 못했기 때문에 그 문제를 해결하기 위해 이곳에 동상을 세운 것이라고 주장한다(Fewell). 왕이 다니엘의 세 친구들과 그들의 하나님이 누구인지를 잘 의식하지 못하는 것을 보면 이 사건은 2장에 기록된 일이 있은 후 상당한 세월이 흐른 후 있었던 일로 생각된다(cf. 2:49).

한 가지 독자들의 호기심을 자극하는 것은 이 이야기에서 다니엘의 모습이 전혀 보이지 않는다는 것이다. 다니엘은 어디에 가 있는가? 여러 가지 추측이 제시되었지만 그중 가장 유력한 설은 2:49의 말씀을 바탕으로 하고 있다. "또 왕은 다니엘의 요구를 받아들여서, 사드락과 메삭과 아벳느고를 세워, 바빌론 지방의 일을 맡아서 다스리게 하였다. 다니엘은 왕의 궁전에 머물렀다"(2:49, 새번역). 다니엘이 왕의 궁전에 머물렀다는 말씀이 3장 이야기에서 그가 보이지 않는 상황을 설명하고 있다는 것이다(Lacocque).

왕과 다른 주요 관료들이 자리를 비울 때, 그들을 대신해 누군가가 왕궁에 남아 일을 처리해야 하는데 바로 이런 역할을 다니엘이 맡았다는 해석이다. 그러므로 왕과 중요한 관료들이 두라 평지에 가서 신상 앞에 절하는 동안 다니엘은 바빌론에 있는 느부갓네살의 궁전에 남아서 왕국의 일을 도맡아 하고 있었다. 성경 말씀에 근거한 가장 설득력 있는 해석이다.

사건의 발단은 느부갓네살이 세운 큰 신상이었다. 이 신상은 너비가 6규빗(2.7m), 높이가 60규빗(27m)에 달하는 거대한 동상이었다. 오늘날의 9-10층 아파트와 같은 높이이다. 가로와 세로의 비율을 감안할 때, 이 동상은 균형을 잘 이룬 동상이라기보다 건물이나 오벨리스크에 가까웠다(Lucas, Seow). 고대 왕들은 자신들이나 자신들의 업적을 기념하기 위해 신상들을 세우는 것을 즐겼다(cf. Montgomery). 스핑크스는 주전 2500년대에 세워졌는데, 너비가 80m, 높이가 22m에 이르는 거대한 신상이다. 람세스 2세(Rameses II)를 비롯한 이집트 왕들은 자신들의 모습을 따라 거대한 동상을 세우는 일을 즐겼다. 주전 5세기에 살았던 고대 그리스의 역사가 헤로도토스(Herodotus)에 의하면 키루스(고레스) 시대 이전에 바빌론에는 이미 6m 높이의 순금으로 만들어진 벨(마르두크)의 신상이 세워져 있었다고 한다. 느부갓네살도 예전에 자신이 본 환상에 기초해 거대한 금(금맥기) 신상을 세운 것이다.

이 신상은 다니엘의 세 친구가 다스리고 있던 바빌론 지방의 두라 평지에 세워졌다. 두라가 정확히 어느 도시/지역이었는지는 밝혀진 바가 없다(cf. Smith-Christopher). 두라의 어원으로 간주되는 아카디아어(바빌론 사람들이 사용한 언어)에서 '두루'는 '벽으로 둘러싸인 장소'라는 의미를 지니고 있다(HALOT). 그래서 일부 주석가들은 이 신상이 바빌론 도시 중심과 외곽 벽 사이에 세워졌다고도 했다(Cook, cf. Wiseman). 그러나 바빌론의 여러 지방 도시의 이름이 이 단어를 포함하고 있다(Young). 그러므로 바빌론 성 주변으로 제한할 필요가 없다. 여러 도시 중 가장 유력한 곳은 바빌론에서 약 25㎞ 남쪽에 있는 툴울두라(Tulul Dura, '두라 언덕들')로 생각된다(Miller). 느부갓네살이 바빌론에서 아주 멀리 떨어진 곳에 이 동상을 세우지는 않았을 것이기 때문이다. 또한 본문은 바빌론을 포함하고 있는 '바빌론 지방'에 이 신상이 세워졌다고 기록한다(1절).

느부갓네살은 자신이 세운 신상의 제막식에 많은 사람을 초청했다. 본문에 묘사된 규모의 이벤트들은 고대사회에서 종종 있었다(Montgomery). 그가 얼마나 큰 잔치를 벌였는가는 2-3절에 나열된 참석자들의 목록을 보면 알 수 있다. 총 일곱 가지 지위의 바빌론 관료들이 이 행사에 참석했다. '지방장관들, 대신들, 총독들, 고문관들, 재무관들, 판사들, 법률가들.' 나머지 사람들은 '지방 모든 관리들'로 몰아치고 있다. 바빌론 지역을 다스리고 있던 다니엘의 세 친구도 이 행사에 참석했다.

저자가 이렇게 자세하게, 구체적으로 그리고 포괄적으로 많은 관료를 언급하는 것은 세 히브리 청년들이 한 일이 그만큼 어려웠다는 사실을 강조하기 위해서이다. '온 바빌론'이 동상 앞에서 경배하고 있는데 이 청년들만 하지 않고 서 있다. 그러므로 이 청년들이 당면한 위험은 더욱더 위협적이었을 것이다. 또한 저자는 2절과 3절에서 초청된 사람들의 목록을 반복함으로써 왕의 명령에 복종하는 것은 지극히 당연한 일이며, 반항은 상상하기도 힘든 상황이라는 것을 강조한다(Fewell). 그러므로 이 이야기를 읽어 내려가면서 만약 우리에게 이런 신앙 고백이 요구된다면 우리는 과연 어떻게 할 것인가에 관해 깊이 묵상해보아야 한다.

왕이 초청한 사람들의 목록이 휘황찬란한 것에 걸맞게 4절과 7절에 반복적으로 기록된 악기들의 목록도 화려하다(cf. 10, 15절). '나팔, 피리, 거문고, 사현금, 칠현금, 풍수 등 갖가지 악기.' 마치 당시 바빌론에서 사용하던 악기는 모두 동원된 듯한 느낌을 준다. 저자가 관료들과 악기들의 목록을 반복적으로 나열하는 것은 일종의 유머를 자아낸다(Avalos, Russell). 제막식에 참석한 모든 사람이 왕의 명령을 따라 음악에 맞추어 로봇처럼 한 방향을 향해 절을 해야 하는 상황이 우스꽝스럽다.

동상 제막식에 참석한 사람들은 이 악기들이 소리를 내면 주악에 맞추어 동시에 절을 해야 한다. 제막식은 대단한 규모의 악단을 동원할 정도로 화려했으며, 이처럼 압도적인 분위기를 거역하는 일이 참으로 어려웠을 수밖에 없다는 사실을 강조한다. 더욱이 이 행사에는 '온 열방에서 온 모든 백성'(4절)이 함께하고 있다. 저자는 다니엘의 세 친구야말로 '불가능한 일을 해낸' 위대한 신앙의 영웅들이라고 한다.

느부갓네살은 자기의 명령을 거역하는 사람들에 대해 분명하게 경고했다. 누구든지 주악에 맞추어 엎드려서 절을 하지 않으면 불타는 화덕에 집어넣어 태워 죽이겠다는 것이었다. 다니엘의 친구들이 처한 상황이 매우 절박하다. 매우 압도적인 분위기를 풍기고, 반항하면 사형까지 예고된 상황이다. 이런 상황에서 이 청년들은 과연 어떤 자세를 취할 것인가? 세 사람은 '죽음이냐? 혹은 타협이냐?'라는 갈림길에 서 있다. 놀라운 것은 하나님이 이 두 가지의 선택을 초월한 세 번째 묘안을 그들에게 주셨다. 하나님이 죽음을 각오한 그들을 살리신 것이다.

I. 꿈과 해몽(1:1-6:28)
C. 세 친구의 증언(3:1-30)

2. 세 친구들에게 임한 위험(3:8-12)

**[8] 그 때에 어떤 갈대아 사람들이 나아와 유다 사람들을 참소하니라 [9] 그들이
느부갓네살 왕에게 이르되 왕이여 만수무강 하옵소서 [10] 왕이여 왕이 명령을
내리사 모든 사람이 나팔과 피리와 수금과 삼현금과 양금과 생황과 및 모든
악기 소리를 듣거든 엎드려 금 신상에게 절할 것이라 [11] 누구든지 엎드려 절
하지 아니하는 자는 맹렬히 타는 풀무불 가운데에 던져 넣음을 당하리라 하
지 아니하셨나이까 [12] 이제 몇 유다 사람 사드락과 메삭과 아벳느고는 왕이**

세워 바벨론 지방을 다스리게 하신 자이거늘 왕이여 이 사람들이 왕을 높이지 아니하며 왕의 신들을 섬기지 아니하며 왕이 세우신 금 신상에게 절하지 아니하나이다

느부갓네살이 명령한 대로 바빌론의 모든 관료가 악기 연주에 맞추어 절을 했다. 모든 민족과 언어가 다른 백성들도 순종했다. 다만 히브리의 세 청년만 허리를 빳빳이 세우고 서 있었다. 청년들의 여호와 종교가 그들을 다른 종교인들과 융화될 수 없도록 한 것이다. 왕은 이 상황을 알지 못했다. 아마 아무도 자기의 명령을 어기지 못할 것이라는 생각에서 주의 깊게 살펴보지 않았을 것이다. 왕의 명령을 어기는 것은 죽음을 초래할 수 있기 때문이다. 그러나 히브리 청년들을 지켜본 자들이 있었다. 바로 다니엘이 2장에서 살려주었던 바빌론 사람들이었다.

일부 주석가들은 왕에게 청년들을 고발한 '갈대아 사람들'(바빌론 사람들)이 특별한 위치에 있지 않은 바빌론 시민들이라고 하지만(Smith-Christopher), 이 사람들은 바빌론의 지혜자들이다(Gowan, Seow, cf. Lucas). 그들은 절하지 않은 청년들이 유다 사람들이라는 사실을 알고 있을 뿐만 아니라, 그들의 이름까지 알고 있다. 더 나아가 훗날 다니엘이 사자굴에 들어가게 된 것도 지혜자들의 질투와 시기 때문이었다(6장). 본문에서도 소년들을 고발하는 자들은 2장에서 다니엘이 살려준 바빌론 지혜자들이 확실하다.

바빌론 지혜자들이 히브리 청년들을 고발하는 데는 상당한 질투와 자격지심이 작용했던 것으로 생각된다(Gowan, Seow). 그들은 사드락, 메삭, 아벳느고가 다름 아닌 '왕이 바빌론 지방의 행정을 관리하도록 한 자들'(12절)이라는 사실을 의식하고 있다. 또한 이 청년들을 '유다 사람'(viz., 포로로 끌려온 보잘것없는 자들, 12절)이라고 부른다. 이 말에는 왕이 이들에게 바빌론 지역을 맡긴 것은 처음부터 실수였다는 뉘앙스가 내포되어 있다(Miller). 저자는 이 말을 통해 세 소년뿐만 아니라 바빌론에 끌려와 살던 모든 유다 사람이 동일한 갈등과 고통 속에서 살고 있었다는 것을 암시한다(Seow, cf. 에 3:8).

바빌론 지혜자들은 왕에게 "절을 안 하는 사람들이 있는데요"의 단순한 고발을 하는 것이 아니다. 아마도 1장에서부터 바빌론 지혜자들은 히브리 청년들에게 열등감을 느끼고 있었을 것이다. 다니엘과 친구들은 포로 신분인 주제에 바빌론 사람들인 자신들을 제치고 가장 우수한 성적으로 훈련을 마쳤다. 또한 그들은 아주 빠른 속도로 '출세'했다. 이 지혜자들은 유다에서 끌려온 소년들이 자기들이 차지해야 할 자리를 차지한 것으로 생각했다(Seow). 그러므로 그들이 예전에 다니엘 때문에 죽음을 모면하기는 했지만 두라 평지에서 벌어진 일은 말 그대로 하늘이 주신 기회라고 생각했다.

지혜자들은 히브리 청년들의 잘못을 세 가지로 고발한다(Gowan). 첫째, 그들은 왕의 말을 무시했다. 둘째, 그들은 왕의 신을 섬기지 않았다. 셋째, 왕이 세운 금상에 절을 하지 않으면 죽인다고 했는데도 절을 하지 않았다. 이 과정에서 그들은 히브리 청년들의 행위를 느부갓네살 왕에 대한 인격적인 무시로 몰아간다. 왕은 당연히 대단히 분노했을 것이다(cf. 13절). 그의 인격과 권위에 대한 도전으로 여겼을 테니 당연히 자존심이 상했을 것이다. 책이 시작된 이후로 이때까지 계속 무능한 모습만 보여주었던 바빌론 지혜자들은 왕의 심리를 악용하는 일에는 최고의 지혜를 발휘하고 있다. 이런 것을 세상은 '잔머리'라고 하기도 한다. 그들은 JQ(잔머리 지수)가 매우 높았던 사람들이다.

I. 꿈과 해몽(1:1-6:28)
C. 세 친구의 증언(3:1-30)

3. 세 친구들과 느부갓네살(3:13-18)

**13 느부갓네살 왕이 노하고 분하여 사드락과 메삭과 아벳느고를 끌어오라 말
하매 드디어 그 사람들을 왕의 앞으로 끌어온지라 14 느부갓네살이 그들에게
물어 이르되 사드락, 메삭, 아벳느고야 너희가 내 신을 섬기지 아니하며 내
가 세운 금 신상에게 절하지 아니한다 하니 사실이냐 15 이제라도 너희가 준
비하였다가 나팔과 피리와 수금과 삼현금과 양금과 생황과 및 모든 악기 소
리를 들을 때 내가 만든 신상 앞에 엎드려 절하면 좋거니와 너희가 만일 절
하지 아니하면 즉시 너희를 맹렬히 타는 풀무불 가운데에 던져 넣을 것이니
능히 너희를 내 손에서 건져낼 신이 누구이겠느냐 하니 16 사드락과 메삭과
아벳느고가 왕에게 대답하여 이르되 느부갓네살이여 우리가 이 일에 대하여
왕에게 대답할 필요가 없나이다 17 왕이여 우리가 섬기는 하나님이 계시다
면 우리를 맹렬히 타는 풀무불 가운데에서 능히 건져내시겠고 왕의 손에서
도 건져내시리이다 18 그렇게 하지 아니하실지라도 왕이여 우리가 왕의 신들
을 섬기지도 아니하고 왕이 세우신 금 신상에게 절하지도 아니할 줄을 아옵
소서**

자신의 명령이 무시되었다는 소식을 전해들은 느부갓네살 왕이 분노를 토했다. 당연한 일이다. 그는 당시 세상에서 가장 위대한 제왕(Emperor)의 자리에 있었다. 그런 그의 명령을 하찮은 유대인 청년들이 거역했으니, 얼마나 화가 났겠는가! 느부갓네살은 당장 그 범죄자들을 잡아오도록 했다.

그래도 느부갓네살이 세 소년을 사랑하기 때문에(cf. 2:49) 먼저 점성가들이 고발한 내용이 사실인지를 확인하기 위해 소년들에게 주악에 맞추어 동상에 절을 하도록 명령했다. 동상 제막식에 참석한 모든 사람이 지켜보는 가운데 세 히브리 청년들만 절을 해야 하는 상황이 전

개된 것이다. 느부갓네살은 자신의 명령을 거역할 수 있는 사람이 바벨론에 있다는 사실을 믿기 어려웠다. 그러므로 왕은 자기 명예와 권위가 손상되지 않았다는 것을 확인하기 위해 소년들에게 이런 명령을 내렸다. 만일 그들이 절을 하면 고발한 지혜자들이 무언가 잘못 알거나 헛것을 보았다고 단정할 수 있다.

느부갓네살의 마지막 발언이 이 사건의 핵심 이슈이다. "어느 신이 너희를 내 손에서 구해낼 수 있겠느냐?"(15절). 세상에서 가장 큰 권세를 누리는 자의 가장 교만한 주장이다(Porteus). 바벨론 왕은 히브리 소년들에게만 말하고 있는 것이 아니라 그들의 하나님('어느 신')에게도 교만한 말을 서슴지 않기 때문이다(cf. Seow). 또한 이 질문은 2장에서 바벨론 지혜자들이 외쳤던 절규를 연상시킨다. "왕이 원하는 비밀을 알려줄 자는 이 세상에 없습니다!"(2:10-11). 여호와께서는 2장에서 다니엘을 통해 이런 것을 알려줄 수 있는 신이 이 세상에 계시다는 사실을 보여주셨다. 이번에도 여호와께서 움직여 위기에 처한 다니엘의 세 친구를 구하실 것인가?

느부갓네살의 질문에 대한 히브리 청년들의 대답은 확실했다. "여호와께서 충분히 우리를 구하실 수 있습니다. 그러나 설령 구해주지 않으시더라도 우리는 결코 왕의 우상에 절할 수 없습니다"(17-18절). 이 히브리 청년들은 자신들의 생명을 하나님의 주권에 철저하게 맡겼다(cf. Keil & Delitzsch, Young). 세상 사람들은 바벨론 왕을 가장 위대한 권세자로 본다. 그들의 눈에 바벨론 왕에게는 사람을 살리거나 죽일 수 있는 권력이 있다. 그러므로 세 청년의 운명도 느부갓네살의 손안에 있다.

그러나 청년들은 자기들을 죽이거나 살리는 이는 바벨론 왕 느부갓네살이 아니라고 한다. 그들은 자신들을 죽이시는 이도, 살리시는 이도 여호와 하나님이라고 확신한다. 다니엘의 친구들은 하나님이 분명 자신들을 살리실 것이라고 확신한다(Coxon, Goldingay, Gowan, Seow). 그러나 만일 자신들이 죽게 된다 하더라도 그것이 결코 하나님의 무능력이나 그들에 대한 무관심을 증명하지 않는다. 자신들의 죽음은 여호와께서 그들이 이해할 수 없는 신비로운 섭리에 따라 그들을 살리지 않겠다고 결정하신 것뿐이다. 청년들은 자신들이 살거나 죽거나에 상관없이 여호와가 세상을 통치하신다고 선언하고 있다(cf. Smith-Christopher).

이것이 히브리 청년들의 간증이다. 그들은 이날 자신들이 죽고 사는 것은 여호와 하나님의 능력이 어떠한가를 보여주는 것이 아니라, 단순히 하나님의 주권에 의해 결정될 일에 불과하다고 고백하고 있다. 옛적에 하나님이 사탄에게 욥을 칭찬했을 때, 사탄이 욥에 대해 제기한 문제가 바로 이 이슈이다. "욥이, 아무것도 바라는 것이 없이 하나님을 경외하겠습니까?"(욥 1:9). 다니엘의 세 친구는 사람이 주님께 아무것도 바라는 것이 없이도 주님을 경외할 수 있다는 사실을 입증한다.

하나님은 주님을 섬기는 이들은 절대로 죽임을 당하거나 해를 받지 않을 것이라고 약속하신 적이 없다. 하나님은 오로지 어떤 상황에서도 주님을 섬기는 자들을 고아같이 버려두지 않고 함께하실 것을 약속하셨다. 다니엘의 친구들은 이러한 하나님의 약속을 알고 있었으므로 자신들의 신앙으로 고백한 것뿐이다. 하나님의 눈에 이 청년들이 얼마나 대견했을까?

I. 꿈과 해몽(1:1-6:28)
C. 세 친구의 증인(3:1-30)

4. 세 친구들에게 임한 구원(3:19-27)

19 느부갓네살이 분이 가득하여 사드락과 메삭과 아벳느고를 향하여 얼굴
빛을 바꾸고 명령하여 이르되 그 풀무불을 뜨겁게 하기를 평소보다 칠 배
나 뜨겁게 하라 하고 20 군대 중 용사 몇 사람에게 명령하여 사드락과 메삭

과 아벳느고를 결박하여 극렬히 타는 풀무불 가운데에 던지라 하니라 21 그
러자 그 사람들을 겉옷과 속옷과 모자와 다른 옷을 입은 채 결박하여 맹렬
히 타는 풀무불 가운데에 던졌더라 22 왕의 명령이 엄하고 풀무불이 심히 뜨
거우므로 불꽃이 사드락과 메삭과 아벳느고를 붙든 사람을 태워 죽였고 23
이 세 사람 사드락과 메삭과 아벳느고는 결박된 채 맹렬히 타는 풀무불 가
운데에 떨어졌더라 24 그 때에 느부갓네살 왕이 놀라 급히 일어나서 모사들
에게 물어 이르되 우리가 결박하여 불 가운데에 던진 자는 세 사람이 아니
었느냐 하니 그들이 왕에게 대답하여 이르되 왕이여 옳소이다 하더라 25 왕
이 또 말하여 이르되 내가 보니 결박되지 아니한 네 사람이 불 가운데로 다
니는데 상하지도 아니하였고 그 넷째의 모양은 신들의 아들과 같도다 하고
26 느부갓네살이 맹렬히 타는 풀무불 아귀 가까이 가서 불러 이르되 지극히
높으신 하나님의 종 사드락, 메삭, 아벳느고야 나와서 이리로 오라 하매 사
드락과 메삭과 아벳느고가 불 가운데에서 나온지라 27 총독과 지사와 행정관
과 왕의 모사들이 모여 이 사람들을 본즉 불이 능히 그들의 몸을 해하지 못
하였고 머리털도 그을리지 아니하였고 겉옷 빛도 변하지 아니하였고 불 탄
냄새도 없었더라

히브리 청년들의 말을 듣고 있던 느부갓네살은 화가 머리끝까지 났다(19절). 왕의 자존심은 상할 대로 상했으므로 물불을 가리지 않는 심판만 남았다. 그는 분을 못 이겨 화덕의 불을 일곱 배나 더 뜨겁게 하라고 명령했다. 일곱 배로 뜨겁게 불을 지피라는 것은 화덕을 뜨겁게 할 수 있는 데까지 온도를 높이라는 뜻이다. 느부갓네살은 이 광경을 지켜보고 있는 모든 사람에게 자기 명령을 어기면 어떻게 되는가를 보여주기 위해 열이 달아오를 대로 달아오른 화덕에 세 청년을 처넣었다.

느부갓네살의 행동에서 무엇을 배우는가? 화가 치밀어 이성을 잃은 그는 화덕의 불을 일곱 배로 더 뜨겁게 지피라고 명령했다. 왕의 명령으로 히브리 청년들을 화덕에 던지려고 가까이 갔던 사람들이 화덕의

불에 타 죽었다. 일부 주석가들은 왕에게 청년들을 고발한 지혜자들은 멀쩡하고, 왕의 명령을 수행하는 군인들이 불에 타 죽은 것에 대해 윤리적인 문제를 제기한다(cf. Gowan). 그러나 이것이 삶이다. 가해자들은 벌을 받지 않고 피해자나 옆에 있던 애꿎은 사람들이 화를 당하는 경우가 많다.

느부갓네살이 자기 감정을 다스리고 이성적으로 생각해 그의 명령을 거역한 청년들에게 최고의 아픔을 주어 분풀이를 하려고 했다면, 불을 일곱 배로 뜨겁게 할 것이 아니라, 7분의 1로 줄였어야 한다. 그래야 세 청년들이 더 많은 고통을 느끼고 서서히 죽어갔을 것 아닌가? 절제되지 않은 감정은 이렇게 사람을 바보로 만든다.

왕은 평상시보다 일곱 배로 뜨겁게 달구어진 화덕에 세 히브리 청년들을 던지라고 명령했다. 그 당시 바빌론의 문헌들에 따르면 바빌론 화덕은 우유병 모양으로 되어 있었으며, 위가 열려 있고 장작을 집어넣을 수 있도록 밑부분도 열려 있었다(Archer). 내부 온도는 1,000℃까지 달아오른 것으로 알려졌다(Baldwin). 또한 느부갓네살이 사람들을 처형할 때 불에 태운 사례가 성경 다른 곳에도 기록되어 있다(렘 29:22). 그는 시드기야와 아합이라는 사람을 불태워 죽였다.

그런데 희한한 일이 생겼다. 느부갓네살은 세 청년을 죽으라고 화덕에 던졌는데, 그들은 불에 타 죽지 않고 화덕 안에서 돌아다녔다! 게다가 화덕에 던진 사람의 수는 셋이었는데, 뜨거운 불길 속에서 서성이는 사람의 수는 넷이었다. 세 청년을 묶었던 결박은 불에 탔는지 보이지 않았다. 하나님이 자기 자녀들을 구원하기 위해 느부갓네살의 화덕에 임하셨다. 청년들은 자신들의 생명을 온전히 하나님의 주권에 맡겼고, 하나님은 그들의 믿음에 생명으로 반응하신 것이다.

네 사람은 아무런 해를 받지 않고 화덕 속에서 대화를 나누고 있었다. 하나님이 느부갓네살에게 누가 이 세상의 주인인지를 확실히 가르쳐주시는 순간이다. 느부갓네살은 "그 어느 신이라도 내 손에서 건질

자가 없다"라며 교만을 떨었다. 그는 여러 고대 근동의 왕들처럼 자신을 신들과 동등하게 생각했던 것이다. 느부갓네살이 이때까지 이룬 업적을 생각해보면 그는 실로 다른 '신들보다는 우수한 신'이다. 문제는 이 왕이 생각하는 유형의 신들과 질적으로 완전히 다른 신이 한 분 계시다는 것이다. 이스라엘의 하나님 여호와이시다. 그는 이 세상의 신들과는 전혀 차원이 다른 거룩하신 분이다.

느부갓네살은 화덕 안에서 세 히브리 청년들과 함께 서 있는 네 번째 인물이 '신들의 아들'(בַּר־אֱלָהִין)같이 보였다고 말한다(25절). 그가 말하는 '신들의 아들'은 누구를 의미하는가? 바빌론 왕이 앞에서는 자신을 신의 위치로 올려 말했지만, 이 순간에는 분명히 인간들과는 다른 특별한 존재를 보고 있다는 의미로 이 말을 했다.

유대인들은 전통적으로 네 번째 인물을 천사로 해석했다. 탈무드는 아예 이 사람을 가브리엘 천사라고 말한다(Pes. 118a, b, cf. 현대인성경). 오래전부터 상당수의 기독교 학자들은 칠십인역(LXX)을 근거로 네 번째 사람을 예수님으로 해석하기도 했다(LXX, KJV, cf. Gowan, Young). 본문은 느부갓네살이 누구를 보았는지에 관하여 자세하게 설명하지 않는다. 다만 그를 신들 같은(사람과 다른) 이로 표현하고 있을 뿐이다(cf. NIV, NAS, TNK, NRS).

5. 느부갓네살의 하나님 경배(3:28–30)

[28] 느부갓네살이 말하여 이르되 사드락과 메삭과 아벳느고의 하나님을 찬송할지로다 그가 그의 천사를 보내사 자기를 의뢰하고 그들의 몸을 바쳐 왕의 명령을 거역하고 그 하나님 밖에는 다른 신을 섬기지 아니하며 그에게 절하지 아니한 종들을 구원하셨도다 [29] 그러므로 내가 이제 조서를 내리노니 각

백성과 각 나라와 각 언어를 말하는 자가 모두 사드락과 메삭과 아벳느고의 하나님께 경솔히 말하거든 그 몸을 쪼개고 그 집을 거름터로 삼을지니 이는 이같이 사람을 구원할 다른 신이 없음이니라 하더라 [30] 왕이 드디어 사드락과 메삭과 아벳느고를 바벨론 지방에서 더욱 높이니라

하나님은 자신을 신들과 동일한 위치에 올려놓았던 느부갓네살에게 그가 알고 있는 신들과는 질적으로 다른 신이 있다는 것을 가르쳐주셨다. 바빌론 왕은 좋은 학습자였다. 그러므로 2장에서 다니엘에게 지혜를 주셨던 하나님을 찬양했던 느부갓네살이 이번에는 세 히브리 청년의 목숨을 구하신 하나님을 찬양했다. 그는 이미 이스라엘의 하나님을 찬양한 적이 있기 때문에, 이번에는 주님을 찬양하는 일이 조금 더 쉬웠을 것이다.

느부갓네살은 자기가 화덕에 던진 히브리 청년들의 신이 '천사'를 보내 그들의 생명을 구함으로써 위대하심을 드러냈기 때문에 자기 왕국에 거하는 사람들은 그 누구도 그들의 하나님에 대해 함부로 말하면 엄벌을 받게 될 것이라고 경고했다. 이와 같은 느부갓네살의 선포가 그가 여호와 종교로 개종했다는 의미는 아니다. 다만 자신과 자신이 통치하고 있는 나라를 세 청년들의 신으로부터 보호하기 위해 취한 행동이었다. 그는 지금 이 세 청년의 생명을 빼앗으려고 했던 일로 그들의 신의 진노를 샀다고 생각한다. 그러므로 여러 신을 섬기고 있는 그가 이 청년들의 화난 신을 달래려는 의도에서 이렇게 선포한 것이다. 느부갓네살이 네 번째 사람을 일컫는 '천사'라는 단어는 '하나님이 보낸 사람이나 하나님 자신'을 의미할 수 있기 때문에 이 네 번째 사람의 정체를 규명하는 데 별 도움이 되지 않는다(cf. 창 18:1-2, 10ff, Montgomery).

느부갓네살의 칙령은 누구를 대상으로 하고 있는가? '민족과 언어가 다른 뭇 백성들'이다(29, cf. 4, 7절). 세 청년들은 '온 열방'이 지켜보는 앞에서 여호와를 향한 믿음에 대한 재판을 받았다. 이제 그들은 '온 열방' 앞에서 살아 계신 하나님께 영광을 돌리게 되었고, 바빌론 왕을 포함한 모든 사람이 그들의 여호와 찬양에 합세했다. 이 이야기는 세 히브리 청년들의 영웅담이 아니라, 그들의 믿음이 느부갓네살 왕을 포함한 그들 주변 사람들에게 어떤 영향을 미쳤는가에 관한 이야기이다(Fewell).

하나님은 단순히 느부갓네살의 신들과 대결한 것이 아니라 온 열방의 신들과 대결해 그들을 한 방에 쓰러뜨리셨다. 얼마나 멋있는 싸움인가! 또한 하나님의 승리는 주님을 섬기는 이 청년들과 바빌론에 끌려와 사는 모든 유대인에게 매우 중요한 효과를 발휘했다. 하나님의 승리가 그의 자녀들이 바빌론에서 '신앙으로 인해 화덕으로 끌려가는 길'을 완전히 폐쇄했기 때문이다(Goldingay). 우리가 순종할 때 하나님의 영광이 온 세상에 전파될 뿐만 아니라 우리에게도 구원이 임한다.

I. 꿈과 해몽(1:1-6:28)

D. 느부갓네살의 교만과 심판(4:1-37)

느부갓네살이 꿈을 꾼 것으로 시작하는 4장 사건은 여러 면에서 2장과 비슷하다. 바빌론의 방백들은 왕을 도울 수 없으며, 오직 다니엘만이 그를 도울 수 있는 유일한 지혜자이다. 바빌론 왕의 말을 빌리자면 그것은 다니엘 안에 '거룩한 신들의 영'이 있기 때문에 가능하다(9절).

저자는 이 사건이 구체적으로 언제 일어났는지 알려주지 않는다. 옛 헬라어 버전은 느부갓네살 즉위 18년에 있었다고 기록한다(Smith-Christopher). 아마도 느부갓네살 통치가 시작된 지 상당히 오랜 세월이 지난 후에 있었던 일로 생각된다. 본문에 의하면 이때는 그의 건축 사업이 거의 끝나가는 때였다(3절). 그의 통치의 초창기를 장식했던 전쟁들은 멈춘 지 오래되었고 평화가 바빌론 제국에 임했다(4절). 그러므로

2장 사건이 있은 지 20-30여 년이 흐른 때의 일로 생각된다(Miller).

이 이야기는 여러 가지 독특한 면모를 지닌다. 서신과 비슷한 양식 성향을 띤다. 이 글은 느부갓네살이 자기 백성들에게 쓴 편지 형태를 지니고 있다. 성경에서는 보기 드물게 이 편지는 유대인이 아닌 이방인, 그것도 바빌론 제국의 왕이 썼다. 편지의 내용은 느부갓네살이 자기 삶을 통치하는 여호와의 주권을 시인하고 찬양하는 간증이다. 그러므로 이 이야기는 바빌론 왕이 여호와를 경배하는 일로 시작해 주님을 경배하는 일로 끝을 맺는다.

책이 시작된 이후 지금까지의 흐름도 쉽게 가늠할 수 있다. 1장은 여호와는 인류 역사의 흐름을 주장하시는 분이기 때문에 우리의 눈에 보이는 일들이 전부가 아니라는 것을 강조했다. 2장은 오직 여호와만이 가장 은밀한 곳에서 진행되는 일을, 심지어는 미래의 일까지 예언하실 수 있는 분이라는 사실을 선포했다. 3장은 이스라엘의 하나님만이 유일하게 자기를 섬기는 사람들을 죽음의 손아귀에서도 구원할 수 있는 신이라는 것을 온 열방이 보는 앞에서 드러내셨다. 이제 4장은 하나님이 자신을 신격화했던 교만한 바빌론 왕을 겸손하게 하신 내용이다. 그가 세상을 통치하게 된 것은 느부갓네살 자신의 능력 때문이 아니라, 이스라엘의 하나님 여호와께서 그에게 그것을 허락하셨기 때문임을 스스로 고백하게 하신다.

고대 근동에서 왕을 나무로 묘사하는 것은 흔한 일이었다(Montgomery). 그러나 나무로 묘사된 왕이 밑동까지 잘리는 일은 들어보지 못했다(Gowan). 왕을 나무로 묘사하는 것은 항상 긍정적인 메시지만 담고 있는 비유였기 때문이다. 그러므로 밑동까지 잘린 느부갓네살은 세상 모든 권세자와 함께 지극히 높으신 여호와께서 '인간의 나라를 지배하신다는 것과, 자신의 뜻에 맞는 사람에게 나라를 주신다는 것과, 가장 낮은 사람을 그 위에 세우신다는 것'을 알아야 한다(4:17, 25, 32, cf. 34-35절). 이런 내용을 중심으로 한 본문은 다음과 같이 구분될 수 있다.

A. 바빌론 왕의 찬양(4:1-3)
　B. 왕이 꾼 꿈의 내용(4:4-18)
　B′. 왕이 꾼 꿈의 해몽(4:19-27)
　B″. 왕이 꾼 꿈의 성취(4:28-33)
A′. 바빌론 왕의 찬양(4:34-37)

I. 꿈과 해몽(1:1-6:28)
D. 느부갓네살의 교만과 심판(4:1-37)

1. 바빌론 왕의 찬양(4:1-3)

[1] 느부갓네살 왕은 천하에 거주하는 모든 백성들과 나라들과 각 언어를 말
하는 자들에게 조서를 내리노라 원하노니 너희에게 큰 평강이 있을지어다 [2]
지극히 높으신 하나님이 내게 행하신 이적과 놀라운 일을 내가 알게 하기를 즐겨 하노라

[3] 참으로 크도다 그의 이적이여,
참으로 능하도다 그의 놀라운 일이여,
그의 나라는 영원한 나라요
그의 통치는 대대에 이르리로다

마소라 사본에서는 이 부분을 3장의 마지막 부분에 붙여 3:31-33으로 표기했다. 아마도 히브리어 성경의 장과 절을 구분할 때 하나님에 대한 축복으로 이야기를 시작하는 것이 자연스럽지 않다고 생각했기 때문인 것 같다. 이렇게 간주하면, 본문은 4장 이야기를 소개하는 것이 아니라, 3장 이야기에 대한 결론이다. 그러나 우리말과 영어 번역본들의 절 나누기(versification)가 더 설득력이 있어 보인다.

저자는 사건 전개를 느부갓네살의 찬양으로 시작해 2장과 3장에 기록된 사건들과 4장에 기록된 이 사건의 본질을 대조하고자 한다. 이 사건에서는 2장과 3장 사건이 조성했던 긴장감은 더 이상 존재하지 않는다. 이야기를 시작하는 바빌론 왕의 찬양이 이러한 위기나 긴장감을 배제하고 있기 때문이다. 대신 처음부터 독자들의 긴장감을 해소해 그들의 관심을 느부갓네살이 여호와를 찬양하게 된 이유에 모으고 있다.

느부갓네살은 이전에도 온 열방이 지켜보는 가운데 사드락, 메삭, 아벳느고의 하나님을 찬양한 적이 있다(3:26–29). 이 이야기에서 그는 자기가 다스리는 온 열방에 조서를 내린다. 느부갓네살의 제국은 오늘날의 이집트 접경 지역에서 이란에 이르기까지, 시리아에서 사우디 아라비아에 이르는 방대한 땅에 속한 나라들을 포함했다.

바빌론 왕의 여호와 찬양의 내용은 매우 보편적이다. 그는 이스라엘의 하나님을 가장 높으신 하나님으로 찬송하면서 자기가 경험한 일에 대한 간증을 시작한다. 주목할 만한 것은 4장이 구약에서 '가장 높으신'(עִלָּאָה)이라는 표현을 가장 많이 사용하는 장(章)이라는 사실이다(2, 17, 24, 25, 32, 34절).

열방의 왕이 성경에서 여호와의 위대하심을 가장 강도 높게 찬양하고 있는 것이 인상적이다. 바빌론 왕은 여호와를 찬양하기를 "크도다, 그 이적이여! 능하도다, 그 기사여! 그 나라 영원하고, 그 통치 대대에 이를 것이다"라고 한다(3절). 아마도 자신이 보았던 신상을 산산조각 내고 온 세상을 가득 채웠던 '하나님의 바위'(2:34–35)를 회상하면서 이런 노래를 하고 있는 듯하다.

I. 꿈과 해몽(1:1–6:28) D. 느부갓네살의 교만과 심판(4:1–37)

2. 왕이 꾼 꿈의 내용(4:4–18)

[4] 나 느부갓네살이 내 집에 편히 있으며 내 궁에서 평강할 때에 [5] 한 꿈을 꾸고 그로 말미암아 두려워하였으니 곧 내 침상에서 생각하는 것과 머리 속으

로 받은 환상으로 말미암아 번민하였었노라 [6] 이러므로 내가 명령을 내려 바
벨론의 모든 지혜자들을 내 앞으로 불러다가 그 꿈의 해석을 내게 알게 하
라 하였더라 [7] 그 때에 박수와 술객과 갈대아 술사와 점쟁이가 들어왔으므로
내가 그 꿈을 그들에게 말하였으나 그들이 그 해석을 내게 알려 주지 못하
였느니라 [8] 그 후에 다니엘이 내 앞에 들어왔으니 그는 내 신의 이름을 따라
벨드사살이라 이름한 자요 그의 안에는 거룩한 신들의 영이 있는 자라 내가
그에게 꿈을 말하여 이르되 [9] 박수장 벨드사살아 네 안에는 거룩한 신들의
영이 있은즉 어떤 은밀한 것이라도 네게는 어려울 것이 없는 줄을 내가 아
노니 내 꿈에 본 환상의 해석을 내게 말하라 [10] 내가 침상에서 나의 머리 속
으로 받은 환상이 이러하니라 내가 본즉 땅의 중앙에 한 나무가 있는 것을
보았는데 높이가 높더니 [11] 그 나무가 자라서 견고하여지고 그 높이는 하늘
에 닿았으니 그 모양이 땅 끝에서도 보이겠고 [12] 그 잎사귀는 아름답고 그 열
매는 많아서 만민의 먹을 것이 될 만하고 들짐승이 그 그늘에 있으며 공중에
나는 새는 그 가지에 깃들이고 육체를 가진 모든 것이 거기에서 먹을 것을 얻
더라 [13] 내가 침상에서 머리 속으로 받은 환상 가운데에 또 본즉 한 순찰자,
한 거룩한 자가 하늘에서 내려왔는데 [14] 그가 소리 질러 이처럼 이르기를

그 나무를 베고 그 가지를 자르고
그 잎사귀를 떨고 그 열매를 헤치고
짐승들을 그 아래에서 떠나게 하고
새들을 그 가지에서 쫓아내라
[15] 그러나 그 뿌리의 그루터기를 땅에 남겨 두고
쇠와 놋줄로 동이고 그것을 들 풀 가운데에 두어라
그것이 하늘 이슬에 젖고 땅의 풀 가운데에서
짐승과 더불어 제 몫을 얻으리라
[16] 또 그 마음은 변하여 사람의 마음 같지 아니하고
짐승의 마음을 받아 일곱 때를 지내리라
[17] 이는 순찰자들의 명령대로요

거룩한 자들의 말대로이니
지극히 높으신 이가 사람의 나라를 다스리시며
자기의 뜻대로 그것을 누구에게든지 주시며
또 지극히 천한 자를 그 위에 세우시는 줄을
사람들이 알게 하려 함이라 하였느니라

18 나 느부갓네살 왕이 이 꿈을 꾸었나니 너 벨드사살아 그 해석을 밝히 말하라 내 나라 모든 지혜자가 능히 내게 그 해석을 알게 하지 못하였으나 오직 너는 능히 하리니 이는 거룩한 신들의 영이 네 안에 있음이라

느부갓네살이 모든 전쟁에서 평안을 누리고 있을 때 꿈을 꾸었다(4절). 바빌론 왕궁은 높은 곳에 위치했기 때문에 창을 통해 밖을 내다보면 온 성이 한눈에 보였다(Goldingay). 창으로 위대하고 화려한 성 이곳저곳이 보였을 것이다. 그의 왕궁은 자기도 모르게 교만에 빠지기 참으로 좋은 위치에 자리했다. 그는 평화롭게 생활하던 어느 날 꿈을 꾸었다.

바빌론 왕이 꾼 꿈이 나무와 사람과 짐승 등으로 구성되었다는 이유로 원래 서로 다른 내용들이 짜깁기된 것이라고 주장하는 사람들이 있다(cf. Collins, Lucas, Smith-Christopher). 그러나 이것은 꿈이다. 꿈에서는 어떤 일도 가능하다. 그러므로 꿈속에서 사람이 나무가 되었다가 짐승처럼 되었다가 다시 사람이 되는 것이 논란이 될 필요는 전혀 없다.

꿈의 내용 때문에 느부갓네살은 큰 두려움을 느꼈다. 꿈의 내용도 문제지만, 무엇보다도 이 꿈이 무엇을 의미하는지를 쉽게 파악할 수 없었다. 미지에 대한 두려움이 가장 크게 작용했을 것이다. 왕은 자기 꿈을 해몽하라며 바빌론의 모든 지혜자를 호출했다. 본문은 동원된 지혜자들을 네 가지로 부른다–마술사들, 주술가들, 점성가들, 점쟁이들(7절). 바빌론의 모든 지혜가 동원되었지만 꿈을 풀이하는 데는 역부족이었다.

바빌론의 모든 지혜가 실패했을 때 다니엘이 등장했다. 일부 학자들은 이 이야기에서 다니엘이 늦게 등장한 이유에 대해 문제를 제기하기도 하지만(cf. Collins, Lucas), 주인공이 늦게 입장하는 것은 당연하다. 또한 다니엘은 왕의 '마술사의 우두머리'(9절)로 소개된다. 다니엘의 지위를 부각시키는 표현이며 '부하들'이 하지 못한 일을 하기 위해 늦게 등장한 것이다.

우리 추측대로 만약에 이 사건이 2장 사건이 있은 지 20-30여 년이 지난 다음에 일어난 일이라면 다니엘의 명칭에는 한 가지 깊은 교훈이 담겨 있다. 그는 지난 30여 년 동안 진실하게 느부갓네살 왕을 섬겨왔다. 그래서 오랜 세월이 지난 다음에도 왕의 총애를 받고 있다. 믿는 사람들은 교회에서뿐만 아니라 세상에서도 인정을 받도록 열심히 일해야 한다. 우리의 일터는 단순한 삶의 수단이 아니라 하나님이 우리를 파송하신 사역지이기 때문이다.

바빌론 제국을 호령하는 느부갓네살 왕이 꾼 꿈의 풀이는 수년 전에 유다에서 끌려온 한 포로민 다니엘에게 달려 있다. 다니엘이 '마술사의 우두머리'이기 때문에 꿈을 풀이할 능력을 지니고 있는 것은 아니다. 느부갓네살도 이 사실을 잘 알고 있다. 왕이 다니엘과 함께했던 시간을 회상하며 말을 잇는다. "네 안에는 거룩한 신들의 영이 있으니 너는 할 수 있을 것이다"(4:8, 9, 18). 바빌론 왕은 다니엘과 함께하는 여호와의 특별한 은총을 의식하고 있다. 또한 왕은 다니엘의 모든 능력이 여호와의 은총에서 비롯된 것도 알고 있다. 느부갓네살은 다니엘 안에 거하는 여호와의 영에게 자기 꿈을 풀이해달라고 요청하고 있는 것이다.

바빌론 왕도 다니엘과 함께하시는 여호와는 세상 모든 신보다 뛰어난 신이라는 사실을 인정한다. 그러면서도 그가 다니엘을 소개할 때 "그는 내 신의 이름을 따라서 이름을 벨드사살이라고 고친 사람이다"(8절)라고 말하는 것을 감안하면 느부갓네살은 여호와 종교로 개종할 생각은 없었다는 것이 확실하다.

우리는 간혹 믿지 않는 사람들이 하나님이 베푸시는 기적과 능력을 경험하면 주님께 돌아올 것이라고 착각한다. 본문은 이런 생각이 큰 착각임을 보여준다. 느부갓네살은 이때까지 여호와의 능력을 얼마나 확실하게, 여러 차례 체험했겠는가? 그러나 그는 변하지 않았으며, 아직도 다신주의자에 불과하다. 마치 이집트와 광야에서 여호와께서 베푸신 온갖 기적을 모두 체험하고도 그를 믿지 못했던 이스라엘 민족을 보는 듯하다. 기적과 이적은 사람을 변화시키지 못한다. 오직 하나님의 깨우치게 하는 은혜만이 사람을 변화시킬 수 있다. 전도를 하고 싶은가? 사람을 변화시키고 싶은가? 그렇다면 은사보다 말씀을 더 사모해야 한다.

꿈의 내용은 이러했다. 한 거대한 나무가 있었는데 하늘 높이 치솟게 자랐다. 가지들이 무성하고 열매가 많아서 온갖 새들과 짐승들이 그 나무의 열매를 먹고 그늘에서 쉬었다. 그런데 갑자기 '하늘에서 온 감시자'(קַדִּישׁ מִן־שְׁמַיָּא)가 나타났다(13절). 성경에서 이런 표현이 본문에서 단 한 번 사용되기 때문에 정확히 누구를 뜻하거나 이 감시자가 하는 일이 무엇인지는 확실하지 않다(cf. Seow). 단지 위경에 의하면 이 감시자는 인간의 생사고락 모든 것을 지켜보는 천사이며(cf. Collins, Goldingay, Gowan) 본문에서는 나무를 베어버리라는 명령을 내린다.

하늘에서 감시자가 내려와 나무를 자르는 것은 옛적에 하나님이 내려와 바벨탑을 무용지물로 만드신 일을 연상시킨다(Seow). 그때도 하나님은 신적인 복수형을 사용하셨는데, 본문에서도 천사는 복수형을 사용해 나무를 자르라고 명령한다. 나무를 뿌리의 그루터기만 남겨두고 잘라버렸다. 천사는 그루터기까지 베어진 나무의 마음이 변해 사람의 마음 같지 않고 짐승의 마음을 지니고 일곱 때를 지낼 것이라고 했다. 일곱 때는 7년을 의미한다(Gowan, Lucas).

고대 근동의 장식(iconography)에 의하면 나무는 때때로 신들의 통치를 상징한다(Goldingay, Widengren). 성경에도 하나님을 나무로 상징하거나 인간이 가질 수 있는 최고의 교만을 나무로 표현하는 예가 있다(호 14:8, 사 2:13, cf. 겔 31장). 그렇다면 느부갓네살의 꿈이 무엇을 암시하는가는 확실하다. 그는 자신을 온 우주의 질서와 하모니를 유지하는 범우주적인 나무, 곧 신(神)으로 보았다(Longman, cf. Widengren). 그러나 그를 상징한 나무가 순식간에 베임을 당한 것같이 그의 교만도 한순간에 땅에 떨어질 것이다.

천사가 나무를 자른 다음에 쇠줄과 놋줄로 동이고 들풀 속에 버려두라는 것은 무엇을 의미하는가? 일부 주석가들은 이 줄들이 앞으로 정신병을 앓는 느부갓네살을 묶을 쇠사슬을 상징한다고 하지만(Lucas), 4장 전체의 문맥을 감안하면 나무의 그루터기를 보호하기 위한 장치로 생각된다(Longman, Miller, Montgomery). 비록 나무는 베이지만 일곱 때가 지나면 싹이 터서 다시 회복될 수 있도록 생명을 유지하게 하는 조치인 것이다.

천사는 나무에게 이렇게 하는 목적은 "가장 높으신 분이 인간의 나라를 지배하신다는 것과, 뜻에 맞는 사람에게 나라를 주신다는 것과, 가장 낮은 사람을 그 위에 세우신다는 것"을 알게 하기 위해서라고 한다(17절). 몽고메리(Montgomery)는 "가장 높은 분이 인간의 나라를 지배하신다"라는 천사의 선언을 "구약의 영원한 불멸의 문장 중 하나"라고 부른다. 여호와께서 인간사를 지배하시기 때문에 주님은 경우에 따라서 가장 낮은 사람을 통치자로 세우기도 하신다. 성경이 믿는 사람들에게 계속 낮아지라고 권면하는 이유가 어디에 있을까? 하나님의 은혜를 입어 높은 자리에 오르기에 합당한 사람으로 세우기 위해서이다.

I. 꿈과 해몽(1:1-6:28)
D. 느부갓네살의 교만과 심판(4:1-37)

3. 왕이 꾼 꿈의 해몽(4:19-27)

[19] 벨드사살이라 이름한 다니엘이 한동안 놀라며 마음으로 번민하는지라 왕
이 그에게 말하여 이르기를 벨드사살아 너는 이 꿈과 그 해석으로 말미암아
번민할 것이 아니니라 벨드사살이 대답하여 이르되 내 주여 그 꿈은 왕을
미워하는 자에게 응하며 그 해석은 왕의 대적에게 응하기를 원하나이다 [20]
왕께서 보신 그 나무가 자라서 견고하여지고 그 높이는 하늘에 닿았으니 땅
끝에서도 보이겠고 [21] 그 잎사귀는 아름답고 그 열매는 많아서 만민의 먹을
것이 될 만하고 들짐승은 그 아래에 살며 공중에 나는 새는 그 가지에 깃들
었나이다 [22] 왕이여 이 나무는 곧 왕이시라 이는 왕이 자라서 견고하여지고
창대하사 하늘에 닿으시며 권세는 땅 끝까지 미치심이니이다 [23] 왕이 보신즉
한 순찰자, 한 거룩한 자가 하늘에서 내려와서 이르기를 그 나무를 베어 없
애라 그러나 그 뿌리의 그루터기는 땅에 남겨 두고 쇠와 놋줄로 동이고 그
것을 들 풀 가운데에 두라 그것이 하늘 이슬에 젖고 또 들짐승들과 더불어
제 몫을 얻으며 일곱 때를 지내리라 하였나이다 [24] 왕이여 그 해석은 이러하
니이다 곧 지극히 높으신 이가 명령하신 것이 내 주 왕에게 미칠 것이라 [25]
왕이 사람에게서 쫓겨나서 들짐승과 함께 살며 소처럼 풀을 먹으며 하늘 이
슬에 젖을 것이요 이와 같이 일곱 때를 지낼 것이라 그 때에 지극히 높으신
이가 사람의 나라를 다스리시며 자기의 뜻대로 그것을 누구에게든지 주시는
줄을 아시리이다 [26] 또 그들이 그 나무뿌리의 그루터기를 남겨 두라 하였은
즉 하나님이 다스리시는 줄을 왕이 깨달은 후에야 왕의 나라가 견고하리이
다 [27] 그런즉 왕이여 내가 아뢰는 것을 받으시고 공의를 행함으로 죄를 사하
고 가난한 자를 긍휼히 여김으로 죄악을 사하소서 그리하시면 왕의 평안함
이 혹시 장구하리이다 하니라

꿈의 내용을 전해들은 다니엘이 몹시 놀라 당황했다(19절). 일부 주석가들은 그가 당황한 이유가 다니엘처럼 비천한 신분을 지닌 사람이 당대 최고의 권력자인 바빌론 왕에게 좋지 않은 것을 말해야 하는 두려움 때문이라고 한다(Seow). 그러나 이러한 주장은 이야기의 흐름과 잘 맞지 않는다. 다니엘은 왕이 가장 총애하는 사람이며, 바빌론 지혜자 중 아무도 해석하지 못한 꿈을 해석하고 있다. 그러므로 왕에게 좋지 않은 말을 해야 하는 두려움은 큰 문제가 아니다. 다니엘은 느부갓네살 왕을 참으로 존경하고 사랑하는데, 그가 꾼 꿈이 워낙 불길한 내용이라 당황한 것이다.

다니엘은 이런 꿈은 왕의 원수들이 꾸어야 할 꿈이라고 했다. 느부갓네살은 충격을 받은 다니엘에게 사실을 말해줄 것을 부탁했다. 바빌론 사람들은 어떤 꿈이라도 제대로 해석해 의미를 확실하게 알고 주술가들이 제시하는 절차에 따라 예식을 치르면 꿈꾼 사람이 그 꿈의 영향력에서 벗어난다고 생각했다(Oppenheim). 그러므로 느부갓네살이 꿈의 피해를 최소화하려면 일단 제대로 된 해몽을 받아야 한다.

느부갓네살이 각오한 대로, 다니엘의 해몽은 좋은 소식이 아니었다. 다니엘은 무성하게 자라 열매로 사람들과 짐승들과 새들에게 먹을 것을 주고 안식처를 제공하는 큰 나무로 자랐다가 순식간에 베임을 당한 이 나무는 바로 느부갓네살이라고 했다(22절). 여호와께서 하늘의 순찰자를 보내어 교만에 빠진 그를 7년 동안 아주 낮은 자리에 있게 하실 것이다(23절). 어느 정도 낮아질 것인가? 느부갓네살은 정신병을 앓게 되어 사람들에게 쫓겨나며 들짐승과 함께 들짐승들처럼 먹으며, 들짐승들과 같이 잠을 자게 될 것이다(25절).

다행히 모든 것이 절망적이지는 않다. 7년이 지나면 느부갓네살은 자신이 아니라 여호와께서 인간의 나라를 다스리신다는 것을 깨닫게 될 것이다(25절). 그가 이 사실을 깨닫게 되는 순간–하나님의 주권을 인정하는 순간–다시 옛날의 모습으로 회복될 것이다. 이 일을 위해 나무의 그루터기를 남겨두셨다(26, cf. 23절). 그루터기가 있는 한 회복에 대한 소망이 있다는 것을 의미한다. 또한 그루터기를 쇠와 놋줄로 동여맨 것(23절)은 보호의 상징이다. 그루터기가 안전하게 보존되어야 7년 후 회복될 것이기 때문이다.

다니엘은 느부갓네살에게 한 가지 희망을 제시했다. 공의를 실천하고 가난한 백성에게 자비를 베풀어 자기 죄를 속하라는 것이다(27절). 바빌론 주술가들은 사람이 꾼 꿈의 영향력에서 벗어나려면 자신들이 제시하는 절차에 따라 예식을 치러야 한다고 했는데(Oppenheim), 다니엘은 단순히 선행을 요구한다. 이렇게 하면 혹시 하나님이 왕에게 보여주신 계획에서 돌이키실지 모른다는 것이다. 바빌론 제국의 절대적 권력자인 느부갓네살은 마음만 먹으면 이런 일을 얼마든지 할 수 있는 사람이다. 물질이나 권력은 모으고 장악하는 데 의미가 있는 것이 아니라 효과적으로 사용하는 데 의미가 있다.

다니엘이 느부갓네살에게 준 권면은 바빌론 왕의 구원과 상관없는 일이다. 그러나 죄를 회개하는 것과 선을 베푸는 것이 같은 선상에서 논의되는 것이 매우 인상적이다. "회개에 적절한 열매를 맺으라"고 했던 세례 요한의 충고를 생각나게 한다.

I. 꿈과 해몽(1:1–6:28)
D. 느부갓네살의 교만과 심판(4:1–37)

4. 왕이 꾼 꿈의 성취(4:28–33)

28 이 모든 일이 다 나 느부갓네살 왕에게 임하였느니라 29 열두 달이 지난
후에 내가 바벨론 왕궁 지붕에서 거닐새 30 나 왕이 말하여 이르되 이 큰 바
벨론은 내가 능력과 권세로 건설하여 나의 도성으로 삼고 이것으로 내 위엄
의 영광을 나타낸 것이 아니냐 하였더니 31 이 말이 아직도 나 왕의 입에 있
을 때에 하늘에서 소리가 내려 이르되 느부갓네살 왕아 네게 말하노니 나라

의 왕위가 네게서 떠났느니라 [32] 네가 사람에게서 쫓겨나서 들짐승과 함께 살면서 소처럼 풀을 먹을 것이요 이와 같이 일곱 때를 지내서 지극히 높으신 이가 사람의 나라를 다스리시며 자기의 뜻대로 그것을 누구에게든지 주시는 줄을 알기까지 이르리라 하더라 [33] 바로 그 때에 이 일이 나 느부갓네살에게 응하므로 내가 사람에게 쫓겨나서 소처럼 풀을 먹으며 몸이 하늘 이슬에 젖고 머리털이 독수리 털과 같이 자랐고 손톱은 새 발톱과 같이 되었더라

다니엘이 느부갓네살의 꿈을 해몽한 지 12개월이 지나서 모든 일이 그가 해몽한 대로 성취되었다. 그런데 왜 여호와께서 이방 왕에게 이렇게까지 하시는가? 그에게 누가 우주를 통치하고 누가 그를 왕으로 세웠는지를 알게 하시기 위해서이다(25절). 또한 온 열방이 여호와께서 하나님이심을 알게 하기 위해서이다.

그러나 이 사건의 가장 기본적인 의미는 바빌론에 끌려와 살면서 이 이야기를 듣고 있는 유다 사람들에게서 찾아야 한다. 다니엘은 포로 생활에 지친 동포들에게 하나님이 결정만 하시면 그들의 처지가 순식간에 바뀔 수 있다는 사실을 가르치고자 한다. 지속되는 그들의 바빌론 포로 생활은 그들의 하나님 여호와의 무능력을 드러내는 것이 아니고, 하나님의 때가 아직 이르지 않았다는 의미일 뿐이다. 그러므로 바빌론에서의 삶이 힘들고 어렵더라도 온 세상을 다스리시는 여호와께서 그들을 고향으로 돌려보내실 때가 다가오고 있으니 낙심하지 말고 견뎌내라는 격려와 위로가 이 이야기의 가장 기본적이고 중요한 의미이다.

느부갓네살의 왕궁은 바빌론 성안에서도 상대적으로 높은 곳에 위치해서 온 도시가 한눈에 내려다보였다(Goldingay). 언젠가 그는 왕궁 옥상을 거닐다가 문득 바빌론의 전경을 보게 되었다. 정말 휘황찬란하고 대단한 도시였다. 이 모든 것이 자기가 이룬 업적이고 자기 것이라고 생각하니 도시를 바라보던 느부갓네살의 마음이 뿌듯해지며 교만이 싹텄다. 그는 혼자 중얼거렸다. "내가 세운 이 도성, 이 거대한 바빌론을 보아라! 나의 권세와 능력과 나의 영화와 위엄이 그대로 나타나 있지 않느냐!"(30절, 새번역).

실제로 당시 바빌론은 느부갓네살이 이런 말을 할 수 있을 정도로 대단한 도시였다. 느부갓네살이 죽은 후 100년이 지나서 그리스의 역사가 헤로도토스가 바빌론을 방문했다. 그는 그때에도 그 도시가 얼마나 대단했던지 할 말을 잊었다는 기록을 남겼다(*Histories*, 1.178-80). 도시의 웅장함에 압도된 알렉산드로스 대왕도 바빌론을 자기가 세운 제국의 통치 수도로 삼으려 했다. 그러나 그는 꿈을 이루지 못하고 열병으로 죽었다.

바빌론은 사방이 습지로 둘러싸인 사각형 도시였다. 도시 전체가 두 세트의 두 겹 성벽들로 둘러싸여 있었다(Wiseman). 첫 번째 두 겹 성벽(도시를 가장 가까이 둘러싸고 있는 성벽) 중 안쪽 벽은 도시의 중심부를 에워싸고 있었으며 두께가 7m에 달했고 20m 간격으로 방어 탑이 있었다. 이 첫 번째 두 겹 성벽 중 바깥 벽은 4m 두께로 이루어져 있었으며 감시 탑들이 있었다(Wiseman).

느부갓네살은 이미 두 겹 성벽으로 둘러싸인 바빌론에 두 번째 두 겹 성벽을 더했는데 두 벽의 두께가 각각 8m에 달했다. 이 성벽은 유프라테스 강 동쪽에 있었으며 총 27km에 달했다. 이 두 벽의 두께가 얼마나 두꺼웠는지 성 위에서 네 마리의 말이 끄는 마차가 전속력으로 달릴 수 있었다(Wiseman). 바빌론을 둘러싸고 있던 네 성벽의 두께를 합하면 총 26m에 달했다(Seow).

성벽의 높이는 알려지지 않았지만 탑의 높이가 12m에 달한 것을 보면 아마 성벽의 높이도 이 정도였을 것이다. 이 외에도 느부갓네살은 대형 건물들을 여러 개 건축했다. 발견되는 당시 유물들 대부분의 벽돌에는 그의 이름이 새겨져 있다(Wiseman).

바빌론 성의 출입은 여덟 개의 문으로 통제되었다. 이중 제일 유명한 문이 북쪽에 있던 이슈타르(Ishtar) 문이다. 이 문의 높이는 12m에 달했으며 마르두크(Marduk) 신과 황소들이 문양으로 새겨져 있었다. 이슈타르 문을 통해 성안으로 들어가면 곧바로 1,000m에 달하는 행길이 정면에 펼쳐졌다(ABD). 이 길을 따라가면 에사길라(Esagila) 초소, 마르두크 신전, 에테메난키 신전(Ziggurat Etemenanki)이 차례로 나왔다. 에테메난키 신전은 7층으로 구성되어 있었으며 높이가 85m에 달하는 거대한 건물이었다(Whitcomb). 이 외에도 바빌론 성안에는 53개의 신전들이 있었으며, 도시의 동서를 잇는 120m 길이의 다리가 유프라테스 강 위에 건설되어 있었다(Wiseman).

느부갓네살은 최소한 세 개의 궁전을 바빌론에 두었으며 그가 가장 자주 거처하던 궁전은 남쪽에 있는 것으로 넓이가 350m, 폭이 200m에 달했다. 바빌론은 또한 '공중 정원'(hanging gardens)으로 유명했다. 이 정원을 목격한 고대 그리스 사람들은 이것을 세상의 일곱 가지 불가사의(不可思議) 중의 하나로 평가했다. 주전 3세기 바빌론 역사가 베로수스(Berosus)에 의하면 이 정원은 느부갓네살이 아내 아미티스(Amytis)를 위해 건축한 것이다. 아미티스는 메디아의 산악 지방에서 바빌론 평지로 시집을 왔다. 고향 산을 그리워하는 아내를 위해 느부갓네살 왕이 도시 한가운데에 거대한 산을 조성했다. 일상적으로 계산할 때 높이가 100m 높아질 때마다 온도는 0.6도씩 낮아진다. 북쪽에 있는 아미티스의 고향에서나 자라는 식물과 나무들을 이 인공 산에 심었다는 것은 산의 높이가 상당했다는 것을 짐작할 수 있다. 또한 이 산을 성 밖에서도 볼 수 있었다는 기록을 보면 이 산이 얼마나 높았는지 짐작할 수 있다. 이 인공 산에는 여러 개의 정원이 있었으며 각종 꽃들과 나무들로 가꾸어져 있었다. 모터나 전기가 없는 시대에 이 높은 곳으로 유프라테스 강물을 끌어올리기 위한 기술력도 상당했음을 추측할 수 있다.

느부갓네살은 참으로 자랑할 만한 업적을 이루었다. 그러나 그가 이렇게 할 수 있었던 것은 전적으로 이스라엘의 하나님이 허락하셨기 때문이다. 그러나 느부갓네살은 자기가 이룬 일이라며 스스로 뿌듯해했다. 자신의 업적을 대견스럽게 여기고 중얼거리던 바빌론 왕의 말을 들은 분이 계셨다. 바로 그를 이 자리까지 오게 하신 이스라엘의 하나님 여호와셨다. 하나님은 교만으로 가득 찬 느부갓네살을 짐승들과 같이 살게 하셨다. 하나님은 자신을 신같이 여긴 왕을 짐승으로 낮추어 자신은 연약한 인간에 불과하다는 사실을 깨닫게 하신 것이다(Fewell).

느부갓네살은 7년 동안 정신이 이상한 상태에서 광야를 헤맸다. 느부갓네살의 43년 통치(주전 605-562년)에 관한 기록 중 마지막 30년에 대한 부분은 많이 남아 있지 않다(Baldwin). 또한 그의 통치 기록 중 그가 정신병을 앓았다는 내용은 아직까지 발견되지 않았다. 이런 역사적 침묵이 이상하지는 않다. 오히려 당연하다. 당시의 문화에서 왕은 신이거나 신들의 아들이었다. 신이나 신들의 아들에게 이러한 약점이 있다는 것을 기록하는 것은 당시 정서에 매우 상반되는 처사이다(Montgomery). 그러므로 느부갓네살의 기록 그 어디에도 그가 정신병을 앓았다는 기록이 남아 있지 않은 것은 당연하다.

I. 꿈과 해몽(1:1-6:28)
D. 느부갓네살의 교만과 심판(4:1-37)

5. 바빌론 왕의 찬양(4:34-37)

34 그 기한이 차매 나 느부갓네살이 하늘을 우러러 보았더니 내 총명이 다시
내게로 돌아온지라 이에 내가 지극히 높으신 이에게 감사하며 영생하시는
이를 찬양하고 경배하였나니

그 권세는 영원한 권세요
그 나라는 대대에 이르리로다
35 땅의 모든 사람들을 없는 것 같이 여기시며

하늘의 군대에게든지 땅의 사람에게든지
그는 자기 뜻대로 행하시나니
그의 손을 금하든지
혹시 이르기를 네가 무엇을 하느냐고
할 자가 아무도 없도다

36 그 때에 내 총명이 내게로 돌아왔고 또 내 나라의 영광에 대하여도 내 위엄과 광명이 내게로 돌아왔고 또 나의 모사들과 관원들이 내게 찾아오니 내가 내 나라에서 다시 세움을 받고 또 지극한 위세가 내게 더하였느니라 37
그러므로 지금 나 느부갓네살은 하늘의 왕을 찬양하며 칭송하며 경배하노니 그의 일이 다 진실하고 그의 행하심이 의로우시므로 교만하게 행하는 자를 그가 능히 낮추심이라

다니엘이 이미 해몽한 것처럼 7년이 지난 다음에야 짐승처럼 광야를 헤매던 느부갓네살이 정신을 차리고 하늘을 바라보았다. 하늘을 바라본다는 것은 순종과 항복을 의미하며 가장 높으신 분이 필요하다는 고백을 상징한다(Miller). 가장 높으신 분이 계시는 하늘을 향해 여호와 하나님을 찬양할 때 모든 것이 회복된다.

느부갓네살은 하나님의 절대적인 주권과 거품이나 다름없는 세상 권세의 현실을 확실하게 깨달았다. 바빌론 왕이 창조주 하나님 앞에서 자신의 참 위치를 의식하게 된 것이다. 드디어 7년 만에 하나님이 느부갓네살의 완전한 항복을 받아내셨다. 그동안 느부갓네살은 다니엘과 세 친구의 일을 지켜보며 그들의 하나님의 놀라운 능력을 여러 차례 인정했다. 그는 이 일을 통해 직접 히브리 사람들이 섬기는 여호와의 능력을 체험했다. 그러므로 4장은 주권의 대결이라고 할 수 있다. 우주를 다스리시는 가장 높으신 하나님의 주권과 세상에서 가장 높은 주권자인 느부갓네살의 대결이었다(Towner). 이 대결에서 이 땅의 권세자 느부갓네살이 하늘의 권세자 여호와께 완전히 항복하고 백기를 들었다.

느부갓네살이 하나님의 능력을 인정하고 주님의 주권을 고백하는 것을 '그가 구원에 이르게 하는 믿음'을 갖게 되었다고 해석할 수 있는가? 이 문제에 관한 학자들의 견해는 분분하다. 우드(Wood)와 영(Young)과 럭(Luck)과 러쉬두니(Rushdoony)와 발부르드(Walvoord)와 밀러(Miller) 등은 느부갓네살이 이때 구원을 체험했다고 주장한다. 반면에 캘빈(Calvin)과 카일(Keil & Delitzsch)과 푸세이(Pusey)와 아처(Archer)와 고완(Gowan) 등은 그의 신앙이 구원에 이르게 하기에는 부족했다고 생각한다. 느부갓네살이 구원에 이르렀어도 역사적 기록에는 남아 있지 않다. 이미 여러 차례 언급한 것처럼 그는 훌륭한 다신주의자이다. 그러므로 그가 이 일로 구원받은 성도의 대열에 포함되었을 가능성은 희박하다. 그의 구원에 관해 어느 쪽으로 해석하든 간에 본문을 이해하는 데 별로 중요한 문제는 아니다.

I. 꿈과 해몽(1:1–6:28)

E. 벽에 쓰인 글(5:1–31)

5장에 기록된 이야기는 바빌론의 마지막 왕 벨사살 통치의 마지막 날 밤에 있었던 일이다(30절). 그는 큰 잔치를 베풀고 잔치에 사용하기 위해 선조인 느부갓네살이 세 차례(주전 605년, 597년, 586년)에 걸쳐 예루살렘 성전에서 끌어온 거룩한 물건들을 꺼냈다. 잔치가 무르익어갈 무렵, 갑자기 모든 사람이 지켜보는 가운데 손이 나타나더니 벽에 글을 쓰기 시작했다. 이 기이한 광경을 지켜보던 사람들이 모두 두려움에 떨었다. 바빌론의 최고 지혜자들을 불러와 해석을 부탁했지만 아무도 할 수 없었다. 이윽고 다니엘이 불려왔다. 그는 벽에 새겨진 글의 의미를 왕에게 정확하게 설명해주었다.

이 이야기는 여러 면에서 4장에 기록된 사건과 대조를 이루면서도 직접적인 연관성을 유지하고 있다. 4장 이야기의 주인공이었던 느부갓네살은 실질적으로 바빌론 제국의 첫 왕이나 다름 없었다. 5장의 주인공인 벨사살은 제국의 마지막 왕이다. 저자는 시작부터 끝까지 바빌론 제국의 운명이 하나님의 손에 달려 있었다는 사실을 강조한다.

느부갓네살은 그가 잡아온 유대인들의 하나님 여호와의 능력을 이미 여러 차례 경험했다. 또한 7년 동안 진행된 정신병을 앓은 뒤 여호와의 주권을 인정하고 자신을 주님 앞에 낮추었다. 이 이야기에서 벨사살은 큰 교만에 빠져 있으며 하나님의 거룩하심을 무시하는 심각한 죄를 범하고 있다. 그는 다니엘을 통해 여호와의 능력을 깨닫게 된 후에도 주님께 고개를 숙이지 않는다. 그러므로 벨사살은 죄의 대가로 그날 밤 목숨을 잃었다. 느부갓네살의 교만은 자신의 업적에서 비롯되었다. 벨사살의 교만은 우상숭배에서 비롯되었다. 하나님은 왕들이 교만하게 된 동기에 상관없이 둘 다 심판하셨다.

이미 서론에서 언급한 것처럼 느부갓네살의 교만을 논하는 4장과 벨사살의 교만을 문제 삼는 본문은 책의 전반부의 대부분을 차지하는 2-7장 구조의 한 중심에 가 있다. 다니엘서의 전반부는 사람의 교만을 가장 심각한 죄로 규정하고 있는 것이다(Lucas). 다음 구조를 참조하라.

A. 여호와의 통제 아래 있는 네 개의 제국(2장)
  B. 핍박 중에도 신실한 주의 자녀들(3장)
    C. 교만한 이방 왕이 겸손해짐(4장)
    C′. 교만한 이방 왕이 겸손해짐(5장)
  B′. 핍박 중에도 신실한 주의 자녀들(6장)
A′. 여호와의 통제 아래 있는 네 개의 제국(7장)

지금까지 전개된 책의 흐름을 정리하면 1장은 여호와께서 모든 역사의 흐름을 주장하시는 분이기 때문에 우리의 눈에 보이는 일들이 전부가 아니라는 사실을 강조했다. 2장은 오직 여호와만이 가장 은밀한 곳에서 진행되는 일을, 심지어는 미래의 일까지 예언하실 수 있는 분이라는 것을 가르쳐 주었다. 3장은 여호와만이 유일하게 자기를 섬기는 사람들을 죽음의 손아귀에서도 구원할 수 있는 신이라는 것을 온 열방이 보는 앞에서 드러냈다. 4장은 하나님이 자신을 신격화한 바빌론 왕 느부갓네살의 교만을 꺾으심으로써, 그가 세상을 통치하게 된 것이 그의 능력 때문이 아니라, 하나님이 그에게 허락하셨기 때문이라는 사실을 강조했다.

이런 흐름 속에서 5장은 하나님은 이방 왕의 교만뿐만 아니라 이방 왕의 행위도 용서하지 않으신다는 사실을 강조함으로써 여호와의 통치 주권의 범위를 한 영역 더 넓히고 있다. 저자는 벨사살의 죽음과 다리우스의 정권 장악(30-31절)은 하나님이 '인간의 나라를 지배하신다는 것과 뜻에 맞는 사람에게 나라를 주신다는 것과 가장 낮은 사람을 그 위에 세우신다는 것'을 온 세상 사람들에게 보여주는 실제적인 사례라고 한다(cf. 4:17). 이 이야기는 다음과 같은 구조를 지녔다.[7]

A. 왕이 거룩한 그릇을 부정하게 사용함(5:1-4)
  B. 수수께끼 같은 글(5:5-12)
  B'. 다니엘이 글을 해석함(5:13-28)
A'. 왕이 다니엘을 포상하고 죽음(5:29-31)

---

7 루카스(Lucas)는 본문에 대해 다음과 같은 구조를 제시한다.
A. 시론(1-4절)
  B. 징조가 나타남(5-6절)
    C. 지혜자들의 실패(7-9절)
      D. 왕비가 다니엘을 추천함(10-12절)
        E. 왕이 다니엘의 도움을 청함(13-16절)
        E'. 다니엘이 왕을 책망함(17-23절)
      D'. 다니엘이 징조를 해석함(24-28절)
    C'. 다니엘의 성공이 보상받음(29절)
  B'. 징조 성취(30-31절)

I. 꿈과 해몽(1:1-6:28)
E. 벽에 쓰인 글(5:1-31)

1. 왕이 거룩한 그릇을 부정하게 사용함(5:1-4)

**1 벨사살 왕이 그의 귀족 천 명을 위하여 큰 잔치를 베풀고 그 천 명 앞에서
술을 마시니라 2 벨사살이 술을 마실 때에 명하여 그의 부친 느부갓네살이
예루살렘 성전에서 탈취하여 온 금, 은 그릇을 가져오라고 명하였으니 이는
왕과 귀족들과 왕후들과 후궁들이 다 그것으로 마시려 함이었더라 3 이에 예
루살렘 하나님의 전 성소 중에서 탈취하여 온 금 그릇을 가져오매 왕이 그
귀족들과 왕후들과 후궁들과 더불어 그것으로 마시더라 4 그들이 술을 마시
고는 그 금, 은, 구리, 쇠, 나무, 돌로 만든 신들을 찬양하니라**

벨사살이 큰 잔치를 베풀었다. 그는 1,000명을 초청하여 함께 술을 마셨다. 바빌론이 숭배한 우상들에게 축배를 드는 그러한 잔치였다(4절). 벨사살은 그의 선조 느부갓네살이 예루살렘 성전에서 빼앗아온 금잔들을 꺼내 잔치에 사용했다(cf. 1:2). 여호와의 거룩한 물건들이 우상들에게 축배를 드는 일에 사용된 것이다. 이렇게 불경스러운 일을 여호와께서 잠잠히 바라만 보실 것인가? 그러실 리 없다. 이스라엘의 하나님이 진노하셨다.

벨사살은 19세기 후반까지 알려지지 않았던 사람이다(cf. Lucas). 성경에서는 다니엘서가, 고대 저자 중에는 요세푸스가, 또한 위경에 속한 바룩서가 벨사살에 대해 기록했지만 진보적인 학자들은 한결같이 성경이 가상 인물을 만들어낸 것이라고 주장했다. 이때까지 고고학적인 증거들은 바빌론의 마지막 왕을 나보니두스로 밝히고 있었기 때문이다.

그러나 그 후 벨사살의 역사성을 입증하는 많은 자료가 발굴되었다. 예를 들자면 나보니두스 통치의 처음 14년 동안을 정리해놓은 37개의 문서가 발견되었는데 이 문서들은 벨사살이 실제 인물이었다는 사실을 밝히고 있다(Beaulieu). 그 이후에도 여러 문서가 발굴되

었는데, 종합해보면 벨사살은 실제 인물이었을 뿐만 아니라 나보니두스를 대신해서 바빌론을 통치했던 그의 아들이었다(Collins, Lucas, Oppenheim).

느부갓네살이 주전 562년에 죽자, 그의 아들 아멜마르둑(성경은 이 사람을 에윌무로닥[Evil-Merodach]으로 부름, 왕하 25:27)이 대를 이어 바빌론의 왕이 되었다. 그러나 약 2년 후인 주전 560년에 네리글리사로스(Neriglissaros)가 그를 처형하고 왕이 되었다. 네리글리사로스가 주전 556년에 죽자, 그의 아들 라바쉬마르둑(Labashi-Marduk)이 왕이 되었지만, 몇 개월 후에 처형당했다. 그를 죽이고 바빌론 왕이 된 사람이 바로 나보니두스였다.

나보니두스는 바빌론의 마지막 왕으로 17년 동안 통치했다. 나보니두스는 왕으로 즉위한 후 처음 7년 동안은 직접 나라를 통치했다. 그 후 그는 바빌론을 아들 벨사살에게 맡겨 섭정하도록 하고 자신은 바빌론에서 약 800㎞ 떨어진 아라비아의 테이마(Teima, 오늘날의 사우디아라비아에 있음)로 가서 여생의 대부분을 그곳에서 살다가 생을 마감한 것으로 알려졌다(Shea, cf. ANET 313).

나보니두스가 왜 테이마로 거처를 옮겼는가? 테이마는 바빌론 제국의 매우 중요한 통상로(trade route)였으므로 이 도시를 보호하기 위해 그곳에 거주했다고 주장하는 사람들이 있다. 그러나 이런 일은 왕이 직접 개입할 필요가 없다. 장군을 한 명 보내면 되기 때문이다. 바빌론 왕 중 통상로를 보호하기 위해 그 도시에 상주한 사람은 없다. 게다가 이 해석은 그가 10년 동안 한 번도 바빌론을 방문하지 않은 사실을 설득력 있게 설명하지 못한다. 그러므로 더 합리적이고 납득이 가는 이유를 찾아야 한다.

기록에 의하면 나보니두스는 달신(月神)인 신(Sin)을 섬겼던 사람이었다. 이 사실에 근거해 많은 학자는 그가 종교적인 이유로 테이마로 갔을 거라고 해석한다. 바빌론은 마르두크를 가장 중요한 신으로 숭배하던 도시였다. 그러므로 왕이 다른 신을 숭배하는 종교로 개종한 일이 제사장들을 비롯한 마르두크 추종자들의 강한 비난과 반발을 샀다.

이런 상황에서 정치적인 야심을 품고 있었던 그의 아들 벨사살은 사람들을 선동해 아버지를 바빌론에서 떠나게 하고 자신이 바빌론을 통치했다. 기록에 의하면 벨사살은 그의 아버지 나보니두스보다 뛰어난 정치인이었다. 나보니두스는 바빌론 통치를 주전 556년에 시작했는데, 불과 3년쯤 지났을 때 그의 아들 벨사살이 바빌론 귀족들의 마음을 사로잡았다(Dougherty). 마르두크 종교의 제사장들과 외부의 압력도 만만치 않고, 나보니두스 자신이 숭배하던 신에게 바빌론이 저주를 받았다고 생각했다. 그는 아들 벨사살에게 나라를 맡기고 신의 도시인 테이마로 거처를 옮긴 것이다(Yamauchi).

앞에서 밝힌 바와 같이 느부갓네살과 벨사살 사이에는 최소한 네 명의 다른 왕들이 있었다. 그런데 저자는 왜 벨사살을 느부갓네살의 아들이라 부르는가? 특히 5장이 느부갓네살을 벨사살의 아버지로 여섯 차례나 언급하고(2, 11[3×], 13, 18절), 벨사살이 느부갓네살의 아들이라고 한 차례 더 언급한다(22절). 마치 이 두 사람의 관계를 매우 중요하게 강조하는 듯하다. 이런 상황에 대한 학자들의 추측이 다양하다. 일부 주석가들은 이 문제는 절대 설명할 수 없는 오류라고 주장하지만(Gowan), 어느 정도 설명이 가능하다. 다음 가능성들을 생각해보자.

첫째, 나보니두스가 왕이 되었을 때는 느부갓네살이 죽은 지 불과 6-7년밖에 지나지 않았다. 그러므로 나보니두스가 느부갓네살의 아들을 잉태했던 그의 아내를 취하여 자신의 아내로 삼고 그 아들을 양자로 삼았기 때문이다(Leupold). 이 아들이 바로 벨사살이므로 그가 느부갓네살의 아들(후손)이 되는 것이다. 고대 근동의 정서를 감안하면 충분히 있을 수 있는 일이다. 기록에 의하면 나보니두스는 느부갓네살의 가족이 아닌 외부인이었다.

둘째, 본문이 벨사살을 느부갓네살의 아들이라고 하는 것은 단순히

'계승자'라는 의미이다. 아시리아 제국의 사르만(shalmaneser) 3세가 남긴 검은 오벨리스크(Black Obelisk)는 북왕국 이스라엘 왕 예후를 계속 '오므리의 아들'로 표기했다. 그러나 예후는 오므리 집안과는 상관없는 자일 뿐만 아니라, 오므리 왕조를 파괴하고 자기 왕조를 새롭게 시작한 사람이었다. 그러므로 사르만이 남긴 문서에 의하면 '아들'은 단순히 '계승자'라는 의미를 지니고 있다. 아시리아 사람들의 이 같은 사고 체계가 바빌론 제국에서도 그대로 사용되었을 가능성이 매우 높기 때문에 벨사살이 느부갓네살의 아들이라는 것은 그가 느부갓네살을 계승했다는 뜻이다.

셋째, 나보니두스가 느부갓네살의 딸과 결혼했기 때문이다(Archer, Dougherty, Miller, Wiseman). 이 결혼으로 태어난 아이가 벨사살이다. 그러므로 벨사살은 느부갓네살의 손자이다. 그러나 이러한 상황을 입증할 만한 고고학적인 자료가 없다.

넷째, 유대인들은 '아들'이라는 용어를 통해 직업을 표현하기도 하고, 성격을 나타내기도 했다. 또한 가족 관계에서 사용될 때 '아들'이 아버지와 아들 관계로 사용될 때도 있지만, 단순히 '후손'이란 의미로 사용될 때도 많다. 유대인들은 예수님이 예루살렘에 입성하실 때에도 "호산나! 다윗의 아들[후손]이여!"라고 외쳤다. 그러므로 여기서 사용되는 '아들'은 아버지와 아들의 관계가 아니라, 단순히 후손/뒤를 이은 자라는 의미로 사용되고 있다(cf. Seow).

여러 가지 설 중에서 네 번째 설이 가장 설득력이 있으며, 별다른 역사적 증거가 필요하지 않다. 저자는 벨사살이 느부갓네살의 아들(후손, 계승자)이라는 점을 강조해 두 사람의 관계를 부각하고자 한다. 그렇다면 저자는 왜 두 사람의 관계를 강조하고자 하는가? 이미 이 이야기의 서론 부분에서 언급한 것처럼 느부갓네살은 바빌론 제국의 실질적인 첫 왕으로 간주되며, 벨사살은 마지막 왕으로 간주될 수 있다(cf. Lucas). 느부갓네살은 열방을 대표하는 왕으로서 이스라엘의 하나님 앞에 무릎을 꿇었다. 반면에 벨사살은 끝까지 교만하다가 죽임을 당했다.

또한 이러한 현상은 느부갓네살의 동상 꿈(cf. 2장)과도 무관하지 않다. 그 동상 환상의 핵심 중 하나는 금 머리로 시작한 동상이 발에 가서는 철과 흙이 섞인 보잘것없는 것으로 변한 것이다. 이처럼 인간의 역사도 시간이 지날수록 계속 타락해간다는 것이 그 꿈의 메시지였다. 우리는 느부갓네살-벨사살을 통해 저자의 바빌론 제국의 변천사에 대한 평가를 보고 있다. 할아버지 느부갓네살 시대에는 위대함과 화려함이 있었지만(순금 머리), 그의 자손인 벨사살의 시대에 가서는 방탕과 교만만이 남았다는 것(철과 흙이 섞인 다리)이다.

벨사살은 1,000명을 초청한 대단한 규모의 잔치를 벌이고 있다. 그것도 바빌론이 페르시아 군대에 함락되기 전날 밤에 이런 일을 하고 있다! 헤로도토스와 크세노폰(Xenophon) 등 그리스 역사가들에 따르면 바빌론이 무너지기 전날인 주전 539년 10월 12일 밤에 성안에 큰 잔치가 있었다(Beaulieu). 바빌론과 페르시아 제국의 기록에 의하면 이처럼 큰 잔치가 상당히 빈번했다(Jeffery, Porteous). 한 페르시아 왕은 종종 15,000명에게 잔치를 베풀었다는 기록이 있으며, 알렉산드로스 대왕은 한 결혼 잔치에 10,000명을 초청했다(Montgomery). 페르시아의 크세르크세스 왕은 많은 사람을 초청해 180일 동안 잔치를 베푼 적이 있다(에 1:1-4).

바빌론 제국의 유물인 나보니두스 연대기(Nabonidus Chronicles)에 의하면 이 잔치가 있기 며칠 전에 바빌론에서 북쪽에 있는 시파르(Sippar)에서 나보니두스가 이끈 바빌론 군은 페르시아 군대에게 치명적인 패배를 맛보았다(Beaulieu). 이 패배로 바빌론 성을 제외한 온 바빌론 제국이 페르시아 제국에 넘어간 것과 다름없게 되었다. 벨사살이 잔치를 벌이는 순간에도 페르시아 군들이 성 밖에서 성 안쪽의 동정을 살피고 있다. 지금 벨사살은 매우 절박한 상황에 처해 있다. 그럼에도 불구하고 그는 큰 잔치를 베풀고 있다. 무슨 이유에서일까? 학자들의 해석이 분분하다.

첫째, 페르시아 군에게 치명타를 입은 바빌론 군의 사기를 북돋아주기 위해 벌인 잔치이다(Walvoord). 네 겹으로 구성된 바빌론의 성벽은 결코 무너지지 않을 것이며(cf. 4장 주해), 유프라테스 강이 도시 중심으로 흐르고 있기 때문에 식수도 걱정할 필요가 없다. 또한 온 백성이 몇 년 동안 먹을 식량도 성안에 비축되었으니(Herodotus), 걱정하지 말라는 격려를 하기 위한 잔치였다. 그러나 적군이 성 밖에서 서성이며 호시탐탐 기회를 노리는 상황에서 벨사살이 이런 이유로 큰 잔치를 베풀었다는 것이 잘 납득이 되지 않는다.

둘째, 벨사살이 바빌론의 일인자가 되어 왕위에 오른 것을 축하하기 위한 잔치였다(Shea). 바빌론에 거하던 벨사살에게 며칠 전에 그의 아버지 나보니두스가 바빌론에서 북쪽으로 80㎞ 지점에 있던 시파르에서 페르시아 군에게 대패하고 도망했다는 소식이 들려왔다. 소식을 들은 벨사살은 기뻐했다. 그가 아라비아로 떠난 아버지 나보니두스를 대신해 바빌론을 통치해왔지만, 공식적으로는 자리를 비운 아버지를 대신한 섭정이었다. 이제 그는 이러한 심리적인 멍에를 벗을 수 있는 시대가 온 것을 축하하기 위해 이 잔치를 벌였다. 그러나 7절의 '셋째 가는 통치자' 약속을 감안하면 이 해석의 설득력이 없어진다.

셋째, 고대 그리스 역사가 크세노폰에 따르면 바빌론 사람들은 이날 종교적인 절기를 맞아 축제를 벌이고 있었다. 이 축제는 신(Sin)을 숭배하는 종교에서 새해를 기념하는 잔치였다(Beaulieu). 이 종교적인 잔치가 이날 진행된 것은 우연이라는 것이다. 헤로도토스도 비슷한 기록을 남겼다. 그렇다면 벨사살과 바빌론 사람들은 전례에 따라 치러왔던 축제를 예년처럼 이날 치르고 있는 것뿐이다. 사태가 절박한 상황에서 평상시와 다름없는 분위기를 조성하는 것도 중요한 정치적인 대책이 될 수 있다.

모두 가능한 해석이다. 이중 세 번째 해석이 가장 설득력이 있어 보인다. 4절에 의하면 벨사살은 잔치가 무르익자 "금과 은과 동과 철과 나무와 돌로 만든 신들을 찬양했다." 그는 종교적인 잔치를 하고 있는 것이다. 이 잔치에서 오래전에 느부갓네살이 예루살렘 성전에서 가져온 잔들을 사용하고 있다. 고대 근동의 정서에 의하면 다른 종교의 거룩한 물건들을 가져다가 이런 짓을 하는 것은 그 종교의 신을 모독하는 일에 해당하는 금기시되는 처사였다(Montgomery). 이러한 사실을 알면서도 벨사살은 자기 신들을 숭배하기 위해 이스라엘의 하나님을 잔일을 거드는 '종'으로 부리고 있다! 그가 어떻게 될 것인가가 불 보듯 뻔하다.

느부갓네살이 예루살렘 성전에서 가져온 그릇들을 벨사살이 잔치에 사용하는 것이 의미하는 바가 또 하나 있다. 느부갓네살은 한 번도 이 그릇들을 잔치에 사용한 적이 없다. 당시 정서가 이런 일을 금기시했기 때문이고, 나름 겸손했던 느부갓네살은 차마 예루살렘 성전에서 사용되던 거룩한 그릇들을 이런 용도로 사용할 용기가 없었다. 반면에 교만한 벨사살은 느부갓네살이 예루살렘 성전에서 가져온 그릇들을 잔치에 사용하는 일을 통해 자기가 느부갓네살보다 더 위대하다는 것을 과시하고자 한다(Fewell).

당시의 근동 문화에서 벨사살의 행동은 어느 정도 이해할 수 있다. 그는 페르시아 군대의 위협을 받고 있다. 이미 바빌론 제국이 페르시아에게 넘어간 것이나 다름없다. 이러한 상황에서 군사적/정치적 재기를 위해서는 벨사살은 무엇보다도 신들의 도움이 필요했다. 마침 신들에게 경의를 표하는 종교적인 절기가 되었으니 이때를 이용해 자신을 도울 수 있는 신들을 자극하고자 했다. 벨사살은 '바빌론 신들이 물리친 이스라엘의 신 여호와'의 거룩한 물건들을 모독함으로써 바빌론 신들의 힘과 용기를 북돋아주기를 원한 것이다. 그러나 그는 여호와께서는 이방인의 불경한 행동도 심판하신다는 사실을 알지 못했다.

I. 꿈과 해몽(1:1–6:28)
E. 벽에 쓰인 글(5:1–31)

2. 수수께끼 같은 글(5:5–12)

5 그 때에 사람의 손가락들이 나타나서 왕궁 촛대 맞은편 석회벽에 글자를
쓰는데 왕이 그 글자 쓰는 손가락을 본지라 6 이에 왕의 즐기던 얼굴 빛이
변하고 그 생각이 번민하여 넓적다리 마디가 녹는 듯하고 그의 무릎이 서로
부딪친지라 7 왕이 크게 소리 질러 술객과 갈대아 술사와 점쟁이를 불러오게
하고 바벨론의 지혜자들에게 말하되 누구를 막론하고 이 글자를 읽고 그 해
석을 내게 보이면 자주색 옷을 입히고 금사슬을 그의 목에 걸어 주리니 그
를 나라의 셋째 통치자로 삼으리라 하니라 8 그 때에 왕의 지혜자가 다 들어
왔으나 능히 그 글자를 읽지 못하며 그 해석을 왕께 알려 주지 못하는지라 9
그러므로 벨사살 왕이 크게 번민하여 그의 얼굴빛이 변하였고 귀족들도 다
놀라니라 10 왕비가 왕과 그 귀족들의 말로 말미암아 잔치하는 궁에 들어왔
더니 이에 말하여 이르되 왕이여 만수무강 하옵소서 왕의 생각을 번민하게
하지 말며 얼굴빛을 변할 것도 아니니이다 11 왕의 나라에 거룩한 신들의 영
이 있는 사람이 있으니 곧 왕의 부친 때에 있던 자로서 명철과 총명과 지혜
가 신들의 지혜와 같은 자니이다 왕의 부친 느부갓네살 왕이 그를 세워 박
수와 술객과 갈대아 술사와 점쟁이의 어른을 삼으셨으니 12 왕이 벨드사살
이라 이름하는 이 다니엘은 마음이 민첩하고 지식과 총명이 있어 능히 꿈을
해석하며 은밀한 말을 밝히며 의문을 풀 수 있었나이다 이제 다니엘을 부르
소서 그리하시면 그가 그 해석을 알려 드리리이다 하니라

잔치가 무르익어가는데 갑자기 사람의 손이 나타났다. 이 이야기에서 갑자기 손이 나타난 것은 세 사람을 던진 화덕(3장)에 갑자기 네 번째 사람이 나타난 일을 생각나게 한다(Collins). 그 손은 촛대 앞에 있는 왕궁 석고 벽 위에다가 글을 쓰기 시작했다(5절). 하나님의 손가락이 글을 쓰는 것은 시내 산에서도 있었다(출 31:18, 신 9:10, cf. 출 8:18).

그 모습을 지켜보던 벨사살과 그의 하객들은 모두 공포에 사로잡혔다(6절). 기분 좋게 잔치 술에 취해 있던 사람들이 순식간에 공포에 질리는 모습이 웃음을 자아내기도 한다(Seow). 손가락이 벽에 쓴 글을 해석할 만한 사람을 찾았지만 바빌론의 지혜자 중에는 아무도 그 글의 뜻을 해석할 수 없었다. 두려움은 더해갔다. 마치 그때 그의 어머니(?)가 연회장으로 들어와 벨사살에게 다니엘을 불러 물어볼 것을 권장했다.

손가락이 벽에 글을 쓰는 것을 누가 보았는가? 학자들은 술에 취한 벨사살만 보았다고 하기도 한다(Lacocque). 그러나 7-9절의 내용을 감안하면 잔치에 참가했던 모든 사람이 보았던 것이 분명하다(Anderson). 이 글은 마치 모든 사람에게 보란 듯이 촛대 앞에 있는 벽에 쓰였다. 바빌론 지혜자들이 해석하지 못하자 왕의 부름을 받은 다니엘도 이 글을 읽었던 점을 감안하면 모든 사람이 읽을 수 있도록 벽에 기록되었던 것이 확실하다.

콜데웨이(Koldewey)가 1899년에 바빌론 왕궁을 발굴했다. 그는 이 사건이 일어난 공간으로 추정되는 왕좌가 있는 공식 알현실(throne room)을 확인했다(Wolters). 물론 벽이 하나로 존재하지도 않았고, 여기에 기록된 글도 찾아볼 수 없었다. 그러나 본문이 설명하는 대로 이 벽은 석회로 도배되어 있었다.

무엇이 벨사살의 '얼굴빛이 창백해지더니, 공포에 사로잡혀서, 넓적다리의 힘을 잃게' 했는가?(6절). 아무도 글의 내용을 해석하지 못하는 것을 보면 아마도 그가 두 눈으로 목격한 것에 대한 두려움에 사로잡혔던 것으로 생각된다. 평생 이런 체험은 처음이었다. 그리고 그는 이미 이 일이 결코 길조가 아니라는 사실을 짐작했을 것이다. 술에 취한 그가 이 일 때문에 참으로 '술 깨는' 체험을 한 것이다.

벨사살은 바빌론의 지혜자들을 불러오라고 했다. 왕의 소집령을 듣고 불러온 지혜자들에게 선언했다. "누구든지 이 글의 뜻을 알려주면 내가 자색 옷을 입히고, 금 목걸이를 목에 걸어주며, 이 나라에서 셋째 가는 통치자로 삼겠다"(7절). 자색 옷과 금 목걸이는 왕족들이나 입을 수 있는 것들이었다(cf. 에 8:15). 어느 문화권에서나 금은 부와 명예를 상징하지만, 바빌론과 페르시아 문화에서는 더욱더 그랬다(Lucas). 제대로 해석해주는 사람이 있으면 벨사살이 그를 바빌론을 함께 통치할 사람으로 삼겠다는 것이다.

그런데 벨사살은 해석해주는 사람을 왜 제국의 이인자가 아니고 셋째 가는 통치자로 삼겠다고 하는가? 오랜 세월 동안 왕의 이 제안은 수수께끼였다. 그러나 벨사살과 나보니두스의 관계가 드러나면서 그 이유가 확실해졌다. 벨사살은 아버지를 대신해서 섭정을 하고 있기 때문에 바빌론 제국의 제이인자이지 일인자가 아니다. 그러므로 그는 자기 다음으로 높은 자리를 포상으로 내놓은 것이다(Baldwin, Lederach). '셋째 통지자'로 번역된 아람어 단어(תַּלְתָּא)가 단순히 높은 지위를 뜻하는 것이지 꼭 벨사살 다음의 위치를 뜻하는 것은 아니라는 해석도 있다(Montgomery, Seow).

불려온 지혜자 중 아무도 벽에 새겨진 글의 뜻을 해석하지 못했다. 일부 주석가들은 벽에 새겨진 글씨가 특이해 읽을 수도 없었다고 하는데(Montgomery), 지혜자들이 이 글을 읽지 못해서 해석을 못한 것은 아니다. 나중에 보게 되겠지만, 벽에 기록된 말은 아람어 단어들로 구성되어 있다. 이점을 감안하면 문제는 글을 읽지 못하는 것이 아니라 뜻을 풀이하지 못하는 것이다. 바빌론이 내로라할 만한 지혜자들이 동원되어도 벽에 새겨진 글의 의미를 해석하지 못하자 잔치에 참석했던 모든 사람이 더 큰 두려움에 떨었다.

그때 혜성같이 나타난 사람이 있었다. 왕비(מַלְכְּתָא)였다(10절). 벨사살의 왕비들과 후궁들이 이미 잔치에 참가한 점을 감안하면(cf. 3절) 아마도 이 왕비는 그의 어머니였던 것이 확실하다(Gowan, Lucas, Smith-Christopher). 고대 근동에서 왕비들은 상당한 정치적 영향력을 행사했다(Gowan, Montgomery, Oppenheim, Seow). 그녀는 이제는 잊혀버린, 그러나 느부갓네살 시대 때 왕의 총애를 한 몸에 받았던 다니엘이라는 '신들의 영'을 받아 '명철과 총명과 신들의 지혜와 같은 지혜를 가진 자'를 불러들여 물어보라고 권했다(11-12절). 벨사살의 어머니가 다니엘을 왕에게 소개하는 일은 옛적에 아리옥이 다니엘을 왕에게 소개한 일(2장)을 연상케 한다(Goldingay).

이때가 느부갓네살이 죽은 지 23년쯤 지났다는 것을 감안하면 다니엘이 거의 잊힌 인물이었다는 것을 충분히 이해할 수 있다. 또한 느부갓네살이 죽었을 때 다니엘의 나이가 60살쯤 되었음을 감안할 때, 느부갓네살 왕의 죽음을 계기로 다니엘이 바빌론 정치에서 은퇴했을 가능성도 크다. 지금 벌어지는 일은 다니엘이 80세가 넘어서 일어난 일이다. 노년의 다니엘은 한 번 더 바빌론의 지혜가 해결할 수 없는 수수께끼를 풀기 위해 무대에 등장하게 된다.

I. 꿈과 해몽(1:1-6:28)
E. 벽에 쓰인 글(5:1-31)

3. 다니엘이 글을 해석함(5:13-28)

13 이에 다니엘이 부름을 받아 왕의 앞에 나오매 왕이 다니엘에게 말하되 네
가 나의 부왕이 유다에서 사로잡아 온 유다 자손 중의 그 다니엘이냐 14 내
가 네게 대하여 들은즉 네 안에는 신들의 영이 있으므로 네가 명철과 총명
과 비상한 지혜가 있다 하도다 15 지금 여러 지혜자와 술객을 내 앞에 불러다
가 그들에게 이 글을 읽고 그 해석을 내게 알게 하라 하였으나 그들이 다 그
해석을 내게 보이지 못하였느니라 16 내가 네게 대하여 들은즉 너는 해석을
잘하고 의문을 푼다 하도다 그런즉 이제 네가 이 글을 읽고 그 해석을 내게
알려 주면 네게 자주색 옷을 입히고 금 사슬을 네 목에 걸어 주어 너를 나라
의 셋째 통치자로 삼으리라 하니 17 다니엘이 왕에게 대답하여 이르되 왕의
예물은 왕이 친히 가지시며 왕의 상급은 다른 사람에게 주옵소서 그럴지라

도 내가 왕을 위하여 이 글을 읽으며 그 해석을 아뢰리이다 18 왕이여 지극
히 높으신 하나님이 왕의 부친 느부갓네살에게 나라와 큰 권세와 영광과 위
엄을 주셨고 19 그에게 큰 권세를 주셨으므로 백성들과 나라들과 언어가 다
른 모든 사람들이 그의 앞에서 떨며 두려워하였으며 그는 임의로 죽이며 임
의로 살리며 임의로 높이며 임의로 낮추었더니 20 그가 마음이 높아지며 뜻
이 완악하여 교만을 행하므로 그의 왕위가 폐한 바 되며 그의 영광을 빼앗
기고 21 사람 중에서 쫓겨나서 그의 마음이 들짐승의 마음과 같았고 또 들나
귀와 함께 살며 또 소처럼 풀을 먹으며 그의 몸이 하늘 이슬에 젖었으며 지
극히 높으신 하나님이 사람 나라를 다스리시며 자기의 뜻대로 누구든지 그
자리에 세우시는 줄을 알기에 이르렀나이다 22 벨사살이여 왕은 그의 아들
이 되어서 이것을 다 알고도 아직도 마음을 낮추지 아니하고 23 도리어 자신
을 하늘의 주재보다 높이며 그의 성전 그릇을 왕 앞으로 가져다가 왕과 귀
족들과 왕후들과 후궁들이 다 그것으로 술을 마시고 왕이 또 보지도 듣지도
알지도 못하는 금, 은, 구리, 쇠와 나무, 돌로 만든 신상들을 찬양하고 도리
어 왕의 호흡을 주장하시고 왕의 모든 길을 작정하시는 하나님께는 영광을
돌리지 아니한지라 24 이러므로 그의 앞에서 이 손가락이 나와서 이 글을 기
록하였나이다 25 기록된 글자는 이것이니 곧 메네 메네 데겔 우바르신이라 26
그 글을 해석하건대 메네는 하나님이 이미 왕의 나라의 시대를 세어서 그것
을 끝나게 하셨다 함이요 27 데겔은 왕을 저울에 달아 보니 부족함이 보였다
함이요 28 베레스는 왕의 나라가 나뉘어서 메대와 바사 사람에게 준 바 되었
다 함이니이다 하니

이때까지 5장 이야기의 등장인물들은 어떠한 예고도 없이 모습을 드러냈다. 벨사살과 벽에 글을 쓴 손가락과 비밀을 풀 수 있는 다니엘을 소개한 왕비도 갑자기 등장했다. 반면에 다니엘은 그에 대한 자세한 사전 소개가 있은 후 모습을 보인다. 이러한 기술은 다니엘을 다른 등장인물들과 대조를 이루게 하며 그를 돋보이게 만든다.

다니엘이 바빌론 지혜자들이 해결할 수 없는 문제를 해결하기 위해 이야기 무대에 들어서는 것은 이번이 세 번째이다. 세월이 지나서인지, 아니면 벨사살에 대한 존경심이 없어서인지 다니엘이 벨사살을 대하는 태도는 그가 느부갓네살 왕을 대했던 태도와 많이 다르다. 아마도 벨사살의 교만이 다니엘의 심기를 불편하게 한 것으로 생각된다.

벨사살의 첫 번째 발언(13-16절)이 그의 교만함과 다니엘을 심문하는 분위기를 조성한다(cf. 22절). 바빌론 왕이 먼저 말문을 열었다. "네가 나의 부왕께서 유다에서 끌어온 포로 중 하나인 다니엘이냐?"(13절, 새번역). 벨사살은 그의 어머니가 제공한 것보다 다니엘에 관해 더 많은 정보를 알고 있다. 그래서 일부 학자들은 벨사살이 다니엘에 대해 알고 있었지만, 일부러 그를 부르지 않은 것이라고 주장한다(Fewell, Lucas).

다니엘이 포로로 끌려온 해가 주전 605년이고, 이 사건이 있은 때가 주전 539년이었다. 거의 70년의 세월이 흘렀지만 벨사살은 왜 다니엘의 '포로 신분'을 끄집어내는가? 게다가 느부갓네살은 다니엘을 벨드사살로 불렀으며, 이 이야기에서 왕비도 그의 바빌론 이름을 왕에게 말해주었다(12절). 그런데 왕은 굳이 왜 그를 히브리 이름 '다니엘'로 부르는가?

다니엘의 바빌론 이름 벨드사살이 왕의 이름인 벨사살과 매우 비슷하기 때문이라고 해석하는 주석가들이 있다(Young). 그러나 벨사살은 다니엘에게 자기와의 신분 차이를 상기시키기 위해서 이렇게 부른다. "나는 왕이고 너는 포로에 불과하다"(Fewell, Longman, Lucas). 또한 벨사살은 "내가 너에 대하여 들었다"(שְׁמַעַת, 14, 16절)라는 말을 두 차례나 반복함으로써 마치 죄인 심문하는 듯한 분위기를 조성한다(Calvin). 옛적에 느부갓네살 왕이 다니엘에게 "나는 거룩한 신들이 네 안에 있는 줄 안다. 이 꿈을 해석해다오"(4:9)라며 부탁했던 태도와는 현저한 차이를 보인다.

또한 "네가 이 글자를 읽고 뜻을 풀이하여 주면"(16절)은 마치 "너 정말 이런 것 할 수 있느냐?" 하는 의구심을 내포하고 있다. 바빌론에서는 아무도 벽에 새겨진 글을 해석할 수 없기 때문에 벨사살은 다니엘에게 글의 해석을 부탁했지만 큰 기대는 하지 않았던 것이다(Longman). 다니엘이 누군가? 벨사살이 모욕했던 이스라엘의 여호와를 섬기는 사람이 아닌가? 그의 마음속에는 아직도 다니엘이나 여호와의 능력에 대한 확신이 없었다.

다니엘도 이러한 왕의 태도를 알고 있었다. 다니엘은 벨사살이 느부갓네살의 대를 이어 바빌론을 통치하고 있지만, 선왕 느부갓네살에 비하면 그가 형편없는 삼류 인물이라고 생각했다(cf. Lederach). 그러므로 다니엘은 벨사살에게 인사도 하지 않고(Goldingay) "당신이 약속한 선물은 다른 사람들에게나 주라"(17절)는 말을 하면서 곧바로 해석을 시작했다. 다니엘이 느부갓네살 앞에 섰을 때마다 왕에 대한 경외로 가득했던 것에 비교하면 그가 벨사살을 어떻게 생각하고 있었는가를 잘 드러내는 발언이다. 다니엘은 교만하고 포악한 벨사살 정권과 연루되고 싶지 않아서 이런 말을 했다(Goldingay). 캘빈(Calvin)은 이렇게 기록하고 있다. "다니엘은 지금 사악한 벨사살에게 매우 심한 투(speak roughly)로 말하고 있다. 다니엘은 조그만 선행과 소망을 가지고 있던 느부갓네살에게는 부드럽게 말했다."

벨사살을 비난하는 일로 시작한 다니엘의 긴 서론(17-24절)은 4장에 기록된 느부갓네살의 경험을 요약한다. 다니엘은 이 요약을 통해 느부갓네살의 모든 업적은 이스라엘 하나님이 허락하셨기 때문에 가능했으며, 여호와의 은혜를 참으로 많이 입은 느부갓네살이 끝에 가서는 어떻게 가장 높으신 하나님의 절대적인 주권을 인정하고 받아들이게 되었는가를 회고한다. 다니엘은 느부갓네살 왕이 끝에 가서는 겸손한 삶을 살았다고 평가한다.

반면에 느부갓네살의 후계자인 벨사살은 선왕에게 있었던 모든 일을 알면서도 "하늘의 임금님이시요 주님이신 분을 거역하시고, 스스로를 높인" 교만한 사람이라며 비난을 퍼붓는다(22-23절). 벨사살의 죄는 교만에서 그치지 않았다. 그는 우상들을 드높이는 종교적 잔치를 하면서 여호와 하나님의 거룩한 그릇들을 내어다 술잔으로 사용했다. 다니엘은 벨사살이 "보거나 듣거나 알지도 못하는" 인간의 손으로 만든 신들은 찬양하면서도, 그에게 "호흡과 모든 길을 주장하시는 하나님께는, 영광을 돌리지 않았다"고 책망한다(23절).

다니엘이 당대 최고의 권력자인 벨사살을 이처럼 비난하는 것을 어떻게 이해해야 하는가? 죽을 때가 가까운 다니엘이 죽을 각오로 왕에게 직언을 하는 것인가? 알 수는 없지만, 당시 정서를 고려할 때 그의 발언이 매우 위험하다는 것은 확실하다. 다니엘이 이처럼 용기를 내 왕에게 직언을 할 수 있었던 것은 어떤 사심도 품지 않았기 때문이다(Lederach, Lucas).

다니엘은 벨사살이 느부갓네살 왕에 관하여 상당히 많이 알고 있는 것을 전제하고 선왕의 이야기를 시작한다. 벨사살이 어떻게 느부갓네살의 일에 관해 자세히 알고 있었을까? 바빌론의 기록에 의하면 벨사살은 네리글리사로스의 바빌론 통치가 시작되던 주전 560년에 이미 중요한 정치적 위치를 차지하고 있었다(Dougherty). 벨사살은 이때부터 2년 전인 느부갓네살이 죽던 해(주전 562년)에 이미 정치적으로 진출할 정도의 나이가 되었다. 그렇다면 느부갓네살이 살아 있을 때 이미 성인이었던 그가 느부갓네살 왕의 일에 대해 모를 리 없다. 그러므로 벨사살이 범한 여호와에 대한 불손한 행위는 더욱더 심각한 지탄을 받을 수밖에 없다.

비난을 마친 다니엘이 벽에 쓰인 글을 읽어 내렸다. "메네 메네 데겔 우바르신." 하나님이 벽에 새겨진 글을 통해 바빌론과 벨사살의 운명을 알려주시는 것은 이미 새겨진 글을 바꿀 수 없는 것처럼, 하나님의 계획도 바뀌지 않을 것을 상징한다(Collins). 문장을 구성하고 있는 세

가지의 단어는 각기 두 가지 뜻을 지녔다. 모두 화폐 단위를 의미하는 동시에 아람어 동사의 분사이기도 하다. 어느 정도 차이가 있고 학자들의 설명이 분분하지만 대체적으로 다음과 같은 공통적인 해석이 주류를 이룬다(Longman, Towner). 첫째, 메네(מְנֵא)는 '계산하다, 숫자를 정하다'라는 아람어 동사 분사이며 화폐 단위 '미나'를 일컫는 말로 사용되었다. 둘째, 데겔(תְּקֵל)은 '무게를 달다, 저울로 달다'라는 아람어 동사의 분사이며 화폐 단위 '세겔'을 일컫는 말로 사용되었다(Cowley). 셋째, 바르신(פַּרְסִין)은 '나누다'라는 아람어 동사의 분사이며 2분의 1세겔 혹은 2분의 1미나를 의미하는 화폐 단위이기도 했다.

만일 이 단어들이 본문에서 화폐 단위로 사용된 것으로 한다면 '미나, 미나, 세겔, 반 세겔'이 된다(Clermont–Ganneau, Cowley, cf. NIDOTTE). 미나는 50세겔 혹은 60세겔에 달하는 큰 단위였다(Lucas). 그러므로 이렇게 해석하면 표면적으로는 별 의미가 없는 듯하다. 그래서 학자들은 미나(가장 큰 돈), 세겔(50분의 1미나), 반 세겔에 해당하는 바빌론 왕들을 제안하기도 했다(cf. Clermont–Ganneau, Porteous). 이 돈 가치에 해당하는 왕들에 대한 제안 중에는 다음과 같은 예들이 있다(cf. Goldingay).

	미나	세겔	반 세겔
긴스버그 (Ginsberg)	느부갓네살	에윌므로닥	벨사살
콜린스(Collins)	느부갓네살	나보니두스	벨사살
그래링 (Kraeling)	네리글리사로스	아멜마르둑	나바시마르둑 나보니두스/벨사살

반면에 다니엘의 해석을 참조하면 그는 분명히 '숫자가 정해지다, 숫자가 정해지다, 저울에 달리다, 나뉘다'로 해석하고 있다. 그러므로 이 단어들을 분사들로 해석하면 문장의 의미를 훨씬 쉽게 이해할 수 있다.

바빌론의 지혜자들은 왜 이 문장의 뜻을 해석하지 못했을까? 여러 가지 설명이 있지만, 볼터스(Wolters)가 가장 흥미로운 추측을 내놓았다. 이 단어들이 떨어져 있지 않고 붙여져서 쓰였기 때문이라는 것이다. 모음이 없는 상태에서 마지막 세 단어들을 합해보면 mn'tqlprs가 된다. 그는 또한 이 단어들에 다른 모음을 더해서 소리를 내면 '메나(menah), 틱칼(tiqqal), 파라스(paras)'가 되는데 이렇게 해석하면 이 문장은 하나님이 바빌론을 심판하신 일의 결과를 나타낸다. 이 경우 문장의 뜻은 이렇다. "그가 값을 치렀다. 너는 너무 가볍다[후지다], 페르시아야!"(Wolters).

한 가지 확실한 것은 거의 모든 학자가 이 문장을 바빌론에 임박한 하나님의 심판을 선언하는 것으로 간주한다는 것이다. 다니엘은 25절에서 바빌론이 페르시아와 메디아의 손에 넘어갈 것을 예언하고 있다. 그렇다면 다르게 해석할 여지가 별로 없다. 다니엘이 또한 25절 말씀이 앞으로 페르시아와 메디아가 독립적인 제국들로 존재할 것을 예언하는 것은 아니다(Lucas). 이미 이 두 나라는 동맹을 통해 한 제국을 형성하고 있다.

벨사살이 벽에 쓰인 글을 이해하지 못해 언어적인 혼선을 빚고 있는 것은 바벨탑 사건(창 11장)을 연상시킨다. 이 사건은 바빌론에서 있었던 일이다. 바벨탑 사건이 일어난 곳도 바빌론이 위치한 시날 평지였다. 두 사건 모두 인간의 교만과 연관이 되어 있다. 두 사건 모두 하나님의 심판이 언어의 혼동을 통해 임했다. 바벨탑 사건이 바빌론의 시작을 언어의 혼동으로 묘사하고 있다면, 이 사건은 바빌론의 종말을 언어의 혼동으로 묘사하고 있다. 바빌론의 수명이 다한 것이다. 이제 바빌론이 망하면 앞으로 영원히 바빌론은 부활하지 않는다.

I. 꿈과 해몽(1:1–6:28)
E. 벽에 쓰인 글(5:1–31)

4. 왕이 다니엘을 포상하고 죽음(5:29–31)

29 이에 벨사살이 명하여 그들이 다니엘에게 자주색 옷을 입히게 하며 금 사
슬을 그의 목에 걸어 주고 그를 위하여 조서를 내려 나라의 셋째 통치자로
삼으니라 30 그 날 밤에 갈대아 왕 벨사살이 죽임을 당하였고 31 메대 사람
다리오가 나라를 얻었는데 그 때에 다리오는 육십이 세였더라

벨사살이 다니엘의 모든 말을 듣고 난 다음 아무 말 없이 약속한 대로 그에게 금 목걸이와 자색 옷을 입혔다. 그리고 그를 제국의 셋째 가는 통치자로 삼았다. 하나님의 종 다니엘의 설명이 이 사건에서 가장 큰 비중을 차지하고 있으며, 이 이야기가 포함하고 있는 최종 발언이다. 이러한 기술을 통해 저자는 사건의 발단이 비록 벨사살의 불경스러운 행동에 있었지만, 이야기의 목적은 바빌론을 향한 여호와의 심판을 선언하는 일에 있다는 것을 강조한다.

다니엘이 "상은 다른 사람들에게 주라"고 말해놓고(17절), 여기서는 아무런 말을 하지 않고 왕이 주는 것을 그냥 받는다! 아마도 다니엘은 곧 들이닥칠 페르시아 군에게 바빌론이 함락될 것을 알고 있었기 때문에 왕의 상을 받는 것도, 거부하는 것도 별 의미가 없다는 것을 의식했던 것 같다. 그러므로 그는 상을 주기를 원하는 왕의 뜻에 따라 상을 받았다. 죽은 사람 소원도 들어준다는데 왜 죽을 사람 소원을 들어주지 못하겠는가?

그날 밤, 벨사살은 살해되었고, 메디아 사람 다리우스가 바빌론을 점령했다. 이때 다리우스의 나이는 62세였다고 한다(이 인물과 그에 관한 역사적 문제들에 관하여는 서론을 참조하라). 나보니두스의 연대기에 의하면 바빌론은 티쉬리(Tishri)월 16일에 함락되었다. 오늘의 달력으로 따지면 주전 539년 10월 12일이다.

한 가지 특이한 점은 다리우스가 '왕국을 받았다'(קַבֵּל מַלְכוּתָא)는 표현이다. 이 표현은 어떤 의미를 지니고 있는가? 학자들은 여러 가지 해석을 제시하고 있다. 첫째, 하나님이 다리우스에게 왕국을 주었다는 뜻이다(Charles, Slotki). 둘째, 다리우스가 그의 상관이었던 키루스/고레스로부터 바빌론 통치권을 받았다는 것을 의미한다(Keil & Delitzsch, Whitcomb, Wilson). 셋째, 단순히 한 사람이 왕의 자리를 차지한 일에 대한 관습적인 표현이다(Montgomery, Young).

다니엘서는 바빌론이 어떻게 함락되었는가에 관하여 전혀 언급하지 않는다. 다행히 헤로도토스, 크세노폰, 베로수스, 나보니두스 연대기, 키루스 실린더 등이 도움이 될 만한 기록을 많이 남겼다.

헤로도토스는 주전 5세기의 그리스 역사가였다. 크세노폰은 주전 434–355년에 살았던 그리스 역사가였다. 그들에 의하면 페르시아-메디아 군은 자신들이 바빌론의 성벽을 도저히 무너뜨릴 수 없다는 것을 일찌감치 의식했다. 바빌론은 네 겹의 성벽으로 둘러싸여 있고, 이 성벽들의 두께를 합하면 총 26m나 되었기 때문이다(Seow, cf. 4장 주해). 그들은 도시 중앙으로 흐르고 있던 유프라테스 강의 상류에 둑을 쌓아 물의 흐름을 막은 다음 낮아진 강물을 통해 성안으로 들어갔다.

크세노폰은 페르시아 군이 바빌론을 침략했을 때, 바빌론 사람들은 한참 축제 중이었다고 한다. 그는 페르시아 군이 바빌론을 침략하는 날을 이날로 정한 이유가 바로 이 종교적인 축제 때문이었다고 한다. 침략군을 인솔한 장군은 고브리야스(Gobryas, Ugbaru로 알려지기도 함)였으며 키루스의 부하였다. 고브리야스와 다리우스의 관계는 아직도 논쟁이 되고 있다(Colless, Grabbe, Shea, cf. Rowley, Whitcomb). 고브리야스와 페르시아 군이 벨사살의 왕궁에 들어갔을 때, 벨사살은 자살하려고 창을 들고 있었다. 페르시아 군은 벨사살과 신하들을 쉽게 제압했고, 이후 벨사살은 처형되었다.

나보니두스 연대기에 따르면 나보니두스는 키루스 군에게 주전 539

년 10월 10일에 치명적인 패배를 맛보았다. 이어 10월 12일 키루스의 부하 고브리아스가 아무런 저항 없이 바빌론에 입성했다. 키루스는 몇 주 뒤인 10월 29일 바빌론에 입성했으며, 바빌론 주민들은 그를 매우 환영한 것으로 기록하고 있다. 키루스 실린더도 페르시아–메디아 연합군이 아무런 저항을 받지 않고 바빌론에 입성했다고 한다.

베로수스는 주전 3세기에 살았던 바빌론의 제사장이자 역사가였다. 그도 이 기록과 비슷한 내용을 남겼으며, 나보니두스가 키루스에게 패한 다음에 보르시파(Borsippa)로 도주했다가 항복했다고 한다. 베로수스에 따르면 나보니두스는 처형을 당하지 않았으며, 키루스의 명에 따라 카르마니아(Carmania)로 추방당했다.

이처럼 바빌론이 멸망하게 된 이유와 방법과 그 이후 일에 관해 여러 가지 기록이 남아 있다. 누구의 이야기가 가장 정확한지는 알 수 없다. 다만 한 가지 확실한 것은 페르시아 군은 주전 539년 10월에 별 저항 없이 바빌론을 정복했다는 사실이다.

I. 꿈과 해몽(1:1–6:28)

F. 다니엘과 사자 굴(6:1–28)

벨사살이 살해되면서 바빌론 제국은 막을 내렸다. 바빌론을 정복해 근동의 새로운 군주가 되어 당시 세계를 흔들게 된 나라는 페르시아–메디아 연합 제국이었다. 키루스를 대신해서 바빌론 지역을 통치했던 다리우스가 바빌론에 입성했을 때 그의 나이 62세였다. 본문에 기록된 이야기는 다리우스 통치의 초기 시대에 있었다.

이 이야기에서 다니엘은 키루스 정권에서 중요한 자리를 차지하며 그의 총애를 입고 있었던 것을 감안하면, 키루스는 다니엘이 벨사살에게 예언했던 것에 대해 알게 된 것 같다. 아마도 고마움에 대한 표현으로 시작된 그들의 관계는 곧바로 다른 단계로 발전했을 것이다.

1장은 여호와께서 역사의 흐름을 주장하시는 분이기 때문에 눈으로 보이는 것만이 실체가 아니라는 사실을 강조했다. 2장은 오직 여호와만이 가장 은밀한 곳에서 진행되는 일을, 심지어는 미래의 일까지 예언하실 수 있는 분이라는 것을 가르쳐 주었다. 3장은 이스라엘의 하나님만이 자기를 섬기는 사람들을 죽음의 손아귀에서 구원하실 수 있는 분이라는 사실을 온 열방이 보는 앞에서 드러냈다. 4장은 하나님이 자신을 신격화했던 바빌론의 왕 느부갓네살의 교만을 꺾음으로써 이 바빌론 왕이 세상을 통치하게 된 것은 그의 능력 때문이 아니라, 여호와께서 그것을 허락하셨기 때문임을 강조했다. 5장은 하나님이 이방 왕의 교만을 꺾으실 뿐만 아니라, 이방 왕이 행한 모독적인 행위도 용서하지 않으신다고 경고했다.

이제 다니엘의 일생에 관한 이야기들이 6장을 계기로 막을 내린다. 이 마지막 이야기는 성경 이야기 중 가장 유명한 것 중 하나이다. 저자는 다니엘의 사자 굴 이야기를 통해 하나님은 자기 백성을 비방하고 궁지에 몰아넣는 사람들을 분명히 심판하실 것이라고 경고한다. 본문의 이야기가 3장 이야기와 사용하는 용어 등을 통해 상당히 비슷한 면모를 지니고 있다(cf. Goldingay, Lucas, Seow). 이야기의 흐름도 동일한 패턴으로 진행된다. 다음을 참조하라(Lacocque, cf. Goldingay).

	다리우스 이야기(6장)	느부갓네살 이야기(3장)
서론	2-9절	1-7절
제1부	10-19절	8-23절
제2부	20-25절	24-27절
결론	26-29절	28-33절

이 사건은 3장 이야기보다 더 심각한 모략과 음모를 동반하고 있다. 가장 큰 차이는 3장 이야기에서 느부갓네살은 절하기를 거부한 세 친

구들에게 진노했다. 반면에 이 이야기에서 키루스 왕은 처음부터 다니엘 편이었다. 그러나 그는 다니엘을 구원하지 못했다. 하나님이 다니엘을 구원하셨다.

3장의 사건은 어떻게 생각하면 우연히 시작되었다. 그러나 이 이야기는 처음부터 다니엘을 미워하던 사람들이 주도해서 꾸며낸 일이다. 3장에서 히브리 소년들은 공개적인 장소에서 그들에게 강요된 우상숭배를 거부하다가 화덕에 던져졌다. 이 이야기에서 다니엘은 가장 사적인 공간인 집 안에서도 여호와를 제대로 섬기지 못하게 하는 페르시아-메디아 제국의 법을 거부하다가 사자 굴에 던져졌다. 그러므로 3장 이야기와 본문의 이야기는 서로 상호 보완적인 관계를 유지하고 있다(Seow). 이 이야기도 여호와의 주권과 연관되어 있다.

본문 이야기의 가장 핵심은 '법'이다(Fewell, Lucas, Seow). 다리우스가 제정한 세상의 법(7-8절)과 하나님의 법(5절)이 대립할 때 성도들은 어떻게 해야 할 것인가가 핵심 내용이다. 본문은 다음과 같이 구분될 수 있다.[8]

A. 다니엘을 해하려는 원수들의 함정(6:1-9)
B. 함정에 빠진 다니엘(6:10-18)
B'. 함정에 빠진 원수들(6:19-24)
A'. 원수들의 함정을 없앤 법령(6:25-28)

---

8 다음과 같은 분석도 있다(Goldingay).
A. 서론: 다니엘의 성공(1-3절)
B. 다리우스가 법을 제정하지만 다니엘은 굳건한 믿음으로 섬(4-10절)
C. 다니엘의 원수들이 그를 죽이려는 계획을 세움(11-15절)
D. 다리우스 왕이 다니엘의 구원을 갈망함(16-18절)
D'. 다리우스 왕이 다니엘의 구원을 목격함(19-23절)
C'. 다니엘의 원수들의 계획이 실패하여 그들이 죽음(24절)
B'. 다리우스가 법을 제정하고 이스라엘의 하나님을 위해 섬(25-27절)
A'. 결론: 다니엘의 성공(28절)

I. 꿈과 해몽(1:1–6:28)
F. 다니엘과 사자 굴(6:1–28)

1. 다니엘을 해하려는 원수들의 함정(6:1–9)

1 다리오가 자기의 뜻대로 고관 백이십 명을 세워 전국을 통치하게 하고 2 또
그들 위에 총리 셋을 두었으니 다니엘이 그 중의 하나이라 이는 고관들로
총리에게 자기의 직무를 보고하게 하여 왕에게 손해가 없게 하려 함이었더
라 3 다니엘은 마음이 민첩하여 총리들과 고관들 위에 뛰어나므로 왕이 그를
세워 전국을 다스리게 하고자 한지라 4 이에 총리들과 고관들이 국사에 대
하여 다니엘을 고발할 근거를 찾고자 하였으나 아무 근거, 아무 허물도 찾지
못하였으니 이는 그가 충성되어 아무 그릇됨도 없고 아무 허물도 없음이었
더라 5 그들이 이르되 이 다니엘은 그 하나님의 율법에서 근거를 찾지 못하
면 그를 고발할 수 없으리라 하고 6 이에 총리들과 고관들이 모여 왕에게 나
아가서 그에게 말하되 다리오 왕이여 만수무강 하옵소서 7 나라의 모든 총리
와 지사와 총독과 법관과 관원이 의논하고 왕에게 한 법률을 세우며 한 금
령을 정하실 것을 구하나이다 왕이여 그것은 곧 이제부터 삼십일 동안에 누
구든지 왕 외의 어떤 신에게나 사람에게 무엇을 구하면 사자 굴에 던져 넣
기로 한 것이니이다 8 그런즉 왕이여 원하건대 금령을 세우시고 그 조서에
왕의 도장을 찍어 메대와 바사의 고치지 아니하는 규례를 따라 그것을 다시
고치지 못하게 하옵소서 하매 9 이에 다리오 왕이 조서에 왕의 도장을 찍어
금령을 내니라

느부갓네살이 죽은 주전 562년 이후로 바빌론 정계에서 반(半)은퇴(semi-retired) 생활을 지속해왔던 다니엘이 벨사살 사건으로 인해 주전 539년을 계기로 다시 정계에 복귀했다. 그러나 이번에는 바빌론이 아니라 페르시아 정계였다. 이때 다니엘은 이미 80세가 넘은 고령이었다. 다리우스 왕이 주저하지 않고 늙은 다니엘을 고용하는 것을 보면 이 페르시아 왕은 다니엘의 명성을 익히 알고 있었던 것으로 보인다.

더욱이 바빌론 함락 전야에 있었던 벨사살 사건과 벽에 새겨진 글에 대한 다니엘의 명확한 해석에 관해서도 들었을 것이다. 다리우스는 다니엘처럼 지혜로운 사람은 나이에 상관없이 새로이 출범한 페르시아 제국을 도울 수 있다는 확신에서 다니엘을 정계로 끌어들였을 것이다.

다리우스는 지방장관(אֲחַשְׁדַּרְפַּן) 120명을 세워 나라를 통치했다(1절). 에스더서는 아하수에로 왕이 127개의 지방을 다스렸다고 한다(에 1:1, 8:9). 헤로도토스에 의하면 페르시아 제국은 20개 지방으로 나누어져 있었다(Histories, 3.89). 그러나 베히스툰 비문(Behistun Inscription)에 의하면 다리우스 1세(주전 522-486년)는 23개 지방으로, 또 다른 비문은 29개 지방으로 나누어 통치한 것으로 기록하고 있다(Lacocque, Lucas). 그러므로 페르시아 제국의 지방 숫자는 시대에 따라 탄력적인 성향을 띠고 있었다는 것을 알 수 있다. 더 나아가 지방장관(אֲחַשְׁדַּרְפַּן)이라는 단어는 '왕국을 보호하는 자'라는 뜻을 지녔으며 크세노폰은 이 호칭을 상대적으로 지위가 낮은 관리들에게 적용했다(Montgomery). 페르시아 제국은 그 당시까지의 인류 역사 속에서 가장 넓은 영토를 지니고 있었다. 그러므로 온 제국의 영토를 작은 '지방'들로 나누어 통치했던 것을 의미하는 듯하다(Gowan, Lucas, Seow). 이러한 맥락에서 120이란 숫자는 별로 큰 것이 아니라는 것이 학자들의 주장이다(Leupold).

다리우스는 총리 셋을 세워 지방장관 120명을 관리하게 했다(2절). 세 총리들은 지방장관들의 직속 상관들이었던 것이다. 세 총리 중 한 사람이 다니엘이었다. 더 나아가 다니엘은 세 사람 중에서도 가장 우수한 총리였다(3절). 다리우스는 고령에도 불구하고 남보다 뛰어난 다니엘의 실력을 보고 그를 자기 다음의 위치에 임명하기를 원했다.

다니엘의 삶에서 무엇을 배우는가? 뒤늦게 재개된 다니엘의 두 번째 정치적 인생은 즉시 왕의 시선을 끌었다. 크리스천들은 어떤 일을 하든 간에 최선을 다해서 열심히 해야 한다. 하나님께 인정받는 일과 대립이 되지 않는다면, 우리는 세상에서도 인정을 받도록 최선을 다해야 한다. 또한 하나님이 우리와 함께하시면 그 어떤 상황도 우리가 마음껏 일하는 데 제한이 될 수 없다.

다니엘에 대한 다리우스의 총애는 주변 사람들의 시기를 불러일으켰다. 가장 이상적인 것은 다니엘의 주변 사람들이 선한 자극을 받아 더 열심히 왕을 섬겨 자기들도 왕의 인정을 받으면 된다. 그러나 못난 사람들은 절대 그렇게 하지 않는다. 그들의 낮은 자존감과 심한 자격지심은 남을 깎아내리려 할 뿐 이런 상황을 절대 긍정적인 에너지로 바꾸지 못한다. 다니엘의 바빌론 동료들이 그 모양이었다.

다니엘을 시기한 사람들은 그가 하는 일에서 과오를 찾아 문제를 삼으려 했지만, 실패했다. 다니엘은 정치적으로 부도덕한 면이 없었으며, 맡겨진 일을 대충하는 직무유기도 범하지 않았다. 다니엘의 인격에도 아무런 허물이 없었다. 그는 지성과 덕을 겸비한 참으로 좋은 사람이었다.

다니엘처럼 늙어갈 수만 있다면 얼마나 좋을까? 우리 속담에 "나이가 먹으면 아이가 된다"는 말이 있다. 우리의 일생에서는 이런 말이 뿌리를 내리지 못하도록 노력해야 한다. 아름답고, 순수하게 늙어갈 수 있도록 기도해야 한다. 영어로 담근 지 오래된 술을 '숙성되었다'(be aged)라고 하는데, 이 말은 '늙었다'(be old)라는 말과 비슷하지만, 참으로 다른 의미를 지녔다. 우리는 나이가 들면서 늙어가는 것(getting old)이 아니라 숙성되어가야(being aged) 한다.

호시탐탐 기회를 노리던 다니엘의 원수들은 그의 여호와 신앙에 대하여 알고 있었다. 그래서 그들은 다니엘의 신앙을 이용해 그를 넘어뜨리기로 음모를 꾸몄다(5절). 원수들의 음모가 야비하고 비열하지만, 그들이 가지고 있는 유일한 와일드카드였다. 그들은 다리우스 왕을 찾아가 모든 백성 중 '30일 동안 임금님 말고, 다른 신이나 사람에게 무엇을 간구하는 사람은, 누구든지 사자 굴에 집어 넣기로 한다'는 법을 제정할 것을 촉구했다(7절). 그들이 제안한 법이 다리우스 왕을 유일한 신으로 숭배하게 하는 것인지, 아니면 왕을 유일한 신들의 대변자로 세우는 것인지 확실하지는 않다(Hartmann & Di Lella, Montgomery, Walton, cf. Lucas). 그러나 이 법이 다니엘에게 미치는 위험에는 차이가 없다.

페르시아 사람들은 매우 잔인하고 다양한 방법으로 사람들을 처형한 것으로 알려졌다(Cook). 그들은 사자들을 잡아다가 우리에 가두어놓고는 사형수들을 사자들의 먹이로 주기도 했다(Keil & Delitzsch, Lacocque). 이처럼 그들의 잔인한 풍습이 다니엘과 사자 굴 이야기의 배경이 되고 있다(Oppenheim).

음모에 가담한 자들은 한번 법이 정해지면 왕도 바꿀 수 없다는 페르시아 제국의 유례를 다리우스에게 상기시켰다(8, 12, 15절, cf. 에 1:19, 8:8). 페르시아 제국의 이런 원칙은 여러 역사적인 자료를 통해 확인되었다(Lacocque). 이렇게 해서 음모자들은 다니엘과 혹시 그를 돕기 위해 나설지도 모르는 다리우스를 꼼짝 못하게 했다. 이 사람들은 악한 일을 꾸미는 데 매우 민첩하고 빈틈을 보이지 않는 선수들이다.

I. 꿈과 해몽(1:1–6:28)
F. 다니엘과 사자 굴(6:1–28)

2. 함정에 빠진 다니엘(6:10–18)

[10] 다니엘이 이 조서에 왕의 도장이 찍힌 것을 알고도 자기 집에 돌아가서는 윗방에 올라가 예루살렘으로 향한 창문을 열고 전에 하던 대로 하루 세 번씩 무릎을 꿇고 기도하며 그의 하나님께 감사하였더라 [11] 그 무리들이 모여서 다니엘이 자기 하나님 앞에 기도하며 간구하는 것을 발견하고 [12] 이에 그들이 나아가서 왕의 금령에 관하여 왕께 아뢰되 왕이여 왕이 이미 금령에 왕의 도장을 찍어서 이제부터 삼십 일 동안에는 누구든지 왕 외의 어떤 신에게나 사람에게 구하면 사자 굴에 던져 넣기로 하지 아니하였나이까 하니 왕이 대답하여 이르되 이 일이 확실하니 메대와 바사의 고치지 못하는 규례

니라 하는지라 13 그들이 왕 앞에서 말하여 이르되 왕이여 사로잡혀 온 유다
자손 중에 다니엘이 왕과 왕의 도장이 찍힌 금령을 존중하지 아니하고 하루
세 번씩 기도하나이다 하니 14 왕이 이 말을 듣고 그로 말미암아 심히 근심하
여 다니엘을 구원하려고 마음을 쓰며 그를 건져내려고 힘을 다하다가 해가
질 때에 이르렀더라 15 그 무리들이 또 모여 왕에게로 나아와서 왕께 말하되
왕이여 메대와 바사의 규례를 아시거니와 왕께서 세우신 금령과 법도는 고
치지 못할 것이니이다 하니 16 이에 왕이 명령하매 다니엘을 끌어다가 사자
굴에 던져 넣는지라 왕이 다니엘에게 이르되 네가 항상 섬기는 너의 하나님
이 너를 구원하시리라 하니라 17 이에 돌을 굴려다가 굴 어귀를 막으매 왕이
그의 도장과 귀족들의 도장으로 봉하였으니 이는 다니엘에 대한 조치를 고
치지 못하게 하려 함이었더라 18 왕이 궁에 돌아가서는 밤이 새도록 금식하
고 그 앞에 오락을 그치고 잠자기를 마다하니라

온 페르시아 제국 사람들은 다리우스 왕이 선포한 법을 별문제 없이 준수했다. 다신주의자들에게 왕의 명령은 특별한 문제가 되지 않았기 때문이다. 다만 다니엘과 이스라엘 사람들에게만 문제였다. 그러나 함정을 판 사람들의 유일한 관심사는 다니엘이었기 때문에 그들은 나머지 유대인들이 어떻게 반응하는가에는 관심도 없었다. 그들은 오직 다니엘만이 그들의 덫에 걸려들기를 간절히 바라며 지켜보고 있었다. 다니엘을 지켜보는 그들의 모습은 마치 땅에 함정을 파놓고 주변에 숨어서 지나가는 사람이 함정에 빠져들기를 기대하는 철없는 아이들과 같다. 참 나쁜 사람들이다. 다니엘이 2장에서 이런 인간들을 살려준 일이 아깝게 느껴진다. 차라리 자기와 세 친구들만 살고 이런 인간들은 죽도록 내버려 두었으면 좋을 뻔했다.

일부 주석가들과 옛 버전들이 주장하는 것처럼(cf. Smith-Christopher) 다니엘은 여호와께 기도하는 일을 한 달 동안 금하는 법이 제정된 일에 대해 노골적으로 저항하지 않았다(cf. Seow). 그렇다고 평상시 기도

하던 일을 숨어서 하지도 않았다. 법이 선포된 뒤에도 다니엘은 평생 해오던 대로 매일 세 번씩 다락방에 올라가 예루살렘을 향하여 기도했다. 매일 아침때, 점심때, 저녁때 기도를 드렸다(cf. 시 55:17). 율법이 요구해서가 아니다. 그러므로 다니엘이 마음만 먹었다면 한 달 동안 이렇게 하지 않아도 될 핑계를 얼마든지 찾을 수 있었다. 그러나 그는 그저 평생 해왔던 일을 계속한다. 나이가 이미 80이 넘도록 일평생을 기도하며 살아온 그가 부럽지 않은가?

그 당시 바빌론 건축 양식을 살펴보면 다락방은 각 집의 평평한 지붕 위 한 코너에 세워진 조그만 옥탑 방이거나, 뜰에 원두막처럼 세운 망대 형태를 취했다(Montgomery). 이 방들의 특징은 사방으로 창이 있어서 공기가 잘 통하는 구조였지만, 동시에 밖에서 안을 들여다볼 수 있었다. 이 점을 염두에 두고 원수들이 음모를 꾸민 것이다.

예루살렘을 향하여 기도하는 일은 솔로몬의 성전 헌당식에서 유래된 풍습이다(왕상 8:35, 38, 44, 48, cf. 시 5:8, 55:17). 솔로몬이 기도하기를 "이 백성이 죄를 짓고 먼 나라로 끌려가더라도 그들이 회개하고 이 성전을 향하여 기도할 때, 하늘에서 들으시고 저들을 용서하소서"라고 했다. 물론 다니엘이 살고 있던 시대에는 더 이상 성전이 존재하지 않았다. 그러나 그들은 언젠가는 하나님이 다시 예루살렘에 성전을 재건하실 것을 소망으로 삼고 확신하며 그쪽을 향하여 기도하는 것을 게을리하지 않았다. 솔로몬의 기도 이후 모든 디아스포라(Diaspora) 유대인은 예루살렘 쪽을 향해 기도하게 되었다.

다니엘은 자신이 살고 있는 나라의 법을 어기고 있다. 이것은 아무런 저항 없이 모든 권세에 순종해야 한다고 권면하는 듯한 바울의 가르침(롬 13:1-20)과 어떻게 조화를 이루는가? 성경은 분명히 크리스천들이 세상 정부와 권세에 순종할 것을 요구한다. 그러나 우리에게는 세상 법보다 더 고귀하고, 더 높은 법이 있다. 바로 하나님의 법이다. 베드로와 사도들은 이렇게 외쳤다. "우리는 사람들보다는 하나님께 순종해야 한다!"(행 5:29).

살다 보면 하나님의 법과 세상의 법이 충돌할 때가 있다. 그때 우리는 하나님의 법을 따라야 한다. 하나님은 바로를 속이면서 이스라엘 자손들을 죽이지 않았던 산파들을 축복하셨다(출 1장). 정탐꾼을 숨겨주고 거짓말을 했던 라합에게 구원의 손길을 내미셨다(수 2장). 이스라엘을 속이고 거짓을 말한 기브온 사람들을 살려주셨다(수 9장). 어떤 사람들은 윤리에 대해 매우 편협한 흑백논리를 가지고 자신의 입장을 정당화하고 남을 정죄하려 한다. 그러나 윤리는 사람을 살리고 보호하는 데 목적이 있으며, 흑백논리가 지나치면 탁상공론에 불과하다는 것을 기억해야 한다. 특히 이런 면에서 사무엘서를 연구해보라.

다니엘이 올무에 걸려든 것을 목격한 사람들이 떼를 지어 왕을 찾아가 그를 고발했다. 그들은 먼저 왕이 선포한 법의 내용을 위반한 사람들은 사자 굴에 처넣도록 한 것과 이 법은 왕을 포함한 그 누구도 바꿀 수 없는 페르시아와 메디아의 유래에 따라 제정된 것이라는 사실을 왕에게 상기시켰다. 왕은 무심코 "그래, 당신들이 하는 말이 맞다"라며 확인해주었다. 왕은 누가 이 악한 사람들의 덫에 걸려들었는지 전혀 감을 잡지 못했다.

그들은 왕을 꼼짝 못하게 한 다음 다니엘을 고발하기 시작했다. 그들의 발언(13절)은 세 가지를 강조한다. 첫째, 다니엘은 '우리에 속하지 않은 사람'이다. 그들은 다니엘을 '유다에서 잡혀온 자'로 부른다. 다니엘이 이미 70여 년을 바빌론에서 살았지만 그들은 다니엘의 흠집을 들추어내기 위해 그가 포로로 끌려왔다는 사실을 들먹거리고 있다. 그들의 주장은 이렇다. "우리는 정복자였고 그는 볼품없는 포로였다. 정복자인 우리가 포로인 다니엘과 함께 일한다는 것은 처음부터 어울리지 않는 일이었으며, 자존심이 상하는 일이었다." 실력이 있어 보여도 본심을 들여다보면 위험 인물들이고, 나라의 통치에 전혀 도움이 안 되는 사람들이 바로 강제로 끌려온 타국인들이라는 것이다. 오늘날 여러 나라에서 이민자와 그들의 후손이 겪고 있는 억울함이 바로 이런 것이다.

둘째, 다니엘은 '왕을 무시한 사람'이다. 다니엘은 결코 다리우스를 무시할 사람이 아니다. 그러나 그들은 다니엘이 다리우스가 친히 제정한 법을 무시했으므로 바로 왕을 무시하고 모욕한 처사라는 해석을 곁들였다. 이 비난이 다니엘이 법을 어겼다는 것보다 먼저 나오는 것은, 그들이 왕을 자극하기 위해 심리 작전을 사용하고 있다는 것을 암시한다. 어떻게 해서든지 왕의 자존심을 긁어 흠집이 생기도록 하겠다는 의도이다. 대부분의 사람은 자존심이 상하면 이성적이고 합리적인 판단을 하지 못하기 때문이다. 또한 이 음모를 꾸민 사람들은 옛적에 느부갓네살의 자존심에 금이 갔을 때, 그가 세 히브리 소년들에게 어떻게 했는지를 잘 알고 있었을 것이다(cf. 3장).

셋째, 다니엘은 왕의 도장이 찍힌 금지령을 무시하여, 하루 세 번씩 기도를 드리고 있다. 그들은 왕이 직접 이 법을 선포했다는 사실을 다시 한 번 강조함으로써 왕이 다니엘에게 최대한 분노하도록 유도하고 있다. 그들은 다니엘이 왕의 법을 잊어버리거나 몰라서가 아니라 의도적으로 무시했다며 왕의 마음을 자극했다. 이 사람들은 왕에게 물증(fact)을 근거로 다니엘을 고발하기보다는 왕의 자존심을 자극하는 일에 더 치중하는 심리전을 사용했다.

이 사람들의 고발을 듣고 있던 다리우스는 순간적으로 "아차!" 하며 그가 이미 선포한 법이 누구를 궁지에 몰아넣기 위한 것이었는가를 의식하게 되었다(cf. Gowan). 순간적으로 분노가 치밀었을 것이다. 그는 먼저 자신에게 분노했다. "내가 가장 아끼는 다니엘을 해하려는 음모도 모르고 그 법에 서명을 하다니!" 그는 또한 다니엘을 고발하는 악한 사람들에게 분노했을 것이다. "남이 잘되는 꼴을 못 보는 쓰레기 같은 놈들!"

다리우스 왕은 다니엘에게 서운했을 것이다. "적당히 알아서 빠져나

가지 꼭 고지식하게 자기 방식만 고집해 이렇게 나를 궁지에 몰아넣는가!" 그는 몹시 괴로워했다. 왕은 어떻게 해서든지 다니엘을 구하고 싶었다. 다리우스는 그들이 다니엘을 잡으려고 파놓은 함정에 자신이 빠져든 느낌을 지울 수 없었을 것이다. 전전긍긍했지만 이 위기를 빠져나갈 묘안이 없다. 저녁이 되니 낮에 다니엘을 고발했던 자들이 찾아왔다. 그리고 왕을 압박했다. "한번 선포된 법은 왕도 바꾸실 수 없다는 것을 기억하십시오"(15절).

궁지에 몰린 왕은 어쩔 수 없이 다니엘을 사자 굴에 처넣으라는 명령을 내렸다. 그는 다니엘에게 '눈물로 쓴 편지'를 보냈다. "네가 늘 섬기는 너의 하나님이 너를 구하여 주시기를 빈다"(16절). 다리우스 왕의 말은 옛적에 화덕에 던져지기 전 다니엘의 세 친구가 느부갓네살에게 한 말과 매우 비슷하다(Seow). 다만 예전에는 히브리 청년들이 이 말을 했는데, 이번에는 페르시아 왕이 같은 고백을 하고 있다.

이 악한 사람들은 상처받아 신음하는 왕을 가만히 두지 않았다. 다니엘을 던져 넣은 사자 굴을 왕의 도장과 귀인들의 도장을 찍어 봉인해야 한다는 것이다(17절). 혹시라도 왕이 심경에 변화를 겪어 밤 사이에 '다니엘 구출 작전'을 시도하는 것을 막기 위해서였다.[9] 만일 왕이 사자 굴을 열어 다니엘을 구해내고 입구를 다시 봉한다면, 왕의 도장은 다시 찍을 수 있지만 귀인들의 도장은 다시 찍을 수 없다는 것을 바탕으로 한 요구였다. 그들은 다리우스도 믿지 못하겠다며 이런 요구를 하고 있다. 굴을 봉인하는 일은 훗날 예수님의 무덤을 봉인한 일을 연상케 한다(마 27:62).

다리우스는 이처럼 철저하게 자신을 궁지로 모는 대신들을 어떻게 여겼을까? 그들은 눈엣가시 같은 다니엘을 페르시아 정계에서 제거하는 일이 목표이지만, 본의 아니게 왕도 신뢰할 수 없다며 다리우스를

---

9 옛 그리스어 번역본은 음모자들의 의도를 명확하게 삽입했다. "왕이 다니엘을 사자의 굴에서 빼내는 일을 막기 위하여"(cf. Lucas).

막다른 골목으로 몰고 있다. 그들은 왕의 마음에 큰 상처를 주고 있는 것이다. 왕의 마음속에 이미 이 신하들에 대한 분노가 폭발하고 있었을 것이다. 그러므로 나중에 왕이 다니엘을 모함한 자들을 사자 굴에 처넣은 일이 이해가 된다.

온 페르시아 제국을 호령하는 당대의 최고 권력자이자 마음만 먹으면 사람을 죽이고 살리는 것은 일도 아닌 다리우스도 다니엘의 목숨을 구할 수 없는 한계에 직면해 있다. 왕도 못하는 일이 있었던 것이다. 다행인 것은 다니엘의 생명은 다리우스에게 달린 것이 아니라, 창조주이신 여호와 하나님께 달려 있다는 것이다. 다리우스는 다니엘을 살릴 수 없지만, 하나님은 그를 살리실 것이다. 그러므로 이 이야기는 세상을 호령하는 다리우스의 권력이 지닌 한계와 어떤 한계도 없는 무한한 하나님의 권세를 대조하는 의미도 내포하고 있다.

왕은 뜬눈으로 밤을 새웠다. 빨리 동이 트기만을 기다렸다(18절). 다리우스는 밤새 금식도 했다. 초조한 마음으로 날이 밝기를 기다리는 동안 다니엘이 진심으로 또한 성실하게 그를 도왔던 지난날들이 주마등처럼 스쳐 지나갔다. 왕은 희미하나마 다니엘이 안전할 것이라는 한 가닥 희망을 붙잡았다. 다니엘은 그동안 그 누구도 해석하지 못했던 꿈들을 척척 해석해낸 '신들의 영'이 함께하는 사람이었다. 그러므로 다리우스는 다니엘에게 어떠한 꿈도 해석할 수 있는 '영을 준 신들'이 그를 살려줄 것이라며 막연한 기대를 해보았다.

그러나 '그 신들'이 과연 다니엘을 배고픈 사자들의 입에서 구할 수 있을까? 다리우스는 밤새 느부갓네살 시대 때 있었던 세 히브리 소년들의 화덕 이야기를 회상하고 있었을 것이다. 이 이야기를 되새기며 얼마나 간절하게 바랐을까! "다니엘이 그 세 소년 중 하나였다면 살아남을 가능성이 더 많아지는데!" 또한 얼마나 자신을 질타했을까! "내가 어리석었어! 대신들이 그 법을 제정하자고 할 때, 그 법이 끼칠 영향을 더 깊이 생각했어야 하는 건데!" 아마도 그는 앞으로는 절대로 이런 실

수는 되풀이하지 않겠다고 스스로 다짐하며 밤을 지새웠을 것이다.

I. 꿈과 해몽(1:1–6:28)
F. 다니엘과 사자 굴(6:1–28)

3. 함정에 빠진 원수들(6:19–24)

[19] 이튿날에 왕이 새벽에 일어나 급히 사자 굴로 가서 [20] 다니엘이 든 굴에
가까이 이르러서 슬피 소리 질러 다니엘에게 묻되 살아 계시는 하나님의 종
다니엘아 네가 항상 섬기는 네 하나님이 사자들에게서 능히 너를 구원하셨
느냐 하니라 [21] 다니엘이 왕에게 아뢰되 왕이여 원하건대 왕은 만수무강 하
옵소서 [22] 나의 하나님이 이미 그의 천사를 보내어 사자들의 입을 봉하셨으
므로 사자들이 나를 상해하지 못하였사오니 이는 나의 무죄함이 그 앞에 명
백함이오며 또 왕이여 나는 왕에게도 해를 끼치지 아니하였나이다 하니라 [23]
왕이 심히 기뻐서 명하여 다니엘을 굴에서 올리라 하매 그들이 다니엘을 굴
에서 올린즉 그의 몸이 조금도 상하지 아니하였으니 이는 그가 자기의 하나
님을 믿음이었더라 [24] 왕이 말하여 다니엘을 참소한 사람들을 끌어오게 하고
그들을 그들의 처자들과 함께 사자 굴에 던져 넣게 하였더니 그들이 굴 바
닥에 닿기도 전에 사자들이 곧 그들을 움켜서 그 뼈까지도 부서뜨렸더라

다리우스는 여러 가지 복잡한 생각과 실낱같은 희망이 엇갈리는 밤을 지냈다. 이윽고 동이 텄다. 아침이 오면서 왕은 엄습해오는 불안에 짓눌려 그로기 상태가 되었다(20절). 차라리 한 가닥의 희망이라도 누릴 수 있었던 밤이 좋았다. 이제는 밤새 다니엘이 어떻게 되었던 간에 현실을 맞이해야 한다. 왕은 전날 다니엘을 사자 굴에 감금하면서 "네가 늘 섬기는 너의 하나님이 너를 구하여 주시기를 빈다"라며 복을 빌어주었지만, 아무래도 사자 굴을 들여다보기가 두렵다. 혹시 다니엘이 사자들에게 잡혀먹혔으면 어쩌나 하는 불안감이 그를 엄습했다.

다리우스는 무거운 발걸음을 이끌고 마치 자신이 묻힐 묘지로 가는 사람의 심정으로 사자 굴을 찾았다. 그는 녹아내리는 마음을 가다듬고 슬픈 목소리로 허공을 향하여 절규했다. "살아 계신 하나님의 종 다니엘아, 네가 늘 섬기는 너의 하나님이 너를 사자들로부터 구해주셨느냐?"(20절). 아마도 왕은 다니엘의 죽음이 유일한 현실이라고 생각했기 때문에 이렇게 괴로워했을 것이다. 한 가지 인상적인 것은 이방인이 여호와를 '살아 계신 하나님'으로 부르는 일이 흔하지는 않으며, 다니엘서에는 이곳이 유일하다. 다리우스는 이 성호를 통해 여호와는 능력이 뛰어나실 뿐만 아니라, 매우 주도적으로 행동하고 계시다는 사실을 고백하고 있다(Lucas, cf. 신 5:26). 다니엘이 "만수무강을 빕니다"로 반응하는 것을 보면 다니엘도 이방인 왕의 여호와에 대한 고백을 매우 긍정적으로 받아들이고 있다(Goldingay).

바로 다음 순간, 왕은 자신의 귀를 의심했다. 다니엘의 음성이 들려온 것이다! 다니엘은 공손하게 "임금님의 만수무강을 빕니다"라는 말로 왕의 질문에 화답했다. 매우 불안하고 다급한 왕의 말과 차분한 다니엘의 말이 강력한 대조를 이룬다(Fewell). 다니엘은 하나님이 천사를 보내 사자들의 입을 막으신 것과 그 이유를 왕에게 고했다. 다니엘은 자신이 하나님께 죄를 범하지 않았고, 왕에게도 죄를 짓지 않았기 때문에 하나님이 보내신 천사들의 도움으로 사자들로부터 보호를 받을 수 있었다고 한다(22절).

법을 어기는 것과 연관해 한번 생각해보자. 다니엘은 하나님을 경외하기 위해 세상의 법을 어긴 사람이다. 그러나 최종적인 평가는 명백하다. 그는 하나님의 법을 어기지 않았고 인간의 법도 어기지 않았다. 하나님을 섬기는 일을 방해하는 세상 법은 무시해도 된단 말인가?

다니엘이 당한 일은 일종의 재판이었다. 이런 일을 신성 재판(trial by ordeal)이라고 한다. 고대 근동에서 자주 사용되었던 방법이다. 논리는 매우 간단하다. "만일 이 사람이 죄 없는 사람이라면, 신들이 그를 살게 해줄 것이다." 가장 흔한 방법은 깊고 넓은 강 가운데까지 재판 받는 사람을 배에 태우고 가서 빠뜨리는 일이다. 만약에 물에 빠져 죽으면 그 사람은 '죄인'이었고, 살아나면 그 사람은 '무죄'였다.

성경에서 유일하게 이러한 재판을 상기시키는 규례는 간음한 여자에 관한 것이다(민 5:11–31). 중세기 사람들은 이 방법이 유효하다고 생각해서 많은 사람을 죽였다. 활활 타오르는 숯으로 가득 찬 화롯불을 맨손으로 들어 올리게도 했다. 종교개혁의 선구자인 칼뱅도 이런 방법을 이용해 종교적인 적들을 처단한 기록이 남아 있다. 그는 많은 재세례파(Anabaptist) 성도를 강물에서 죽게 했다. 참으로 잘못된 처사이다. 민수기는 하나님의 임재가 매우 강하게 역사하고 기적이 흔하던 시대를 배경으로 쓰였다. 그러므로 그때의 기준을 아무런 생각 없이 아무 때나 적용하는 것은 옳지 않다.

흥분한 왕은 즉시 다니엘을 사자 굴에서 끌어올리도록 했다. 그의 몸을 살펴보니 털끝 하나 상하지 않았다. "그[다니엘]가 자기 하나님을 신뢰하였기" 때문이다(23절). 왕은 죄 없는 다니엘을 죽이려 하고, 그 과정에서 왕을 불신하고 왕을 매섭게 몰아친 대신들에게 분노를 터뜨렸다. 그 대신들과 가족들을 모두 사자 굴에 처넣은 것이다. 옛적에 일부 주석가들은 120명의 지방장관과 두 명의 총리를 포함한 122명과 그들의 가족들이 굴에 던져진 것으로 해석했는데(cf. Goldingay), 사자들이 한꺼번에 먹기에는 사람이 너무 많다! 옛 헬라어 버전들은 총리 두 명과 그들의 가족들만 처형된 것으로 기록하고 있다(Lucas). 아마도 다니엘을 모함한 소수의 사람들과 그들의 가족이 사자들에게 먹힌 것으로 생각된다(Keil & Delitzsch, Young).

음모자들은 모르드개를 위시한 이스라엘 사람들을 처형하려고 높은 장대를 세웠던 하만과 같은 신세가 되었다(cf. 에 9장). 그들이 굴 바닥에 닿기도 전에 사자들이 그들을 먹어 치웠다. 사자들이 얼마나 사람을 먹이로 먹기 원했는가를 설명하는 일종의 과장법이다(Gowan, Seow). 굴에 갇혀 있던 사자들은 매우 배가 고팠을 것이다. 이처럼 배고픈 사자들이 왜 다니엘은 먹지 않았을까? 저자는 이 사자들이 매우 배가 고팠다는 사실을 강조해 사자들이 배가 불러 다니엘을 먹지 않은 것이 아니라, 먹고 싶어도 먹지 못했다는 것을 분명히 한다(Calvin).

성경은 분명히 하나님이 천사들을 보내어 사자들의 입을 막으셨기 때문이라고 한다. 하나님을 의뢰하는 성도는 배고픈 사자들 앞에서도 보호를 받을 수 있다. 그러나 하나님이 항상 그렇게 하실 것이라는 착각에는 빠지지 않아야 한다. 하나님은 자기의 주권과 계획에 따라 곤경에 처한 성도들을 구하실 수 있지만, 구하지 않으실 수도 있다. 느부갓네살이 화덕에 처넣은 세 소년들의 간증을 기억해야 한다. "우리 하나님이 우리를 활활 타는 화덕 속에서 구해 주시고, 임금님의 손에서도 구해 주실 것입니다. 비록 그렇게 되지 않더라도, 우리는 임금님의 신들은 섬기지도 않고, 임금님이 세우신 금 신상에게 절을 하지도 않을 것입니다"(3:17–18, 새번역).

4. 원수들의 함정을 없앤 법령(6:25–28)

[25] 이에 다리오 왕이 온 땅에 있는 모든 백성과 나라들과 언어가 다른 모든 사람들에게 조서를 내려 이르되 원하건대 너희에게 큰 평강이 있을지어다 [26] 내가 이제 조서를 내리노라 내 나라 관할 아래에 있는 사람들은 다 다니엘의 하나님 앞에서 떨며 두려워할지니

그는 살아 계시는 하나님이시요
영원히 변하지 않으실 이시며
그의 나라는 멸망하지 아니할 것이요
그의 권세는 무궁할 것이며

[27] 그는 구원도 하시며
건져내기도 하시며
하늘에서든지 땅에서든지
이적과 기사를 행하시는 이로서
다니엘을 구원하여
사자의 입에서 벗어나게 하셨음이라
하였더라 [28] 이 다니엘이 다리오 왕의 시대와 바사 사람 고레스 왕의 시대에 형통하였더라

느부갓네살이 활활 타오르는 용광로의 불길에서 세 소년을 구원하신 이스라엘의 하나님을 찬송했던 것처럼(cf. 3장), 다리우스도 굶주린 사자들의 입에서 다니엘을 구원하신 여호와를 찬양한다. 또한 느부갓네살이 조서를 보내서 자기 제국에 있는 모든 백성이 세 소년들의 하나님에 대하여 함부로 말하지 못하게 한 것처럼, 다리우스도 조서를 보내 그가 다스리는 모든 백성이 다니엘의 하나님을 공경하고 두려워하도록 했다.

그러나 느부갓네살에 비교할 때 다리우스의 조서는 한 단계 더 나아갔다. 모든 백성이 여호와를 "공경하고 두려워하여야 한다"는 요구 사항을 포함했기 때문이다. 다리우스의 이러한 경고를 귀담아듣지 않아 훗날 목숨을 잃게 된 사람이 있다. 바로 에스더서에 등장하는 아각의 자손 하만이다.

여호와는 분명히 자기 백성을 어떤 상황에서도 구원하고 보호하실 수 있는 능력의 하나님이시다. 주님은 온 세상을 다스리던 다리우스의 입술을 통해 찬양 받기에 합당하신 분이다. 다리우스는 여호와 하나님의 주권을 찬양하는 노래를 했다(26-27절).

다리우스의 노래는 마치 1-6장의 내용을 요약하는 듯한 느낌을 준다. 하나님의 통치와 그의 나라가 영원히 멸망하지 않는다는 것은 이

미 4장에서 느부갓네살이 꾼 꿈과 그의 입술을 통해 여러 차례 강조된 적이 있다. 세 소년들의 이야기(3장)와 6장의 이야기는 주님은 구원하기도 하시고, 건져내기도 하신다는 것을 강조한다. 또한 1장과 4장과 5장에 기록된 이야기들은 여호와께서는 어떠한 이적과 기적도 베푸실 수 있는 분이라는 사실을 강조했다.

다니엘은 다리우스 왕이 다스리는 동안과 페르시아의 키루스 왕이 다스리는 동안 잘 살았다고 한다(28절). 다리우스가 즉위했을 때 다니엘은 80세가 넘은 고령이었다. 그렇다면 베일에 가려진 다리우스의 정체에 대한 힌트 한 가지는 분명하다. 그는 오랫동안 페르시아를 통치하지 못했다. 다리우스가 왕이 되었을 때 그는 이미 62세였다. 이 시대의 역사를 살펴보면 키루스가 바빌론을 다스리기 바로 전에 그의 장군 우구바루(Ugubaru)가 키루스의 허락 아래 바빌론을 1년 반 정도 통치하다가 죽은 기록이 있다(Miller). 바로 이 사람이 다니엘서의 다리우스가 아닐까 싶다(cf. 서론의 '다니엘서가 안고 있는 역사적 문제들').

다니엘과 사자 굴 이야기는 다니엘이 나이가 들어가면서도 어떻게 그의 삶에서(5절), 기도 생활에서(10절), 시험 속에서(16절), 또한 그의 간증을 통해(16, 20절) 신실했는가를 잘 보여준다. 다니엘이 이렇게 신실했기 때문에 하나님의 구원을 체험했고(22절), 하나님의 특별한 현현을 맛보았으며(22절), 믿지 않는 이들에게 살아 계신 하나님에 대해 증거할 수 있는 기회를 갖게 되었으며(26-27절), 엄청난 축복을 누릴 수 있었다(28절).

다니엘서 1-6장에 펼쳐진 이야기들의 발전사를 다음과 같이 요약할 수 있다. 1장은 히브리 소년들이 포로 신분에서 왕의 총애를 받는 '바빌론의 지혜자 훈련생들'로 진급한 것을 전하고 있다. 2-3장은 지혜자 훈련생들이 '우두머리 지혜자들'로 진급해 바빌론을 통치하게 된 것을 회고한다. 4장은 그들이 왕의 개인 보좌관들로 진급한 것을, 5장은 나보니두스가 통치하던 바빌론의 제3인자인 국무총리 자리로 진급한 일을 묘사한다. 6장은 그들이 페르시아 제국의 실질적인 지도자 위치로 진급한 일을 기록한다(cf. Fewell).

II. 미래에 대한 비전
(7:1–12:13)

7장을 계기로 다니엘서의 성격에 큰 변화가 생긴다. 우리는 전반부인 1–6장을 통해 다니엘과 세 친구들에 관한 여러 이야기를 접했으며, 어떤 역경 속에서도 흔들리지 않는 그들의 믿음에 대해 알게 되었다. 이제 7장부터는 다니엘이 본 환상들을 통해 미래에 있을 일들에 대해 듣게 된다. 그러므로 저자의 서술 방법에도 큰 변화가 생긴다. 서술하는 내용의 장르가 변했기 때문이다.

저자는 그동안 직설적이고 간단한 서술법을 사용했다. 이제부터는 매우 복잡하고, 경우에 따라서는 해석이 불가능해 보이는 환상과 그 환상 속에 등장하는 이미지들을 몽환적으로 묘사한다. 저자가 실제로 있었던 일들을 회고할 때는 표현이 정확하고 세부적인 사항들이 구체적으로 묘사되었다. 이제부터는 미래에 있을 일들에 대한 환상을 본 대로 기록하다 보니 상징적인 언어를 많이 사용한다. 독자들도 촉각을 곤두세우고 집중력을 발휘해 읽어야 한다.

다니엘서에서 후반부를 시작하는 7장은 하나의 장면 전환(transition)이다(Collins). 언어는 2–6장을 기록한 아람어를 그대로 사용하고 있다. 잠시 후 8장부터는 1장에서 사용한 히브리어로 돌아간다. 그러나 내용 면에서는 1-6장이 회고한 역사적 사건들과 전혀 다른 환상을 기록한다. 환상 양식은 7장에서 끝이 나는 것이 아니라, 8-12장 전체를 차지한다. 그러므로 저자는 언어에서 7장을 책의 전반부(2-6장)와의 연결고리로 사용하고, 내용과 양식에서는 후반부(8-12장)와의 연결고리로 사용한다.

이처럼 다니엘서의 전반부(1-6장)와 후반부(7-12장)가 상당히 대조적인 면을 지니고 있는 것이 사실이지만, 자세히 살펴보면 전반부와 후반부는 상당한 유기적 관계를 유지하고 있다. 전반부에서 후반부를 제대로 해석할 수 있는 정황과 배경을 제시해주기 때문이다. 처음 여섯 장은 다니엘의 인적 사항과 경력과 신앙과 청렴성과 지혜와 그와 함께 하시는 하나님의 손길 등을 알려줌으로써 나머지 여섯 장(7-12장)이 제시하는 비전들을 의심이나 거부감 없이 받아들이도록 한다. 한 예를 들자면 다니엘을 직접 찾아와 사자들의 입에서 구하신 하나님이 미래에 대한 환상을 보여주시는 일은 별로 놀랄 만한 일이 아니다. 또한 하나님이 다니엘에게 주신 가장 큰 은사는 꿈(비전)을 해석하는 능력이다. 이런 다니엘이 후반부에서 하나님이 주신 비전을 받는 일도 놀랄 만한 일이 아니다.

전반부와 후반부가 보이는 다른 한 가지 중요한 차이점은 인칭 사용이다. 다니엘서의 이야기 부분인 전반부(1-6장)는 3인칭을 사용해 기록되었다. 이 부분에서 다니엘은 남이 꾼 꿈에 대하여 설명해주었다. 이와는 대조적으로 후반부(7-12장)에서는 다니엘이 직접 1인칭을 사용해 자기가 본 환상을 회고한다. 후반부에 기록된 환상들은 모두 다니엘이 직접 하나님께 받은 환상이라는 것을 암시한다.

다니엘서의 전반부는 그의 지혜를 부각시켰다. 다니엘은 하나님이 주신 지혜가 있었기 때문에 풀지 못한 수수께끼와 해몽하지 못한 꿈은 없었다. 그러나 이처럼 지혜롭고, 총명한 다니엘도 7장에서부터 전개되는 꿈과 수수께끼의 의미를 잘 이해하지 못한다. 그러므로 천사들에게 자기가 본 환상들의 의미를 물어보아야 한다. 책의 후반부에서 우리가 접하게 될 환상의 내용과 의미가 무척 어려울 것이라는 경고이다. 그러므로 다니엘서 7-12장의 내용을 지나치게 확신을 가지고 너무 구체적으로 해석하는 것은 바람직하지 않다. 가장 지혜로웠고 하나님이 해몽의 은사까지 주신 다니엘도 못한 일을 하려고 하는 것이기 때문이다. 다니엘서의 후반부는 다음과 같이 구분될 수 있다.

A. 네 짐승 비전(7:1-28)
B. 양과 염소 비전(8:1-27)
C. 다니엘의 회개 기도(9:1-27)
D. 하늘의 사자(10:1-11:1)
E. 근동의 역사와 종말(11:2-12:13)

II. 미래에 대한 비전(7:1-12:13)

A. 네 짐승 비전(7:1-28)

대부분의 학자는 다니엘서에서 가장 중요한 장이 7장이라고 주장한다(Gowan, Towner). 7장을 다니엘서의 핵심이라 부르는 주석가도 있고(Porteous), 구약의 가장 중요한 부분 중 하나라고 주장하는 학자도 있다(Heaton). 학자들이 7장의 중요성을 부각시키는 데는 어떤 이유가 있는가? 먼저, 7장에 기록되어 있는 환상은 신구약 중간기(intertestamental period, 주전 4-1세기)에 발달하고 활성화되었던 이스라엘의 묵시문학에 엄청난 영향을 미쳤기 때문이다.

둘째, 내용에서 7장은 예언의 본질에 한 획을 긋는 역할을 한다. "구약의 어느 본문보다도 미래에 일어날 일들에 관해 포괄적이며, 구체적이고, 자세하게 예언하고 있다"(Walvoord). 또한 신약의 저자들도 다니엘이 본 환상 중 7장의 이야기를 가장 많이 인용한다(Longman). 후반부를 시작하는 이 비전은 다음과 같이 구분된다.[10]

A. 바다의 공포(7:1-8)
B. 하늘의 힘(7:9-14)
C. 하나님의 승리(7:15-28)

II. 미래에 대한 비전(7:1-12:13)
A. 네 짐승 비전(7:1-28)

1. 바다의 공포(7:1-8)

1 바벨론 벨사살 왕 원년에 다니엘이 그의 침상에서 꿈을 꾸며 머리 속으
로 환상을 받고 그 꿈을 기록하며 그 일의 대략을 진술하니라 2 다니엘이 진
술하여 이르되 내가 밤에 환상을 보았는데 하늘의 네 바람이 큰 바다로 몰
려 불더니 3 큰 짐승 넷이 바다에서 나왔는데 그 모양이 각각 다르더라 4 첫
째는 사자와 같은데 독수리의 날개가 있더니 내가 보는 중에 그 날개가 뽑
혔고 또 땅에서 들려서 사람처럼 두 발로 서게 함을 받았으며 또 사람의 마
음을 받았더라 5 또 보니 다른 짐승 곧 둘째는 곰과 같은데 그것이 몸 한쪽
을 들었고 그 입의 잇사이에는 세 갈빗대가 물렸는데 그것에게 말하는 자들
이 있어 이르기를 일어나서 많은 고기를 먹으라 하였더라 6 그 후에 내가 또
본즉 다른 짐승 곧 표범과 같은 것이 있는데 그 등에는 새의 날개 넷이 있고
그 짐승에게 또 머리 넷이 있으며 권세를 받았더라 7 내가 밤 환상 가운데에
그 다음에 본 넷째 짐승은 무섭고 놀라우며 또 매우 강하며 또 쇠로 된 큰

10 대안으로는 다음을 참조하라(Lucas).
A. 서론(1절)
B. 환상 회고(2-14절)
B'. 환상 해석(15-28절)
A'. 결론(28절)

이가 있어서 먹고 부서뜨리고 그 나머지를 발로 밟았으며 이 짐승은 전의 모든 짐승과 다르고 또 열 뿔이 있더라 [8] 내가 그 뿔을 유심히 보는 중에 다른 작은 뿔이 그 사이에서 나더니 첫 번째 뿔 중의 셋이 그 앞에서 뿌리까지 뽑혔으며 이 작은 뿔에는 사람의 눈 같은 눈들이 있고 또 입이 있어 큰 말을 하였더라

다니엘은 벨사살이 바빌론의 왕이 된 첫해에 꿈을 꾸었다(1절). 본문에 기록된 것이 바로 그 환상이다. 벨사살은 5장에서 이미 죽었다(5:30). 벨사살이 다스리던 바빌론을 멸망시키고 페르시아를 근동의 새 군주로 부각시킨 페르시아 왕 이야기가 6장을 장식했다. 이제 저자는 6장에 기록된 이야기에서 상당한 시간을 거슬러 올라가 옛적 이야기를 하고 있다. 이런 사실은 선지서는 선지자들이 하나님께 받은 말씀이나 경험한 일들을 시대적인 순서에 따라 기록하고 있지 않다는 것을 암시한다. 선지자들은 메시지의 시대적인 순서를 필요에 따라 언제든 바꿀 수 있다. 실제로 구약의 역사서와 신약의 복음서도 시대적인 순서에 따라 책을 전개하지 않는다.

벨사살 왕의 원년이 정확하게 언제인가? 밀러(Miller)는 나보니두스가 주전 556년에 바빌론 왕이 되었고 즉위 3년째 되던 해에 아들 벨사살에게 섭정을 하도록 했다고 한다. 골딘게이(Goldingay)는 벨사살의 섭정이 주전 550/549년에 시작해 10년 동안 지속된 것으로 간주한다. 만일 벨사살의 통치가 주전 550년에 시작되었다면, 이 해는 페르시아-메디아의 연합 역사에서 매우 중요한 때이다.

키루스 왕이 주전 550년에 페르시아를 종주국으로 다스리던 메디아의 군주 아스티아게스(Astyages)를 물리쳤다. 이 승리를 계기로 페르시아가 메디아를 다스리게 되었을 뿐만 아니라, 키루스가 다스리게 된 메디아-페르시아는 바빌론 제국을 함락시키고 고대 근동의 새 군주가 되는 발판을 마련했다.

이처럼 중요한 일이 있었던 해에 다니엘은 이 환상을 보았다. 영원히 세상을 다스릴 것 같았던 바빌론을 멸망시킬 키루스가 고대 근동의 패권을 향해 움직이기 시작한 중요한 시점이다. 이러한 상황에서 앞으로 세계 정세가 어떻게 될 것인가를 보여주는 환상이 다니엘에게 임한 것은 의미심장하다. 이때 다니엘의 나이는 아마도 70세쯤 되었던 것 같다.

다니엘은 동서남북 사방에서 바다로 바람이 동시에 불고 있는 것을 보았다(2절). 대체적으로 바람이 한 방향에서 다른 한 방향으로 부는 것을 감안하면, 동서남북에서 동시에 불어오는 이 바람은 대단한 혼란을 의미한다. 또한 바람은 하나님의 심판을 상징한다(Archer, cf. 계 7:1, 슥 6:5, 7:14, 호 8:7). 그러나 본문에서는 바람이 하나님의 심판보다는 앞으로 세상에 임할 혼란을 암시한다.

선지서와 묵시문학에서 숫자 '4'는 총체성을 상징한다. 그러므로 바람이 네 방향에서 동시에 분다는 것은 다니엘이 보고 있는 환상이 당시 온 세상(근동)에 영향을 미칠 것을 암시한다. 한 가지 중요한 사실은 이 바람은 하늘에서부터 시작되었다는 것이다. 인류의 역사와 종말은 우연히 되는 일이 아니라 하늘에 거하시는 주님의 계획과 뜻에 의해 의도적으로 진행된다는 것을 암시한다. 다니엘이 보니 세상 네 방향에서 불어온 바람이 바다를 요동시켰다. 그러자 요동치는 바다에서 큰 짐승 네 마리가 올라왔다(3절). 일부 주석가들은 이 바다가 지중해를 의미한다고 해석한다(Goldingay). 만일 다니엘이 지중해를 염두에 두고 환상을 묘사하고 있다면, 그는 실제적으로 존재하는 바다인 지중해를 이 환상의 배경으로 삼아 환상에 사실성/실제성을 더하고 있다(Smith-Christopher). 그러나 본문에서는 상징적인 의미가 더 중요한 듯하다.

성경에서 바다는 세상의 백성이나 민족들을 상징한다. 그러나 바다는 평안을 누리는 백성이 아니라, 혼란과 악에서 헤어나오지 못하는 백성들을 상징한다. 이사야 57:20은 "악인들은 요동하는 바다와 같아서 고요히 쉬지 못하니, 성난 바다는 진흙과 더러운 것을 솟아 올릴 뿐이다"라고 한다(cf. 사 17:12-13, 계 13:1, 11, 17:1, 15). 그러므로 바다는 사람이 자기 지혜로 세상을 통치하려는 욕심에서 비롯되는 오염되고, 더럽고, 요동치는 세상과 인류를 의미한다(Archer). 출렁이는 바다는 세상의 나라들인 것이다(Driver). 본문에서 바다가 세상을 의미하고 있음이 확실하게 드러나는 곳이 17절이다. 3절에서는 바다에서 나온 네 짐승을 언급하고, 17절은 세상을 호령할 네 나라를 바다에서 나온 네 짐승으로 묘사하고 있다.

바다는 고대 근동의 여러 신화에서 천지창조와 연관되어 자주 등장한다. 바빌론의 신화 에누마 엘리쉬(Enuma Elish)에 의하면 천지창조는 신들의 갈등에서 비롯되었다. 바빌론의 대표적인 신 마르두크가 우여곡절 끝에 할머니 신 티아마트(Tiamat)를 죽임으로써 신들의 우두머리가 된다. 신들의 우두머리가 된 마르두크는 비로소 혼란스러운 세상에 질서를 확립한다.

손주 마르두크에게 죽임을 당한 여신 티아마트(아카디아어로 '바다'라는 의미를 지님)의 몸이 세상의 바다가 되었으며, 인간을 포함한 세상의 생물들이 티아마트의 몸인 바다에서 태어났다. 이 신화를 근거로 어떤 사람들은 창세기 1장에 기록된 천지창조 이야기도 바빌론 신화의 티아마트 이야기의 영향을 받았다고 주장하기도 한다. 그 이후로 바다는 항상 혼란(chaos)을 상징하게 되었다. 성경에도 바다가 혼란을 상징하는 경우가 자주 등장한다(시 18:15, 욥 7:12, 렘 5:22, 나 1:4, 합 3:15, 사 27:1). 이런 이유로 많은 학자는 다니엘이 에누마 엘리쉬 신화에서 영향을 받았다고 주장한다(Heaton). 이와는 대조적으로 바빌론 신화가 아니라, 가나안에서 성행하던 신화가 본문의 배경이라고 주장하는 학자들도 있다(Day, Emerton). 이 외에도 다니엘이 본 환상과 다른 고대 근동 신화들과의 연관성에 관해서는 다양한 주장이 있다(cf. Collins, Lucas).

그렇다면 성경이 이러한 고대 근동 신화들을 진실로 인정하는 것인가? 아니다. 성경이 때로는 신화적인 뉘앙스나 의미를 사용한다고 해서 그 신화들의 진실성이나 역사성을 인정하는 것은 아니다. 단지 당시 독자들이 익숙한 신화들 속에 등장하는 이미지와 개념들을 사용해 하나님의 메시지를 더 확실하게 전하고자 할 뿐이다. 선지자들은 그들의 청중이 익숙해진 문화 코드를 사용해 메시지를 효과적으로 전할 뿐, 그 코드의 진실성에 대해서는 관심이 없다.

예를 들자면, 한국에서 설교자가 효도에 대해 말씀을 선포할 때 효도라는 개념을 여러 말로 설명하기보다는 사람들이 익숙한 『심청전』의 심청을 예로 들면 간단하다. 또한 설교를 듣는 사람들도 설교자가 효도를 장엄하게 설명하는 것보다 '심청'을 언급하면 쉽게 알아듣는다. 그러나 설교자가 심청을 예로 들었다고 해서 심청이 실제 인물이었거나 『심청전』이 실화라는 것을 전제하거나 인정하는 것은 아니다. 진실 여부와 상관없이 사람들이 익숙한 문화 코드를 사용하고 있을 뿐이다. 이사야도 당시 사람들이 잘 알고 있던 신화를 문화 코드로 사용해 메시지를 전한다(cf. 사 27장).

바다에서 올라오는 네 짐승은 각기 네 왕국을 뜻한다(17절). 그러므로 이 환상의 내용은 2장에서 느부갓네살이 본 신상 환상과 상당 부분 같다는 것이 대부분 학자의 해석이다. 다만 7장은 2장에 기록된 환상보다 장차 세상을 호령할 나라들에 관해 더 자세한 세부 사항을 담고 있다(Miller). 2장과 7장은 많은 공통점을 지녔지만, 다니엘은 둘의 공통점이 아니라 차이점을 강조한다(cf. Gowan).

2장에서 느부갓네살이 보았던 신상 머리는 순금이었지만 밑으로 내려갈수록 보잘것없는 물질로 구성되었던 것처럼 이곳에 언급된 짐승들 사이에도 분명한 변화가 있다. 갈수록 잔인하고 포악한 짐승들이다(Montgomery). 2장의 동상은 시간이 흐를수록 더 심각하게 타락해가는 인간사를 암시하고 있다면, 7장의 네 짐승은 시대가 지날수록 더욱더 포악해지는 세상 권세와 더욱더 타락해가는 인간의 본질을 암시하는 듯하다.

네 짐승 중 두 번째 것을 제외하고는 모두 기형적인 모습을 띠고 있다. 이 기형적인 짐승들은 하나님이 '각 종류대로' 창조하신 피조물에 속하지 않는다(cf. 창 1:11-12, 21, 24, 25). 율법은 짐승들을 '각 종류'대로 분류하는 것을 매우 중요하게 여긴다. 신명기 22:9-11은 이렇게 기록한다. "당신들은 포도나무 사이사이에 다른 씨를 뿌리지 마십시오. 그렇게 하면, 씨를 뿌려서 거둔 곡식도 포도도 성물이 되어 먹지 못합니다. 당신들은 소와 나귀에게 한 멍에를 메워 밭을 갈지 마십시오. 당신들은 양털과 무명실을 함께 섞어서 짠 옷을 입지 마십시오."(새번역) 이러한 정황을 고려할 때 본문에 등장하는 짐승들이 암시하는 가장 중요한 핵심은 이 짐승들이 모두 부정하다는 것이다. 모두 하나님의 창조 섭리에 반역 내지는 상반되는 모습을 지니고 있기 때문이다(Bryan). 이 짐승들이 범상치 않음을 암시한다.

네 짐승의 모습은 어디서 비롯되었을까? 메소포타미아 그림들에 나오는 혼혈(hybrid) 짐승들이라고 주장하는 학자들이 있는가 하면(Roaf), 밤하늘에 빛나는 별자리들에서 영감을 받은 것이라고 하는 학자들도 있고(Lacocque, Porteus), 바빌론 신화의 '저세상'(netherworld)에서 영감을 받은 것이라는 사람들도 있다(Kvanvig). 당시 바빌론은 짐승이나 사람들의 기이한 출생 모습을 보고 미래를 예측하는 점술이 성행했다. 심지어 이처럼 특이한 기형적-돌연변이적 출생을 어떻게 해석하는가에 관한 매뉴얼이 있었다(Leichty). 이러한 사실에 근거해, 본문이 묘사하고 있는 기이한 짐승들은 바빌론의 책들에서 비롯되었다고 주장하는 사람들도 있다(Porter).

호세아 13:7-8은 사자-표범-곰 순서로 짐승을 나열하는데, 이 말씀과 고대 근동의 신화 일부가 다니엘에게 네 짐승에 대한 영감을 주었다는 해석도 있다(Day, Heaton, Lucas). 이 짐승들이 율법에서 부정하다고 하는 것들과 연관 있음을 고려할 때, 현재까지는 가장 설득력이 있는 관점으로 보이지만, 다니엘이 이 짐승들에 대한 영감을 어디서 받은 것인지 정확히 알 수는 없다. 한 가지 확실한 것은 짐승들의 비정상적인 모습은 다니엘의 청중들에게 혐오감을 갖게 했을 것이라는 점이다.

각 짐승들에 대한 해석과 2장과의 연관성에 관해서는 다음 도표를 참조하라. 이 주석에서는 두 번째 해석(로마설)을 선호한다. 2장에서 언급한 것처럼 어떻게 해석하느냐에 대한 가장 기본적인 논란은 사람이 미래에 관해 예언할 수 있는가이다. 예언을 할 수 있다고 생각하면 주전 6세기를 살았던 다니엘이 아직 세상에 나타나지도 않은 그리스와 로마제국에 관하여 예언하는 것이 문제가 되지 않는다.

반면에 사람이 예언할 수 없다고 생각하는 사람들은 첫 번째 해석(그리스설)을 선호할 수밖에 없다. 그러나 그들이 그리스설을 선호한다고 해서 모든 문제가 해결되는 것은 아니다. 왜냐면 만일 그들이 다니엘이 주전 6세기 사람이라고 인정하면 주전 4세기에 모습을 드러내는 그리스 제국(알렉산드로스 대왕)도 미래의 일이기 때문이다. 그러므로 그들은 이 문제를 해결하기 위해 다니엘서가 주전 2세기(그리스 제국이 이미 쇠퇴해가고 있고, 아직 로마는 국제 정치를 좌우하는 세력으로 등장하지 않았을 때)에 예언서처럼 쓰인 역사서라고 주장하는 것이다.

느부갓네살의 꿈(2장)	다니엘이 본 짐승들(7장)	해석 1	해석 2	해석 3
정금 머리	독수리 날개의 사자	바빌론	바빌론	느부갓네살(2:38)
은 가슴, 팔	곰	메디아	메디아-페르시아	느부갓네살의 후계자 시대의 메디아
	세 갈빗대	메디아의 다리우스-역사적인 인물이 아님	세 갈빗대 = 리디아, 바빌론, 이집트	세 갈빗대 = 우라르투 스키타이 만나이인

놋 배, 넓적다리	날개 넷과 머리 넷의 표범	페르시아의 첫 4왕	알렉산드로스 대왕의 장군들	페르시아의 4왕(단 11:2)
철 종아리, 철–진흙 발	무명의 짐승	그리스	로마	그리스
	열 개의 뿔	10뿔 = 시리아 왕들 작은 뿔 = 안티오쿠스 4세 에피파네스	세 가지 가능성: 과거 미래1: 현재 제국 미래2: 재성립된 제국	10뿔 = 알렉산드로스 대왕의 영토로부터 주전 2세기까지 자라난 열 개의 제국

바다에서 모습을 드러낸 첫 번째 짐승은 사자와 독수리를 섞어놓은 동물이었다(4절). 사자와 독수리는 둘 다 매우 자존심과 긍지가 강한 동물들이다. 또한 둘 다 육식동물들이기도 하다. 이런 성향 때문에 고대 사회에서 많은 나라가 사자나 독수리를 자신들의 상징으로 삼았다. 오늘날 미국도 자신들을 독수리로 표현한다. 그러므로 독수리나 사자가 어떤 나라를 상징하는 것은 새로운 일은 아니다.

성경에서 사자는 용맹과 흉포함과 파괴력을 상징한다(Ryken et al.). 독수리는 속도와 힘과 민첩함의 상징이다(Ryken et al.) 성경은 느부갓네살을 사자(렘 4:7, 49:19, 22, 50:17, 44)와 독수리(렘 49:22, 애 4:19, 겔 17:3, 합 1:8)로 표현한다. 또한 바빌론에서는 나라의 상징으로 보이는 날개 달린 독수리의 상이 많이 발굴되었다(Grayson). 이런 상황에 거의 모든 주석가는 이 짐승을 바빌론으로 해석한다.

다니엘이 지켜보는 동안에 짐승의 두 날개가 뽑혔다. 이 짐승의 권세가 현저하게 감소했다는 것을 의미한다. 이어서 이 짐승에게 사람의 마음이 주어졌다. 이런 상황을 긍정적으로 보아야 하는가, 아니면 부정적으로 평가해야 하는가? 초대교회 교부들은 이 문제에 대해 둘로 나누어져 있었다(Montgomery). 부정적으로 평가한 해석자들은 이 짐승이 날개를 잃을 때 능력의 상당 부분을 상실했다는 의미로 해석했다.

반면에 긍정적으로 해석한 사람들은 4장에 기록된 느부갓네살의 이야기에서 힌트를 얻어야 한다고 했다. 느부갓네살이 교만해졌을 때 하나님의 벌을 받아 7년 동안 정신병자가 되어 짐승들 사이에서 살았는데, 이때 그의 머리가 "독수리의 깃털처럼 자랐다"고 한다(4:33). 그가 짐승들과 함께 7년을 산 이후에 느부갓네살이 비로소 하나님을 찬양하게 되었고, 하나님은 그에게 사람의 마음을 돌려주셨다(4:34-36). 그러므로 4장을 배경으로 본문을 읽으면 이 짐승이 날개가 뽑히고 사람의 마음을 받은 것은 느부갓네살이 하나님 앞에 겸손해져서 주님을 찬양한 긍정적인 일이라는 것이다. 나름 설득력이 있는 해석이지만 이 환상의 핵심이 심판이라는 것과 다니엘이 이 환상을 본 때가 책이 언급하는 이방 왕 중 가장 부정적으로 묘사된 벨사살 시대라는 것을 감안할 때(cf. Smith-Christopher), 다소 설득력이 떨어지는 주장이다.

다니엘이 본 두 번째 짐승은 곰이었다(5절). 성경에서 곰은 폭력성과 힘을 지닌 육식성 동물이다(Ryken et al.). 이 곰은 뒷발로 서 있었으며, 몸 한쪽을 들고 있고 입에는 갈빗대 세 개를 물고 있다. 대부분의 학자는 이 짐승을 메디아-페르시아로 해석한다.

곰의 한쪽이 들렸다는 것을 먹이를 향해 걸어가는 곰의 모습으로 해석하기도 하고(Montgomery), 메디아와 페르시아의 관계를 의미하는 것으로 해석하기도 한다(Miller). 짐승과 사람의 기형적인 출산과 연관해 해석하는 사람들은 곰의 한쪽이 들렸다는 것을 이 짐승이 작은 기형을 지닌 것을 의미한다고 한다(Porteus). 만일 메디아와 페르시아의 관계를 의미한다면, 이 두 나라의 동맹 중 우위를 차지했던 페르시아가 들린 쪽(높은 쪽)이 된다(Archer, Hartman & Di Li Lella, Wood). 몸 한쪽을 들고 있는 이 곰은 숫양과 숫염소 환상인 8장을 바탕으로 해석되어야 한다는 것이 학자들의 주장이다.

짐승이 입에 문 세 갈빗대는 무엇을 상징하는가? 자기가 가진 것으로만 만족할 수 없어 다른 짐승들을 죽이고 빼앗아야 하는 인간의 욕심을 의미한다고 해석하는 주석가들이 있다(Young). 그러나 7장이 나라(제국)들을 묘사하는 것으로 해석한다면, 이 갈빗대들은 메디아-페르시아 제국이 당시 근동 세계의 통치권을 갖기 위해 점령한 나라들의 일부이다. 어떤 나라들인가? 페르시아 제국이 정복했던 바빌론(주전 539년)과 리디아(주전 546년)와 이집트(주전 525년)이다(Archer, Whitcomb).

그런데 누가 이 짐승에게 "일어나서 고기를 많이 먹어라!"(5절)고 명령하는가? 일부 주석가들은 하나님이 명령한다고 주장한다(Goldingay). 하나님과 싸우고 있는 바다(세상)의 음성이라는 해석도 있다(Smith-Christopher). 거만하게 떠들어대는 '작은 뿔'(8절)과 대조를 이루기 위해서라도 하나님은 이 비전에서 한 마디도 하지 않으신다는 주장도 있지만, 세상을 지배하는 권세들이 창조주 하나님의 명령에 따라 움직인다는 점을 감안하면, 이 명령은 하나님이 곰에게 하신 것이라고 생각하는 것이 바람직하다.

바다에서 나온 세 번째 짐승은 새의 날개를 넷이나 가지고 있는 표범이었다(6절). 다니엘은 이 표범은 머리도 네 개였으며 매우 권위가 있어 보였다고 한다. 성경에서 표범은 민첩함과 잠행의 상징이다(Ryken et al., cf. 합 1:8, 렘 5:6, 호 13:7). 표범은 육식동물이기도 하다. 게다가 이 짐승이 네 날개를 지녔다는 것은 표범의 민첩함에 날렵함과 유동성을 더한다. 이 짐승이 순식간에, 또한 매우 민첩하게 온 세상을 정복할 것을 의미한다(cf. 8:5).

성경에서 얼굴/머리는 통치자 혹은 통치권을 상징한다(단 2:38, 사 7:8-9, 계 13:3, 12). 네 머리를 지닌 이 표범에게는 네 명의 통치자가 있다는 것을 의미한다. 일명 그리스설을 주장하는 학자들은 이 짐승의 네 머리를 페르시아 제국의 네 왕들-다리우스(Darius), 키루스(Cyrus), 크세르크세스(Xerxes), 아르타크세르크세스(Artaxerxes)-로 해석한다(Smith-Christopher, cf. Collins). 그러나 로마설을 선호하는 입장에서는 알렉산드로스 대왕이 시작한 그리스 제국을 더 설득력 있게 받아들인다.

네 통치자가 누구인가는 8장에 가서 더욱더 명확해진다.

메디아-페르시아의 뒤를 이어 당시 세상을 정복한 나라는 그리스이다. 그리스는 '날개 달린 표범'의 민첩함으로 세상을 정복했다. 알렉산드로스 대왕은 주전 334년에 소아시아를 침략한 것을 시작으로 세계 정복에 나섰다. 그는 10년 만에 인도 국경에까지 이르는 '온 세상'을 정복했다. 전례에 의하면, 그는 인도를 정복한 다음 더 이상 정복할 땅이 없어서 울었다고 한다.

표범의 네 얼굴은 네 지도자를 의미한다고 했다. 알렉산드로스 대왕은 주전 323년에 열병으로 갑자기 죽었다. 많은 내부적인 갈등을 겪고 난 다음, 그의 제국은 네 나라로 나뉘었다. 첫째, 마케도니아(Macedonia)와 그리스 지역은 처음에는 안티파트로스(Antipater)에게, 나중에는 카산드로스(Cassander)에게 넘어갔다. 둘째, 리시마쿠스(Lysimachus)는 트라키아(Thrace)와 소아시아의 대부분을 차지했다. 셋째, 니카토르(Seleucus I Nicator)는 시리아 지역을 차지했다. 넷째, 프톨레마이오스(Ptolemy I Soter)는 이집트와 팔레스타인 지역을 차지했다.

다니엘이 본 네 번째 짐승은 처음 세 짐승과 질적으로 다른 것이었다(7-8절). 다니엘은 이 짐승의 이름을 주지 않아 궁금증을 더한다(Lucas). 또한 이 짐승이 어떤 모양을 지녔는지에 관해서도 구체적인 언급을 피한다. 일부 학자들이 주장하는 것처럼 다니엘의 상상력이 부족해서 빚어진 일이 아니다(Lacocque). 이 짐승의 모습이 세상에 있는 그 어떤 짐승과도 비슷하지 않기 때문이다(Montgomery).

넷째 짐승은 매우 사납고, 무섭게 생겼으며, 힘이 매우 셌다. 그러므로 일부 주석가들이 주장하는 것처럼 이 짐승은 코끼리가 아니다(cf. Smith-Christopher). 코끼리는 힘은 세지만 사납고 무섭게 생긴 짐승은 아니기 때문이다. 게다가 이 짐승은 쇠로 된 큰 이빨을 가지고 있어서 먹이를 먹을 때 뼈까지 으스러뜨렸다. 코끼리는 육식동물이 아니다. 이 짐승은 먹고 남은 것은 발로 짓밟는 잔인성도 보였다. 넷째 짐승에게는 뿔이 열 개나 있었다. 열 뿔 중 세 개가 새로 돋아난 한 뿔에 뿌리째 뽑혔다. 새로 돋아난 뿔은 사람의 눈과 비슷한 눈을 지녔으며, 입이 있어서 거만하게 떠들었다.

이 짐승의 정체를 파악하기가 쉽지 않다는 것을 "이 짐승은 앞에서 말한 짐승들과 달랐다"(7절)라는 말이 암시하고 있다. 또한 가장 강인하면서 잔인하게 생겼다. 그만큼 힘이 있는 제국이라는 것이다. 이 짐승은 로마제국을 의미한다. 로마제국이라는 해석을 부인하는 사람들 대부분은 다니엘서가 주전 2세기 중반에 정리되었으며, 이때에 로마는 본문이 전제하는 것처럼 엄청난 힘을 발휘하는 제국이 아니었다고 주장한다. 그러므로 이것은 로마제국이 될 수 없다는 논리를 펼친다. 그러나 선지자들이 미래 일들을 예언할 수 있다는 사실만 인정하면 전혀 문제가 되지 않는다. 그러므로 이 짐승이 어느 나라를 의미하는가에 대한 해석의 열쇠는 신학적인 전제에 있는 것이지 어떤 역사적 증거를 바탕으로 하고 있는 것이 아니다.

주전 2세기에 그리스 제국의 분산된 힘을 꺾고 새로운 강자로 세계 정치에 입문한 나라가 로마다. 넷째 짐승의 무시무시한 힘과 잔인성은 로마제국을 잘 묘사한다. 이 짐승이 먼저 나온 세 짐승들과 다른 것처럼, 로마제국도 이미 지나간 제국들과 매우 달랐다. 로마제국처럼 강하고 오래 지속된 제국은 인류 역사 속에서 찾아볼 수가 없기 때문이다.

이 짐승이 지닌 열 뿔은 무엇을 의미하는가? 성경에 의하면 뿔은 왕이나 왕국을 상징한다(Ryken et al., cf. 계 13:1, 17:12, 시 132:17, 슥 1:18). 또한 24절은 이 뿔들이 열 왕이라고 한다. 학자들은 이 열 왕이 구체적으로 누구인가에 대하여 다양한 제안을 했다(cf. Caragounis). 그러므로 뿔들이 상징하고 있는 열 왕은 로마제국과 분명한 관계가 있는 왕들이다. 또한 이 뿔들의 숫자가 열이라는 것을 감안할 때, 2장에서 느부갓네살이 보았던 동상도 언급은 없지만 분명 열 발가락을 지녔을 것으로 단정할 수 있다.

세 뿔을 뒤집고 나오는 뿔도 새로운 제국이 아니라 분명히 한 왕이다(cf. Montgomery). 그는 이미 존재하던 세 왕과 그들의 왕국을 물리치고 자신의 위치를 부각시키고 있다. 이 뿔이 가지고 있는 눈은 인간성을 의미할 수 있다. 그러나 성경에서 눈은 보고 배우는 데 중요한 역할을 한다. 그러므로 눈은 지혜, 총명, 민첩함 등의 상징이다(슥 3:9, 4:10, 계 4:6, 4:6). 작은 뿔이 상징하고 있는 왕은 매우 총명하고 재치 있는 사람이라는 것을 암시한다. 또한 "입이 있어서 거만하게 떠들었다"(רַבְרְבָן מְמַלִּל)는 말을 문자적으로 번역하면 "그의 입에서 큰 것들[great things]이 나왔다"라는 의미이다. 그는 상당한 지식을 지녔다는 말일 것이다. 문제는 지식을 겸비한 그가 교만한 입을 하나님을 향해 놀리고 있다는 것이다(25절).

이 교만한 '작은 뿔'이 상징하는 왕은 누구인가? 대부분의 학자는 이 사람을 다름 아닌 안티오쿠스 4세(Antiochus IV Epiphanes)로 해석한다(Collins, Gowan, Seow, Smith–Christopher, cf. 11장 주해). 그러나 안티오쿠스 4세는 장차 이 세상에 모습을 드러낼 이 인물에 대한 모형(type)은 될 수 있어도 이 사람은 아니다. 성경에는 이 왕에 대한 언급이 많이 있다(단 11:36–37, 살후 2:3–12, 계 13:5–6). 이 왕이 바로 적그리스도이다(Archer, Keil & Delitzsch, Leupold, Walvoord, Young). 주후 4세기에 히에로니무스는 이미 이 사람에 대해 육신을 취한 사탄이라고 해석했다(Braverman).

숫자 10은 적그리스도가 다스리는 제국이 열 나라로 구성될 것이라는 의미로 해석될 수 있다. 그러나 10은 완전수로 그의 나라의 권세와 능력과 주권이 매우 강력할 것을 의미한다고 해석하는 것이 바람직하다(cf. 계 13:3, 7–8, 12).

II. 미래에 대한 비전(7:1–12:13)
A. 네 짐승 비전(7:1–28)

2. 하늘의 힘(7:9–14)

9 내가 보니 왕좌가 놓이고
옛적부터 항상 계신 이가 좌정하셨는데
그의 옷은 희기가 눈 같고
그의 머리털은 깨끗한 양의 털 같고
그의 보좌는 불꽃이요
그의 바퀴는 타오르는 불이며
10 불이 강처럼 흘러 그의 앞에서 나오며
그를 섬기는 자는 천천이요
그 앞에서 모셔 선 자는 만만이며
심판을 베푸는데 책들이 펴 놓였더라

11 그 때에 내가 작은 뿔이 말하는 큰 목소리로 말미암아 주목하여 보는 사이
에 짐승이 죽임을 당하고 그의 시체가 상한 바 되어 타오르는 불에 던져졌
으며 12 그 남은 짐승들은 그의 권세를 빼앗겼으나 그 생명은 보존되어 정한
시기가 이르기를 기다리게 되었더라

13 내가 또 밤 환상 중에 보니
인자 같은 이가 하늘 구름을 타고 와서
옛적부터 항상 계신 이에게 나아가
그 앞으로 인도되매
14 그에게 권세와 영광과 나라를 주고
모든 백성과 나라들과
다른 언어를 말하는 모든 자들이
그를 섬기게 하였으니
그의 권세는 소멸되지 아니하는 영원한 권세요
그의 나라는 멸망하지 아니할 것이니라

다니엘이 넷째 짐승과 그 짐승에게서 솟아난 뿔을 보며 혼란에 빠져 있을 때, 하나님의 모습이 보였다(9절). 그런데 하나님의 모습이 보인 곳이 하늘인가, 아니면 땅인가? 다니엘이 환상을 보고 있기 때문에 사건이 전개되는 장소를 단순히 '환상적인 공간'(mythic space)이라며 이 질문을 피해가는 사람들도 있다(Collins, Gowan). 다니엘이 보좌를 보았고 '인자 같은 이'가 하늘 구름을 타고 오는 모습을 보면 하나님이 계시는 천상이다(Hartman & Di Lella). 반면에 9절이 장소의 변화에 대한 언급 없이 8절까지 이 땅에서 지속된 이야기와 옛적부터 계신 분이 [이 땅에 있는] 자기 백성에게 오셨다(22절)는 것을 감안하면 이 땅이다(Beasley-Murray, Goldingay). 또한 구약에 의하면 하나님이 심판을 행하는 장소는 대체적으로 이 땅이다(렘 49:38, 욜 3:1-2, 12, 슥 14:1-5, 시 50편, 96:10-13). 하나님이 넷째 짐승을 심판하기 위하여 이 땅에 오신 것이다.

이 부분의 구조를 살펴보면 하나님의 현현(A)—뿔과 짐승의 죽음(B)-하나님의 현현(A')으로 이루어졌다. 흉측하게 생긴 넷째 짐승과 온갖 교만한 말로 떠들어대던 작은 뿔이 하나님과 싸워보지도 못하고 순식간에 죽었다(11절). 하나님 앞에 선 세상의 권세는 모두 이렇게 된다는 것이다.

앞부분에서 세 개의 뿔을 뽑고 나타난 작은 뿔(viz., 적그리스도)이 교만하게 떠들었다(8절). 작은 뿔은 하나님에 대해 망언도 서슴지 않았을 것이다. 뿔이 떠드는 동안 하나님은 조용히 그 뿔을 칠 날을 준비하셨다. 드디어 때가 이르니 뿔을 치러 오신 것이다. 범 무서운 줄 모르고 떠들어대는 하룻강아지 같은 작은 뿔과 그 하룻강아지를 순식간에 죽이는 범 같은 하나님의 대조적인 모습은 우연이 아니다(Whitcomb). 작은 뿔이 마치 자기가 우주의 최고 통치자나 되는 것처럼 교만을 떠는 동안 하나님은 은밀하게 이 교만한 자를 죽일 날을 준비하셨다!

다니엘은 여러 왕좌(כָּרְסָוָן)를 보았다(9절). 일부 학자들은 실제로는 왕좌가 하나인데 중요성을 강조하기 위해 복수형을 취하고 있다고 하지만(Montgomery, Goldingay), 대부분의 주석가는 고대 근동의 신화들을 근거로 다니엘이 왕좌 여러 개를 보고 있다고 한다(cf. Lucas, Seow). 그중 하나에 '옛적부터 계신 분'(עַתִּיק יוֹמִין)이 앉으셨다. 그렇다면 다른 옥좌들은 누구를 위한 것들인가? 만일 다니엘이 두 왕좌만 보았다면, 나머지 하나는 당연히 '구름 타고 입성하시는 인자 같은 이'의 왕좌이다(Smith-Christopher, cf. 마 26:64, 막 14:62, 눅 22:69). 만일 왕좌가 여러 개라면 천사들을 위한 것들로 해석할 수도 있겠지만(Young), 신실한 성도를 위한 것들로 간주하는 것이 바람직하다(cf. 계 20:4). 말세에 하나님이 세상을 심판하실 때, 성도도 감당하는 역할이 있다고 성경은 가르친다(cf. 눅 22:30, 고전 6:2, 계 3:21). 이때 아마도 성도는 하나님의 보좌 옆에 앉을 것이다.

옛적부터 계신 분의 모습은 말 그대로 순결의 절정이다(Goldingay). '옛적부터 계신 분'은 하나님이 세상을 심판하러 오시는 것을 의미한다(Longman). 세상을 창조하시고 모든 것을 처음부터 지켜보셨던 주님이 오신 것이다. 주님의 옷은 눈처럼 희고, 머리카락은 양털처럼 깨끗했다. 하나님 주변에서는 무시무시한 '불꽃놀이'가 펼쳐지고 있었다. 성경은 하나님의 현현을 자주 불과 연결해 표현한다. 모세가 호렙 산에서 하나님을 처음 만났을 때(출 3:2)와 시내 산에 하나님이 임하셨을 때(출 19:18)가 대표적이다. 시편 97:3은 하나님이 임하실 때면 불이 앞서가 하나님의 원수들을 태워 주님의 현현을 준비한다고 한다. 본문에서 하나님의 보좌를 불이 둘러싸고 있는 것은 하나님의 영광이 매우 두렵고 위험하다는 것을 암시한다. 주님께 수종 드는 이들이 수를 셀 수 없이 많았다. 하나님은 책을 펴놓고 심판을 시작하셨다.

옷이 눈과 같이 희다는 것은 하나님의 도덕적인 순결함(moral purity)을 의미한다(cf. 사 1:18, 계 1:14). 머리가 하얗다는 것은 나이를 상징한다. 옛적부터 계셨던 하나님의 영원하심을 적절하게 표현한다. 성경에서 불은 심판을 상징하는 것으로 사용된다. 하나님이 앉아 계신 보좌의 바퀴에서 불이 치솟는 것은 에스겔의 환상을 연상시킨다(cf. 겔 1, 10장). 수종 드는 이들은 천사들이다(cf. 계 5:11). 저자는 하나님께 수종 드는 천사들의 수를 '천천', '만만'으로 표현하는데(10절), '만 곱하기 만'은 고대 사람들이 단어로 표현할 수 있었던 가장 큰 숫자였다(Knight). 하나님께 시중 드는 천사들이 셀 수 없이 많았다는 뜻이다.

짐승이 살해되어 시체가 타는 불(하나님의 보좌 앞에 흐르는 물과 같은 불줄기)에 던져졌다(11절). 일부 주석가들은 이 불이 하나님을 둘러싸고 있는 거룩한 불, 그러므로 하나님의 보좌에서 흘러나온 불이 짐승을 태우는 것으로 풀이한다(Hartman & Di Lella, Lederach). 그러나 하나님의 보좌를 둘러싼 불(נוּר, 9-10절)과 이 짐승을 태우는 불(אֶשָּׁא, 11절)을 뜻하는 아람어 단어가 서로 다르다. 보좌를 둘러싼 불은 하나님의 거룩하심을 보호하는 거룩한 불(נוּר)이고, 짐승을 태우는 불은 심판의 불(אֶשָּׁא)인 것이다(cf. Goldingay). 이 심판의 불을 영원히 꺼지지 않는 지옥의 불로 해석하는 주석가들도 있다(Charles, Keil & Delitzsch). 이 불로 네 짐승을 파괴하는 것은 2장에서 '사람이 떼어내지 않은 돌'이 동상의 하체를 부서뜨린 것과 같은 의미를 지니고 있다. 2장과 7장은 종말이 매우 결정적으로, 순식간에 임할 것을 암시한다(Whitcomb).

하나님이 심판을 시작하실 때, 보좌 앞에 책을 펴놓으셨다(10절). 일부 학자들은 이 책의 근원을 바빌론 신 마르두크 신화와 연관된 '운명의 토판'(Tablets of Fate)과 연관 짓는다(Heaton). 그러나 그 신화에 의하면 이 책의 성격은 이듬해에 있을 일을 바꾸는 것이지, 본문에서처럼 사람이 하나님 앞에서 받는 최종 심판과 연관이 없다. 그러므로 설득력이 없는 주장이다. 성경에서 책은 하나님이 세상에 살았던 모든 사람의 행위에 대해 기억하고 계시다는 것을 상징한다(출 32:32-33, 시 69:28, 사 4:3, 단 12:1, 말 3:16, 눅 10:20, 계 20:12). 이 책과 연관된 것이 상벌 개념이다. 그러므로 하나님의 심판이 시작되는 날, 주님은 이 책을 펼쳐놓고 인간의 모든 행위에 대해 보상과 심판을 하실 것이다.

하나님 앞에 선 사람의 이름이 '생명의 책'에 기록되어 있는지의 여부에 따라 그가 어디서(천국 혹은 지옥) 영생을 보낼 것인가가 결정된다(단 12:1, 계 20:12, 15). 사람들은 마치 믿는 사람들에게만 영생이 허락된 것처럼 착각을 한다. 영생은 누구에게나 있다. 다만 어디서 그 영생을 보낼 것인지가 문제이다. 하나님이 책을 펼치시는 이유는 그 책 안에 적그리스도의 모든 행위가 기록되어 있기 때문이다.

언제 이 일이 실현될 것인가? 하나님의 왕국이 이 짐승을 죽이고 바로 뒤에 세워질 것이라는 점을 감안하면(cf. 14절), 인류의 종말에 성취될 것이다(Miller). 그래서 이 심판의 불을 영원히 꺼지지 않는 지옥의 불로 해석할 수도 있다(Charles, Keil & Delitzsch). 예수 그리스도의 재림에 있을 일이다(cf. 계 19:20-21).

넷째 짐승과 작은 뿔의 죽음은 참으로 어이없다 못해 허무하기까지 하다. 마치 자신이 온 우주에서 최고인 것처럼 떠들어대더니, 심판이 임하니 말 한 마디 못해보고 죽었다. 인간의 교만이 이런 것 아닐까? 겸손히 창조주 하나님을 의지하고, 주님의 주권을 인정하고, 주님 앞에 무릎을 꿇는 자는 복이 있다.

나머지 세 짐승은 권세를 빼앗기지만, 잠시 더 살았다(12절). 무슨 뜻인가? 각 제국이 어떻게 뒤를 이어 형성된 새 제국에게 흡수되었는가를 설명한다는 해석이 있다(Lucas, cf. Rowley). 예를 들자면, 그리스는 로마에게 정복되었지만, 그리스의 문화와 언어는 뿌리 뽑히지 않고 로마제국에 그대로 승계되어 사용되었다. 그러므로 그리스 제국의 생명이 '잠시' 연장되었다는 것이다. 페르시아가 바빌론을 정복했을 때도, 페르시아를 그리스가 정복했을 때도, 이러한 상황이 유지되었다. 그러나 본문의 강조점은 다니엘이 언급하는 제국들의 운명이 아니라, 이 제국들이 상징하는 세상 권세의 종말이 다 이렇다는 것이다(Smith-Christopher). 메시아의 나라가 도래하기 전에는 세상 왕국들(권세들)이 대를 이으며 상당 기간 끈질기게 지속될 것이지만, 주님이 오시면 완전히 절단 날 것을 암시한다.

그러므로 역사적으로는 넷째 짐승이 로마제국이었던 것이 확실하지만, 종말론적인 관점에서 볼 때 로마는 이 넷째 짐승의 모형 혹은 부분적인 성취였다. 이 넷째 짐승의 완전한 성취는 인류의 종말에 실현될 것이다. 종말에 나타날 '짐승'이 과거에 존재했던 로마제국과 얼마나 많은 유사점을 지니고 있을지는 두고 보아야 한다.

본문이 암시하는 것은 이 짐승이 매우 적그리스도적이며, 적그리스도의 통치를 받게 될 것이라는 사실이다. 그러나 이 짐승(제국)이 꼭 옛 로마제국의 중심지였던 유럽에 형성되어야 한다는 것은 억지 주장이다. 우리가 살고 있는 세상은 다니엘이 살던 근동 지역보다 훨씬 더 넓어졌다. 누가 아는가? 오늘날 세상을 호령하는 강대국 중 하나가 이 제국을 형성하게 될지! 또한 마지막 짐승이 다른 짐승들보다 훨씬 더 잔인한 것은 세월이 지나면서 부패를 거듭하는 인간 세상의 세태를 의미할 수 있다.

짐승이 죽고 나서 '인자 같은 이'가 구름을 타고 왔다. 성경과 고대 근동에서는 신(들)이 구름을 타고 올 때 구름 위에(עַל) 서서 오지 본문에서처럼 구름과 함께(עִם) 오지 않는다는 이유로 '인자 같은 이'의 신성을 부인하는 주석가들이 있다(Montgomery, Hartman & Di Lella). 그러나 성경은 하나님이 구름 위에 혹은 구름과 함께 혹은 구름 중에도 오신다고 하는 등 다양하게 표현한다(Lucas, Scott, cf. 출 19:9, 34:5, 민 11:25). 그러므로 이러한 차별화는 별 의미가 없다.

또한 다니엘의 '같은'(כְּ)이라는 전치사는 불확실성(다니엘 자신이 정확히 누구를 보았는가를 모름)을 의미하는 것이 아니라, 환상에서 하나님의 모습을 흐릿하게 하려는 의도로 보아야 한다(cf. Collins). 성경은 사람이 하나님을 보면 살 수 없다고 하는데, 다니엘이 옛적부터 계신 분을 보고도 살 수 있었던 것은 그가 이 모든 것을 환상을 통해 경험하고 있기 때문이다. 이러한 상황에서 그는 한걸음 더 나아가 구름 타고 오신 이가 분명 하나님의 현현인데, 비록 환상이라 할지라도 하나님의 두 현현을 보고도 생명을 유지하는 것이 쉽지 않다. 그러므로 그는 두 번째 현현을 '인자 같은 이'라며 의도적으로 희미하게 하고 있다.

구름을 타고 오신 이는 옛적부터 계신 분에게 나아가, 그분 앞에 섰다(13-14절). 하나님이 그에게 권세와 영광과 나라를 주시고, 민족과 언어가 다른 뭇 백성이 그에게 경배하게 하셨다. 옛적에 느부갓네살(3:4, 7, 29, 4:1, 5:19)과 다리우스(6:25) 앞에 민족과 언어가 다른 뭇 백성이 선 적이 있으며, 이 왕들은 이 민족들에게 히브리 사람들의 하나님 여호와께 모든 영광과 존귀를 돌리라고 명령했다. 드디어 민족과 언어가 다른 뭇 백성이 찬양하고 경배하기에 합당하신 분이 오셨다.

또한 인자 같으신 이의 권세는 영원하기 때문에 옮겨가지 않을 것이며, 그 나라가 멸망하지 않을 것이다(14절). 다니엘은 2장 환상에서 오직 하나님의 통치만이 영원할 것이라고 했다(2:44). 그러므로 인자 같으신 이가 받은 나라가 바로 2장에서 말한 하나님이 말세에 세우실 나라이다. 본문은 메시아의 나라가 도래할 것을 말하고 있는 것이다.

구름과 하나님의 현현은 이미 출애굽 사건 때부터 서로 연관되어 있다(출 13:21). 하나님이 시내 산에 임하셨을 때, 구름이 온 산을 에워싼 적도 있다(출 19:16). 하나님은 장막에 구름으로 임하셨다(레 16:2). 또한 시편 기자들은 하나님을 구름 타고 다니시는 분으로 묘사하기도 한다. 시편 68:4는 "하나님을 찬양하여라. 그의 이름을 노래하여라. 구름 수레를 타고 오시는 분에게, 소리 높여 노래하라"로 기록하고 있으며, 시편 104:3은 여호와께서 "물 위에 누각의 들보를 놓으시고, 구름으로 병거를 삼으시며, 바람 날개를 타고 다니신다"라고 한다.

선지자들은 하나님이 심판하러 오시는 모습을 구름 타고 오시는 것으로 묘사한다. "주님께서 빠른 구름을 타고 이집트로 가실 것이니"(사 19:1), "회오리바람과 폭풍은 당신이 다니시는 길이요, 구름은 발 밑에서 이는 먼지이다"(나 1:3). 고대 근동 신화에서 바다는 혼돈을 상징하는 것으로 자주 사용되었다. 마찬가지로 신들이 구름을 타고 다니는 모습 또한 신화에서 자주 사용된 이미지이다. 바알에게 자주 적용되어 사용된 명칭 중 '구름을 타고 다니는 자'가 있었다(Longman).

한 가지 확실한 것은 본문에서 구름 타고 오시는 분은 인간이 아니라는 것이다. 또한 그분은 분명히 하늘에서 오신다(Keil & Delitzsch). 이 '인자' 같으신 이가 누구인가? 다니엘서에서 가장 많은 논쟁과 논문을 불러일으킨 논란거리가 바로 이 '사람'의 정체를 밝히는 일이었다(cf. Casey, Emerton, Kvanvig, Lemcio). 여러 가지 다양한 해석이 제시되었지만(cf. Redditt), 세 가지 해석이 주류를 이룬다.

첫째, '인자 같은 이'는 천사장 미가엘이며, '거룩한 이들'(18, 27절)은 그를 따르는 천사들이다(Collins, Lacocque, Lederach, Noth, Smith-Christopher). 이와 비슷하게 '인자 같은 이'는 천사장 가브리엘이라는 해석도 있다(Zevit). 다니엘 4:13과 8:13은 천사를 '거룩한 이'(קַדִּישׁ)로 부르고 있으며 사해 사본도 천사를 의미하는 것으로 해석하고 있다는 것이 이 설의 가장 큰 물증이다. 언젠가는 신실한 이스라엘 사람들도 '거룩한 이들'(미가엘의 백성)에 포함된 것은 그들의 신분이 앞으로 천사들처럼 승화될 것이기 때문이다.

많은 학자는 이 해석을 선호한다. 그러나 '거룩한 이들'은 다니엘서 안에서 사람들에게도 적용되는 표현이다(cf. 12:7). 천사들에게만 적용되는 표현이 아니라는 것이다(Poythress). 이 해석은 아직 다니엘서에 등장하지도 않고 8-12장에 가야 모습을 보이는 천사장들을 동원하는 문제를 안고 있다(Goldingay). 또한 27절은 분명히 거룩한 이들을 '지극히 높으신 분의 백성'이라고 한다. 게다가 '거룩한 이들'이 천사들이 아니라 주의 백성이라는 사실이 확실히 드러나는 것은 21, 25절에 '성도의 패배'가 암시되고 있기 때문이다. 천사들은 패배할 수가 없기 때문이다(Baldwin). 그러므로 '인자 같은 이'는 하나님의 현현일 수밖에 없다(Baldwin, Casey, Hasel, Poythress, cf. Beasley-Murray).

둘째, 인자 같은 이는 하나님의 백성들을 의인화한(personify) 것이다(Driver, Dunn, Gowan, Hartman & Di Lella, Heaton, Lacocque, Montgomery, Seow). 유대인들이라는 것이다. 가장 많은 학자가 이 해석을 선호한다(cf. Lucas). 이 해석도 초대교회 시대로 거슬러 올라간다(cf. Montgomery). 이 학자들은 성도들이 왕국을 받는 것을 감안하면(18, 22, 27절), 왕국을 받는 인자 같은 이 또한 이스라엘 사람들이라고 한다. 만일 저자가 이스라엘 사람들을 염두에 두었다면 왜 더 적절한 '야곱/이스라엘의 아들'(son of Jacob/Israel)이라는 매우 흔한 성경적 표현을 제쳐놓고 '인자'(son of man)를 사용하는가? 게다가 '야곱/이스라엘의 아들들'과 '인자'는 매우 다른 표현이라는 점을 감안할 때 큰 설득력이 없어 보인다(Baldwin).

백성들이 왕국을 받고 그들의 왕[메시아]이 그들을 다스린다는 해석을 배제할 이유가 전혀 없다(Keil & Delitzsch). 하나님은 열방이 인자를 경배하게 하셨다(14절). 성경에 의하면 하나님 한 분만이 경배를 받으실 수 있다(cf. 계 19:10). 또한 구약에서 구름은 100차례 정도 사용된다. 그런데 이중 70% 이상이 시내 산, 성전 혹은 말세에 있을 하나님의 현현과 연관되어 있다. 이러한 정황을 감안할 때, 본문이 언급하는 '인자 같은 이'는 신적인 존재인 것이 확실하다(Young). 구름을 타고 오신 이 '인자'는 바로 하나님이시다(Baldwin).

셋째, '인자 같은 이'는 예수 그리스도이시다(Miller, Young). 이 해석은 신약 저자들의 관점일 뿐만 아니라, 가장 오래되고, 가장 전통적인 주장이다(Montgomery). 주후 400년대를 살았던 히에로니무스가 이미 이러한 해석을 제시했을 뿐만 아니라(Braverman), 유대인들도 전통적으로 이 사람을 메시아로 해석해왔다(Slotki). 탈무드(Sahnedrin 98a)도 이 해석을 정설로 받아들였다(Jeffery). 예수님 시대에 이르러 '인자'는 메시아적인 뉘앙스를 지니고 사용되기도 했다.

마가복음 14:61-62에 기록된 예수님의 증언을 생각해보라. "당신이 메시아입니까?” 하고 묻는 대제사장에게 예수님은 “내가 바로 그이다. 너희는 인자가 전능하신 분의 오른쪽에 앉아 있는 것과, 하늘의 구름을 타고 오는 것을 보게 될 것이다”라고 대답하셨다. 이 말씀은 분명히 다니엘서 7장의 말씀을 인용하고 있다.

II. 미래에 대한 비전(7:1–12:13)
A. 네 짐승 비전(7:1–28)

3. 하나님의 승리(7:15–28)

15 나 다니엘이 중심에 근심하며 내 머리 속의 환상이 나를 번민하게 한지라
16 내가 그 곁에 모셔 선 자들 중 하나에게 나아가서 이 모든 일의 진상을 물
으매 그가 내게 말하여 그 일의 해석을 알려 주며 이르되 17 그 네 큰 짐승은
세상에 일어날 네 왕이라 18 지극히 높으신 이의 성도들이 나라를 얻으리니
그 누림이 영원하고 영원하고 영원하리라 19 이에 내가 넷째 짐승에 관하여
확실히 알고자 하였으니 곧 그것은 모든 짐승과 달라서 심히 무섭더라 그
이는 쇠요 그 발톱은 놋이니 먹고 부서뜨리고 나머지는 발로 밟았으며 20 또
그것의 머리에는 열 뿔이 있고 그 외에 또 다른 뿔이 나오매 세 뿔이 그 앞
에서 빠졌으며 그 뿔에는 눈도 있고 큰 말을 하는 입도 있고 그 모양이 그의
동류보다 커 보이더라 21 내가 본즉 이 뿔이 성도들과 더불어 싸워 그들에게
이겼더니 22 옛적부터 항상 계신 이가 와서 지극히 높으신 이의 성도들을 위
하여 원한을 풀어 주셨고 때가 이르매 성도들이 나라를 얻었더라 23 모신 자
가 이처럼 이르되

넷째 짐승은 곧 땅의 넷째 나라인데
이는 다른 나라들과는 달라서
온 천하를 삼키고 밟아 부서뜨릴 것이며
24 그 열 뿔은 그 나라에서 일어날 열 왕이요
그 후에 또 하나가 일어나리니

그는 먼저 있던 자들과 다르고
또 세 왕을 복종시킬 것이며
25 그가 장차 지극히 높으신 이를 말로 대적하며
또 지극히 높으신 이의 성도를 괴롭게 할 것이며
그가 또 때와 법을 고치고자 할 것이며
성도들은 그의 손에 붙인 바 되어
한 때와 두 때와 반 때를 지내리라
26 그러나 심판이 시작되면
그는 권세를 빼앗기고
완전히 멸망할 것이요
27 나라와 권세와 온 천하 나라들의 위세가
지극히 높으신 이의 거룩한 백성에게 붙인 바 되리니
그의 나라는 영원한 나라이라
모든 권세 있는 자들이
다 그를 섬기며 복종하리라
28 그 말이 이에 그친지라 나 다니엘은 중심에 번민하였으며 내 얼굴빛이 변
하였으나 내가 이 일을 마음에 간직하였느니라

다니엘은 바빌론과 페르시아에서 가장 지혜로운 사람으로 존경받았다. 그는 왕들의 꿈을 쉽게 해석해주었다. 그런 다니엘이 혼란에 빠졌다. 도저히 자기가 본 환상을 해석할 수 없다는 사실을 깨달았기 때문이다. 어느덧 다니엘이 옛적에 느부갓네살이 꿈을 꾸고 난 후 경험했던 혼란을 경험하고 있다. 다니엘이 느부갓네살처럼 된 것이다(Seow). 그는 옆에서 그를 안내하던 천사에게 이 꿈, 특히 넷째 짐승의 의미에 관해 물어보았다. 에스겔도 에스겔 40-48장에 기록된 환상에 관해 종종 그와 함께한 천사에게 물어본 적이 있다. 스가랴도 비슷한 경험을 했다. 선지자들이 이해하기 어려운 환상을 볼 때는 동반한 천사들이 설명해주는 일이 종종 성경에 기록되어 있다.

다니엘이 본 환상을 설명해준 천사는 누구일까? 본문은 그의 정체를 밝히지 않는다. 천사장 가브리엘이나 미가엘일 수 있다(Lucas, cf. 8:16, 9:21). 천사는 네 짐승은 앞으로 세상에서 일어날 네 왕이라고 설명했다(17절). 네 짐승이 죽게 된 것처럼 세상에서 권세를 휘두를 이 왕들의 나라들은 분명 망할 것이다. 반면에 가장 높으신 분의 성도가 얻게 될 나라는 '영원히, 영원히, 영원히' 존재할 것이다(18절).

다니엘의 관심은 넷째 짐승에 쏠려 있다. 아마도 이 짐승이 다른 짐승보다 더 크고, 뿔이 열 개씩이나 달려 있고, 이중 세 뿔을 새로 생긴 뿔이 뿌리째 뽑고 올라온 것이 마음에 걸렸을 것이다. 특히 이 뿔들은 왕들을 상징하므로(24절) 새로 돋아나며 이미 존재하는 세 뿔에게 큰 피해를 입히는 새 왕이 누구일까는 참으로 큰 궁금증을 유발한다. 그러나 이 환상의 핵심은 열 뿔이나 새 뿔에 뽑힌 세 뿔도 아니기 때문에 이들에 관한 언급은 거의 없다. 오로지 새로 나온 뿔에 모든 관심이 쏠려 있다. 다니엘이 본 환상은 계시록 13장과 17장 이야기와 연관성이 있다.

새로 돋아난 뿔은 하나님의 백성을 상대로 전쟁을 해서 이기고 있다(21절). 전세가 매우 불리해졌을 때, 하나님이 오셔서 대적자 뿔을 심판하시고, 자기 성도에게 권세를 찾아주셨다(22절). 거의 모든 학자가 새 뿔을 셀레우코스 왕조의 안티오쿠스 4세라고 주장한다(Goldingay, Gowan, Hartman & Di Lella, Keil & Delitzsch, Lucas, Seow, Smith-Christopher). 안티오쿠스 4세는 이 예언 성취의 모형으로 혹은 부분적이나마 역사적 예로 손색이 없다.

그러나 안티오쿠스 4세는 이 예언의 최종적이거나 완전한 성취, 곧 다니엘이 이 환상을 보았을 때 염두에 둔 사람은 아니다. 다니엘이 본 작은 뿔의 최종적인 성취는 아직도 미래에 될 일이다. 신약은 이 작은 뿔을 '무법자'(man of lawlessness, 살후 2:3)로, '적그리스도'(요일 2:18)로, '짐승'(계 13장)으로 부른다. 말세에 이 짐승은 모습을 드러낼 것이다. 적그리스도인 작은 뿔의 능력은 다른 왕들의 능력과 확실히 다르다(24절). 또한 지혜와 능력이 작은 뿔과 함께하고 있다. 교만해진 작은 뿔이 가장 높으신 분께 대항한다(25절).

작은 뿔은 정해진 때와 법을 바꾸려고 한다(25절). 여기서 법은 '종교'를 의미하며, '때'는 종교적 절기를 의미한다(Montgomery, Miller). 적그리스도는 사람들에게서 종교적 자유를 빼앗아갈 것이라는 의미이다. 역사를 살펴보면 많은 독재자가 자기들이 지배하는 백성들에게서 제일 먼저 종교적인 자유를 빼앗았다. 셀레우코스 왕조의 안티오쿠스 4세와 로마제국의 네로와 도미티아누스 황제와 소련의 스탈린과 나치 독일의 히틀러 등이 대표적이다. 이 역사적 인물들은 일종의 적그리스도의 모형 혹은 부분적인 성취였다. 그러나 종말에 세상에 나타날 적그리스도는 이 독재자들의 핍박과 박해보다 훨씬 더 심하게 주의 백성과 세상을 억압할 것이다.

작은 뿔의 모독적인 지배는 '한 때, 두 때, 반 때'(עִדָּן וְעִדָּנִין וּפְלַג עִדָּן) 동안 지속된다(25절). 이 기간이 구체적이거나 일정한 기간이 아니라고 주장하는 학자들도 있지만(Keil & Delitzsch, Longman), 대부분의 학자는 3년 반으로 해석한다(Archer, Gowan, Jerome, Lacocque, Montgomery). 4:16의 '일곱 때'는 7년을 의미했다. 이 말과 비슷하게 사용이 되는 '1290일'(12:11)과 '1335일'(12:12)은 3년 6개월을 조금 초과하는 날수이다. 계시록 13:5는 '짐승'이 42개월(3년 6개월) 동안 세상을 통치할 것을 예언한다. 적그리스도의 통치가 3년 반이 될 것이라는 예언이다. 그러므로 본문에서도 '한 때, 두 때, 반 때'는 3년 반으로 해석될 수 있다.

그러나 3년 반처럼 지나치게 구체적인 기간으로 해석하는 것은 다소 무리인 듯하다(cf. Goldingay, Seow). 비록 성경 여러 곳에 기록된 말씀은 본문의 이 표현이 3년 반을 의미하는 것이라는 결론을 지지하지만, 본문은 단지 '한 때, 두 때, 반 때'로 기록한다. 또한 다니엘서에서 종말에 관한 매우 다양한 숫자들을 사용하고 있기 때문에, 이곳에서 지나치게 구체적인 기간을 의미하는 것으로 해석하는 것은 무리일 뿐만 아니라, 저자의 의도가 아닐 수도 있다는 부담이 생긴다(cf. 12:12 주해). 그러나 이 기간이 계시록이 말하는 대환난과 직접적인 연관이 있다는 것은 의심할 여지가 없다. 세상의 종말에 있을 대환난 때에 계시록 14-19장이 예언하고 있는 모든 일이 세상에 일어난다.

다니엘은 환상을 받고 난 뒤에 며칠을 앓아 누웠다. 그만큼 환상의 내용이 충격적이었으며, 육체적으로도 지치게 하는 경험이었다는 의미이다. 사도 요한이 환상을 보는 순간 온몸에서 힘이 빠져 눕게 된 것과 비슷하다(계 1:17). 에스겔도 이러한 경험을 했다(겔 1:28, 3:23). 성경에서 묵시를 받는 사람들은 모두 이러한 체험을 하는 듯하다. 메시지가 인간이 감당하기에 참으로 놀랍기 때문이다.

이 환상의 내용은 2장에서 느부갓네살이 보았던 환상과 비슷하다. 그렇다면 하나님은 왜 같은 내용의 환상을 다시 주시는가? 첫째, 해석이 거의 비슷한 것은 사실이지만, 세부적인 사항들이 차이를 보이므로 이 두 환상은 서로 상호 보완해주고 있다. 둘째, 같은 내용을 반복해 앞으로 이 일이 꼭 일어날 것을 강조하고 있다. 피고가 사형을 확정받을 수 있는 재판을 할 때, 성경은 최소한 두 명의 증인이 있어야 형을 확정할 수 있다고 한다(신 17:6, 19:15). 그러므로 다니엘의 청중 중에 혹시 2장에 기록된 첫 번째 환상을 믿지 못하는 사람들이 있다면, 이 두 번째 환상이 그들을 믿도록 유도한다. 이러한 이유로 저자는 같은 내용의 환상을 두 차례 제시해 앞으로 일이 이렇게 될 것이니 꼭 믿으라고 권면하는 듯하다.

II. 미래에 대한 비전(7:1–12:13)

B. 양과 염소 비전(8:1–27)

저자는 그동안 아람어를 사용해 2:4b–7:28을 기록한 것과 달리, 8:1에서부터는 다시 히브리어를 사용한다. 1장이 히브리어로 진행되다가 2:4 중간에서 아람어로 바뀌는 것은 나름 설명이 가능하다. 바빌론 지혜자들은 직접화법(direct speech)을 사용해 느부갓네살 왕의 요구에 반응하는데, 당시 바빌론에서 사용된 언어가 아람어이기 때문에 이 시점에 아람어로 바꾼 것은 당연하다. 반면에 8:1에서 다시 히브리어로 바뀌는 것은 설명이 쉽지 않다. 대부분의 학자는 7:2b가 언어를 바꾸기에 더 합리적인 곳이라고 주장한다. 화자(narrator)가 1:1–7:2a를 3인칭으로 진행했는데, 7:2b에 들어서면서 1인칭을 사용해 환상들을 회고하고 있기 때문이다.

그나마 가장 합리적인 설명은 이야기의 초점이 바뀌고 있기 때문이라는 것이다(Goldingay, Lederach). 2–7장의 관점은 매우 넓고 핵심은 유대인들의 하나님 여호와가 온 세상을 지배한다는 사실이다. 그러므로 이 부분에서는 '모든 인종과 언어와 민족'이라는 말이 자주 사용된다(4:1, 5:19, 6:25, 7:14). 이와는 대조적으로 8–12장의 관심사는 앞으로 유대인들과 그들의 성전이 어떻게 될 것인가에 있다(8:13, 9:2, 24, 10:14, 11:31ff., 12:1, 7). 이야기의 초점이 범세계적인 범위(2–7장)에서 유다 사람들과 성전(8–12장)에 관한 것으로 좁혀지고 있기 때문에 8:1에서 언어가 유다 사람들의 언어인 히브리어로 바뀌고 있다(Lucas).

다니엘은 7장에 기록된 환상을 받은 지 2년이 지난 후에 숫양과 숫염소의 환상을 보았다. 성경에서 숫양과 숫염소는 힘과 리더십의 상징이다(사 14:9, 겔 34:17, 39:18, 슥 10:3). 바빌론의 왕 벨사살이 왕위에 오른 지 3년이 되는 해였다(1절). 다니엘은 꿈속에서 강가에 서 있는 숫양 한 마리를 보았다. 숫양이 사방을 들이받아도 아무도 그 숫양에 대항하지 못했다.

갑자기 숫염소 한 마리가 서쪽에서 나타나더니 천방지축으로 날뛰던 숫양을 매우 쉽게 물리쳤다. 이 또한 앞으로 일어날 일에 관한 환상이다. 본문은 다음과 같이 두 부분으로 구성되어 있다.[11]

A. 양과 염소 비전(8:1-14)
B. 비전 설명(8:15-27)

II. 미래에 대한 비전(7:1-12:13)
B. 양과 염소 비전(8:1-27)

1. 양과 염소 비전(8:1-14)

1 나 다니엘에게 처음에 나타난 환상 후 벨사살 왕 제삼년에 다시 한 환상이
나타나니라 2 내가 환상을 보았는데 내가 그것을 볼 때에 내 몸은 엘람 지방
수산 성에 있었고 내가 환상을 보기는 을래 강변에서이니라 3 내가 눈을 들
어 본즉 강 가에 두 뿔 가진 숫양이 섰는데 그 두 뿔이 다 길었으며 그 중 한
뿔은 다른 뿔보다 길었고 그 긴 것은 나중에 난 것이더라 4 내가 본즉 그 숫
양이 서쪽과 북쪽과 남쪽을 향하여 받으나 그것을 당할 짐승이 하나도 없
고 그 손에서 구할 자가 없으므로 그것이 원하는 대로 행하고 강하여졌더라
5 내가 생각할 때에 한 숫염소가 서쪽에서부터 와서 온 지면에 두루 다니되
땅에 닿지 아니하며 그 염소의 두 눈 사이에는 현저한 뿔이 있더라 6 그것이
두 뿔 가진 숫양 곧 내가 본 바 강 가에 섰던 양에게로 나아가되 분노한 힘

11 더 세부적인 분석은 다음과 같다(Lucas).
A. 서론(1-2a절)
B. 환상 회고(2b-14절)
C. 해석하는 천사(15-18절)
B′. 환상 해석(19-26a절)
A′. (26b-27절)

으로 그것에게로 달려가더니 7 내가 본즉 그것이 숫양에게로 가까이 나아가
서는 더욱 성내어 그 숫양을 쳐서 그 두 뿔을 꺾으나 숫양에게는 그것을 대
적할 힘이 없으므로 그것이 숫양을 땅에 엎드러뜨리고 짓밟았으나 숫양을
그 손에서 벗어나게 할 자가 없었더라 8 숫염소가 스스로 심히 강대하여 가
더니 강성할 때에 그 큰 뿔이 꺾이고 그 대신에 현저한 뿔 넷이 하늘 사방을
향하여 났더라 9 그 중 한 뿔에서 또 작은 뿔 하나가 나서 남쪽과 동쪽과 또
영화로운 땅을 향하여 심히 커지더니 10 그것이 하늘 군대에 미칠 만큼 커져
서 그 군대와 별들 중의 몇을 땅에 떨어뜨리고 그것들을 짓밟고 11 또 스스로
높아져서 군대의 주재를 대적하며 그에게 매일 드리는 제사를 없애 버렸고
그의 성소를 헐었으며 12 그의 악으로 말미암아 백성이 매일 드리는 제사가
넘긴 바 되었고 그것이 또 진리를 땅에 던지며 자의로 행하여 형통하였더라
13 내가 들은즉 한 거룩한 이가 말하더니 다른 거룩한 이가 그 말하는 이에게
묻되 환상에 나타난 바 매일 드리는 제사와 망하게 하는 죄악에 대한 일과 성
소와 백성이 내준 바 되며 짓밟힐 일이 어느 때까지 이를꼬 하매 14 그가 내게
이르되 이천삼백 주야까지니 그 때에 성소가 정결하게 되리라 하였느니라

일부 학자들은 7장은 꿈(חֵלֶם)으로, 8장은 환상(חָזוֹן)으로 불리는 것에 근거해 하나(7장)는 묵시이고, 하나(8장)는 예언이라고 주장한다(Longman). 그러나 내용과 이야기 전개 방법이 비슷한 것을 감안하면, 7장과 8장이 서로 다른 단어를 사용하는 것은 같은 장르에 대한 아람어(חֵלֶם)와 히브리어(חָזוֹן)의 차이로 보는 것이 바람직하다(cf. Lucas).

다니엘이 환상을 보았을 때, 그는 수산 성 을래 강가에 서 있었다(2절). 이때(벨사살 즉위 3년째 되던 해, 주전 547년쯤) 수산은 엘람(Elam)의 수도였으며 훗날 메디아-페르시아 제국의 주요 도시로 부각했다(cf. 느 1:1, 2:1, 에 1:2). 수산은 바빌론에서 동쪽으로 320㎞ 떨어져 있었으며, 아시리아 왕 아슈르바니팔이 파괴한 후에는 평범한 도시였다(ABD). 이후 페르시아 왕 다리우스 1세가 수산을 재건해 왕들이 겨울을 지내는 도시와 페르시아 제국의 수도로 삼았다. 다리우스는 수산에 매우 아름다운 궁을 건축했다(Yamauchi). 1901년에 고고학자들은 이 도시에서 그 유명한 함무라비 법전(Code of Hammurapi)을 발굴했다. 이 법전은 주전 13세기에 엘람 사람들이 바빌론에서 빼앗아간 것으로 밝혀졌다.

성경에 의하면 에스더와 느헤미야가 수산에 살았다. 다니엘도 아마 바빌론 정부의 일 때문에 이 도시를 몇 차례 방문한 적이 있었을 것이다. 이 환상에서 수산의 중요성은 이 도시가 바빌론 제국의 영토 밖에 있으며, 미래의 세계를 지배할 강대국의 주요 도시로 부상한다는 사실에 있는 듯하다. 올래 강은 사람이 만든 수로였으며, 훗날 율래우스(Eulaeus) 강으로 알려졌다(Collins).

다니엘이 강가에서 환상을 받은 것은 에스겔이 그발 강가에서 환상을 받은 것과 비슷하다(겔 1:1). 에스겔은 환상 속에서 하나님의 영에 붙잡혀 예루살렘을 방문했는데(겔 8-11, 40-48장), 다니엘도 환상 속에서 수산을 방문한 것인가? 아니면 다니엘이 실제로 수산을 방문하고 있을 때 그 도시에서 이 환상을 받은 것인가? 대부분의 학자는 그가 환상 속에서 수산에 간 것으로 생각한다(Lacocque, Longman, Lucas, Miller). 다니엘이 환상을 받았을 때 왕의 일을 하고 있었다는 27절도 이러한 해석을 지지하는 듯하다. 당시 왕의 일은 대부분 왕이 거하는 바빌론에서 진행되었을 것이기 때문이다.

다니엘이 처음으로 본 짐승은 숫양이었다(3절). 이 숫양은 기다란 두 뿔을 가지고 있었는데, 한 뿔이 다른 뿔보다 길었다. 두 뿔 중 더 기다란 것이 나중에 나온 뿔이었다. 숫양은 동쪽과 서쪽과 북쪽을 가리지 않고 마구 들이받았다. 그러나 그 어떤 짐승도 숫양에 대항하지 못했다(4절). 의기양양해진 숫양은 마음대로 행동하며 더욱 강해졌다.

가브리엘 천사가 20절에서 숫양의 두 뿔이 메디아와 페르시아의 왕들이라고 해석하는 것을 감안하면, 이 숫양은 그들이 형성했던 메디아-페르시아 제국이라는 것이 확실해진다. 숫양은 메디아-페르시아 제국을 상징하는 데 적합한 짐승이다(cf. Smith-Christopher). 마르첼리누스(Marcellinus, 주후 4세기 역사가)에 의하면 페르시아 왕들은 전쟁터에 나갈 때면 항상 금으로 된 숫양 머리를 가지고 나갔다고 한다(Delcor, Lacocque). 또한 페르시아가 별자리로 자신을 표현할 때 숫양으로 표현했다는 기록이 있다(Bentzen, Delcor, Goldingay, Porteous).

숫양은 보통 두 뿔을 가지고 있다. 그러나 다니엘이 본 숫양이 독특한 것은 이 숫양의 두 뿔이 같은 때에 돋아난 것이 아니라, 하나가 돋아난 다음에 다른 뿔이 돋아난 것이다. 또한 나중에 나온 것이 먼저 나온 것보다 더 크다는 것도 특이하다.

뿔이 왕을 상징한다는 것은 이미 7장에서도 보았다. 그러므로 이 두 뿔은 메디아와 페르시아 왕들을 상징하고 있다. 하나가 다른 것보다 크다는 것은 두 나라가 연합에서 차지하는 비중을 의미한다. 처음에 메디아와 페르시아가 연합했을 때, 여러 면에서 메디아가 페르시아보다 훨씬 더 우월했기 때문에 메디아가 연합 제국에 행사하는 영향력도 컸다. 그러므로 페르시아 왕 키루스도 즉위한 해인 주전 559년에는 메디아를 군주로 섬겼다. 키루스는 주전 550년에 메디아 왕 아스티아게스에게 반역했고, 전쟁에서 그를 물리치고 메디아를 페르시아에 편입시켰다. 이후 키루스는 '메디아와 페르시아의 왕'으로 알려지기 시작했다(Montgomery).

서쪽(4절)은 문자적으로 번역하면 '바다 쪽'을 의미한다. 지중해를 뜻하는 것이다. 이 제국은 주로 서쪽과 북쪽을 정복해 세력을 팽창해 나간다. 메디아-페르시아는 서쪽으로는 바빌론과 시리아와 소아시아와 그리스 일부까지 정복했다. 북쪽으로는 아르메니아와 스키티아와 카스피 해(Caspian Sea)까지 진출했다. 남쪽으로는 이집트와 에티오피아까지 정복했다. 페르시아는 매우 넓은 땅을 다스리는 제국이었다.

그러나 본문은 동쪽에 대해서는 언급하지 않는다. 일부 학자들은 두

고대 사본이 동쪽에 대한 언급을 포함하고 있기 때문에 마소라 사본에도 포함되어야 한다고 주장한다(Collins, Smith-Christopher). 이렇게 하면 7장의 '세상 네 방향에서 불어오는 바람'과 잘 어울린다. 그러나 동쪽이 포함되지 않은 것은 당시 유대인들의 세계관으로는 바빌론과 페르시아가 '동쪽 끝'이었기 때문이다(Montgomery, cf. Hartman & Di Lella). 서쪽과 북쪽과 남쪽으로 팽창하는 숫양을 대적할 만한 짐승은 없었다. 그러므로 이 짐승은 자기가 원하는 대로 모두 다 할 수 있었다. 숫양은 교만의 극치를 보여준다(Goldingay).

다니엘이 환상에서 본 두 번째 짐승은 숫염소였다(5절). 이 숫염소는 갑자기 서쪽에서 나타났으며, 순식간에 온 세상을 정복했다. 얼마나 빨리 움직이는지 발이 보이지 않을 정도였다. 이 숫염소의 특징은 뿔이 하나밖에 없다는 것이다. 숫염소가 숫양에게 다가서더니 숫양의 두 뿔을 부러뜨렸다(7절). 결국 숫양은 숫염소에게 죽임을 당했다.

가브리엘 천사가 이 염소는 그리스라고 해석해주었다(21절). 하나 있었던 큰 뿔은 첫째 왕이고, 그 뿔이 부러진 자리에 솟아난 네 뿔은 첫 왕이 죽은 다음에 그 나라가 네 개로 분열될 것을 의미한다고 해석해주었다(22절). 위상과 위력에 있어서 이 네 나라는 첫 번째 나라와는 비교가 되지 않을 정도로 초라할 것이라는 말도 해주었다.

엄청난 파괴력을 지닌 숫염소의 첫째 뿔은 다름 아닌 알렉산드로스 대왕이다. 그가 서쪽에서 온다는 것은 메디아-페르시아의 관점에서 그리스가 서쪽에 자리한 것을 염두에 둔 관점이다. 숫염소가 발이 보이지 않을 정도로 빨리 움직이는 것은 알렉산드로스 대왕의 세계 정복이 매우 빨리 진행될 것이라는 의미이다. 그는 원정에 나선 지 불과 10년 만에 온 세상을 정복했고 오늘날의 인도까지 진출했다.

알렉산드로스는 주전 356년에 태어났다. 그의 아버지 필리포스 2세(Philippos II of Macedon)도 유명한 정복자였다. 필리포스는 마케도니아와 그리스를 통일했으며, 페르시아 제국을 침략하려는 순간 살해당했다.

알렉산드로스는 고대 그리스의 유명한 철학자 아리스토텔레스(Aristotle)에게 교육을 받았다. 그가 아버지의 대를 이어 왕이 되었을 때, 알렉산드로스의 나이는 20세에 불과했다. 이때가 주전 336년이다. 알렉산드로스는 왕이 된 지 불과 1년 반이 지난 주전 334년에 페르시아 제국을 침략했다. 같은 해에 그는 소아시아에 있는 그라니쿠스(Granicus)에서 메디아-페르시아 군을 물리쳤다. 이 전쟁으로 페르시아 제국의 소아시아 통치가 막을 내렸다. 알렉산드로스는 여세를 몰아 이듬해인 주전 333년에 이수스(Issus)와 주전 331년에 아르벨라(Arbela)에서 페르시아-메디아 연합군에게 치명타를 입혀 불과 3년 만에 근동을 모두 정복했다. 또한 주전 332년에는 이집트와 가나안 지역을 정복했다(Seow).

숫염소가 몹시 성을 내며 숫양을 무찌르는 모습(7절)은 알렉산드로스의 메디아-페르시아에 대한 적대감을 잘 표현한다(Miller). 키루스 왕 시대 이후 그리스와 페르시아의 관계는 계속 악화되어갔다. 두 나라 사이에는 항상 갈등이 있었고 그리스는 페르시아의 다리우스 1세(주전 490년)와 그의 아들 아하수에로/크세르크세스(주전 480년)의 침략에 대해 매우 분노했다. 드디어 알렉산드로스는 조상들의 원수를 갚을 날을 맞이한 것이다.

숫염소가 매우 강해졌을 때, 하나밖에 없던 뿔이 부러졌다. 대신 그 자리에 네 개의 뿔이 사방으로 솟아났다. 알렉산드로스는 약 400만 ㎢에 달하는 대단한 제국을 이루었다(Whitcomb). 그러나 그는 이루어놓은 업적의 열매를 채 즐기기도 전에 열병으로 바빌론에서 죽었다. 알렉산드로스가 주전 323년 6월 13일 32세의 나이로 세상을 떠난 것이다. 순식간에 막을 내리긴 했지만, 알렉산드로스의 세계 정복이 무의미한 것은 아니었다. 알렉산드로스는 가는 곳마다 헬라어와 헬라 문화를 전파했다. 하나님이 알렉산드로스의 행보를 통해 예수 그리스도의 복음이 온 세상에 전파되는 여건을 미리 조성해두신 것이다.

알렉산드로스는 어린 두 아들을 남기고 죽었다. 알렉산드로스 4세와 헤라클레스(Herakles)였다. 그러나 알렉산드로스가 죽은 후 얼마 지나지 않아 두 아들 모두 살해되었다. 알렉산드로스가 이룩해놓은 제국을 쟁탈하려는 세력 사이에 상당한 분쟁과 내란이 거듭된 뒤에 알렉산드로스의 네 장군이 그의 제국을 나누어 가졌다(cf. Collins, Lucas). 첫째, 마케도니아와 그리스 지역은 처음에는 안티파트로스 장군에게, 그러나 나중에는 카산드로스 장군에게 넘어갔다. 둘째, 리시마쿠스 장군은 트라키아와 소아시아의 대부분을 차지했다. 셋째, 셀레우코스 장군은 시리아 지역을 차지했다. 넷째, 프톨레마이오스 장군은 이집트와 팔레스타인 지역을 차지했다. 알렉산드로스를 상징하는 뿔은 부러지고 그 자리에 나타난 네 뿔은 이들을 상징한다(8절).

그런데 네 뿔 사이를 비집고 돋아나는 또 하나의 작은 뿔이 있었다(9절). 이 작은 뿔은 7장에서 세 뿔을 뽑고 나온 작은 뿔과 같다. 그런데 왜 이 뿔이 작다는 것을 강조하는 것일까? 아마도 알렉산드로스 대왕에 비하면 전혀 왕이 될 만한 인물이 되지 못한다는 것을 뜻하든지(Seow), 그는 원래 왕이 될 위치에 있는 사람이 아니었다는 것을 의미하는 듯하다. 작은 뿔은 남쪽과 동쪽과 '영광스러운 땅' 쪽으로 크게 뻗어나갔다. 뿔이 매우 강해지더니 하늘의 별 몇 개를 땅에 떨어뜨렸다(10절). 그러고는 하나님을 섬기는 자들을 박해하고, 제사도 드리지 못하게 했다(11절). 거의 모든 학자가 이 '작은 뿔'을 안티오쿠스 4세로 알려진 에피파네스(Epiphanes)로 해석한다(cf. Lucas).

알렉산드로스 대왕이 죽은 후 새로 형성된 네 왕국 중 두각을 나타내는 두 세력이 있었다. 셀레우코스를 중심으로 한 시리아 세력과, 프톨레마이오스를 중심으로 한 이집트 세력이었다. 안티오쿠스 4세는 셀레우코스 집안 사람으로서, 주전 175-163년에 시리아 지역을 중심으로 통치했던 시리아의 왕이었다.

그가 '작은 뿔'로 시작한 것에는 그만한 이유가 있다. 안티오쿠스는 맏이가 아니며 그의 형 셀레우코스 4세가 아버지의 대를 이어 왕으로 통치했다. 셀레우코스는 어린 아들을 남기고 죽었다. 안티오쿠스는 죽은 형의 아들이자 자신의 조카가 왕위에 오르자 정치적인 계략을 통해 조카의 섭정을 했다. 얼마 후 어린 조카는 의문사를 당했고, 이 일로 안티오쿠스는 자연스럽게 왕위에 올랐다. 안티오쿠스가 정치적인 음모와 뇌물 등을 사용해 조카를 죽이고 왕권을 빼앗은 것이다. 그의 시작은 이렇게 비천했지만 왕이 된 후에는 뛰어난 정치인이자 전술가로 두각을 나타내기 시작했다. 안티오쿠스는 남쪽(이집트)과 동쪽(페르시아, 파르티아, 아르메니아)과 '아름다운 땅'(팔레스타인)을 정복했다(cf. 11:16, 41). 일부 주석가들은 '아름다운 땅'을 시온으로 해석하기도 한다(Seow, cf. Smith-Christopher).

그가 하늘의 별들을 몇 개 떨어뜨리고 짓밟았다는 것은 유대인 성도들을 박해하고 죽일 것이라는 뜻이다(Charles, cf. Lacocque). 학자들은 안티오쿠스의 유대인 박해는 주전 170년에 대제사장 오니아스 3세(Onias III)의 죽음으로 시작되어 주전 163년에 이 악한 왕의 죽음을 계기로 끝이 났다고 한다. 이 기간 동안 안티오쿠스는 자신의 요구에 불응하거나 그의 통치에 반대했던 유대인 수만 명을 살해했다(cf. 마카비1서). 그가 죽기 몇 달 전인 주전 164년 12월에는 마카비 형제들이 안티오쿠스에게 빼앗은 예루살렘과 성전을 정결하게 하여 하나님께 바친 헌당식이 있었다. 이것이 수전절(Hanukah)의 유래이다.

사건의 발단은 주전 168년에 안티오쿠스가 이집트 정복에 나서면서 시작되었다. 그는 바로 전년(前年)에 있었던 이집트 정복에서 대단한 성과를 거두었다. 일이 있어 잠시 본국 시리아로 돌아갈 때 알렉산드리아 밖 6㎞ 지점에 자기 군대를 배치해놓았다. 본국에서의 일을 마치고 전쟁터로 돌아갈 때가 되자 이번에는 아예 온 이집트를 정복할 생각으로 알렉산드리아로 갔다.

그런데 문제가 생겼다. 그동안 안티오쿠스 때문에 엄청난 피해를 입었던 이집트가 로마에 도움을 요청한 것이다. 이집트는 자신들의 힘으로는 도저히 안티오쿠스의 군대를 감당할 수 없다고 판단해 많은 돈(뇌물)을 로마 원로원(senate)에 보내며 도와달라고 요청했다. 로마 원로원은 이집트의 청을 받아들여 가이우스 라에나스(Gaius Popilius Laenas) 장군을 대사로 파견했다. 라에나스 대사를 통해 안티오쿠스에게 이집트 원정을 포기하고 곧바로 조국으로 돌아가라고 명령하기 위해서였다. 또한 원로원은 안티오쿠스가 명령을 거부하는 상황에 대비해 로마 해군을 알렉산드리아에 급파했다.

원로원이 대사로 파견한 라에나스는 한밤중에 호위병 몇 명만 데리고 안티오쿠스가 끌고 온 군대의 진영을 찾았다. 그는 로마가 안티오쿠스에게 시리아로 즉시 돌아갈 것을 명령한다고 전했다. 안티오쿠스는 라에나스에게 '생각할 시간'을 요구했다. 시간을 벌어보자는 계산에서였다. 라에나스는 조용히 일어나 안티오쿠스 주변으로 작은 동그라미를 그렸다. 그리고 이렇게 말했다. "이 원을 빠져나오기 전에 결정하라."

안티오쿠스는 아무 말도 못하고 짐을 싸 들고 본국으로 돌아가는 수모를 당했다. 만일 안티오쿠스가 죽이려고 마음만 먹었다면, 호위병 몇 명 데리고 나타난 라에나스는 죽은 목숨이었다. 그런데 왜 안티오쿠스는 수만 명의 병력을 지휘하고 있으면서도 혈혈단신이나 다름없는 라에나스에게 굴복했는가? 아무런 힘도 없어 보이는 라에나스 대사 뒤에는 안티오쿠스가 매우 두려워한 로마가 있었기 때문이다. 라에나스를 건드리는 것은 곧 로마와 전쟁을 하겠다는 선전포고밖에 되지 않았다. 이 사건이 바로 성경이 '너희는 하늘나라의 대사들'이라고 하는 말씀의 배경이 된다.

안티오쿠스가 라에나스의 말에 힘없이 본국으로 돌아갈 수밖에 없었던 것은 그가 예전에 '로마의 쓴맛'을 보았기 때문이다. 그의 아버지 안티오쿠스 3세는 마그네시아(Magnesia)에서 로마 군에게 참패를 당한 적이 있다. 전쟁에서 패한 대가로 안티오쿠스 4세는 인질이 되어 로마로 끌려가 15년을 살았다. 로마에 체류하는 동안 안티오쿠스는 로마가 얼마나 대단하고 잔인한가를 깨달았다.

전쟁에 진 대가로 그의 아버지 안티오쿠스 3세는 매년 로마에 거액을 조공으로 바쳐야 했다. 그의 아버지는 로마에게 바칠 거액의 조공을 준비하기 위해 시리아에 있던 벨(Bel)의 신전을 약탈하다가 성난 군중들에게 맞아 죽었다. 이런 일들이 안티오쿠스에게 큰 상처가 되었다. 안티오쿠스는 로마를 매우 미워했지만, 그의 힘으로는 어떻게 해볼 수 없는 무시무시한 적이었다. 그러므로 그는 라에나스의 말에 대꾸도 못하고 대군을 이끌고 왔던 길을 돌아갔다.

일생 최고의 수모를 당한 안티오쿠스는 돌아오는 길에 팔레스타인 지역을 쑥대밭으로 만들었다. 로마에게 당한 일에 대한 분풀이를 하고 싶었던 이때 유다는 이집트를 지배하던 프톨레마이오스 정권의 약속을 믿고 안티오쿠스가 다스리던 시리아에 반역한 상황이었다. 유다를 응징해야 할 때라고 여긴 것이다.

작은 뿔의 만행을 회고하고 있는 11-12절은 다니엘서에서 가장 번역과 해석이 어려운 본문으로 꼽힌다(Heaton, Montgomery). 이 구절들에서 사용되는 단어들은 성(性)과 동사의 시제(時制)와 문법의 불협화음이 만연하기 때문이다(cf. Collins, Goldingay, Lucas). 자신이 본 것이 너무나도 충격적이어서 혼란스러운 마음을 표현하기 위해 다니엘이 의도적으로 이러한 혼란을 조성했을 수도 있다(Gowan). 그러나 하나씩 내용을 정리해 나가면 그다지 혼란스럽지 않다.

안티오쿠스는 예루살렘 성전을 덮쳐 많은 것을 빼앗았다. 또한 시리아 반역에 가담한 사람들을 색출해 죽이거나 노예로 팔아넘겼다(cf. 마카비1서 1:29-32, 41-64). 이듬해인 주전 167년 12월에 안티오쿠스는 유대인들을 심하게 자극하는 신성모독을 했다. 예루살렘 성전에 그리스 신화에 나오는 신 제우스 동상과 그 신에게 제물을 바치는 제단을 세운 것이다. 안티오쿠스는 그 제단에서 돼지를 포함한 부정한 짐승들을 제우스에게 제물로 바쳤다(마카비1서 1:37, 39, 44-47, 54, 59, 마카비2서 6:2-5).

안티오쿠스는 유대인들에게 여호와 종교의 예식과 풍습을 행하지 못하도록 법으로 금했다. 할례와 금식과 안식일 준수와 여러 종교 절기를 지키거나, 성경을 소유하고 있다 발각된 사람은 처형하도록 했다. 그는 성전을 완전히 더럽혔으며, 유대인들에게 자신과 그리스 신들에게 충성할 것을 강요했다. 여호와를 섬기겠다는 사람들은 가차없이 처단했다(마카비1서 1:41–50). 이렇게 해서 주전 167년에 여호와께 '매일 드리는 제사'(12절)가 멈추게 되었다(마카비1서 1:44–45).

작은 뿔이 하는 일마다 형통했고, 진리는 땅에 떨어졌다(12절). 그런데 진리가 무엇을 뜻하는가? 하나님의 말씀인 구약 성경이다(Lucas, Miller). 마카비1서 1:56–57에 의하면 안티오쿠스 시대 때 성경은 찢겨서 불에 탔으며 누구든지 성경을 따르거나 소유하고 있다가 발각되면 그 자리에서 처형을 당했다.

이런 일이 얼마 동안 지속될 것인가? 천사는 2,300밤낮 동안이라고 한다(14절). 이 말씀이 2,300일을 뜻하는가, 아니면 1,150일(1150낮 + 1150밤)을 뜻하는가? 많은 학자는 후자라고 생각한다(cf. Lucas). 다니엘서 7:25의 1,295일과 12:11–12의 1,335일과 비슷하고 안티오쿠스의 박해 시대와 거의 맞아떨어지기 때문이다(Baldwin, Gowan, Longman, cf. Smith–Christopher). 그가 주전 167년 12월에 제우스 상을 예루살렘 성전에 세우면서 본격적인 박해가 시작되었고, 마카비 형제들이 주전 164년 12월 14일에 안티오쿠스에게서 빼앗은 성전을 정결하게 하여 다시 헌당하면서 박해가 끝났는데, 이 기간이 1,150일에 근접하다는 것이다(마카비1서 4:52).

그러나 2,300일을 선호하는 학자들의 논리도 만만치 않다(Keil & Delitzsch, Seow, Walvoord, Whitcomb, Wood, Young). 첫째, 히브리어 본문을 문자적으로 번역하면 '저녁, 아침–2300'(עֶרֶב בֹּקֶר אַלְפַּיִם וּשְׁלֹשׁ מֵאוֹת)이다. 구약에서 '저녁, 아침'은 항상 하루를 의미한다(cf. 창 1장). 만약 저녁과 아침을 구분하고자 했다면 다른 표현 방식이 있다. '40밤과 40낮'(לַיְלָה

אַרְבָּעִים יוֹם וְאַרְבָּעִים, 창 7:4, 12). 그러므로 문법적으로 2,300일이 더 합리적이라는 것이다.

만일 본문이 2,300일을 뜻한다면, 주전 164년 12월에서 2,300일(6년 조금 넘음)을 거슬러 올라가야 한다. 그렇다면 2,300일 기간이 시작된 해는 주전 171년이다. 이때 무슨 일이 있었는가? 안티오쿠스에게 많은 뇌물을 주어 시리아 왕에게 대제사장으로 임명된 메넬라우스(Menelaus)가 그에게 전(前)대제사장 오니아스 3세를 죽이라고 간청했다. 이 해 오니아스가 살해되었다. 예루살렘 성전에 제우스 신상이 세워진 것은 주전 167년의 일이지만, 여호와 종교와 유대인들에 대한 박해가 이미 주전 171년에 시작된 것이다(cf. Keil & Delitzsch).

그러나 신중하게 생각해야 할 문제는 이 안티오쿠스 4세 사건이 인류의 종말과 얼마나 연관성이 있을 것인가이다. 그는 분명히 적그리스도의 모형/부분 성취였다. 안티오쿠스는 말세에 세상에 나타나 혼란을 야기할 적그리스도가 어떤 일을 할 것인가를 단면적으로 보여주는 역사적인 인물이었다. 안티오쿠스뿐만 아니라 적그리스도의 모형/부분 성취라고 할 수 있는 사람은 인류 역사에 여럿 있었다. 히틀러는 가장 최근의 적그리스도의 모형이다.

천사는 17절과 19절에서 이 모든 일이 '세상 끝에 관한 것'이라고 한다. 그러므로 안티오쿠스가 저지른 만행 중 말세에 주의 백성과 교회를 핍박하러 이 땅에 올 적그리스도가 따라할 일은 어떤 일이고 과연 얼마나 될 것인가? 또한 안티오쿠스의 6년 남짓한 박해는 적그리스도를 중심으로 일어날 대환난 기간과 얼마만큼 직접적인 관계가 있는가? 이러한 문제들을 신중하게 다루어야 한다. 더욱이 구약의 숫자는 우리가 생각하는 것보다 훨씬 더 상징적이고 유동적이라는 사실을 기억해야 한다. 이러한 차원에서 2,300일을 주의 백성의 역사 속에 있었던 어떤 구체적인 사건과 때와 연관시키기보다는 별다른 구체성이 없는 정해진 기간으로 해석하는 것이 바람직하다(Goldingay, Smith-Christopher).

II. 미래에 대한 비전(7:1–12:13)
B. 양과 염소 비전(8:1–27)

2. 비전 설명(8:15–27)

[15] 나 다니엘이 이 환상을 보고 그 뜻을 알고자 할 때에 사람 모양 같은 것이
내 앞에 섰고 [16] 내가 들은즉 을래 강 두 언덕 사이에서 사람의 목소리가 있
어 외쳐 이르되 가브리엘아 이 환상을 이 사람에게 깨닫게 하라 하더니 [17] 그
가 내가 선 곳으로 나왔는데 그가 나올 때에 내가 두려워서 얼굴을 땅에 대
고 엎드리매 그가 내게 이르되 인자야 깨달아 알라 이 환상은 정한 때 끝에
관한 것이니라 [18] 그가 내게 말할 때에 내가 얼굴을 땅에 대고 엎드리어 깊
이 잠들매 그가 나를 어루만져서 일으켜 세우며 [19] 이르되 진노하시는 때가
마친 후에 될 일을 내가 네게 알게 하리니 이 환상은 정한 때 끝에 관한 것
임이라 [20] 네가 본 바 두 뿔 가진 숫양은 곧 메대와 바사 왕들이요 [21] 털이 많
은 숫염소는 곧 헬라 왕이요 그의 두 눈 사이에 있는 큰 뿔은 곧 그 첫째 왕
이요 [22] 이 뿔이 꺾이고 그 대신에 네 뿔이 났은즉 그 나라 가운데에서 네 나
라가 일어나되 그의 권세만 못하리라

[23] 이 네 나라 마지막 때에
반역자들이 가득할 즈음에
한 왕이 일어나리니
그 얼굴은 뻔뻔하며 속임수에 능하며
[24] 그 권세가 강할 것이나
자기의 힘으로 말미암은 것이 아니며
그가 장차 놀랍게 파괴 행위를 하고
자의로 행하여 형통하며
강한 자들과 거룩한 백성을 멸하리라
[25] 그가 꾀를 베풀어 제 손으로 속임수를 행하고
마음에 스스로 큰 체하며
또 평화로운 때에 많은 무리를 멸하며

또 스스로 서서 만왕의 왕을 대적할 것이나
그가 사람의 손으로 말미암지 아니하고 깨지리라
26 이미 말한 바 주야에 대한 환상은 확실하니
너는 그 환상을 간직하라
이는 여러 날 후의 일임이라 하더라
27 이에 나 다니엘이 지쳐서 여러 날 앓다가 일어나서 왕의 일을 보았느니라
내가 그 환상으로 말미암아 놀랐고 그 뜻을 깨닫는 사람도 없었느니라

다니엘이 본 환상이 의미하는 바를 생각하고 있을 때, 한 천사가 모습을 드러냈다. 이때 한 목소리가 천사를 '가브리엘'이라고 불렀다(16절). 가브리엘을 부른 음성은 누구의 것인가? 대부분의 주석가는 가브리엘과 함께 다니엘을 찾아온 천사의 음성이라고 한다(Seow, Smith-Christopher, cf. Lucas). 그러나 비슷한 경험을 한 에스겔 선지자의 경우를 보면 이 목소리는 하나님의 보좌에서 나온 음성이다(Goldingay, Lederach, cf. 겔 1:26).

가브리엘(גַּבְרִיאֵל)은 '하나님의 사람'(Charles, Goldingay, Hartman & Di Lella) 혹은 '하나님은 나의 영웅'이라는 의미를 지녔다(Fitzmyer, Collins). 구약에서 천사의 이름을 알려주는 책은 다니엘서가 유일하다. 다니엘서는 가브리엘과 미가엘의 이름을 기록하고 있다(cf. 9:21, 10:13, 21, 12:1). 가브리엘은 다니엘에게 그가 본 환상에 관해 해석해주었다. 모든 설명을 듣고 난 다니엘은 몹시 지쳐서 며칠 동안 자리에 누웠다(27절). 하나님의 임재를 경험한 사람들은 모두 지쳐 쓰러진다(겔 1:28, 3:23). 쓰러진 에스겔을 영이 일으켜 세운 것처럼(겔 2:2), 다니엘을 천사가 일으켜 세운다(18절).

가브리엘은 매우 중요한 위치에 있는 천사이며 세례 요한의 아버지 스가랴에게 나타나 하나님의 메시지를 전했다(눅 1:19). 또한 가브리엘은 예수님의 어머니 마리아에게 나타나기도 했다(눅 1:26). 가브리엘 외에 성경에서 유일하게 이름이 밝혀지는 천사는 미가엘이다(cf. 단 10:13, 21, 12:1, 유 9절, 계 12:7).

가브리엘은 이 환상이 '마지막 때'(מוֹעֵד קֵץ) 혹은 '분노의 때'(הַזָּעַם)에 관한 것이라고 한다(19절). 앞부분에서 이미 언급한 것처럼, 이 예언은 안티오쿠스 4세가 주의 백성과 성전을 핍박한 만행에 관한 것이다. 그렇다면 어떻게 안티오쿠스의 시대인 주전 2세기에 있었던 일이 마지막 때에 있을 일로 생각될 수 있는가? 다니엘이 미래의 일을 볼 때 안티오쿠스 시대까지만 볼 수 있었기 때문에 그에게는 안티오쿠스 시대의 일을 보는 것은 곧 종말에 될 일을 보는 것이었다는 해석이 있다(Baldwin, Keil & Delitzsch).

반면에 본문의 '마지막 때'를 아직도 우리의 미래에 있을 인류의 종말로 해석하는 학자들도 많다(Archer, Whitcomb). 주석가 중에는 이 예언이 안티오쿠스를 통해 일차적으로 성취되었지만, 종말에 모습을 드러낼 적그리스도를 통해 최종적으로 성취될 것이라고 주장하는 사람들도 있다(Campbell, Wood). 우리는 안티오쿠스가 적그리스도의 모형이라고 했다. 그러므로 이 말씀은 인류 역사 속에 여러 사람을 통해 부분 성취를 거듭하다가 말일에 적그리스도를 통해 최종적으로 성취될 것이다.

작은 뿔이 성공할 수 있었던 것은 자신의 힘 때문이 아니라, 다른 힘의 도움을 받았기 때문이다(24절). 이 말씀은 하나님이 안티오쿠스가 성공할 수 있도록 허락하신 의미로 해석되기도 하지만(Lacocque), 저자는 아마도 이 사람이 사탄의 힘을 빌릴 것을 암시하는 듯하다(계 13:2, 살후 2:9). 작은 뿔은 하는 일마다 잘된다. 그러나 그가 하는 일이 어떤 일인가? 파괴와 살상이다! 간혹 주변에서 나쁜 일에 천재적인 소질을 가진 사람들을 보게 된다. 안티오쿠스도 이런 유형의 사람이었다. 그는 사탄의 힘을 빌려 온갖 나쁜 일을 많이 했다.

뿔은 교만해지고 방자해져서 평화롭게 사는 사람들을 많이 죽이며,

만왕의 왕을 대적한다(25절). 안티오쿠스의 모습이 새겨져 있는 동전에 이렇게 적혀 있다. 'θεος έπιφανης'(신의 현현, Archer). 그는 자신을 육신화한 신으로 보았던 것이다.

교만한 안티오쿠스는 사람이 손을 대지 않아도 망할 것이다. 기록에 의하면 그는 주전 163년에 화병으로 죽었다. 그때 안티오쿠스는 엘리마이스(Elymais)를 점령하는 일에 실패해 속이 많이 상해 있었다. 업친 데 덮친 격으로 팔레스타인에서 그의 군대가 유대인들에게 패했다는 소식이 전해졌다. 안티오쿠스는 많이 상심했고 결국 시름시름 앓다가 죽었다(마카비2서 9:1-28). 그는 자신을 '신의 현현'이라고 했지만, 하나님은 그를 'έπιμανης'(정신병자)로 일생을 마치게 하셨다.

비록 안티오쿠스 4세가 본문에 기록된 작은 뿔의 모형인 것은 사실이지만(cf. Collins, Gowan, Lucas, Seow, Smith-Christopher), 그를 통해 본문이 완전히 성취되었다고 결론짓는 것은 바람직하지 않다. 안티오쿠스는 분명히 이 예언을 상당 부분 성취한 사악한 사람이었다. 그러나 그가 이 말씀의 최종적인 성취는 아니다(cf. Wood). 최종적인 성취는 인류의 마지막 순간에 나타날 적그리스도를 통해 이루어질 것이다. 그러나 안티오쿠스와 적그리스도 사이에는 많은 모형 내지는 부분적 성취가 있을 것이다.

II. 미래에 대한 비전(7:1-12:13)

C. 다니엘의 회개 기도(9:1-27)

다니엘이 8장에 기록된 환상을 본 후 10여 년이 흘렀다. 어느새 바빌론 제국은 막을 내렸고, 메디아-페르시아 제국이 바빌론을 대신해 근동의 강대국으로 자리를 잡았다. 다니엘은 급변하는 세계 정세와 예전에 이스라엘 선지자들이 바빌론 포로 생활에 관해 남긴 예언을 묵상해

보았다. 그러고는 바빌론에 포로로 끌려온 유다 사람들이 고향으로 돌아갈 날이 멀지 않았다는 사실을 깨달았다. 선지자 예레미야가 예언했던 70년 포로 생활이 막을 내리고 있던 때였기 때문이다(cf. 렘 25:11-12, 29:10).

다니엘은 예레미야가 예언한 70년 포로 생활이 끝나간다는 사실을 깨달은 후에 아무것도 하지 않으면서 그 예언이 성취될 때를 방관하지 않았다. 그는 선배 선지자가 남긴 예언이 곧 성취될 것이라는 사실을 깨닫고 나서 하나님께 그 예언을 하나님의 방법에 따라 신속하게 이루어달라고 더 적극적으로 기도했다. 바빌론으로 끌려온 포로민의 일원으로서 하나님의 용서와 회복을 기대하며 회개 기도를 시작한 것이다. 기도가 시작되자 하나님은 다니엘에게 '일흔 이레'(70주)에 대한 수수께끼 같은 말씀을 주셨다. 본문은 다음과 같이 구분될 수 있다.

A. 기도 준비(9:1-4a)
B. 간구와 고백(9:4b-10)
C. 하나님의 심판(9:11-14)
D. 하나님의 자비에 호소(9:15-19)
E. 70주 예언(9:20-27)

II. 미래에 대한 비전(7:1-12:13)
C. 다니엘의 회개 기도(9:1-27)

1. 기도 준비(9:1-4a)

[1] 메대 족속 아하수에로의 아들 다리오가 갈대아 나라 왕으로 세움을 받던 첫 해 [2] 곧 그 통치 원년에 나 다니엘이 책을 통해 여호와께서 말씀으로 선지자 예레미야에게 알려 주신 그 연수를 깨달았나니 곧 예루살렘의 황폐함이 칠십 년만에 그치리라 하신 것이니라 [3] 내가 금식하며 베옷을 입고 재를

덮어쓰고 주 하나님께 기도하며 간구하기를 결심하고 [4a] 내 하나님 여호와께 기도하며 자복하여 이르기를

9장 사건의 시대적 배경은 메디아의 다리우스(키루스의 즉위 이름)가 바빌론의 왕이 된 첫해, 곧 주전 538년이다. 이해의 중요성은 바로 전해인 주전 539년에 큰 어려움 없이 바빌론을 정복한 키루스 왕이 바빌론을 멸망시키고 그 위에 페르시아 제국을 근동의 군주로 세운 일을 기념하기 위해 바빌론 사람들에게 강제로 끌려와 바빌론에 살던 모든 민족에게 종교의 자유를 준 일에 있다(cf. 대하 36:22-23, 스 1:1-4). 키루스는 누구든지 원하면 조국으로 돌아가 조상들이 섬기던 신들을 섬길 수 있다고 했다.

이 일은 일명 키루스 실린더로 알려진 문서에 기록되어 있다. 뉴욕에 있는 유엔(UN) 빌딩은 이 실린더의 사본(replica)을 전시하고 있다. 키루스의 칙령은 인류 최초의 종교의 자유 선언문으로 간주되기 때문이다. 다니엘은 이 칙령이 선포된 해에 예레미야의 예언이 성취될 때가 이르렀다는 사실을 직감하고 하나님께 기도하기 시작했다.

크세르크세스/아하수에로(1절)도 다리우스와 마찬가지로 통치 이름으로 해석하는 것이 바람직하다(Frye, Wiseman). 그러므로 키루스의 모든 선왕에게 이 호칭이 적용될 수 있다(Wiseman, cf. Goldingay). 그러므로 본문에 등장하는 인물들의 이름들을 근거로 지나치게 역사성을 논하는 것은 바람직하지 않으며, 매우 소모적일 수 있다.

다니엘은 급변하고 있는 세계 정세를 꿰뚫어보고 있다. 마치 영원히 세상을 통치할 것처럼 날뛰던 바빌론 제국은 하나님이 환상을 통해 보여주신 대로 아주 허무하게 메디아-페르시아에게 무너져내렸다(cf. 2, 7장). 다니엘은 또한 자기 시대의 승자 메디아-페르시아 제국도 머지않아 그리스의 손에 멸망할 것이며, 그리스도 그 뒤를 이을 다른 나라에게 무너져내릴 것을 알고 있다. 그러므로 그의 주변에서 일어나고 있는 그 어떤 역사적 사건도 그를 놀라게 할 수는 없었다.

다니엘은 하나님의 백성들이 바빌론에서 처한 처지를 생각하게 되었다. 그는 거룩한 '책들'(סְפָרִים)을 공부하면서, 옛적에 선지자들이 남긴 예언을 살폈다(2절). 다니엘도 하나님께 직접 계시를 받는 선지자였는데, 그가 선배 선지자들이 남긴 책들을 연구하고 묵상한다는 것이 매우 인상적이다(cf. Gowan). 그런데 이 책들은 무엇이었는가?

많은 학자는 '정경'이라는 개념이 이때에는 없었다고 주장한다(cf. Collins). 그러나 이스라엘 사람들은 출애굽 때부터 모세가 선포하고 기록한 말씀을 처음부터 권위 있는 하나님의 말씀으로 대했다(신 17:18-19, 28:58, 61, 29:20, 21, 27, 30:10, 31:24, 26, cf. Beckwith). 또한 다니엘도 예레미야가 선포한 예언을 '여호와의 말씀'과 동일시하고 있다. 이러한 현상은 신약에서도 계속된다. 교회들은 사도들의 서신들을 받자마자 하나님의 말씀으로 간주해 주변에 있는 다른 교회들과 돌려본 기록이 있다.

다니엘 시대는 정경이 확정된 시대는 아니었다. 다니엘 시대 이후에 저작된 책들(예, 에스라-느헤미야서, 역대기 등등)도 정경에 속했기 때문이다. 아직 정경에 포함될 책들이 남아 있었던 것은 확실하다(cf. Lucas, Smith-Christopher). 이스라엘 사람들은 이 정경을 보존하는 데 참으로 많은 노력과 시간을 투자했다.

다니엘은 예레미야가 예루살렘에서 수십 년 전에 바빌론으로 끌려간 포로민들에 대해 선포했던 예언을 알게 되었다. 예레미야는 70년이 지나면 바빌론으로 끌려간 이스라엘 사람들이 다시 예루살렘으로 돌아올 것을 선언했다. 다니엘이 자신이 끌려온 때부터 계산해보니 그 70년이 다가오고 있었다. 그가 바빌론으로 끌려온 때가 주전 605년이었고, 이 해는 주전 538년이었으니, 어느덧 70년 중 67년이 지났다(cf. Seow). 바빌론 포로 생활이 막바지에 접어든 것이다.

머지않아 이스라엘 사람들은 조국으로 돌아가 마음껏 여호와를 섬기며 살게 될 것이다. 하나님이 선지자들을 통해 그렇게 될 것이라고 말씀하셨고, 다니엘은 하나님의 말씀을 믿었다. 중요한 것은 다니엘이 선지자들을 통해 주신 하나님의 약속이 성취되는 것을 바라만 보고 있지 않았다는 사실이다. 그는 금식하며, 베옷을 걸치고, 재를 깔고 앉아서 하나님 앞에 회개 기도를 드렸다. 이미 하나님이 약속하신 일이라 기도하지 않아도 꼭 그렇게 되겠지만, 다니엘은 하나님의 약속이 실현되는 것을 기도와 간구로 준비해 경건한 마음으로 맞이한 것이다. 다니엘의 모습에서 우리는 믿음으로 산다는 것이 무엇을 의미하는가에 대해 배워야 한다.

다니엘은 무엇을 위하여 기도했을까? 많은 학자는 그가 하나님께 계시를 받기 위해 기도했다고 한다(Hartman & Di Lella, Heaton, Montgomery). 그러나 다니엘이 기도하는 내용을 보면 그는 새로운 계시를 바라는 것이 아니다. 그는 회개하는 기도를 드리고 있다. 귀향을 앞둔 이스라엘이 하나님의 벌을 받는 것이 마땅하지만, 용서하시고 주의 백성이 조국으로 돌아갈 수 있도록 해달라는 기도이다. 게다가 다니엘은 베옷을 입고 금식하면서 기도하고 있다. 새로운 계시를 바란 것이 아니라 죄를 자복하고 회개하는 기도를 드린 것이다.

그런데 예레미야의 70년을 문자적으로 해석해야 하는가? 아니면 상징적으로 해석해야 하는가? 문자적으로 해석해 67년을 반올림하면 70년으로 맞아떨어진다. 그러나 70은 두 만수(7과 10)를 곱해서 얻는 숫자이기도 하다. 그러므로 상징적인 숫자일 가능성도 다분하다. 시편에서 70년은 사람의 일생을 상징하기도 한다(시 90:10).

실제로 구약에서 예레미야의 70년은 다니엘서에서처럼 문자적으로 해석되기도 하고, 다른 곳에서는 상징적으로 해석되기도 한다. 역대기 사가는 예레미야의 70년에 관해 주전 586년에 시작된 것으로 보았으며, 주전 538년에 끝난 것으로 해석한다. 그러나 이 두 연대 사이의 실제적인 숫자를 계산해보면 40년에 불과하다. 역대기 사가는 70년을 '참으로 오랜 포로 생활'을 의미하는 상징적인 숫자로 보았던 것이다. 스가랴 선지자도 70년을 상징적으로 보았다. 바빌론 포로 생활이 끝나고 귀향민들이 예루살렘에 정착한 지 20년이 되어가는 주전 519년에 스가랴는 천사가 아직도 폐허로 남아 있는 예루살렘을 보면서 하나님께 탄식하는 모습을 보았다. "여호와의 천사가 대답하여 이르되 만군의 여호와여 여호와께서 언제까지 예루살렘과 유다 성읍들을 불쌍히 여기지 아니하시려 하나이까 이를 노하신 지 칠십 년이 되었나이다"(슥 1:12). 스가랴는 아직도 70년 포로 생활이 끝나지 않았다고 탄식하는 것이다.

II. 미래에 대한 비전(7:1–12:13)
C. 다니엘의 회개 기도(9:1–27)

2. 간구와 고백(9:4b–10)

4b 크시고 두려워할 주 하나님, 주를 사랑하고 주의 계명을 지키는 자를 위하여 언약을 지키시고 그에게 인자를 베푸시는 이시여 5 우리는 이미 범죄하여 패역하며 행악하며 반역하여 주의 법도와 규례를 떠났사오며 6 우리가 또 주의 종 선지자들이 주의 이름으로 우리의 왕들과 우리의 고관과 조상들과 온 국민에게 말씀한 것을 듣지 아니하였나이다 7 주여 공의는 주께로 돌아가고 수치는 우리 얼굴로 돌아옴이 오늘과 같아서 유다 사람들과 예루살렘 거민들과 이스라엘이 가까운 곳에 있는 자들이나 먼 곳에 있는 자들이 다 주께서 쫓아내신 각국에서 수치를 당하였사오니 이는 그들이 주께 죄를 범하였음이니이다 8 주여 수치가 우리에게 돌아오고 우리의 왕들과 우리의 고관과 조상들에게 돌아온 것은 우리가 주께 범죄하였음이니이다 마는 9 주 우리 하나님께는 긍휼과 용서하심이 있사오니 이는 우리가 주께 패역하였음이오며 10 우리 하나님 여호와의 목소리를 듣지 아니하며 여호와께서 그의 종 선지자들에게 부탁하여 우리 앞에 세우신 율법을 행하지 아니하였음이니이다

다니엘은 하나님께 기도했다. 성경에서 발견되는 기도문 대부분이 시가체 양식을 취하는데, 다니엘의 기도는 이야기체를 사용하고 있다. 그러므로 이 기도를 '설화 회개 기도'(prose prayer of penitence)라고 부르기도 한다(Towner). 이런 형태의 기도는 에스라 9:6–15, 느헤미야 1:5–11, 9:6–37 등에서 발견된다. 이 기도들은 모두 회개의 기도이며 찬양과 고백과 간구를 포함하고 있다.

성경에서 사용되는 다른 설화 회개 기도들처럼 다니엘은 하나님을 찬양하는 것으로 기도를 시작한다(4절). 다니엘이 기도의 찬양 부분에서 드러내려 하는 하나님의 성품은 신실하심이다. 그는 하나님을 "주를 사랑하고 주의 계명을 지키는 자를 위하여 언약을 지키시고 그에게 인자(הַבְּרִית וְהַחֶסֶד)를 베푸시는 이"로 찬양한다(4절). 다니엘은 세계 정세가 급변해 키루스 왕이 세상 그 누구도 상상하지 못했던 선처를 주의 백성에게 베풀고 있지만, 하나님이 직접 역사해 옛 선지자들을 통해 약속하신 것을 이행하지 않으신다면, 결코 이스라엘은 회복되지 못할 것을 확실히 알고 있다. 그러므로 그는 하나님의 신실하심을 찬양하는 일로 기도를 시작한다.

다니엘은 하나님의 신실하심을 찬양한 다음 곧바로 민족을 대표하는 회개로 접어든다. 그의 기도 내용은 신명기의 신학적 가르침을 많이 반영한다. 하나님은 신명기를 통해 이스라엘이 범죄하면 어떻게 벌하실 것인가를 구체적으로 경고하셨다(cf. 신 28장). 예전에 솔로몬도 성전을 헌당하면서 신명기에 기록된 말씀을 바탕으로 기도를 드린 적이 있다(cf. 왕상 8장). 다니엘은 이스라엘이 바빌론으로 끌려오게 된 것은 전적으로 자기를 포함한 포로민들과 조상들의 죄 때문이며, 하나님은 하나도 잘못하신 것이 없다는 사실을 거듭 고백하고 인정한다.

다니엘은 이스라엘 포로민들이 먼 타국에 끌려와서 수치를 당하면서 사는 것(cf. 시 137편)과 예루살렘에 남은 생존자들이 괴로움을 당하는 것도 모두 자신들의 잘못 때문이라는 것을 안다. 하나님이 여러 번

이 백성을 용서해주셨지만, 이스라엘은 끝까지 주님을 반역했으며, 하나님이 자기 종 선지자들을 통해 주신 말씀도 모조리 묵살했기 때문에 초래된 결과였다. 다니엘은 이스라엘의 총체적인 타락을 5-6절에서 여섯 가지 죄에 관한 단어들로 묘사한다. '죄(חָטָאנוּ), 잘못(עָוִינוּ), 악한 일(הִרְשַׁעְנוּ), 반역(מָרָדְנוּ), 떠남(סוֹר), 듣지 않음(לֹא שָׁמַעְנוּ).' 다니엘은 모두 동사 형태를 사용하는데, 이 여섯 가지 중 다섯 가지는 1인칭 복수 접미사들을 사용하고 있다. 다니엘은 자기가 속한 포로민 공동체와 조상들의 잘못을 철저하게 회개하고 있다.

한 가지 의미심장한 것은 다니엘은 '죄인'이 아니라는 사실이다. 다니엘 시대를 살아가던 이스라엘 포로 중에서 그보다 더 순수하고 의로운 사람이 있었을까? 없었다. 그럼에도 불구하고 다니엘은 철저하게 '우리'라는 죄인들의 테두리 안에 자기를 포함시켰다. 예레미야와 에스겔도 사역한 시기가 다니엘과 비슷하다. 그들이 다니엘 시대를 살아가던 이스라엘 사람들에게 선포한 말씀 중에 이런 내용이 있다. "그날이 되면 너희들은 더 이상 '조상들이 신포도를 먹었는데, 우리의 이빨이 시다'라는 말을 하지 않을 것이다"(렘 31:29, 30, 겔 18:2, 새번역). 선지자들의 메시지를 듣던 많은 사람이 왜 죄는 조상들이 짓고, 그 대가는 자신들이 치러야 하느냐고 항의했던 것이다.

다니엘은 자신들은 억울하다고 소리치는 사람들과 같은 시대를 살아가면서도 이처럼 다른 자세를 취하고 있다. 성경에 기록되어 있는 리더들을 보면 모두 하나님 앞에 다니엘처럼 겸손한 자세를 취했다. 이것이 리더의 가장 기본적인 자질이다. 이웃의 아픔과 고민을 자기 것처럼 여기고 아파하는 사람들과 하나가 되는 것이다. 중보 기도는 이렇게 해야 한다. 이런 차원에서 우리는 모두 좋은 리더가 되어야 한다. 이웃에게 손가락질하지 않고 그 이웃과 하나가 되어 하나님 앞에 무릎을 꿇는 리더 말이다.

II. 미래에 대한 비전(7:1–12:13)
C. 다니엘의 회개 기도(9:1–27)

3. 하나님의 심판(9:11–14)

11 온 이스라엘이 주의 율법을 범하고 치우쳐 가서 주의 목소리를 듣지 아니
하였으므로 이 저주가 우리에게 내렸으되 곧 하나님의 종 모세의 율법에 기
록된 맹세대로 되었사오니 이는 우리가 주께 범죄하였음이니이다 12 주께서
큰 재앙을 우리에게 내리사 우리와 및 우리를 재판하던 재판관을 쳐서 하신
말씀을 이루셨사오니 온 천하에 예루살렘에서 일어난 일 같은 것이 없나이
다 13 모세의 율법에 기록된 대로 이 모든 재앙이 이미 우리에게 내렸사오나
우리는 우리의 죄악을 떠나고 주의 진리를 깨달아 우리 하나님 여호와의 얼
굴을 기쁘게 하지 아니하였나이다 14 그러므로 여호와께서 이 재앙을 간직하
여 두셨다가 우리에게 내리게 하셨사오니 우리의 하나님 여호와께서 행하시
는 모든 일이 공의로우시나 우리가 그 목소리를 듣지 아니하였음이니이다

다니엘은 더 구체적으로 이스라엘이 어려움을 겪는 이유가 그들의 조상들이 오래전에 여호와 하나님과 맺은 언약에 따라 살지 않고 주님께 죄를 범했기 때문이라고 고백한다. 모세를 통해 중계된 이 언약은 순종하면 하나님의 축복이 임할 것을 약속하지만, 불순종하면 저주가 내릴 것을 경고했다(cf. 레 26:27–45, 신 28:15–68). 안타깝게도 이스라엘은 언약대로 살지 못하여 주님의 저주를 받아 바빌론까지 끌려와 이날까지 살아왔다고 다니엘은 고백한다.

다니엘은 신명기 28–29장에 기록된 언약적 저주를 기억하고 있다. 그러므로 이스라엘이 바빌론으로 끌려와 이때까지 겪은 모든 고통은 결코 놀랄 만한 일이 아니며, 그들이 하나님과 맺은 언약의 일부(불순종에 따른 저주)가 실현되고 있는 것뿐이다. 이러한 사실을 깨달은 다니엘은 여호와 하나님은 전적으로 정의로우신 분이라고 고백한다. 이스라엘이 바빌론으로 끌려온 것은 하나님이 바빌론의 신들보다 힘이 약해서 자기 백성을 보호하지 못한 결과가 아니다. 공의로운 하나님이 이스라엘과 맺은 언약 조건에 따라 행하신 일이다. 이스라엘이 바빌론으로 끌려온 것은 여호와께서 온 세상의 주권자이심을 보여주는 사건이라는 것이다.

II. 미래에 대한 비전(7:1-12:13)
C. 다니엘의 회개 기도(9:1-27)

4. 하나님의 자비에 호소(9:15-19)

15 강한 손으로 주의 백성을 애굽 땅에서 인도하여 내시고 오늘과 같이 명성
을 얻으신 우리 주 하나님이여 우리는 범죄하였고 악을 행하였나이다 16 주
여 구하옵나니 주는 주의 공의를 따라 주의 분노를 주의 성 예루살렘, 주의
거룩한 산에서 떠나게 하옵소서 이는 우리의 죄와 우리 조상들의 죄악으로
말미암아 예루살렘과 주의 백성이 사면에 있는 자들에게 수치를 당함이니이
다 17 그러하온즉 우리 하나님이여 지금 주의 종의 기도와 간구를 들으시고
주를 위하여 주의 얼굴 빛을 주의 황폐한 성소에 비추시옵소서 18 나의 하나
님이여 귀를 기울여 들으시며 눈을 떠서 우리의 황폐한 상황과 주의 이름
으로 일컫는 성을 보옵소서 우리가 주 앞에 간구하옵는 것은 우리의 공의를
의지하여 하는 것이 아니요 주의 큰 긍휼을 의지하여 함이니이다 19 주여 들
으소서 주여 용서하소서 주여 귀를 기울이시고 행하소서 지체하지 마옵소서
나의 하나님이여 주 자신을 위하여 하시옵소서 이는 주의 성과 주의 백성이
주의 이름으로 일컫는 바 됨이니이다

포로민들이 이때까지 당한 모든 일은 이스라엘 백성들이 저지른 죄로 빚어졌다. 따라서 그들이 회복될 수 있는 유일한 길은 하나님이 그들이 감당하기 어려울 정도로 과분한 은혜를 베푸시는 것이다. 그러므로 다니엘은 하나님이 과거에 하셨던 일을 회상하면서, 하나님

께 다시 한 번 이 백성을 불쌍히 여기고 자비를 베풀어주실 것을 간구한다.

다니엘은 제일 먼저 '출애굽을 이루신 하나님'께 부르짖는다(15절). 출애굽 사건에서 거듭 반복되는 권면은 "이날과 이 사건을 기억하라"는 것이다. 이스라엘의 정체성과 종교는 하나님의 놀라우신 역사와 보호에 힘입어 이집트의 노예 생활에서 벗어나 자유를 향해 떠났던 바로 그 사건에 바탕을 둔다. 그러므로 이스라엘 백성들은 이 사건을 기억하고 자손 대대로 가르치라는 명령을 받았다. 또한 그들은 매우 어려운 상황에 처하고, 하나님의 은혜가 가장 필요해질 때면 출애굽 사건을 회상하며, "과거에 우리 선조들에게 이렇게 역사하신 하나님, 오늘을 살아가는 우리의 아픔을 헤아리시고, 새로운 출애굽이 있도록 은혜를 내려주십시오"라며 기도했다. 출애굽 사건은 이스라엘이 한 나라로서 체험했던 하나님의 은혜의 결정체였기 때문이다.

이외에도 다니엘이 이곳에서 출애굽 사건을 회상하는 것은 복합적인 이유가 있다. 첫째, 다니엘은 바빌론 포로 생활을 옛적에 이스라엘 선조들이 이집트에서 겪었던 노예 생활처럼 생각한다. 다만 바빌론-페르시아가 이집트를 대신하고 있을 뿐이다. 비록 끌려온 유다 백성 중에는 바빌론에 뿌리내리고 살아갈 사람들이 있지만, 나머지 사람들은 조상들의 땅으로 돌아가기를 원한다. 또한 그들이 돌아가 폐허가 된 성전을 재건해야만 이스라엘의 영적 노예 생활이 끝날 것이다.

둘째, 다니엘은 바빌론에 억류되어 있는 포로민들이 처한 문제의 심각성을 의식한다. 그는 출애굽 사건에 대한 회상을 통해 하나님이 출애굽 때처럼 강력하게 역사하셔야만 이스라엘이 회복할 수 있다는 사실을 알고 있다. 이미 예레미야를 통해 선포된 70년이 막바지에 이르렀고, 새로 근동을 다스리게 된 페르시아 제국은 이스라엘에게 바빌론 제국보다 훨씬 더 호의적이라는 사실을 감안하면, 잘 이해가 되지 않는다. 그러나 다니엘은 다른 각도에서 현실을 관찰할 수 있는 사람이다. 그는 사람들의 눈에 보이는 것들이 전부가 아니라는 것을 알고 있다. 사람들이 목격하는 상황 뒤에는 엄청난 영적인 전쟁이 끊임없이 지속되고 있다. 그러므로 다니엘은 하나님이 사람들이 볼 수 없는 현실 뒤에서 일어나는 실체를 다스려달라고 기도한다.

셋째, 다니엘은 70년의 시간이 막바지에 접어들었다 해서 이 일을 당연한 은혜로 생각하지 않는다. 주의 백성이 포로 생활을 마치고 약속의 땅으로 돌아가는 것은 하나님이 계획하고 이루실 일이지만, 그렇다고 해서 쉽게 이루어질 일이 아니라는 것을 안다. 물론 역사하시는 하나님은 단숨에 이 일을 행하실 것이다. 그러나 그 은혜의 수혜자들은 조국으로 돌아가는 것을 당연시하거나 가볍게 여겨서는 안 된다. 출애굽 때에 이스라엘이 체험했던 강한 하나님의 사역에 버금가는 능력만이 이 일을 행하실 수 있다는 사실을 고백해야 한다.

다니엘은 '예루살렘에서 하나님의 분노가 떠나가게' 해달라고 간구한다(16절). 다니엘은 예루살렘에서 바빌론으로 끌려온 사람들보다 예루살렘에 남은 사람들이 더 큰 하나님의 진노를 받고 있다는 것을 시사한다. 또한 하나님의 진노가 예루살렘을 떠나지 않는 한, 회복은 오지 않을 것이며, 설사 회복이 온다 해도 하나님의 진노가 예루살렘에 머무는 한 아무런 의미가 없다는 사실을 의식했다. 그러므로 그는 하나님의 진노가 예루살렘을 떠나게 해달라고 기도한다.

다니엘은 성전을 복구할 수 있도록 해달라고 기도한다(17절). 성전을 파괴하신 분도 여호와이고, 복구하실 수 있는 분도 여호와이다. 주님이 하시지 않으면, 인간이 아무리 아름다운 성전을 재건한다 해도 아무런 의미가 없다. 그러므로 다니엘은 성전 재건을 통해 여호와만이 하나님이라는 것을 온 세상에 알리게 해달라고 간구한다. 주의 백성이 성전을 재건하는 것은 그들이 지고 가야 할 짐이 아니라, 하나님이 허락하셔야만 가능한 특권이라는 것이다.

다니엘은 자신이 그럴 만한 자격이 있어서가 아니라, 하나님의 자비만을 바라보며 간구하는 것이라고 한다(18절). 하나님이 그의 기도에 응답하셔서 온 세상이 여호와를 알고, 여호와가 이스라엘과 예루살렘의 주인이시라는 사실을 알게 해달라고 간절하게 기도한 것이다. 히스기야 왕도 산헤립이 예루살렘을 포위했을 때에 비슷한 내용의 기도를 하며 하나님의 구원을 갈망한 적이 있다(사 37:16–20).

다니엘은 '우리'로 기도를 시작해서 '나'로 끝을 맺고 있다(18–19절). 특히 18절의 기도는 애절하다. "나의 하나님, 귀를 기울이시고 들어 주십시오. 눈을 크게 뜨시고, 우리가 황폐해진 것과 주의 이름을 빛내던 이 도성의 고통을 굽어보아 주십시오"(새번역). 그는 하나님이 이스라엘을 바라보기만 하신다면, 그들이 당면한 모든 문제가 해결될 것이라는 것을 잘 알고 있다. 하나님이 이스라엘의 신음 소리만 들어주신다면, 그들이 당면하고 있는 모든 문제가 그들 앞에서 눈이 녹듯 녹아내릴 것이다.

II. 미래에 대한 비전(7:1–12:13)
C. 다니엘의 회개 기도(9:1–27)

5. 70주 예언(9:20–27)

[20] 내가 이같이 말하여 기도하며 내 죄와 내 백성 이스라엘의 죄를 자복하고 내 하나님의 거룩한 산을 위하여 내 하나님 여호와 앞에 간구할 때 [21] 곧 내가 기도할 때에 이전에 환상 중에 본 그 사람 가브리엘이 빨리 날아서 저녁 제사를 드릴 때 즈음에 내게 이르더니 [22] 내게 가르치며 내게 말하여 이르되 다니엘아 내가 이제 네게 지혜와 총명을 주려고 왔느니라 [23] 곧 네가 기도를 시작할 즈음에 명령이 내렸으므로 이제 네게 알리러 왔느니라 너는 크게 은총을 입은 자라 그런즉 너는 이 일을 생각하고 그 환상을 깨달을지니라 [24] 네 백성과 네 거룩한 성을 위하여 일흔 이레를 기한으로 정하였나니 허물이 그치며 죄가 끝나며 죄악이 용서되며 영원한 의가 드러나며 환상과

> 예언이 응하며 또 지극히 거룩한 이가 기름 부음을 받으리라 25 그러므로 너
> 는 깨달아 알지니라 예루살렘을 중건하라는 영이 날 때부터 기름 부음을 받
> 은 자 곧 왕이 일어나기까지 일곱 이레와 예순두 이레가 지날 것이요 그 곤
> 란한 동안에 성이 중건되어 광장과 거리가 세워질 것이며 26 예순두 이레 후
> 에 기름 부음을 받은 자가 끊어져 없어질 것이며 장차 한 왕의 백성이 와서
> 그 성읍과 성소를 무너뜨리려니와 그의 마지막은 홍수에 휩쓸림 같을 것이
> 며 또 끝까지 전쟁이 있으리니 황폐할 것이 작정되었느니라 27 그가 장차 많
> 은 사람들과 더불어 한 이레 동안의 언약을 굳게 맺고 그가 그 이레의 절반
> 에 제사와 예물을 금지할 것이며 또 포악하여 가증한 것이 날개를 의지하여
> 설 것이며 또 이미 정한 종말까지 진노가 황폐하게 하는 자에게 쏟아지리라
> 하였느니라 하니라

다니엘이 기도할 때, 천사 가브리엘이 찾아왔다. 다니엘은 지난 경험으로 그를 알고 있었다. 가브리엘은 저녁 제사를 드릴 때(오후 3-4시)에 그에게 왔다. 이스라엘 사람들이 바빌론에서는 제사를 드리지 않았기 때문에(제사는 성전에서만 드렸는데, 바빌론에는 성전이 없었음) 이 말씀은 천사가 언제쯤 다니엘을 찾아왔는지를 알려줄 뿐이다. 유대인들은 이 때를 기준으로 매일 기도했다(스 9:5, 시 141:2).

가브리엘은 급히 다니엘을 찾아왔다(21절). 그는 다니엘이 기도하자마자 하나님이 그의 기도에 응답하셨다고 한다. 하나님이 다니엘의 기도를 듣고 곧바로 천사를 보내신 것은 다니엘의 기도가 하나님의 계획에 아무런 영향을 미치지 못하니 헛수고하지 말라는 것을 의미한다고 주장하는 학자가 있다(Jones). 그러나 그렇지 않다. 천사는 하나님이 다니엘의 기도에 얼마나 많은 관심을 가지고 즉각적으로 응답하셨는가를 알려주려고 급히 왔다(Goldingay). 천사는 하나님이 다니엘의 기도를 곧바로 들어주신 것은 그가 하나님의 '큰 은총을 입은 사람'(חֲמוּדוֹת)이기 때문이라고도 한다(23절). 이 히브리어 단어는 값진 것을 의미한

다(Montgomery). 다니엘은 하나님께 가장 소중한 보석과 같은 성도였던 것이다.

가브리엘이 다니엘에게 전해준 말씀은 의미를 파악하기가 매우 어렵다. 이 말씀은 다니엘서에서 해석하기 가장 어려운 네 절이자(Baldwin), 성경에서 가장 해석하기 어려운 문제 중 하나이다. 그러나 세부적인 내용을 모두 이해하는 것은 어렵겠지만, 한 가지씩 풀어나가면 전반적인 메시지는 확실하다.

이 일은 다니엘의 '백성과 거룩한 도성'에 관한 것이다. '너의 백성'을 영적 이스라엘(viz., 기독교인들)로, '거룩한 도성'을 교회로 해석하는 사람들이 있다(Keil & Delitzsch, Leupold, Young). 철저하게 기독교적 관점에서 해석하는 것이다. 그러나 24-27절에 기록된 가브리엘의 예언은 이스라엘 백성들과 성전과 예루살렘에 관한 것들이다. 또한 이 말씀은 다니엘의 기도에 대한 응답으로 주어졌다. 다니엘은 이 순간 이스라엘의 회복을 위해 기도했지, 먼 훗날 세워질 교회의 회복을 위해 기도하지는 않았다.

저자는 24절에서 여섯 개의 부정사 문구(infinitive clause)를 사용해 이 '일흔 이레'(70×7=490) 동안 어떤 일들이 일어날 것인가를 말한다. 이 일들을 정리해보면 다음과 같다. 첫째, 반역이 그친다(לְכַלֵּא הַפֶּשַׁע). 이때가 되면 사람이 하나님께 하는 반역의 정도가 덜하게 될 것을 의미한다고 해석하기도 하지만(Wood, Young), 완전히 멈추는 것으로 해석하는 것이 바람직하다(NIV, NAS, NRS, 표준).

둘째, 죄가 끝이 난다(לַחְתֹּם חַטָּאוֹת). 문자 그대로 해석하면 죄를 '봉한다'(seal)는 의미이다. 이때가 되면 더 이상 죄가 세상에서 활동할 수 없다는 것을 시사한다. '죄'(חַטָּאוֹת)는 '반역'(פֶּשַׁע)보다 더 일반적이고 광범위한 의미를 지닌 단어이다(Archer). 예수님이 재림하실 때 이 일이 성취될 것이다.

셋째, 속죄가 이루어진다(לְכַפֵּר עָוֹן). 속죄(כפר)의 개념은 '덮다/씌우다'

를 바탕으로 한다. 성전에서 드리는 짐승 제물의 피가 인간의 죄를 '덮음'으로 하나님 앞에 인간의 죄가 더 이상 보이지 않게 된 것이다(레 16:15-16). 죄(עָוֹן)는 대체적으로 범법 행위를 가리키는 말이다. "만일 이 세 개념이 단순한 반복이 아니라 진보(progression)를 의미한다면, 이 문장이 절정(climax)이다. 하나님은 자신의 의를 손상시키지 않으시면서 인간의 죄를 속죄할 수 있다는 것을 선언하고 있다"(Baldwin).

넷째, 하나님이 영원한 의를 세우신다(הָבִיא צֶדֶק עֹלָמִים). 70주가 지나면 온 세상에 의가 하수같이 흐르고, 소나기가 땅을 적시듯이 온 세상을 적실 것이다(cf. 암 5:24). 이 일도 예수님의 재림에나 가능하다(Barker).

다섯째, 환상에 보이신 것과 예언의 말씀을 이루신다(לַחְתֹּם חָזוֹן וְנָבִיא). 이루다(חתם)는 '봉인하다'는 의미를 지니고 있으며, '죄가 끝이 난다'(#2)에서 이미 사용되었다. 예언과 환상을 '봉한다'는 것은 아마도 환상과 예언이 더 이상 필요 없게 될 것을 시사하는 듯하다(Miller). 이 또한 예수님의 재림에나 가능한 일이다.

여섯째, '가장 거룩한 분/것'에게 기름을 부으신다(לִמְשֹׁחַ קֹדֶשׁ קָדָשִׁים). 이 말씀이 한 사람(메시아)을 가리키는 말인가, 아니면 한 장소를 가리키는 말인가? 이 말씀이 메시아를 가리킨다는 해석도 있지만(Young), 대부분의 학자와 번역본은 하나님이 정하신 한 장소로 해석한다. 구약에서 '가장/최고로 거룩한 것'(קֹדֶשׁ קָדָשִׁים)은 성전/성막이나 그곳에서 사용되던 용기들을 가리키는 용어이다(Wood). 학자들은 이 '가장 거룩한 것'을 종말 때의 교회로 해석하기도 하고(Keil & Delitzsch, Young) 그 이후에 예루살렘에 세워질 성전으로 해석하기도 한다(Archer, Miller). 다니엘이 기독교 교회에 관하여 별로 아는 것이 없었을 것을 감안하면 후자가 더 설득력이 있다. 그렇다면 다니엘은 지금 에스겔이 환상에서 보았던 성전 건축(겔 40-48장)을 염두에 둔 듯하다.

이 여섯 가지 중 처음 둘은 다니엘의 기도를 반영하는 하나님의 직접적인 응답으로 간주할 수 있다. 또한 세 번째 사항(속죄가 이루어지는 것)

도 처음 두 사항에 도장을 찍는 역할을 하는 것으로 해석할 수 있다. 세 번째 것이 처음 두 가지가 초래한 결과를 정리하고 있기 때문이다.

그러나 그 다음 세가지(#4-6)는 미래지향적일 뿐만 아니라, 세상의 종말에나 일어날 것을 전제로 주어진 듯하다. 하나님의 영원한 의와 예언과 환상이 끝나는 것과 완전한 성전이 세워지는 시대가 도래하는 일은 모두 종말에나 있을 것이다. 이 모든 것이 '일흔 이레' 동안 진행된다.

이 여섯 가지가 순전히 다니엘의 기도에 대한 응답이라면, 이 일들은 다니엘이 기도하던 때로부터 얼마 전에 이미 일어났거나, 이 응답이 주어진 후 얼마 지나지 않은 시일에 모두 성취되어야 한다. 반면에 다음 문장을 생각해보면, 이 일들이 모두 미래에 일어날 것들이라고 한다. 그러므로 학자들은 이 여섯 가지가 말일에 성취될 종말적 이상(eschatological ideal)이라 하고(Collins), 종말적 축복(eschatological blessings)이라고도 하고(Lacocque) 인류 역사를 통해 성취하고자 하시는 하나님의 최종적인 목적이라고 하기도 한다(Baldwin). 어떤 식으로 표현하든 간에 모두 종말에 성취될 일들이라는 공통점을 지니고 있다.

다니엘은 선지자 예레미야가 오래전에 예언했던 '바빌론 포로 생활 70년'이 속히 끝나고 주의 백성들이 조국 이스라엘로 돌아갈 수 있게 해달라고 기도한다. 천사 가브리엘은 분명히 다니엘의 기도에 대한 응답이라며 이 말씀을 준다(23절). 그렇다면 이스라엘의 70년 포로 생활과 본문이 언급하는 '일흔 이레'는 무슨 관계가 있는가? 일부 주석가들은 이 70년은 주의 백성들의 포로 생활이 연장될 것임을 암시한다고 주장하지만(Longman), 대부분의 학자가 해석하는 것처럼 미래에 관한 예언이 확실하다. 그렇다면 이 예언이 왜 다니엘의 기도에 대한 응답으로 주어지는 것일까?

가브리엘은 '일흔 이레'를 일곱 이레(7×7=49)와 예순두 이레(7×62=434)와 마지막 이레(7×1=7) 등 세 기간으로 나누고는 각 기간에 일어날 일들을 말해주었다. 첫째 기간인 일곱 이레(25절)는 성전을 재건하라는 말씀(דָּבָר)이 있을 때부터 '기름을 부어서 세운 왕/지도자'(נָגִיד מָשִׁיחַ)가 올 때까지의 기간이다. 둘째 기간인 예순두 이레(25절)는 예루살렘이 재건되어 거리와 성곽은 완성되지만, 거주민들은 괴로워하는 기간(בְּצוֹק הָעִתִּים)이다.

셋째 기간인 마지막 이레(26-27절)가 시작되면, '기름 부어서 세운 왕/지도자'가 부당하게 살해되고, 아무도 그의 임무를 이어받지 못할 것이다. 한 통치자의 군대가 예루살렘 성을 침략해 성읍과 성전을 파괴할 것이다. 성읍은 황폐하고 승리한 침략자는 주의 백성들과 언약을 체결할 것이다. 이 마지막 이레의 반(3½)이 지날 때, 침략자는 마음을 바꿔 주의 백성들과 맺었던 언약을 파괴할 것이다. 그는 성전에서 희생제사와 예물을 드리는 일을 금할 것이다. 더 나아가 성전의 가장 높은 곳에 흉측한 우상을 세울 것이다. 이 우상은 하나님이 정하신 끝날까지 거기에 서 있을 것이다.

여기까지는 확실하다. 그러나 이제부터는 해석적 대혼란이 시작된다. 한 학자는 다니엘의 70주에 관한 해석은 구약 비평학의 가장 우울한 늪(the Dismal Swamp of O. T. criticism)이라며 안타까워한다(Montgomery). 지난 2,000년 동안 여러 학자가 제시한 해석들을 요약하면 다음 도표에 제시된 다섯 가지 해석이 주류를 이룬다(cf. Archer, Baldwin, Collins, Goldingay, Gowan, Hartman & Di Lella, Lacocque, Leupold, Lucas, Longman, Miller, Montgomery, Payne, Seow, Young). 하나씩 살펴보도록 하자.

<table>
<tr><th>이슈</th><th>마카비 시대</th><th>로마 시대</th><th colspan="3">종말 시대</th></tr>
<tr><td rowspan="2">시작: 선포(25절)</td><td rowspan="2">주전 605/586 포로 시작</td><td rowspan="2">페르시아의 세 선포 중 하나 (주전 538, 458, 445)</td><td colspan="2">상징적</td><td>사이/간격적</td></tr>
<tr><td>키루스의 선포</td><td>예레미야의 예언(주전 594)</td><td>크세르크세스의 선포 중 하나(주전 458, 445)</td></tr>
</table>

왕 메시아의 정체(25절)	키루스/제사장 여호수아	예수	예수	키루스	예수
62주	주전 538–170 키루스–안티오쿠스 시대	선포에서 예수님의 생애에 이르기 위하여 7주를 더한 것	교회 시대	키루스에서부터 종말까지	예수님의 세례식 혹은 예루살렘 입성
메시아의 정체(26절)	오니아스 3세(주전 170년에 살해당한 대제사장)	예수	대환난 때 예수	적그리스도	십자가의 예수(예수님이 유대인들에게 거부당한 후부터 교회 시대가 시작하는데, 이 기간은 70주에 포함되지 않았음)
언약을 세우는 자의 정체(27절)	안티오쿠스와 유대인 매국노들	예수	적그리스도	적그리스도	적그리스도
70째 주	안티오쿠스의 박해	로마 장군 타이투스의 예루살렘 공략(70 AD)	환난	환난	환난

첫째, 마카비 시대를 바탕으로 해석하는 견해이다. 이 해석을 주장하는 사람들은 안티오쿠스 4세 시대를 가리키는 '일흔 이레'에 본문에 기록된 모든 것이 성취되었다고 전제한다. '일흔 이레'는 490년(70x7)을 뜻하며, 25절의 '말씀/선포'는 예레미야가 주전 605년에 선포한 70년 예언을 가리킨다(Montgomery). 비록 예레미야가 주전 605년에 이 말씀을 선포했지만, 이 말씀이 실제로 현실에 적용되기 시작한 때는 주전 586년이라고 한다. 그러므로 이 해석이 안고 있는 가장 큰 해석적인 불일치(inconsistency)는 비록 25절이 "말씀/선포와 동시에 일흔 이레가 시작된다"고 하지만, 실제로 이스라엘 역사에서는 유다와 예루살렘

이 멸망했던 주전 586년에 시작되었다고 하는 것이다.

그렇다면 이 해석은 왜 예레미야의 70년이 그가 말씀을 선포한 주전 605년이 아니라 주전 586년에 시작되었다고 하는가? 그들이 주전 586년에 70주가 시작되었다고 주장하는 것은 키루스의 종교 자유 선포(주전 538년)와 곧이어 행해졌던 것으로 알려진 여호수아의 대제사장 임직식(cf. 스 2:2, 3:2, 5:2, 슥 3:1, 6:11) 때와 주전 586년의 차이가 처음 일곱 이레(49년)와 거의 일치하기 때문이다.

그다음 예순두 이레(434년)는 대제사장 여호수아 때로부터 주전 170년에 안티오쿠스에게 살해당했던 대제사장 오니아스 3세 때(약 368년이 경과함)까지로 해석한다(cf. Gowan). 그러나 이러한 해석은 60여 년의 시간 차이를 지녔다.

마지막 이레는 주전 170년에 시작되어 안티오쿠스 4세의 죽음(주전 163년)까지의 시간을 뜻한다고 해석한다. 그러나 문제는 주전 586년에서 안티오쿠스의 죽음(163년)까지를 계산해보면 490년에서 약 65년이 모자란다. 이 설을 주장하는 사람들은 이 65년의 차이가 성경 저자들의 계산 착오에서 비롯되었다고 주장한다(Montgomery, Porteous, Hartman and Di Lella).

둘째, 로마 시대에 모두 성취되었다는 해석이다. 이 해석에 의하면 '일흔 이레'는 주후 1세기에 끝나는 시대를 상징적으로 표현한다(Young). 처음 일곱 이레는 키루스 왕이 종교 자유를 선포했을 때(주전 538년)부터 에스라-느헤미야 시대(주전 458-444년)까지이다. 그다음 예순두 이레는 이때부터 예수님의 사역이 시작된 때까지(주후 26년?)이다. 마지막 이레는 예수님이 사역을 시작하신 때에서 십자가에서 죽으신 때(주후 33년?)와 예루살렘 성전 파괴(70년) 사이의 한 시점이다.

셋째, 종말 시대에 성취될 일이며 상징적인 해석을 선호하는 관점이다. 이 설에는 여러 가지의 변형이 있다. 한 해석에 따르면 대부분 둘째 해석과 비슷하지만, 마지막 이레에서 차이를 보인다. 마지막 이레는 각각 3½씩 둘로 나뉘는데, 첫 번째 반(半)이레는 예수님의 사역 시작과 십자가 사건 사이의 3년이며, 두 번째 반(半)이레는 예수님이 십자가에 죽으신 때부터 다시 오실 때까지이다. 이 변형들이 지닌 한 가지 공통점은 70주를 구약의 한 시점에서 예수 재림을 통한 종말에 이르는 시간으로 해석한다는 것이다(Keil & Delitzsch, Leupold).

넷째, 종말 시대에 성취될 일이지만 간격적 해석을 선호하는 관점이다. 이 설에 의하면 70주는 예수 그리스도의 재림으로 끝나는 실제적인 490년이라 주장한다(Miller, Walton). 처음 7주(49년)는 페르시아의 크세르크세스 왕이 주전 458년에 에스라에게 혹은 주전 444년에 느헤미야에게 허락한 예루살렘 재건에서 시작해 그들의 재건 사역이 끝났을 때로 해석한다. 그다음 62주(434년)는 이때부터 예수님의 세례식(주후 26/30년?) 혹은 종려 주일에 있었던 예루살렘 입성(주후 32/33년?)으로 간주한다. 마지막 1주는 대환난이 있을 예수님 재림 전 7년이다. 그렇다면 예수님의 세례식 혹은 예루살렘 입성 때부터 종말까지의 시간을 어떻게 이해해야 하는가? 이 시대는 교회 시대이며, 다니엘의 70주에 포함되지 않았다고 주장한다.

어떤 해석을 따라도 장점과 단점이 있다(cf. Goldingay, Lucas, Montgomery). 그러므로 각자 선호하는 해석은 있어도, 남들에게까지 자기가 선호하는 해석을 강요하는 것은 바람직하지 않다. 원래 묵시문학은 본질적으로 이런 애매모호함을 내포한다. 70이레(7)는 490이 되는데, 490은 희년(매 49년)이 열 번 지나간 때(49×10)이기도 하다. 본문이 주의 백성이 악의 세력에서 완전히 해방될 때를 말하고 있다는 점을 감안하면, 희년도 다니엘의 70이레를 해석하기 위한 하나의 요소가 되어야 한다. 또한 많은 것이 아직도 미래에 성취될 일이며, 정확히 어떻게 이것들이 성취될 것인가는 지켜보아야 한다.

II. 미래에 대한 비전(7:1–12:13)

D. 하늘의 사자(10:1–11:1)

다니엘이 70주에 관한 예언을 받은 지 2년 만인 주전 537년에 이 환상을 보았다. 10장에서 시작되는 이번 환상은 12장까지 연결되는 다니엘서의 마지막이자 가장 긴 부분이다. 다니엘은 8장에 기록된 숫양과 숫염소에 대한 환상을 수산에 있는 을래 강가에서 보았다. 이번 환상은 티그리스 강가에서 보았다. 다니엘은 8장의 환상을 보았을 때, 육체적으로 큰 고통을 당했는데, 이번 환상 역시 육체적인 고통을 동반한다.

다니엘이 10장에 기록한 것들은 비전이라고 불리지만, 7장과 8장에서 보았던 짐승들이나 그 짐승들과 비슷한 것은 보이지 않는다. 9장에서 다니엘은 기도했고 하나님은 기도의 응답으로 그에게 70주에 관한 예언을 주셨다. 이곳에서도 다니엘은 9장에서처럼 천사가 주는 미래에 관한 예언을 받고 있다.

하나님은 포로로 끌려온 다니엘과 그의 백성들에게 준 미래에 관한 환상과 예언을 통해 용기와 소망을 주기를 원하신다. 이스라엘의 하나님은 인류의 모든 미래를 통찰하시고, 자기 계획대로 인류 역사를 이끌어가시는 분이다. 그러므로 포로들은 주님만을 의지해야 한다. 인류의 미래와 과거를 통치하는 분이 움직이시기만 하면 이스라엘의 모든 문제는 해결될 뿐만 아니라, 하나님의 놀라운 구원이 그들을 기다리고 있기 때문이다. 이런 메시지가 당연히 바빌론에 속박되어 있던 이스라엘 사람들에게는 대단한 위로와 감동으로 받아들여졌을 것이다.

이 비전은 하나님이 다니엘에게 이미 주셨던 환상의 내용을 반복하고 있다. 그러나 훨씬 더 자세하게(특히 그리스 제국에 관해서는 더욱더 그렇다) 근동의 역사를 조명한다. 또한 적그리스도에 관해서도 더 많은 정보를 제공하고 있다. 이 과정에서 우리는 천사들과 악령들에 관한 상당한 정보를 얻는다(Wood). 본문은 다음과 같이 두 부분으로 나뉜다.

A. 비전(10:1–9)
B. 사자와의 대화(10:10–11:1)

II. 미래에 대한 비전(7:1–12:13)
D. 하늘의 사자(10:1–11:1)

1. 비전(10:1–9)

1 바사 왕 고레스 제삼년에 한 일이 벨드사살이라 이름한 다니엘에게 나타났
는데 그 일이 참되니 곧 큰 전쟁에 관한 것이라 다니엘이 그 일을 분명히 알
았고 그 환상을 깨달으니라 2 그 때에 나 다니엘이 세 이레 동안을 슬퍼하며
3 세 이레가 차기까지 좋은 떡을 먹지 아니하며 고기와 포도주를 입에 대지
아니하며 또 기름을 바르지 아니하니라 4 첫째 달 이십사일에 내가 힛데겔이
라 하는 큰 강 가에 있었는데 5 그 때에 내가 눈을 들어 바라본즉 한 사람이
세마포 옷을 입었고 허리에는 우바스 순금 띠를 띠었더라 6 또 그의 몸은 황
옥 같고 그의 얼굴은 번갯빛 같고 그의 눈은 횃불 같고 그의 팔과 발은 빛난
놋과 같고 그의 말소리는 무리의 소리와 같더라 7 이 환상을 나 다니엘이 홀
로 보았고 나와 함께 한 사람들은 이 환상은 보지 못하였어도 그들이 크게
떨며 도망하여 숨었느니라 8 그러므로 나만 홀로 있어서 이 큰 환상을 볼 때
에 내 몸에 힘이 빠졌고 나의 아름다운 빛이 변하여 썩은 듯하였고 나의 힘
이 다 없어졌으나 9 내가 그의 음성을 들었는데 그의 음성을 들을 때에 내가
얼굴을 땅에 대고 깊이 잠들었느니라

다니엘이 3주 동안 부분적인 금식(partial fasting)을 했다(2–3절). 부분적인 금식은 모든 음식을 먹지 않는 것이 아니라, 일부 기름진 음식을 피하며 생명을 유지하기 위한 최소한의 음식과 물을 섭취하는 금식이다(cf. Lucas). 하나님은 그에게 장차 세상에 임할 큰 전쟁에 관하여 환상을 보여주셨다. 다니엘은 이 환상으로 큰 슬픔에 빠졌다(2절).

첫째 달 이십사일(4월 초)에 다니엘은 티그리스 강둑에 서 있었다(4절). 그때에 그는 세마포 옷을 입었고 허리에는 순금 띠를 띤 천사를 보았다(5절). 천사의 몸은 황옥 같고 얼굴은 번갯빛 같고, 눈은 횃불 같고, 발은 빛난 놋과 같은 '빛과 불덩이'라 할 정도로 찬란한 모습을 지녔다(6절). 게다가 목소리는 마치 무리가 합창하는 듯한 깊이와 무게감을 지녔다. 다니엘과 함께 있던 사람들은 모두 도망쳐 숨고 다니엘 혼자만 환상을 보았다(7-8절). 다니엘은 순간적으로 몸에서 온 힘이 빠져나가는 것을 느꼈고, 정신을 잃고 그 자리에 쓰러지고 말았다(8-9절).

다니엘이 이때까지 보았던 환상 네 개는 모두 날짜를 기록하고 있다. 이 네 개의 환상은 두 쌍의 날짜를 지니고 있다. 두 개는 벨사살 즉위 1년(7장)과 3년(8장)에 받은 것이며, 두 개는 키루스 즉위 1년(9장)과 3년(10장)에 받은 것이다. 이 네 환상 중 네 번째 것인 이 환상은 키루스 왕 3년인 주전 537/536년에 받았다. 9장의 환상을 본 지 2년이 지난 시기이다. 또한 키루스 왕 3년은 스룹바벨과 세스바살을 중심으로 구성된 첫 귀향민 행렬이 예루살렘을 향해 떠난 지 얼마 되지 않은 시점이다. 아마도 다니엘은 나이 때문에(이때 그는 80세가 넘었을 것으로 추정됨) 귀향민 행렬에 합세하지 않은 것으로 생각된다. 또한 그는 자신이 바빌론에 남아 있는 것이 예루살렘으로 돌아가는 것보다 이스라엘의 회복을 위해 더 유익할 것으로 생각했을 것이다. 6장에 수록되어 있는 '사자 굴' 사건이 이때 전후로 일어났을 것으로 추정된다.

다니엘은 바빌론 이름인 벨드사살로 자신을 소개한다. 이 바빌론 이름은 5장 이후로 사용된 적이 없다. 또한 책의 후반부에서는 유일하게 이곳에서 사용된다. 정확히 왜 이 이름이 여기서 사용되고 있는지 알 수는 없지만, 아마도 그가 귀향민 행렬에 섞여 있지 않고, 아직도 바빌론에 남아 있다는 것을 알리기 위해서일 것이다. 또한 책의 앞부분에서 환상을 보고 꿈을 해몽했던 시점으로부터 많은 세월이 지났는데, 바로 그 사람과 동일 인물이라는 사실을 강조하기 위해서일 것이다.

새번역은 마치 그가 환상을 보고 그 뜻을 깨닫는 일에 엄청난 고통을 느꼈던 것처럼 번역한다. "환상을 보는 가운데, 심한 고생 끝에 겨우 그 뜻을 깨달았다"(1절). 새번역은 '커다란 싸움/갈등'(צָבָא גָדוֹל)을 다니엘이 그 환상의 의미를 깨닫게 되는 과정에서 체험한 개인적인 고통으로 해석하고 있다(cf. TNK). 그러나 거의 모든 번역과 주석가는 '커다란 싸움/갈등'(צָבָא גָדוֹל)을 미래에 있을 '대전쟁'을 의미하는 것으로 이해한다. "그 일이 참되니 곧 큰 전쟁에 관한 것이라"(개역개정, cf. 공동, 현대인, 아가페, NAS, NIV, NRS).

다니엘은 천사를 만나기 전에 3주 동안 '고행'(מִתְאַבֵּל, 새번역)을 했다. 아마도 일정한 시간을 정해놓고 제한적인 금식, 제한된 치장 등을 통해 하나님 앞에 슬픔/애통하는 종교적인 행위였던 것으로 생각된다(Longman). 이 기간에 다니엘은 좋은 음식, 고기, 술 등을 입에 대지 않았다. 이러한 상황은 1장에서 있었던 일을 떠올린다. 율법은 이스라엘 백성들에게 최소한 1년에 한 번은 금식하도록 요구했다. 속죄일(Day of Atonement)에는 모든 백성이 자신들의 죄를 생각하며 금식을 하고 슬퍼하게 했다(레 16:29-31). 에스더는 왕에게 나가기 전에 바빌론으로 끌려온 이스라엘 사람들에게 자기를 위해 3일 동안 금식을 해달라고 부탁한 적이 있다(에 4:16).

성경에 언급된 나머지 금식은 사람들이 자발적으로 행하는 것들이다. 오늘날 금식도 자발적으로 행하는 것이기 때문에 성도에게 강요할 수는 없다. 그러나 기라성 같은 영적 지도자들이었던 모세와 다윗과 에스더와 다니엘과 바울과 하나님이신 예수께서도 금식을 하셨다면, 우리도 금식을 영적인 삶의 한 부분으로 실천하는 것도 좋은 일이다.

이 기간에 다니엘은 몸에 기름(lotion)도 바르지 않았다. 일부 주석가들은 기름이 기쁨의 상징이기 때문에 금식하는 동안에는 바르지 않은 것으로 해석하지만(Lucas, cf. 삼하 12:20, 14:2), 근동 지역은 1년 내내 매우 건조한 기후였기 때문에 피부를 보호하기 위해 로션이나 기름을 많이 사용했다(Driver). 피부 관리의 일부였던 것이다. 고행 기간에는 이러한 것뿐만 아니라, 심지어는 몸을 씻는 일도 자제했다.

중요한 것은 다니엘은 몸에 기름을 바르지 않고 일부 음식을 멀리 하는 등 이 모든 일을 하나님께 기도하기 위해 했다는 사실이다. 이러한 예식 자체가 신비로운 힘을 지니고 있는 건 아니다. 단지 사람이 올바른 자세로 하나님께 기도하는 일을 도와줄 뿐이다. 기도만이 하나님의 마음을 움직이는 초능력을 지니고 있기 때문이다. 그러므로 금식 등이 마치 어떤 신비로운 힘을 지니고 있는 것처럼 간주하는 것은 옳지 않다.

다니엘은 티그리스 강둑에 서 있다. 에스겔이 그발 강가에서 환상을 본 것과 비슷한 상황이다(겔 1:1-3). 티그리스 강은 바빌론 북쪽으로 몇 백 km 떨어진 곳에서 시작되어 페르시아 만(Persian Gulf)으로 흘러 들어가는 강이다. 이 강줄기가 바빌론과 가장 가까이 흐를 때도 최소한 30 km의 거리를 유지한다(cf. ABD). 그러므로 다니엘이 이 환상을 보았을 때 자신이 살던 집에서 가까이는 30km, 멀게는 몇 백 km 떨어진 곳에 머물고 있다.

다니엘이 왜 이곳까지 왔을까? 메디아-페르시아 제국의 관료였던 그가 업무 때문에 이곳을 방문했다고 간주하는 주석가가 있다(Archer). 그러나 그는 이때 3주 동안이나 '고행'을 하고 있었다. 아마도 그는 하나님과 둘만의 교제를 누리기 위해 몇 주 휴가를 내고 바빌론을 떠나온 것으로 생각된다.

이 일은 첫째 달(니산 월, 3월 중순에 시작됨) 24일에 있었던 일이다. 그렇다면 그가 '고행'을 시작한 때는 이 달 3일이다. 니산 월 14일은 유월절이다. 유월절 바로 다음 날부터 일주일 동안 무교절이다(출 12:14-18). 누룩이 들어가지 않은 빵을 먹으며 출애굽 사건을 기념하는 기간이다. 이때는 하나님의 구원을 기념하는 절기이기 때문에 금식하지 않고 기뻐해야 한다(Gowan, cf. Seow). 그러나 다니엘은 곤경에 처해 있는 자기 민족의 앞날을 생각하면서 이 기쁜 종교적 절기 때 금식을 한 것으로 보인다.

다니엘은 자기가 본 사람(천사)을 "우바스의 금으로 만든 띠로 허리를 동이고 있었으며, 그의 몸은 녹주석 같이 빛나고, 그의 얼굴은 번갯불 같이 환하고, 눈은 횃불 같이 이글거리고, 팔과 발은 빛나는 놋쇠처럼 번쩍였으며, 목소리는 큰 무리가 지르는 소리와도 같았다"라고 설명한다. 이 설명에 의하면, 천사가 입고 있는 옷은 마치 제사장들의 옷과 비슷하고(출 28:42, 레 6:10, cf. 겔 9:2-3, 11, 10:2, 6-7, 계 15:6), 몸은 사람이라기보다는 일종의 불로 이글거리는 동상 같다. 다니엘을 찾아온 천사는 범상치 않은 인물임이 확실하다.

천사는 우바스의 금으로 만든 허리띠를 동여매고 있었다. 정확히 우바스가 어디에 있었는지는 알 수 없지만, 순금으로 유명했던 곳이라는 점은 확실하다(cf. 렘 10:9). 고대 근동에서 금띠는 왕족이나 갑부들만 사용한 귀한 물건이다(Hartman & Di Lella). 이 천사가 금띠를 착용하고 나타난 것은 에스겔이 본 환상(겔 1장)을 생각나게 하며(Rowland, Smith-Christopher, cf. 겔 9-10장), 심판을 상징한다. 성경에서 불은 하나님의 심판을 상징하는데, 그를 둘러싸고 있는 불의 이글거림이 이러한 해석을 뒷받침한다.

5절의 첫 단어들은 에스겔서 9:2의 단어들과 매우 흡사하다. 또한 '모시 옷'도 에스겔서 1:27에서 사용된 적이 있다. 이 천사의 모습은 에스겔서에 등장하는 천사의 모습과 매우 비슷하다. 더 나아가 그의 눈이 불로 이글거리는 것은 에스겔서 1:13을, 녹주석은 에스겔서 1:16을, 천사의 몸과 다리는 에스겔서 1:23과 1:7을, 큰 무리가 지르는 소리는 에스겔서 1:24를, 빛나는 놋의 번쩍임은 에스겔서 1:7을 연상시킨다.

다니엘을 찾아온 천사는 누구인가? 대부분의 학자는 그를 '이름 모를 천사'로 남겨둔다. 그러나 가브리엘이라고 주장하는 사람들도 있다(Miller, Montgomery, cf. Gowan). 다니엘은 예전에 가브리엘을 만난 적이 있다(8:16, 9:21). 그러나 다니엘이 가브리엘을 만났을 때에는 본문에 묘사된 두려움을 경험하지 않았다. 또한 다니엘은 이미 가브리엘을 만난 경험이 있기 때문에 만일 이 천사가 그였다면, 분명 이름을 밝혔을 것이다(Gowan). 그러므로 이 천사가 가브리엘일 확률은 많이 낮아진다. 에스겔서 1:26-28과 계시록 1:13-16 등을 바탕으로 이 천사를 하나님/예수님으로(Young) 혹은 그의 현현(theophany)으로 해석하는 사람들도 있다(Longman). 그러나 10-14절의 내용을 살펴보면, 이 천사가 하나님이 아니라는 것을 알 수 있다. 그리고 감히 어떤 영이 하나님의 앞길을 21일 동안이나 막아설 수 있는가? 이 천사의 정체는 단순히 UFA(Unidentified Flying Angel) 정도로 남겨두는 것이 바람직하다(cf. Gowan).

다니엘이 티그리스 강변에서 이 환상을 보았을 때 그와 함께하는 사람들이 있었지만, 오로지 다니엘만 이 천사를 보았고, 나머지 사람들은 두려워 떨며 모두 숨었다. 두려움이 그들을 사로잡은 것이다. 훗날 바울도 예루살렘을 출발해 다마스쿠스로 가는 길에서 비슷한 체험을 했다(Collins, cf. 행 9:1-7). 그때도 바울과 함께하던 사람들은 환상을 보지 못하고 두려움에 떨었다. 환상을 본 다니엘은 '죽은 사람같이' 힘이 빠졌다. 그리고 정신을 잃고 쓰러졌다. 다니엘의 이러한 체험은 이 천사가 '평범한 천사'는 아니라는 것을 암시한다. 요한(계 1:17)과 에스겔(겔 3:23-24)도 비슷한 체험을 한 적이 있다.

II. 미래에 대한 비전(7:1-12:13)
D. 하늘의 사자(10:1-11:1)

2. 사자와의 대화(10:10-11:1)

10 한 손이 있어 나를 어루만지기로 내가 떨었더니 그가 내 무릎과 손바닥이
땅에 닿게 일으키고 11 내게 이르되 큰 은총을 받은 사람 다니엘아 내가 네게

이르는 말을 깨닫고 일어서라 내가 네게 보내심을 받았느니라 하더라 그가
내게 이 말을 한 후에 내가 떨며 일어서니 12 그가 내게 이르되 다니엘아 두
려워하지 말라 네가 깨달으려 하여 네 하나님 앞에 스스로 겸비하게 하기로
결심하던 첫날부터 네 말이 응답 받았으므로 내가 네 말로 말미암아 왔느니
라 13 그런데 바사 왕국의 군주가 이십일 일 동안 나를 막았으므로 내가 거
기 바사 왕국의 왕들과 함께 머물러 있더니 가장 높은 군주 중 하나인 미가
엘이 와서 나를 도와 주므로 14 이제 내가 마지막 날에 네 백성이 당할 일을
네게 깨닫게 하러 왔노라 이는 이 환상이 오랜 후의 일임이라 하더라 15 그
가 이런 말로 내게 이를 때에 내가 곧 얼굴을 땅에 향하고 말문이 막혔더니
16 인자와 같은 이가 있어 내 입술을 만진지라 내가 곧 입을 열어 내 앞에 서
있는 자에게 말하여 이르되 내 주여 이 환상으로 말미암아 근심이 내게 더
하므로 내가 힘이 없어졌나이다 17 내 몸에 힘이 없어졌고 호흡이 남지 아니
하였사오니 내 주의 이 종이 어찌 능히 내 주와 더불어 말씀할 수 있으리이
까 하니 18 또 사람의 모양 같은 것 하나가 나를 만지며 나를 강건하게 하여
19 이르되 큰 은총을 받은 사람이여 두려워하지 말라 평안하라 강건하라 강
건하라 그가 이같이 내게 말하매 내가 곧 힘이 나서 이르되 내 주께서 나를
강건하게 하셨사오니 말씀하옵소서 20 그가 이르되 내가 어찌하여 네게 왔는
지 네가 아느냐 이제 내가 돌아가서 바사 군주와 싸우려니와 내가 나간 후
에는 헬라의 군주가 이를 것이라 21 오직 내가 먼저 진리의 글에 기록된 것으
로 네게 보이리라 나를 도와서 그들을 대항할 자는 너희의 군주 미가엘뿐이
니라 11:1 내가 또 메대 사람 다리오 원년에 일어나 그를 도와서 그를 강하게
한 일이 있었느니라

다니엘이 땅에 쓰러져 있자 천사가 그를 어루만지며 일으켜 세웠다. 그리고 자신은 다니엘에게 도움을 주기 위해 하나님의 보내심을 받은 자라고 말해주었다. 그러나 천사의 말은 힘이 빠질 대로 빠져 쓰러진 다니엘에게 별 도움이 되지 않았다. 그러자 '사람처럼' 생긴 이가 그를

강하게 했다. 타우너(Towner)는 힘없이 쓰러져 있던 다니엘을 회복시키는 천사의 사역(10, 16, 18절)을 '천상의 긴급 처방'(celestial first aid)이라는 재미있는 이름으로 부른다.

쓰러진 다니엘을 [천사의] 한 손이 어루만졌다. 그리고 그를 일으켜 세웠지만, 다니엘은 여전히 떨렸다. 천사는 다니엘을 '하나님께 큰 사랑을 받은 사람'(אִישׁ־חֲמֻדוֹת)으로 불렀다. 9장에서 다니엘을 찾아왔던 가브리엘이 그를 이런 명칭으로 부른 적이 있다(9:23). 천사는 이 호칭을 통해 자신은 다니엘을 해치러 온 것이 아니라는 사실을 밝히고 있다.

다니엘이 계속 떨고 있자 천사는 "두려워 말라"(אַל־תִּירָא)라고 권면한다. 이 문구는 구약에서 구원의 메시지를 시작할 때 많이 사용된다. 천사가 다니엘에게 힘을 주고, 계속 위로와 격려의 말을 하지만, 다니엘은 몸을 가누지 못한다. 그만큼 경험하고 있는 거룩한 분위기에 압도된 것이다. 만약에 하나님의 천사의 임재가 이 정도라면, 하나님이 직접 오실 때는 어떻게 될까? 주변에서 종종 하나님을 직접 만나고 왔다면서도 엉터리로 사는 사람들을 본다. 모두 가짜다. 거룩하신 하나님을 만난 사람이 부도덕하게 살 수는 없다.

천사는 다니엘이 금식하며 근신한 이유를 말한다. 다니엘의 금식은 하나님 앞에서 스스로 겸손해지기로 결심한 각오의 표현이라고 한다. 이것이 '고행'의 참 목적이다. 금식 등 어떤 형태로 행하든 간에 하나님 앞에서 근신하는 것은 자신을 하나님(또한 주의 백성들) 앞에 낮추기 위해서이다.

예수님은 바리새인들이 사람들에게 인정을 받기 위해 금식하는 것을 비난하셨다. 경건하지 않은 목적으로 하는 금식과 근신은 오히려 책망의 근거가 된다는 사실을 기억할 필요가 있다. 또한 "나는 금식을 자주하는 사람"이라고 자랑하는 것은 금식의 기본 취지를 무시하는 것이다. 은밀한 곳에서, 하나님께 자신을 낮추기 위해 하는 것이 성경적인 금식이다.

천사는 다니엘이 기도하는 날부터 하나님의 응답을 가지고 그에게 오기를 원했지만 3주 동안 '페르시아 왕국의 왕자'가 그의 앞길을 막았다고 한다. 하나님은 다니엘이 기도하자마자 곧바로 응답하셨지만, 그 응답을 알려주기 위해 다니엘을 찾은 천사가 페르시아 왕국의 왕자의 방해로 3주 동안이나 그를 찾아오지 못한 것이다. 이스라엘의 천사장 미가엘의 도움으로 겨우 다니엘에게 올 수 있었다(13절).

이스라엘의 천사장 미가엘(מִיכָאֵל)은 '하나님 같으신 이가 누군가?'(Who is like God?)라는 뜻을 지닌 이름으로, 성경에 여러 번 등장한다(단 10:21, 12:1, 유 9, 계 12:7). 유다서 6절은 그를 '천사장'(archangel, 우두머리 천사)이라고 부른다. 미가엘은 이스라엘을 담당한 천사였다(21절). 그는 천사 중에서도 대단한 능력을 지녔기 때문에 하나님의 백성인 이스라엘 사람들을 보호하는 역할을 맡았다(12:1).

다니엘서의 가르침은 확실하다. 이스라엘 백성들은 정치적, 군사적, 경제적 위기와 패배에 대해 걱정할 필요가 없다. 이런 것들은 일시적이며, 천사 미가엘이 그들을 지키고 있는 한 결코 뿌리째 뽑히는 일은 없을 것이다(Hartman and Di Lella). 또한 머지않아 다가올 민족의 회복도 기대할 수 있다. 그들에게는 하나님이 보내신 미가엘이라는 대단한 능력을 지닌 천사가 있기 때문이다. 이러한 메시지가 포로민들에게 어떻게 들렸을까? 더 나아가 하나님이 우리를 보호하도록 천사를 보내셨다는 사실이 이 땅에서 갖가지 고통을 체험하고 있는 하나님의 백성들에게 어떻게 적용되어야 하는가?

천사의 앞길을 막았던 '페르시아 왕국의 왕자'(שַׂר מַלְכוּת פָּרַס)는 누구인가? 일단 한 인간 왕이었을 가능성은 배제할 수 있다. 세상의 그 어떤 왕도 천사의 앞길을 3주씩이나 막을 수 없기 때문이다. 그러므로 그는 분명히 천사였다. 그러나 하나님의 천사를 대적하는 것을 보면, 그는 악한 천사였다. 아마도 이 나쁜 천사는 신약이 말하는 사탄/귀신이었을 것이다(Leupold). 이 악한 천사는 '페르시아 왕국의 왕자'로 불린다.

그의 활동 범위가 페르시아 제국이었던 것이다.

그러므로 이 악한 천사는 사탄에 의하여 페르시아를 관장하도록 임명을 받았거나, 사탄 자신이었을 것이다. 당시 세상을 다스리던 권세 중 가장 큰 것이 페르시아 제국이었다. 환란과 고난을 주어 인류를 멸망시키기 원한 사탄은 당연히 이 제국에 많은 관심을 쏟았다. 만약에 이 왕자가 사탄이었다면, 그가 어떻게 다니엘에게 하나님의 메시지를 전하기 위하여 파견된 천사를 21일 동안이나 대적할 수 있었는지 이해가 간다.

페르시아 왕국의 왕자가 '내 앞에 서 있었다'는 것은 무슨 뜻인가? 천사들의 싸움은 이 천사가 다니엘에게 오지 못하게 만들었지만(13절), 다니엘의 기도 응답과 직접적인 연관은 없었던 것으로 보인다(Jeffery). 이 천사는 다니엘과 말을 마치면 다시 돌아가서 페르시아의 왕자와 싸워야 한다(20절). 천사는 다른 일 때문에 페르시아 왕국의 왕자와 싸우고 있다가, 잠시 다니엘을 찾아온 것이다.

그런데 천사들 사이의 싸움은 어떤 것이었을까? 전통적으로 학자들은 두 가지 견해를 주장해왔다. 첫째, 실제적인 싸움이 아니라 법적인 다툼이다. 마치 법정에서 변호사와 검사가 다투는 것처럼 말이다(cf. 욥 1-2, 슥 3장). 둘째, 실제적인 싸움/전쟁이다. 천사가 전쟁에 관한 용어를 사용하는 것으로 보아 후자일 가능성이 많다(Lucas). 그렇다면 왜 '페르시아의 왕자'는 하나님의 메시지가 다니엘에게 전달되지 못하도록 방해한 것일까? 하나님의 말씀이 다니엘에게 전달되면, 그 메시지가 꼭 실현될 것이고, 메시지 중에 페르시아도 언젠가는 망할 것이 포함되어 있기 때문이다. 그러므로 페르시아 왕자는 하나님의 계획이 실현되는 것을 싫어한다.

가브리엘과 미가엘과 페르시아 왕자 등은 몇 가지 영적인 진리를 제시한다. 첫째, 천사는 실제로 존재한다. 천사들이 스스로를 보이지 않게 감추는 한 우리는 그들을 볼 수 없지만, 우리 눈이 그들을 볼 수 없다고 해서 그들의 존재를 부인할 수 없다. 우리 눈에 보이는 것이 실체의 다가 아니기 때문이다. 특히 다니엘서는 우리 눈에 보이는 것으로 현실을 판단하지 말라는 경고를 지속적으로 하고 있다. 신약도 천사들의 존재를 전제하고 메시지를 기록했다.

둘째, 천사 중에는 좋은 천사와 나쁜 천사가 있다. 하나님이 보내신 좋은 천사들은 우리를 보호하고 인도하지만, 악한 천사들은 우리를 훼방하는 역할을 한다. 이 악한 천사들의 우두머리가 사탄이다. 사탄은 하나님과 대립하는 신이 아니다. 그는 하나님이 창조하신 천사 중 하나에 불과하다. 그러므로 아무리 사탄이 날뛰고 우리를 힘들게 한다 할지라도 끝에 가서는 여호와가 승리하실 것을 믿고 견디어내야 한다.

셋째, 천사들은 인간 세상에 직접 영향을 미칠 수 있다. 특히, 이 구절은 천사들이 세상의 권세들이나 권력과 직접적인 관계가 있다는 사실을 밝히고 있다. 안티오쿠스 4세와 적그리스도(cf. 살후 2:9, 계 13:2)와 그사이에 살았던 많은 사람 중 많은 사람을 죽인 자들(히틀러, 스탈린, 무솔리니, 모택동 등등)은 사탄의 직접적인 영향을 받았다. 그렇다고 해서 천사들이 모두 세상에 악영향을 미치는 것은 아니다. 미가엘과 가브리엘과 본문에 등장하는 이름 모를 천사 등은 세상 정권 혹은 권세에 긍정적인 영향을 미친다(10:13, 20, 11:1).

넷째, 천사들과 성도들을 중심으로 보이지 않는 영적 싸움이 이 시간에도 진행되고 있다. 바울은 에베소서 6:12에서 이렇게 증언한다. "우리의 싸움은 피와 살을 가진 사람들을 상대로 하는 것이 아니라, 통치자들과 권세자들과 이 어두운 세계의 지배자들과 하늘에 있는 악한 영들을 상대로 하는 것입니다"(새번역). 이 전쟁은 아직도 끝나지 않았으며(cf. 단 10:20), 주님이 다시 오실 때에나 끝이 날 것이다.

천사는 다니엘에게 '마지막 때'(בְּאַחֲרִית הַיָּמִים)에 이스라엘에게 일어날 일을 깨닫게 해주려고 왔다고 했다(14절). 그런데 문제는 천사가 말하는 마지막 때가 언제인가이다. 많은 사람이 마카비 시대라고 주장한다. 11장에서 보겠지만 마카비 시대에 이 예언의 상당 부분이 성취되었기 때문이다. 그럼에도 불구하고 아직까지 성취되지 않은 요소들도 있다는 것을 기억해야 한다. 주님이 다시 오실 때까지 현재는 항상 '마지막 때'의 부분적 연속이기 때문이다.

다니엘이 다시 땅에 쓰러졌다. 이번에는 말도 안 나왔다. 그때 갑자기 '사람처럼'(כִּדְמוּת בְּנֵי אָדָם) 생긴 이가 그의 입술을 어루만졌다. 그러자 다니엘이 다시 말을 할 수 있게 되었다. 입이 트이자 다니엘은 자신이 환상을 감당할 수 없을 정도로 쇠약해져 있다는 것을 호소하고 그 천사는 다니엘을 어루만지고 '하나님이 사랑하는 사람'이라면서 위로하고 힘을 주었다.

이 '사람처럼' 생긴 이는 누구인가? 이 장에서 이미 모습을 보인 천사인가? 아니면 또 다른 인물인가? 대부분의 학자는 같은 인물을 가리키는 것이라고 생각한다. '사람처럼 생긴 이'는 누구에게나 적용될 수 있다는 이유에서 이런 결론을 내린다.

천사는 다니엘의 입술을 어루만졌다. 그룹이 성전에 놓여 있던 숯불을 가져다가 이사야의 입술을 지져준 것을 연상시킨다(cf. 사 6:7). 예레미야도 하나님이 입술을 만져주신 경험을 한 적이 있다(cf. 렘 1:9). 그러나 목적은 분명히 다르다. 천사들은 이사야를 정결하게 하기 위해서, 예레미야의 경우 어린 그가 하나님의 말씀을 제대로 전달할 수 있도록 하기 위해서, 반면에 다니엘의 경우 힘을 얻게 하기 위하여 입술을 만졌다. 조금 힘을 얻은 다니엘이 "힘이 다 빠져 버리고, 숨도 막힐 지경인데, 어떻게 당신의 말을 들을 수 있겠습니까?"라고 반문하자 그는 다시 다니엘을 어루만져서 힘을 주었다.

천사는 네 가지로 다니엘을 위로하며 격려한다(19절). 첫째, 다니엘은 하나님이 사랑하는 사람이다(אִישׁ־חֲמֻדוֹת). 그는 하나님이 값진 보배처럼 여기는 존귀한 사람이라는 것이다(cf. 9:23, 10:11). 둘째, 다니엘에게 두려워하지 말라(אַל־תִּירָא)는 말로 위로한다. 구약에서 이 표현은 흔히 구원의 메시지를 시작하는 용어이다(cf. 12절, 삿 6:23). 하나님은 다니엘에게 구원의 메시지를 주시는 것이다. 셋째, 다니엘에게 평안을 빌어준다(שָׁלוֹם לָךְ). 이 문장은 서신의 서두에서 인사로 많이 사용되지만(Montgomery, cf. 3:31, 6:26), 문장 중간에서 사용될 때에는 '너는 안전하다'라는 의미를 지닌다(Hartman & Di Lella). 혼란스런 세상에서 오직 하나님만이 진정으로 이러한 말씀을 하실 수 있다. 평안은 오직 하나님만이 주실 수 있기 때문이다. 넷째, 천사는 다니엘에게 강건을 빌어주었다(חֲזַק וַחֲזָק, cf. 신 31:7, 23, 수 1:9). 천사가 다니엘을 어루만져 힘을 되찾게 했다. 이 네 가지는 오늘날도 성도 사이에 서로를 향해 주님의 이름으로 빌어줄 수 있는 복이다.

천사의 도움으로 힘을 되찾은 다니엘이 "이제 말씀하십시오"라며 그가 가져온 메시지를 들을 준비를 했다. 천사는 자신은 곧 돌아가서 페르시아의 왕자와 싸워야 하며, 그가 돌아가면 그리스의 왕자(שַׂר־יָוָן)가 [그에게] 올 것이라고 했다. 천사가 다니엘을 찾아온 것은 '진리의 책'(כְּתָב אֱמֶת)에 기록된 것을 알려주기 위해서였다.

천사는 자신은 돌아가서 계속 페르시아의 왕자와 싸워야 하며, 나중에는 그리스의 왕자와 싸워야 할 것이라고 한다. 그리스가 페르시아 다음에 등장할 강대국이라는 것을 암시한다(Driver). 여기서 한 가지 우리가 깨달아야 할 것은 잔인하게 예루살렘 성전을 파괴하고 수많은 백성을 끌어갔던 바빌론을 악하다고 평가하고, 반면에 이스라엘 포로민들이 본국으로 돌아갈 수 있도록 종교의 자유까지 주었던 페르시아 왕 키루스는 선하게 평가하지 말라는 것이다. 페르시아 제국도 사탄의 영향을 받고 있기 때문이다. 그리스의 왕자도 사탄의 임명을 받은 악한 천사이거나, 사탄 자신일 것이다.

천사가 언급하고 있는 '진리의 책'은 무엇인가? 책의 정확한 정체는 알 수 없지만, 그 책에 무엇이 기록되었는지는 11장의 내용을 통해 쉽게 알 수 있다. 그 책에는 하나님의 뜻과 계획에 따라 진행될 미래에 관한 일들이 적혀 있다(Keil & Delitzsch, Lucas). 또한 이 책의 내용이 미래의 일을 매우 세부적으로 언급하고 있다는 것은 하나님의 절대적인 주권과 의지로 인류의 미래가 결정된다는 것을 암시한다(Collins).

천사는 이스라엘의 천사 미가엘 외에는 아무도 자신을 도와 악한 천사들을 대적할 천사가 없다고 했다. 인력(천력)이 부족하다는 말인가? 성경은 하나님이 많은 천사를 창조하셨다는 것을 전제한다. 그렇다면 이 문장은 단순히 페르시아와 그리스 왕자들을 대적하기 위해 많은 천사가 필요 없고, 단지 미가엘만 도우면 된다는 것으로 해석하는 편이 바람직하다(Miller).

11:1이 다음 이야기와 연결되는지, 아니면 10장에 연결되는지에 관해서는 다소 논란이 있다. 그러나 거의 모든 번역본과 주석가는 10장과 연결해서 해석한다(cf. 개역개정, 새번역, Lucas, Gowan). 천사는 자신이 메디아 사람 다리우스 1년에 미가엘을 강하게 하고 보호했다고 주장한다(11:1). 다리우스 1년이라면 주전 539/538년이다.

이 영적 싸움은 무엇이었을까? 본문에는 언급이 없지만, 바빌론의 함락을 의미하거나(Young), 키루스의 '종교 자유' 선포를 의미할 수도 있다(Archer, Wood). 두 사건 모두 포함하는 것으로 보는 것이 바람직하다. 둘 다 거의 같은 때에 일어났고, 서로 밀접한 연관성을 지녔기 때문이다. 또한 두 사건 모두 엄청난 세상적, 영적 결과를 초래했다. 그러므로 이 일들 뒤에 엄청난 천사들의 전쟁이 있었을 것을 충분히 상상할 수 있다.

다니엘서는 처음부터 우리 눈에 보이는 세상 일들이 전부가 아니라는 것을 강조해왔다. 10장도 다시 한 번 이 사실을 강조한다. 또한 세상의 모든 권세 뒤에는 영적인 갈등이 있다는 것도 암시한다. 이런 가르침은 현실에서 어려운 일을 당하고 있는 기독교인들에게 시사하는 바가 크다. 아무리 현실이 어렵고 힘들더라도 견뎌내야 한다. 하나님과 천사들이 보이지 않는 곳에서 우리를 위해 싸우고 있을 뿐만 아니라, 역사는 하나님의 계획과 의지에 따라 진행되고 있기 때문이다. 언젠가는 이 모든 것을 되돌아보며 "그때는 그랬었지!"라고 회상할 날이 오고 있다.

II. 미래에 대한 비전(7:1–12:13)

E. 근동의 역사와 세상의 종말(11:2–12:13)

천사는 원기를 회복한 다니엘에게 앞으로 근동 지역에서 일어날 일들을 말해주었다. 당시 다니엘이 섬기고 있던 페르시아 제국의 이야기로 시작해서 알렉산드로스 대왕의 그리스 제국과 그 제국의 분열로 인해 시리아를 중심으로 시작될 셀레우코스 왕조와 이집트를 통치하게 될 프톨레마이오스 왕조가 겪을 오랜 갈등을 상세하게 예언했다.

그러나 셀레우코스 왕조와 프톨레마이오스 왕조가 겪게 될 갈등에 관한 천사의 예언은 부수적이다. 천사가 다니엘에게 앞으로 있을 근동의 역사를 상세하게 알려주는 것은 마지막에 등장할 안티오쿠스 4세를 소개하기 위함이다. 천사는 근동의 그 어느 왕보다도 안티오쿠스에 관해 세세하고 자세한 정보를 제공한다. 인류 역사 속에서 이 왕처럼 이스라엘의 신앙에 부정적이고 치명적인 영향을 끼친 사람은 없었기 때문이다. 그는 단순히 이스라엘을 미워하던 이방 왕이 아니다. 그는 인간의 정도를 지나 적그리스도의 가장 확실한 모형이 되었다. 그러므로 사도 요한도 계시록을 기록하면서 본문을 통해 예언된 안티오쿠스 4세의 행보에서 적그리스도에 대한 영감을 얻었다. 이 부분은 다음과 같이 구분될 수 있다.

A. 페르시아(11:2)

B. 그리스(11:3-4)
C. 북쪽 왕들과 남쪽 왕들의 싸움(11:5-20)
D. 한 북쪽 왕(11:21-35)
E. 마음대로 하는 왕(11:36-45)
F. 구원받는 주의 백성(12:1-4)
G. 마지막 권면(12:5-13)

II. 미래에 대한 비전(7:1-12:13)
E. 근동의 역사와 세상의 종말(11:2-12:13)

1. 페르시아(11:2)

2 이제 내가 참된 것을 네게 보이리라 보라 바사에서 또 세 왕들이 일어날 것이요 그 후의 넷째는 그들보다 심히 부요할 것이며 그가 그 부요함으로 강하여진 후에는 모든 사람을 충동하여 헬라 왕국을 칠 것이며

천사는 페르시아에 세 왕이 일어날 것이며, 그 뒤 넷째 왕은 그 누구보다 큰 재물을 모으게 될 것이라고 한다. 이 넷째 왕은 왕성해진 다음에 그리스를 칠 것이라고 한다. 다니엘이 이 예언을 받았을 때에는 키루스 왕이 페르시아 제국을 통치하고 있었다. 그렇다면, 그다음 세 왕과 페르시아 왕 중 가장 부유하고 강한 넷째 왕은 누구일까? 키루스 왕이 시작한 페르시아의 아케메네스 왕조(Achaemenid Dynasty)의 역사는 다음과 같다.

통치 연대(BC)	통치자
539-530	키루스(Cyrus)
530-522	캄비세스(Cambyses)
522-486	다리우스 1세(Darius I Hystaspes)
486-465/4	크세르크세스 1세/아하수에로 (Xerxes/Ahasuerus)

464-423	아르타크세르크세스 1세(Artaxerxes I)
423-404	다리우스 2세(Darius II)
404-359	아르타크세르크세스 2세(Artaxerxes II)
359-338	아르타크세르크세스 3세(Artaxerxes III)
338-336	아르세스(Arses)
336-331	다리우스 3세(Darius III)

부를 모으고 그리스를 침략한 넷째 왕은 누구인가? 페르시아의 마지막 왕이며 알렉산드로스 대왕에게 나라를 빼앗겼던 다리우스 3세라고 해석하는 학자들이 있다(Montgomery). 그러나 다리우스 3세는 부자가 아니었으며 그리스를 침략할 힘도 없었다. 그렇다면 누가 가능한가?

많은 학자는 아하수에로로 알려진 크세르크세스 1세(주전 486-465년)를 가장 유력한 대상으로 생각한다(cf. Herodotus, Hist. 7.20-21). 이 왕은 매우 큰 권세를 가졌던 통치자였으며 부자였다. 크세르크세스 1세는 그리스가 통치하던 영토를 침략한 적이 있다. 그러나 정복하지는 못했다. 크세르크세스 1세는 주전 480년에 살라미스에서 그리스에게 패했다. 그의 침략은 그리스의 심기를 크게 자극했으며(Herodotus), 그 후 100년 이상 지속된 두 나라의 갈등이 시작되는 계기가 되었다. 이 갈등은 알렉산드로스 대왕 시대까지 지속되었다.

만일 크세르크세스 1세가 본문이 말하는 부자 왕이라면, 키루스와 이 왕 사이에 세 명의 왕이 있어야 하는데, 위 도표에 의하면 두 왕밖에 없다. 그렇다면 셋째 왕은 누구인가? 주전 522년에 잠깐 페르시아를 통치한 사람이 있다. 스메르디스(Smerdis)라는 사람으로 거짓 스메르디스(pseudo-Smerdis) 혹은 가우마타(Gaumata)라고 불리기도 했다(Braverman, cf. Seow). 이 사람을 포함하면 키루스와 크세르크세스 1세 사이에 세 왕이 있게 된다.

천사는 왜 크세르크세스 1세 이후에 페르시아를 통치한 왕들은 언급하지 않는가? 저자가 페르시아의 역사를 세세하게 기록하고 있지 않으며, 단지 결과를 요약적으로 기록하고 있기 때문이다(Jerome, cf. Braverman, Gowan). 이 왕들은 근동의 역사에 이렇다 할 만한 일을 하지 않았다. 또한 크세르크세스 1세의 그리스 침략이 그리스를 격분시켰으며, 다음 살펴볼 본문에서 그리스의 알렉산드로스 대왕의 반격으로 이어진다. 그러므로 크세르크세스 1세 이후로 페르시아 제국을 다스린 왕들은 본문이 언급하고 있는 큰 전쟁과 직접적인 연관이 없다.

그러나 '셋… 넷째'는 총체성을 아우르는 표현으로 해석할 수 있다(Baldwin, Goldingay, Lederach, Seow). 잠언 30:15-31('서넛이 있나니')과 아모스서 1-2장('서너 가지 죄')에서 이러한 용도로 사용된다. 만일 본문에서 이 숫자들이 이러한 문학적인 표현으로 사용되고 있다면, 이 말씀은 페르시아 왕들의 성향과 부유함을 전반적으로 표현하는 것이지, 일부 왕들을 구체적으로 지적하는 것은 아니다(Lucas).

II. 미래에 대한 비전(7:1-12:13) E. 근동의 역사와 세상의 종말(11:2-12:13)

2. 그리스(11:3-4)

3 장차 한 능력 있는 왕이 일어나서 큰 권세로 다스리며 자기 마음대로 행하리라 4 그러나 그가 강성할 때에 그의 나라가 갈라져 천하 사방에 나누일 것이나 그의 자손에게로 돌아가지도 아니할 것이요 또 자기가 주장하던 권세대로도 되지 아니하리니 이는 그 나라가 뽑혀서 그 외의 다른 사람들에게로 돌아갈 것임이라

페르시아의 공격을 받은 그리스에서 페르시아를 치는 왕이 나타난다. 그는 큰 권세로 나라를 다스리며 자기 마음대로 한다(cf. 8:4). 그러나 이 왕의 권세가 끝날 때가 되면, 그가 다스리던 나라는 깨어져 사방으로 나누어진다(4절). 그의 자손도 이 왕의 나라를 물려받지 못한다.

나누어진 그의 나라가 자손이 아닌 다른 사람들에게 넘어갈 것이기 때문이다. 이 왕은 누구인가? 바로 알렉산드로스 대왕이다.

알렉산드로스는 아버지 필리포스의 대를 이어 주전 336년에 20세의 나이로 마케도니아의 왕이 되었다. 그는 지난 100년 동안 숙적이었던 메디아–페르시아 제국을 주전 334년에 공격하기 시작해서 불과 3년 후인 331년에 정복했다(cf. 9장 주해). 더 나아가 알렉산드로스는 불과 10년 사이에 인도 국경까지 이르는 '온 세계'를 정복했다. 그러나 알렉산드로스는 주전 323년에 열병(말라리아로 추정됨)을 앓다가 33세의 나이로 세상을 떠났다.

알렉산드로스는 죽을 때 자기가 이룬 제국을 정신지체가 있던 이복 형 필리포스 3세(Philip III Arrhidaeus)와 알렉산드로스가 죽은 후에 태어난 알렉산드로스의 아들 알렉산드로스 4세(Alexander IV)에게 넘겨주었다. 그들은 알렉산드로스가 지정해준 후견인(guardian) 페르디카스(Perdiccas)의 보호를 받고 있었지만 세 사람 모두 살해당했다. 페르디카스는 주전 321년에, 필리포스 3세는 주전 317년에, 알렉산드로스 4세는 주전 311년에 죽었다. 알렉산드로스 4세에게는 헤라클레스라는 동생이 있었는데, 이 동생도 살해당했다. 결국 알렉산드로스 대왕이 이루어놓은 제국은 네 등분되어 그의 장군들에게 돌아갔다. 이렇게 해서 알렉산드로스의 나라는 '천하 사방'으로 나누어졌으며, 그의 자손도 나라를 물려받지 못하게 되었다(4절).

알렉산드로스 대왕이 죽자 그가 이루어놓은 대제국은 그의 장군들에 의해 순식간에 넷으로 나뉘었다(cf. Seow). 첫째, 마케도니아와 그리스 지역은 처음에는 안티파트로스에게, 그러나 나중에는 카산드로스에게 넘어갔다. 둘째, 리시마쿠스는 트라키아와 소아시아의 대부분을 차지했다. 셋째, 셀레우코스는 시리아 지역을 차지했다. 넷째, 프톨레마이오스는 이집트와 팔레스타인 지역을 차지했다.

알렉산드로스 대왕이 남긴 일화 중에 이런 이야기가 있다. 하루는 알렉산드로스가 씨름을 하다가 땅에 넘어졌다. 그때 그는 땅에 누운 채로 통곡했다. 부하들이 두려움에 떨며 대왕이 왜 우는지를 물었다. 그때 그는 이렇게 말했다고 한다. “내가 죽으면 딱 내가 지금 누운 만큼의 땅만 필요한 것인데, 나는 왜 그렇게도 많은 땅을 정복했는가?” 알렉산드로스 대왕이 인생의 허무함과 정복의 허탈감에 빠졌던 것이다. 알렉산드로스의 말대로 자신과 후손들은 그가 정복한 땅을 누려보지도 못하고 죽었다. 인생이란 이런 것 아닐까? 일찍 깨닫는 자가 복이 있다.

II. 미래에 대한 비전(7:1–12:13)
E. 근동의 역사와 세상의 종말(11:2–12:13)

3. 북쪽 왕들과 남쪽 왕들의 싸움(11:5–20)

앞부분에서 언급한 것처럼 알렉산드로스 대왕의 장군들은 왕이 이루어 놓은 제국을 넷으로 나누어 가졌다. 이 네 나라를 다스리는 권세 중 가장 큰 세력을 과시하면서 이스라엘에 가장 큰 영향을 미친 것은 이집트를 중심으로 한 프톨레마이오스 왕조와 시리아를 중심으로 한 셀레우코스 왕조였다. 천사가 5–20절을 통해 다니엘에게 주는 예언은 바로 이 두 왕조가 알렉산드로스 대왕의 죽음 이후부터 셀레우코스 왕조의 안티오쿠스 4세의 통치가 시작될 때(주전 175년)까지 겪게 될 지속적인 갈등을 요약한다. 이 기간에 이집트를 다스린 프톨레마이오스 왕조의 왕들과 시리아를 다스린 셀레우코스 왕조의 왕들은 다음과 같다.

연대(BC)	프톨레마이오스 왕조의 왕
323–285	프톨레마이오스 1세
285–246	프톨레마이오스 2세
246–221	프톨레마이오스 3세
221–204	프톨레마이오스 4세

204-181	프톨레마이오스 5세

연대(BC)	셀레우코스 왕조의 왕
312-281	셀레우코스 1세
281-260	안티오쿠스 1세
260-246	안티오쿠스 2세
246-223	셀레우코스 2세, 3세
223-187	안티오쿠스 3세
187-175	셀레우코스 4세
175-164	안티오쿠스 4세(Epiphanes)

이 부분은 100여 년 동안 지속될 위 두 왕조의 갈등을 예언하고 있다. 예언의 내용이 매우 구체적이다 보니 이 두 왕조에 관한 역사서를 펼쳐놓고 본문을 비교하면 각 구절이 누구에 관한 것인지 쉽게 해석할 수 있다. 사람은 미래에 관해 예언할 수 없다고 단정하는 비평학자들이 다니엘서를 예언서를 가장한 역사서라고 주장하는 것도 본문과 무관하지 않다. 사람이 어떻게 이처럼 구체적으로 미래에 관하여 예언할 수 있냐는 것이다. 그러나 이미 언급했듯이 이러한 논리는 사람은 미래에 관해 예언할 수 없다는 편견에서 비롯된 것이기 때문에 예언의 은사를 믿는 우리에게는 문제가 될 수 없다. 위 두 왕조의 갈등을 묘사하고 있는 본문을 조금 더 자세하게 설명하기 위해 최대한 세분화해서 다음과 같은 순서에 따라 주해하고자 한다.

A. 프톨레마이오스 1세와 셀레우코스 1세(11:5)
B. 프톨레마이오스 2세와 안티오쿠스 2세(11:6)
C. 프톨레마이오스 3세와 셀레우코스 2세(11:7-9)
D. 셀레우코스 3세와 안티오쿠스 3세(11:10)
E. 안티오쿠스 3세와 프톨레마이오스 4세(11:11-12)
F. 안티오쿠스 3세와 프톨레마이오스 5세(11:13-14)

G. 안티오쿠스 3세(11:15-19)
H. 셀레우코스 4세(11:20)

II. 미래에 대한 비전(7:1-12:13)
E. 근동의 역사와 세상의 종말(11:2-12:13)
3. 북쪽 왕들과 남쪽 왕들의 싸움(11:5-20)

(1) 프톨레마이오스 1세와 셀레우코스 1세(11:5)

5 남방의 왕은 강할 것이나 그 군주들 중 하나는 그보다 강하여 권세를 떨치리니 그의 권세가 심히 클 것이요

이 예언은 이집트의 소테르(Soter)라고도 알려진 프톨레마이오스 1세(주전 323-285년)와 니카토르라고 알려진 시리아의 셀레우코스 1세(주전 312-281년) 사이에 있을 일을 예고하고 있다. 프톨레마이오스는 알렉산드로스 대왕의 장군 중에서 매우 유능한 사람이었다. 그는 알렉산드로스 대왕이 죽은 시점부터 주전 305년까지 이집트의 총독이었다. 그러다가 주전 305년에 스스로 이집트의 왕이 되었고, 주전 285년까지 왕권을 누렸다.

셀레우코스도 알렉산드로스 대왕의 장군이었지만, 프톨레마이오스와는 비교가 되지 않는 그저 그런 용사였다. 셀레우코스는 주전 321년에 알렉산드로스 4세의 후견인이었던 페르디카스가 암살을 당한 후 바빌론 지역을 통치하는 총독이 되었다. 셀레우코스가 바빌론을 차지한 것을 못마땅해하던 알렉산드로스 대왕의 다른 장군이었던 안티고누스(Antigonus)가 바빌론을 침략했다. 이때 안티고누스는 소아시아와 시리아 지역을 다스리고 있었다. 셀레우코스는 주전 316년에 바빌론에서 도망쳐 프톨레마이오스가 있던 이집트로 피신했다. 그는 한동안 프톨레마이오스의 장군이 되어 그를 섬겼다. 그러므로 본문은 셀레우코스를 프톨레마이오스의 '군주 중 하나'라고 기록한다.

이후 프톨레마이오스와 셀레우코스는 힘을 합해 안티고누스와 대항해 싸우게 되었고, 주전 312년에 가사(Gaza)에서 결정적인 승리를 거두었다. 셀레우코스는 바빌론 지역으로 다시 돌아갔으며, 곧바로 정치 세력과 군사력을 키우기 시작했다.

알렉산드로스 대왕의 네 장군은 주전 301년에 이프소스 전쟁(Battle of Ipsus)에서 다시 한 번 서열을 가리는 기회를 가졌다. 이 전쟁에서 안티고누스와 그의 아들 데메트리오스(Demetrius)는 치명적인 패배를 당했다. 전쟁에서 승리한 셀레우코스는 시리아–팔레스타인 지역을 얻었다. 이렇게 해서 셀레우코스를 통해 시리아와 바빌론과 메디아를 중심으로 한 셀레우코스 왕조가 시작되었다. 셀레우코스는 네 개로 나누어진 알렉산드로스의 제국 중 가장 큰 땅을 통치하게 되었으며 그의 왕국은 인도까지 포함되었다. 그러므로 본문은 셀레우코스의 권세가 '심히 클 것'이라고 예언하고 있다.

셀레우코스가 이 지역을 차지하자, 그동안 그를 도와주었던 프톨레마이오스가 팔레스타인 지역을 침략해서 빼앗아갔다. 그러나 이 침략 이후로 셀레우코스 왕조는 한 번도 팔레스타인 지역의 소유권을 포기하지 않았다. 이렇게 해서 두 왕조의 오랜 갈등이 시작되었다. 이스라엘도 팔레스타인에 있었기 때문에 갈등하는 이 두 왕조의 한가운데 있었다. 주의 백성은 매우 어려운 시대를 맞이한 것이다.

II. 미래에 대한 비전(7:1–12:13)
E. 근동의 역사와 세상의 종말(11:2–12:13)
3. 북쪽 왕들과 남쪽 왕들의 싸움(11:5–20)

(2) 프톨레마이오스 2세와 안티오쿠스 2세(11:6)

6 몇 해 후에 그들이 서로 단합하리니 곧 남방 왕의 딸이 북방 왕에게 가서

화친하리라 그러나 그 공주의 힘이 쇠하고 그 왕은 서지도 못하며 권세가 없어질 뿐 아니라 그 공주와 그를 데리고 온 자와 그를 낳은 자와 그 때에 도와 주던 자가 다 버림을 당하리라

이 예언은 이집트의 프톨레마이오스 2세(Philadelphus, 주전 285-245년)와 시리아의 안티오쿠스 2세(Theos, 주전 260-246년)에 관한 것이다. 프톨레마이오스 1세와 셀레우코스 1세의 갈등은 대를 이어 그들의 후손들 사이에서도 지속될 것이다. 프톨레마이오스 1세가 주전 285년에 죽자, 그의 아들 프톨레마이오스 2세가 대를 이어 왕이 되었다. 전해지는 이야기에 의하면, 프톨레마이오스 2세는 바로 히브리어 성경이 헬라어로 번역(viz., LXX, 칠십인역)되도록 주선한 왕이다(cf. 위경에 속한 '아리스테아의 편지').

프톨레마이오스 2세는 셀레우코스 왕조와 화해하기를 원했으며, 셀레우코스 1세의 손자였던 안티오쿠스 2세와 주전 250년에 평화 협정을 체결했다. 이 평화 조약에 따라 프톨레마이오스 2세의 딸 베레니스(Berenice)가 안티오쿠스 2세와 결혼했다. 베레니스와 안티오쿠스 사이에 태어날 아들이 안티오쿠스의 대를 이어 왕이 되는 것도 이 평화 협정의 조건이었다.

그러나 안티오쿠스는 이미 라오디스(Laodice)라는 막강하고 영향력 있는 여자와 결혼해 두 아들을 둔 상황이었다. 평화 협정을 체결하려면 안티오쿠스는 프톨레마이오스의 딸 베레니스와 결혼해야 했고, 그러기 위해서 아내인 라오디스와 이혼했다. 이후 안티오쿠스와 베레니스 사이에 아들이 태어났다(이 아이의 이름은 알려지지 않음). 베레니스와의 사이에서 아들을 얻은 안티오쿠스는 라오디스와 이혼한 지 2년 만에 다시 그녀와 합쳤다. 베레니스와의 사이에 아들이 태어났기 때문에 안티오쿠스는 프톨레마이오스 집안과 맺은 평화조약을 충분히 준수했다고 생각했다.

그러나 라오디스는 이미 남편 안티오쿠스에게 버림받은 일에 대해 상처받고 앙심을 품고 있었다. 라오디스는 얼마 후인 주전 246년에 남편 안티오쿠스를 독살했다. 공교롭게도 안티오쿠스와 베레니스의 결혼을 주선했던 프톨레마이오스 2세도 이 해에 죽고 말았다. 이후 베레니스와 안티오쿠스 사이에 태어난 아이가 죽었고, 그 후 베레니스도 죽었다. 모두 독살당했다. 라오디스는 베레니스를 따라 시리아로 온 이집트 사람들도 죽였다. 이후 라오디스는 자기 아들 셀레우코스 2세(Callinicus, 주전 246–226년)가 성인이 될 때까지 섭정했다.

이러한 정황에 대해 본문은 공주(베레니스)의 힘이 쇠하고 왕(안티오쿠스)은 서지도 못하며 권세가 없어질 것이라고 예언한다. 또한 베레니스와 일행이 모두 버림받을 것이라고 한다. 베레니스와 안티오쿠스의 결합으로 두 왕조가 체결한 평화 조약은 라오디스라는 독한 여자 때문에 수포로 돌아간 것이다.

II. 미래에 대한 비전(7:1–12:13)
E. 근동의 역사와 세상의 종말(11:2–12:13)
3. 북쪽 왕들과 남쪽 왕들의 싸움(11:5–20)

(3) 프톨레마이오스 3세와 셀레우코스 2세(11:7–9)

7 그러나 그 공주의 본 족속에게서 난 자 중의 한 사람이 왕위를 이어 권세
를 받아 북방 왕의 군대를 치러 와서 그의 성에 들어가서 그들을 쳐서 이기
고 8 그 신들과 부어 만든 우상들과 은과 금의 아름다운 그릇들은 다 노략하
여 애굽으로 가져갈 것이요 몇 해 동안은 그가 북방 왕을 치지 아니하리라 9
북방 왕이 남방 왕의 왕국으로 쳐들어갈 것이나 자기 본국으로 물러가리라

이 예언은 프톨레마이오스 3세(Euergetes, 주전 246–221년)와 셀레우코스 2세(Callinicus, 246–226년)에 관한 것이다. 라오디스의 만행을 프톨레마이오스 왕조가 지켜보고만 있지 않은 것은 당연한 일이다. 라오디스에 의해 독살당했던 베레니스의 동생 프톨레마이오스 3세가 주전 246년에 이집트의 왕이 되었다. 프톨레마이오스는 누이 베레니스의 원수를 갚기 위해 큰 군대를 이끌고 해상과 육지에서 시리아를 쳤다. 이 전쟁은 주전 246–241년 동안 진행되었다. 프톨레마이오스는 시리아 군을 통쾌하게 물리쳤으며, 셀레우코스 왕조의 수도이자 주요 항구인 안티오크(Antioch)과 셀리우시아(Seleucia)를 점령했다. 그는 라오디스를 잡아 처형했다.

프톨레마이오스는 자기 나라 이집트에서 반역이 일어났다는 소문을 듣고 급히 시리아를 떠났다. 그는 돌아오는 길에 시리아의 '신들'과 다른 귀중품들을 빼앗아 이집트로 가지고 왔다. 프톨레마이오스는 또한 페르시아의 캄비세스가 주전 525년에 이집트에서 빼앗아간 우상들을 찾아왔다(8절). 오래전에 시리아에게 빼앗긴 신들과 수많은 노획물을 가져왔다고 해서 이집트 사람들은 그에게 '은인'(Euergetes, Benefactor)이라는 별명을 붙여주었다. 그러나 이집트 사람들은 프톨레마이오스를 잘 따르지 않았기 때문에 그가 통치하는 동안 내부적인 갈등이 끊이지 않았다.

프톨레마이오스의 승리는 오래 지속되지 못했다. 시리아의 셀레우코스가 힘을 회복한 다음에 주전 242년에 이집트를 쳤기 때문이다. 기록에 의하면 시리아가 이때 이집트를 여러 차례 친 것으로 보인다. 이중 첫 번째 사건(9절)에 관한 역사적인 기록은 없으며, 아마도 잠깐 치러진 전쟁이었던 것 같다. 이 전쟁에서 시리아는 이렇다 할 성과를 거두지 못하고 본국으로 돌아갔다. 그러나 이 두 나라 사이에는 더 큰 전쟁들이 있었다. 다음 본문에서 언급될 전쟁들이다.

II. 미래에 대한 비전(7:1-12:13)
E. 근동의 역사와 세상의 종말(11:2-12:13)
3. 북쪽 왕들과 남쪽 왕들의 싸움(11:5-20)

(4) 셀레우코스 3세와 안티오쿠스 3세(11:10)

[10] 그러나 그의 아들들이 전쟁을 준비하고 심히 많은 군대를 모아서 물이 넘침 같이 나아올 것이며 그가 또 와서 남방 왕의 견고한 성까지 칠 것이요

셀레우코스 2세는 주전 226년에 죽었다. 그렇다고 프톨레마이오스 왕조와의 갈등이 끝난 것은 아니었다. 그의 아들들인 셀레우코스 3세(주전 226-223년)와 안티오쿠스 3세(223-187년)가 이집트와의 전쟁을 계속했기 때문이다. 셀레우코스 3세는 3년을 통치한 뒤 주전 223년에 소아시아 원정 중에 살해당했다. 그의 동생 안티오쿠스 3세(the Great, 주전 223-187년)가 왕이 되었다.

안티오쿠스는 여러 전쟁에서 승리를 거두었으며, 매우 연약하고 무능한 사람으로 소문이 났던 프톨레마이오스 4세가 주전 222년에 왕위에 오르자 자기 아버지가 프톨레마이오스에게 빼앗긴 영토를 찾을 기회가 왔다고 생각했다. 안티오쿠스는 주전 219-218년에 프톨레마이오스 왕조가 지배하고 있던 페니키아(Phoenicia)와 팔레스타인 지역을 침략해서 빼앗았다. 이 일로 그는 '대왕'(the Great)이라는 별명을 받았다. 본문이 언급하고 있는 '남쪽 왕의 요새'가 가사(Gaza)로 해석되기도 하고(Driver), 이집트로 해석되기도 한다(Montgomery). 그러나 역사적인 자료들과 비교해보면, 페니키아와 팔레스타인 지역에 포함된 한 지역이거나, 이 지역 전체를 의미했던 것으로 생각된다(Miller).

(5) 안티오쿠스 3세와 프톨레마이오스 4세(11:11–12)

**[11] 남방 왕은 크게 노하여 나와서 북방 왕과 싸울 것이라 북방 왕이 큰 무리
를 일으킬 것이나 그 무리는 그의 손에 넘겨 준 바 되리라 [12] 그가 큰 무리를
사로잡은 후에 그의 마음이 스스로 높아져서 수만 명을 엎드러뜨릴 것이나
그 세력은 더하지 못할 것이요**

시리아 왕 안티오쿠스 3세의 침략에 분개한 이집트의 프톨레마이오스 4세(Philopator, 주전 221–203년)가 반격했다. 양쪽 모두 대군을 이끌고 격돌했다. 주전 3세기에 활동했던 그리스 사학자 폴리비우스(Polybius, Hist. 5.79)에 의하면, 프톨레마이오스의 이집트 군대는 보병이 70,000명, 기마병이 5,000명에 달했으며, 코끼리 73마리를 동원했다. 안티오쿠스의 군대는 보병이 62,000명, 기마병이 6,000명에 달했으며, 102마리의 코끼리를 가지고 있었다.

전쟁이 시작되면서 안티오쿠스가 기세를 잡았다. 그는 이집트를 향해 계속 진군해 내려갔다. 드디어 주전 218년 겨울에 그는 팔레스타인의 남단에 진을 쳤다. 이듬해인 주전 217년 6월 22일, 그는 팔레스타인의 최남단에 있는 라피아(Raphia)에서 프톨레마이오스가 지휘하던 이집트 군과 승부를 겨루었다. 전쟁은 용병들을 대거 고용해 숫자적으로 우세했던 프톨레마이오스의 대승으로 끝이 났다. 안티오쿠스는 자신의 수도 안티오크로 도망했다.

프톨레마이오스는 2,200명의 군사를 잃고 시리아군 17,000명을 죽였다(Montgomery). 그러나 그는 대승의 여세를 충분히 활용하지는 못했다. 도주한 안티오쿠스를 뒤쫓지 않은 것이다. 군비 물자에 문제가 있었을 수도 있다. 그러나 그의 가장 큰 문제는 자기 군대였다. 이 전쟁

에서 프톨레마이오스는 처음으로 이집트 사람들을 전투에 참가시켰는데, 승리를 맛본 이집트 사람들은 자신들의 '새로운 힘'과 사랑에 빠져 지도자들의 명령을 잘 따르지 않고 반항하기 시작했다(Longman). 그 결과 프톨레마이오스는 시리아 군과 안티오쿠스를 물리치고 얻은 결정적인 승리의 진가를 살리지 못했다.

II. 미래에 대한 비전(7:1–12:13)
E. 근동의 역사와 세상의 종말(11:2–12:13)
3. 북쪽 왕들과 남쪽 왕들의 싸움(11:5–20)

(6) 안티오쿠스 3세와 프톨레마이오스 5세(11:13–14)

[13] 북방 왕은 돌아가서 다시 군대를 전보다 더 많이 준비하였다가 몇 때 곧 몇 해 후에 대군과 많은 물건을 거느리고 오리라 [14] 그 때에 여러 사람이 일어나서 남방 왕을 칠 것이요 네 백성 중에서도 포악한 자가 스스로 높아져서 환상을 이루려 할 것이나 그들이 도리어 걸려 넘어지리라

이때까지 이집트의 프톨레마이오스 왕조가 팔레스타인 지역의 역사를 주도했다면, 이제부터는 시리아의 셀레우코스 왕조가 이 지역의 역사를 좌우하게 된다. 프톨레마이오스에게 패한 안티오쿠스는 시리아의 수도 안티오크에서 시간을 보내며 다시 힘을 길렀다. 그는 주전 212–205년 사이에 동쪽으로 군대를 이끌고 가서 이집트와의 전쟁에서 빼앗겼던 그쪽 지역의 땅을 되찾았다. 안티오쿠스가 이렇게 시간을 보내고 있던 상황에서 프톨레마이오스 4세와 그의 아내가 주전 204년에 갑자기 죽었다. 이때 프톨레마이오스의 나이는 35세에 불과했다.

라피아 전쟁이 있은 지 15년이 되던 이듬해인 주전 202년에 안티오쿠스는 다시 프톨레마이오스의 통치 지역을 침범했다. 안티오쿠스가 이때를 택한 것은 프톨레마이오스 4세가 바로 2년 전인 주전 204년에 죽었고, 그를 이어 이집트의 왕이 된 그의 아들 프톨레마이오스 5세(Epiphanes, 주전 204-181년)는 왕위에 오를 때 나이가 4-6세밖에 되지 않은 어린아이였기 때문이다.

처음에는 안티오쿠스의 뜻대로 되지 않았다. 스코파스(Scopas)라는 이집트 장군이 그를 물리쳤다. 그러나 주전 201년에 파니움(Panium, 나중에 가이사 빌립보로 불림) 전쟁에서 안티오쿠스는 대승을 거두었다. 이때 어린 프톨레마이오스 5세는 아가토클레스(Agathocles)라는 사람의 보호를 받으며 그와 섭정을 했지만, 안티오쿠스를 이겨내기에는 역부족이었다. 또한 아가토클레스는 이집트 사람들에게 너무나 많은 짐을 지웠기 때문에 이집트 백성들의 지지를 받지 못했다. 이 전쟁을 통해 안티오쿠스는 페니키아와 팔레스타인 지역을 프톨레마이오스로부터 다시 빼앗았다. 가사의 요새도 모두 시리아의 손에 넘어갔다.

그런데 14절이 언급하는 '남쪽 왕을 칠 많은 사람'은 누구를 뜻하는가? 4세기 주석가 히에로니무스가 마케도니아의 필리포스 5세로 해석한 이후 대부분의 주석가는 그의 군대와 이집트 내에 존재했던 반(反) 프톨레마이오스 세력으로 생각한다. 필리포스는 안티오쿠스의 아군이었다.

이러한 국제 정세의 변화는 이스라엘의 정치에도 큰 영향을 미쳤다. 이때 대제사장직을 독점하고 있었던 오니아스 집안은 친이집트 정책을 펼쳤다. 그들을 견제하던 세력이 토비아스 집안(Tobiads)이었다. 토비아스 집안의 정치적인 영향력은 대단했으며, 오니아스 집안과 정혼을 통해 관계를 유지하고 있었다. 그러나 토비아스 집안은 친시리아 정책을 펼쳤다. 대부분 주석가는 '포악한 자들'을 친이집트 성향을 지닌 사람들로 이해한다(cf. Seow, Smith-Christopher).

이런 상황에서 시리아에게 패한 이집트의 스코파스 장군과 패잔병이 예루살렘에 입성했다. 그들은 친시리아 정책을 선호했거나 이집트에 반역을 했던 예루살렘 지도자들을 모두 처벌했다. 이 사실도 14절에 예언되어 있다.

II. 미래에 대한 비전(7:1–12:13)
E. 근동의 역사와 세상의 종말(11:2–12:13)
3. 북쪽 왕들과 남쪽 왕들의 싸움(11:5–20)

(7) 안티오쿠스 3세(11:15–19)

[15] 이에 북방 왕은 와서 토성을 쌓고 견고한 성읍을 점령할 것이요 남방 군대
는 그를 당할 수 없으며 또 그가 택한 군대라도 그를 당할 힘이 없을 것이므
로 [16] 오직 와서 치는 자가 자기 마음대로 행하리니 그를 당할 사람이 없겠고
그는 영화로운 땅에 설 것이요 그의 손에는 멸망이 있으리라 [17] 그가 결심하
고 전국의 힘을 다하여 이르렀다가 그와 화친할 것이요 또 여자의 딸을 그
에게 주어 그의 나라를 망하게 하려 할 것이나 이루지 못하리니 그에게 무
익하리라 [18] 그 후에 그가 그의 얼굴을 바닷가로 돌려 많이 점령할 것이나
한 장군이 나타나 그의 정복을 그치게 하고 그 수치를 그에게로 돌릴 것이
므로 [19] 그가 드디어 그 얼굴을 돌려 자기 땅 산성들로 향할 것이나 거쳐 넘
어지고 다시는 보이지 아니하리라

프톨레마이오스 4세는 라피아에서 이집트가 거둔 대승의 여세를 충분히 활용하지 못해 안티오쿠스에게 기회를 제공했다. 반면에 안티오쿠스는 파니움에서 거둔 승리의 여세를 몰아 이집트 군을 호되게 몰아쳤다. 패배한 이집트 장군 스코파스는 패잔병을 이끌고 페니키아 지역의 시돈으로 도망했지만, 안티오쿠스의 군대가 곧바로 뒤따랐다. 결국 스코파스는 이듬해인 주전 199년에 안티오쿠스의 군대에 항복했다. 저자는 이 사건을 "북방 왕은 와서 토성을 쌓고 견고한 성읍(시돈)을 점령할 것"(15절)이라고 예언하고 있다.

시돈에 숨어 있던 이집트 군이 항복한 일을 계기로 페니키아와 팔레스타인 지역의 통치권은 완전히 안티오쿠스와 시리아의 손에 넘어갔다. 그들은 '영광스런 땅, 약속의 땅'(이스라엘)에 우뚝 선 것이다. 예전에도 팔레스타인 지역이 잠시 시리아의 손에 넘어간 적이 있었지만, 이때부터 장기적인 통치가 시작되었다.

안티오쿠스가 주전 198년에 예루살렘에 입성했을 때, 유대인들은 그를 '해방자, 은인'(deliverer and benefactor)으로 환영했다(Archer). 이때만 해도 유대인들은 20여 년 후에 안티오쿠스의 후손(에피파네스)이 야기할 혹독한 핍박을 상상도 못했다.

승승장구하던 안티오쿠스는 이집트와 평화 조약을 체결했다. 그는 자신의 딸 클레오파트라(Cleopatra)를 프톨레마이오스 5세에게 아내로 주는 일을 계기로 이집트에 영향력을 발휘할 계획이었다. 그러나 그의 계획은 수포로 돌아갔다. 클레오파트라가 남편인 프톨레마이오스 5세를 무척 사랑해 결국 친프톨레마이오스파가 되어버렸기 때문이다. 클레오파트라는 남편인 프톨레마이오스와 로마와 연합해 아버지 안티오쿠스에게 대항했다.

클레오파트라는 남편인 프톨레마이오스 5세가 죽은 주전 181년부터 그녀의 아들 프톨레마이오스 6세가 왕위에 오른 주전 173년까지 8년 동안 이집트를 통치하다시피 했다. 클레오파트라는 이집트 왕조에서 처음으로 이 이름으로 불린 여인이며(Montgomery), 카이사르(Julius Caesar)와 안토니우스(Marcus Anthonius)와 연관된 유명한 클레오파트라가 아니다. 그 여인은 한참 후에 살았던 사람이다.

이집트 군을 성공적으로 물리친 안티오쿠스가 주전 197년경에 지중해 해안 쪽으로 눈을 돌렸다. 그는 상당한 성공을 거두며 그리스까지 세력을 확장했다. 안티오쿠스는 다뉴브강 기슭에 있었던 트라키아까지 진군했다. 계속 팽창하는 그의 세력을 견제하기 위해 로마는 스키피오(Lucius Cornelius Scipio) 장군을 파견했다.

스키피오가 이끄는 로마 군이 주전 191년에 그리스 군과 연합해 테르모필래(Thermopylae)에서 안티오쿠스 군을 물리쳤다. 안티오쿠스는 소아시아 지역으로 후퇴했다. 그러나 스키피오는 로마군 3만 명을 이끌고 그의 뒤를 쫓았다. 스키피오는 주전 190년에 마그네시아(Magnesia, 서머나 인근 지역)에서 안티오쿠스의 7만 대군과 싸워 대승을 거두었다.

로마는 전쟁에서 패한 안티오쿠스에게 평화 협정을 강요했다. 주전 188년에 체결된 이 협정은 아파메이아 협정(Treaty of Apameia)으로 알려졌다. 폴리비우스에 따르면, 안티오쿠스는 많은 영토(Taurus의 서쪽에 있는 모든 영토가 로마로 넘어감)와 상당수의 군인과 왕족 인질 20명(이중 하나가 그 악명 높았던 안티오쿠스 4세였음)을 로마로 잡아갔다. 안티오쿠스는은 15,000달란트(484t)를 로마에 상납했다. 이 조약은 안티오쿠스가 이집트를 침략하거나 이집트 정치에 개입하는 일도 금지했다.

안티오쿠스는 자기 나라로 돌아온 뒤, 주전 187년에 화난 백성들의 손에 죽음을 당했다. 평화 협정에 따라 그는 로마에 엄청난 돈을 지불해야 했다. 그 돈을 만들기 위해 엘리 마이스에 있던 벨의 신전을 약탈하다가, 신전을 보호하러 나선 화난 민중에게 죽음을 당한 것이다.

> II. 미래에 대한 비전(7:1-12:13)
> E. 근동의 역사와 세상의 종말(11:2-12:13)
> 3. 북쪽 왕들과 남쪽 왕들의 싸움(11:5-20)

(8) 셀레우코스 4세(11:20)

[20] 그 왕위를 이을 자가 압제자를 그 나라의 아름다운 곳으로 두루 다니게 할 것이나 그는 분노함이나 싸움이 없이 몇 날이 못 되어 망할 것이요

안티오쿠스 3세가 죽자 그의 아들 셀레우코스 4세(Philopator, 주전 187-175년)가 시리아의 왕이 되었다. 그는 로마가 그의 아버지에게 요구한 벌금을 마련하기 위해 국무총리 헬리오도루스(Helidorus)를 전국 각지에 보내 세금 징수를 추진했다. 제2마카비서 3:7-40에 의하면 헬리오도루스가 성전을 약탈하려고 예루살렘에도 왔다. 그러나 무서운 환상을 보고 발을 돌렸다고 한다.

셀레우코스는 이처럼 돈을 모으기 위해 분주한 인생을 보내다가 헬리오도루스에게 독살을 당했다. 셀레우코스가 독살을 당했을 때, 그의 동생 안티오쿠스 4세는 15년의 인질 생활을 마치고 로마에서 돌아오는 길이었다. 상당수의 학자는 안티오쿠스가 헬리오도루스를 사주해 형을 독살한 것으로 추정한다. 안티오쿠스의 인격을 감안하면 충분히 있을 수 있는 일이다. 그러나 그 당시의 상황을 살펴보면 그러한 가능성은 희박했던 것으로 생각된다(cf. 다음 부분 주해).

II. 미래에 대한 비전(7:1-12:13) E. 근동의 역사와 세상의 종말(11:2-12:13)

4. 한 북쪽 왕(11:21-35)

천사는 알렉산드로스 대왕이 죽은 직후부터 고대 근동의 정치적 상황이 어떻게 될 것인가에 관해 지금까지 다니엘에게 예언했다. 바로 이 부분에서 주역을 감당할 셀레우코스 왕조의 안티오쿠스 4세(주전 175-165/164년)의 등장을 준비하기 위해서였다. 드디어 10-11장의 예언이 절정에 이르게 된 것이다.

다니엘서는 이때까지 안티오쿠스 4세를 '작은 뿔'(7:8, 8:9)과 '교만하게 떠드는 사람'(7:8, 11)과 '사기성이 짙고 권모술수가 능한 자'(8:23, 25) 등으로 묘사했다(Seow). 외경과 위경은 그를 '죄의 뿌리'(제1마카비 4:15) 혹은 '교만하고 악한 사람'(제4마카비 4:15)으로 묘사했다. 또한 안티오쿠스 4세의 이름은 '에피파네스'(Epiphanes, 신의 현현)였는데, 당대 사람들은 그의 이름을 '에피마네스'(Epimanes, 미친놈)라고 불렀다. 그의 통치는 100여 년 동안 지속되어왔던 이집트의 프톨레마이오스 왕조와 시리아의 셀레우코스 왕조 사이의 갈등을 절정에 달하게 만들었다.

또한 안티오쿠스는 시리아와 이집트 사이에 있던 약소국가 이스라엘의 백성들이 감당해야 할 무시무시한 핍박을 가져왔다. 안티오쿠스는 평생 평화의 사람이기보다는 잔인함과 횡포로 무장한 무자비한 독재자였기 때문이다. 그가 예루살렘 성전과 주의 백성에게 행한 신성 모독적 행위와 종교적 박해는 계시록을 기록한 요한에게 인류 종말에 있을 적그리스도의 야만적 행위의 모형이 되었다. 적그리스도의 모형이 된 안티오쿠스의 만행을 예언하고 있는 본문은 다음과 같이 구분될 수 있다.

A. 자격 없는 자가 북쪽 왕이 됨(11:21-24)
B. 북쪽 왕이 남쪽 왕을 공격함(11:25-26)
C. 북쪽 왕의 승리(11:27-28)
D. 북쪽 왕의 실패(11:29-30a)
E. 북쪽 왕의 박해(11:30b-32)
F. 북쪽 왕에게 죽은 순교자들(11:33-35)

II. 미래에 대한 비전(7:1-12:13)
E. 근동의 역사와 세상의 종말(11:2-12:13)
4. 한 북쪽 왕(11:21-35)

(1) 자격 없는 자가 북쪽 왕이 됨(11:21-24)

[21] 또 그의 왕위를 이을 자는 한 비천한 사람이라 나라의 영광을 그에게 주지 아니할 것이나 그가 평안한 때를 타서 속임수로 그 나라를 얻을 것이며

[22] 넘치는 물 같은 군대가 그에게 넘침으로 말미암아 패할 것이요 동맹한 왕도 그렇게 될 것이며 [23] 그와 약조한 후에 그는 거짓을 행하여 올라올 것이요 소수의 백성을 가지고 세력을 얻을 것이며 [24] 그가 평안한 때에 그 지방의 가장 기름진 곳에 들어와서 그의 조상들과 조상들의 조상이 행하지 못하던 것을 행할 것이요 그는 노략하고 탈취한 재물을 무리에게 흩어 주며 계략을 세워 얼마 동안 산성들을 칠 것인데 때가 이르기까지 그리하리라

이 말씀은 안티오쿠스 4세의 즉위와 통치 초기에 관한 예언이다. 안티오쿠스 4세가 아버지 안티오쿠스 3세와 로마 사이의 평화협정의 조항에 따라 인질로 억류되어 살았던 15년의 로마 생활에서 풀려났다. 그의 형이자 왕이었던 셀레우코스 4세가 자기 아들 데메트리오스를 로마로 보내 안티오쿠스를 대신해 인질 생활을 하도록 했기 때문이다(Mørkholm). 이때가 주전 175년이다. 데메트리오스는 셀레우코스 4세의 아들이었으며, 아버지의 뒤를 이을 세자였다.

안티오쿠스는 로마에서 돌아오는 길에 잠시 아테네(Athens)에 머물렀는데, 이때 그의 형이자 시리아의 왕이었던 셀레우코스가 헬리오도루스에 의하여 암살을 당했다는 소식을 접했다. 로마로 인질살이를 위해 간 데메트리오스가 세자였지만, 헬리오도루스는 데메트리오스의 동생 안티오쿠스를 왕으로 세우고 뒤에서 그를 조정하려고 정권 장악을 위한 음모를 꾸몄다. 안티오쿠스는 급히 안티오크로 돌아왔다. 그는 페르가뭄(Pergamum)의 왕 에우메네스(Eumenes II)의 도움을 받아 많은 돈과 군대를 이끌고 왔다. 에우메네스는 헬리오도루스 같은 외부인보다는 그동안 이 지역을 통치해왔던 셀레우코스 왕조가 계속 지배하는 것이 바람직하다고 생각했기 때문에 안티오쿠스 편을 든 것이다.

헬리오도루스는 안티오쿠스와 싸워보지도 않고 도주했다. 안티오쿠스는 죽은 형의 아들인 조카 안티오쿠스를 정당한 왕위 계승자로 내세웠다. 안티오쿠스는 자신이 로마에 인질로 잡혀 있는 데메트리오스를 대신한다며 5년 동안 어린 조카 안티오쿠스의 섭정을 했다. 그러다가 주전 170년에 조카 안티오쿠스가 특별한 이유 없이 죽었다. 대부분의 학자는 안티오쿠스가 조카를 독살한 것으로 추정한다(Mørkholm). 이렇게 해서 안티오쿠스 4세의 시리아 통치가 본격적으로 시작되었다. 그러므로 21절은 자격이 없는 자가 왕이 되었다고 하는 것이다.

안티오쿠스는 통솔력이 뛰어난 왕이었다(Collins, Longman). 24절이 언급하는 것처럼 그는 세금과 탈취한 재물로 자기가 다스리던 백성들의 마음을 얻기 위해 그들이 숭배하던 신들의 신전들에 많은 기부를 했다. 프톨레마이오스 6세(Philometor, 주전 181-146년)가 주전 169년에 시리아에서 팔레스타인과 페니키아를 다시 빼앗기 위해 전쟁을 일으켰다. 그러나 프톨레마이오스의 '넘치는 물 같은'(22절) 군대는 안티오쿠스의 군대에게 패했다. 프톨레마이오스는 안티오쿠스에게 붙잡혀 인질로 시리아에 머물게 되었다(cf. 26-27절).

프톨레마이오스는 안티오쿠스에게 제안을 했다. 만일 자신이 시리아에 인질로 잡혀 있는 동안 안티오쿠스의 도움으로 이집트의 통치권을 장악한 동생 프톨레마이오스 7세(Egergetes II Physcon)로부터 왕권을 다시 빼앗는다면, 안티오쿠스의 영원한 협조자가 되겠다는 것이었다. 안티오쿠스는 프톨레마이오스의 제안을 흔쾌히 받아들였다. 이집트에 영향력을 행사할 수 있는 기회라고 생각한 것이다.

이렇게 해서 프톨레마이오스는 안티오쿠스의 도움으로 이집트의 통치권을 다시 찾았다. 그러나 프톨레마이오스 6세는 잠시 후에 안티오쿠스와의 계약을 파기하고, 다시 동생과 힘을 합해 가나안과 이집트 접경에 있는 펠루시움(Pelusium)에서 시리아 군을 내쳤다. 속고 속이는 비열한 왕들에게 신뢰는 찾아볼 수 없었다.

안티오쿠스는 예루살렘에서도 정치적인 음모를 진행해 나갔다(Longman). 그가 정권을 잡게 된 주전 170년대에 예루살렘에서 가장 유력한 정치 세력은 오니아스 집안이었다. 오니아스 집안은 대제사장직을 독점했으며, 정치적인 영향력도 대단했다. 에스라 시대 이후로 페르시아 사람들은 유다 사람들에게 자치권을 허락했는데, 대제사장이 가장 큰 권세를 가지고 나라를 다스렸다. 그러므로 본문은 대제사장을 이집트의 프톨레마이오스 6세와 동맹했다가 패한 왕으로 묘사하고 있다(22절). 오니아스 집안은 친이집트 입장을 고수했기 때문에 프톨레마이오스를 도왔다가 낭패를 본 것이다. 당시 오니아스 집안의 우두머리는 오니아스 3세(Onias III)였다.

토비아스 집안도 오니아스 집안에 버금가는 정치 세력을 형성했다. 예루살렘 토박이들은 아니고, 오래전에 동쪽에서 요단 강을 건너온 암몬 사람들이었다(Smith-Christopher). 그들은 친시리아 정책을 고수했으며, 그들 중 야손이라는 사람이 이 세력의 구심점 역할을 했다. 막강한 권력을 자랑한 야손은 원래 토비아스 집안 사람이 아니고 오니아스의 형제였다. 그런 그가 결혼을 통해 토비아스 집안에 발을 들여놓게 되었고, 얼마 지나지 않아 이 집안의 중심이 된 것이다.

친시리아 정책을 펼쳐 나가던 토비아스 집안은 예루살렘과 유다를 그리스화(Hellenize)하기를 원했다. 그러므로 시리아 왕 안티오쿠스의 입장에서는 토비아스 집안의 야손이 예루살렘의 주도권을 잡는 것이 훨씬 더 유리했다. 게다가 야손이 엄청난 뇌물을 안티오쿠스에게 바치며 제사장 자리를 탐했다. 안티오쿠스는 오니아스를 살해하기에 이르렀고, 대제사장 자리에 야손을 임명했다.

주전 172년에는 야손이 속한 토비아스 집안 사람인 메넬라오스(Menelaus)가 안티오쿠스에게 더 많은 뇌물을 주며 대제사장직을 부탁했다. 뇌물을 받은 안티오쿠스는 메넬라오스를 대제사장으로 임명했다. 이때까지는 대제사장직을 할 만한 혈통이 대제사장직을 이어왔지만, 메넬라오스 때문에 이런 맥이 끊어졌다. 비록 야손은 토비아스 집안 사람이었지만, 원래는 오니아스 제사장 집안 사람이었기 때문이다. 메넬라오스가 대제사장이 되자 보수적인 유대인들은 강력하게 반발했지만, 안티오쿠스의 행동이 고작 시작이라는 것은 아무도 몰랐다. 이 일을 계기로 안티오쿠스가 토비아스 집안과 추종자들에게 선물을 한 것이 24절에 묘사되어 있다.

II. 미래에 대한 비전(7:1–12:13)
E. 근동의 역사와 세상의 종말(11:2–12:13)
4. 한 북쪽 왕(11:21–35)

(2) 북쪽 왕이 남쪽 왕을 공격함(11:25–26)

25 그가 그의 힘을 떨치며 용기를 다하여 큰 군대를 거느리고 남방 왕을 칠 것이요 남방 왕도 심히 크고 강한 군대를 거느리고 맞아 싸울 것이나 능히 당하지 못하리니 이는 그들이 계략을 세워 그를 침이니라 26 그의 음식을 먹는 자들이 그를 멸하리니 그의 군대가 흩어질 것이요 많은 사람이 엎드러져 죽으리라

저자는 잠시 안티오쿠스의 예루살렘 정책을 언급한 다음에 다시 그의 이집트 공략으로 주제를 바꾸고 있다. 폴리비우스는 이 전쟁이 이집트의 선제공격으로 시작되었다고 한다. 그러나 전쟁의 결정적인 첫 싸움은 시리아 군이 이집트의 영토를 침범한 것에서 시작되었다(Longman).

남편 프톨레마이오스 5세가 죽은 후에 8년 동안 이집트를 통치한 클레오파트라가 주전 173년에 죽었다. 클레오파트라는 당시 시리아를 다스리고 있던 안티오쿠스 4세의 누이였다. 그녀의 아들 프톨레마이오스 6세(Philometer)가 어린 나이에 왕이 되었다. 프톨레마이오스의 나이 때문에 그의 보좌관이었던 에우라에우스(Eulaeus)와 라나에우스(Lanaeus)가 실권을 장악했다. 그들은 새로운 반(反)시리아 정책을 펼쳐 나가며 팔레스타인 지역을 탐했다. 소식을 전해들은 안티오쿠스는 선제공격을 감행했다. 두 군대는 주전 169년에 이집트에 속한 펠루시움(Pelusim)에서 격돌했으며, 시리아의 승리로 끝이 났다. 이때 프톨레마이오스는 소년이었기 때문에 이집트의 패배는 그의 보좌관들('왕과 함께 왕실 음식을 먹는 사람들', 26절)의 책임이었다고 할 수 있다.

II. 미래에 대한 비전(7:1-12:13)
E. 근동의 역사와 세상의 종말(11:2-12:13)
4. 한 북쪽 왕(11:21-35)

(3) 북쪽 왕의 승리(11:27-28)

[27] 이 두 왕이 마음에 서로 해하고자 하여 한 밥상에 앉았을 때에 거짓말을 할 것이라 일이 형통하지 못하리니 이는 아직 때가 이르지 아니하였으므로 그 일이 이루어지지 아니할 것임이니라 [28] 북방 왕은 많은 재물을 가지고 본국으로 돌아가리니 그는 마음으로 거룩한 언약을 거스르며 자기 마음대로 행하고 본토로 돌아갈 것이며

전쟁에 패한 프톨레마이오스 6세가 안티오쿠스의 포로가 되었다. 그가 시리아의 왕에게 붙잡혀 있던 동안에 알렉산드리아에서 그의 동생 프톨레마이오스 7세(Euergetes[Physcon])가 이집트의 왕이 되었다. 급변한 이집트의 정치 무대에 자극을 받은 안티오쿠스와 프톨레마이오스 6세는 협상을 했다. 안티오쿠스의 도움으로 프톨레마이오스가 다시 나라를 되찾게 되면, 친시리아 정책을 고수하겠다는 협정이었다. 안티오쿠스도 이집트에 지속적인 영향을 미칠 수 있다는 것에 매력을 느끼고 프톨레마이오스 6세와 동맹을 맺었다. 그러나 그들은 이 협정을 통해 서로를 이용하려는 것이 목적이었을 뿐, 다른 것은 전혀 관심이 없었다(cf. 27절).

안티오쿠스와 프톨레마이오스의 협정은 별 효력을 발휘하지 못했다.

그들은 이집트의 주요 도시 멤피스(Memphis)를 탈환했으나 더 이상 진전은 없었다. 안티오쿠스는 프톨레마이오스 6세를 다시 이집트의 왕으로 세우고 멤피스에서 통치하도록 했다. 그러나 결정적인 성공은 이루지 못했으며, 프톨레마이오스 7세는 알렉산드리아(Alexandria)에서 계속 왕으로 군림했다.

안티오쿠스는 프톨레마이오스 7세를 제거하기 위해 알렉산드리아 밖 10㎞ 지점에 군대를 배치하고 시리아로 돌아갔다. 주전 169년에 있었던 일이다. 안티오쿠스가 시리아로 돌아가자 두 프톨레마이오스는 언제 대립했냐는 듯이 힘을 합해 함께 이집트를 통치했다. 그들의 누이 클레오파트라(앞에서 언급한 안티오쿠스의 누이와 다름)의 주선으로 서로 협상을 하게 된 것이다.

시리아로 돌아가는 길에 안티오쿠스는 예루살렘에 들렀다. 그는 반역하는 음모가 유다에서 진행되고 있다는 첩보를 접하고(cf. 제1마카비 1:16–28, 제2마카비 5:1–11), 반역자들을 색출해 처형했다. 이 과정에서 안티오쿠스는 유다 사람들 8만 명을 학살했다(제2마카비 5:12–14). 또한 악한 대제사장 메넬라오스의 도움을 받아 성전을 약탈하고 시리아로 돌아갔다.

II. 미래에 대한 비전(7:1–12:13)
E. 근동의 역사와 세상의 종말(11:2–12:13)
4. 한 북쪽 왕(11:21–35)

(4) 북쪽 왕의 실패(11:29–30a)

[29] 작정된 기한에 그가 다시 나와서 남방에 이를 것이나 이번이 그 전번만 못하리니 [30a] 이는 깃딤의 배들이 이르러 그를 칠 것임이라

안티오쿠스가 주전 168년에 다시 이집트를 쳤다. 저자는 이 일이 우연히 된 일이 아니라 하나님이 조정하신 일이라는 것을 강조하기 위해 '작정된 기한'이라는 말을 사용한다(29절, cf. Lucas). 안티오쿠스가 이집트를 치게 된 것은 프톨레마이오스 형제가 힘을 합해 반시리아 정책을 펴고 있다는 보고가 들어왔기 때문이다.

그러나 이번에 안티오쿠스는 성공하지 못했다. 그가 알렉산드리아를 공략할 만반의 준비를 갖추고 있을 무렵 갑자기 변수가 생겼기 때문이다. '깃딤의 배들'(30절)이 그를 쳤다고 하는데, 당시 국제적인 강대국으로 급부상하던 로마제국을 뜻한다.

안티오쿠스가 다시 이집트를 치러 온다는 소식을 들은 두 프톨레마이오스가 로마에 많은 돈을 보내며 도움을 요청했다. 로마 원로원(senate)은 안티오쿠스를 견제하기 위해 해군을 알렉산드리아에 급파하고, 가이우스 라에나스 장군을 보내 안티오쿠스에게 본국 시리아로 돌아가도록 경고하라고 했다. 가이우스 라에나스가 원로원의 공식 인준을 받고 왔는지에 관해서는 학자들의 논란이 있다.

라에나스는 늦은 밤에 몇 명의 호위병만을 거느리고 안티오쿠스의 진영을 찾았다. 그리고 "대로마제국은 당신이 즉시 시리아로 돌아갈 것을 명령한다"라며 로마의 뜻을 밝혔다. 안티오쿠스가 시간을 벌려는 수작으로 "생각해보겠다"라고 대답했다. 라에나스는 조용히 일어나 안티오쿠스의 주변에 조그만 동그라미를 그리더니 "이 원을 벗어나기 전에 결정하라"는 단호한 명령을 했다(Polybius, Hist. 29.27). 결국 안티오쿠스는 "돌아가겠다"는 대답을 할 수밖에 없었다.

잔인하고 전쟁을 즐기던 안티오쿠스가 왜 이렇게 수모를 당하고 조용히 물러나야 했는가? 그의 아버지 안티오쿠스 3세는 마그네시아에서 로마에게 대패한 적이 있다. 로마는 그 대가로 엄청난 액수의 정기적인 조공을 포함해 많은 것을 요구했다. 안티오쿠스 4세는 인질이 되어 로마로 끌려가 15년의 세월을 보낸 적이 있었다. 그의 아버지는 결국 로마에게 바칠 돈을 마련하기 위해 벨 신전을 약탈하다가 분노한 백성들에게 살해당했다.

안티오쿠스는 로마에서 15년 동안 인질이 되어 생활하면서 막강하고 계속 팽창해가는 로마의 세력을 직접 목격했다. 그러므로 그는 호위병 몇 명을 이끌고 찾아온 로마 대사 라에나스의 명령에 순종할 수밖에 없었다. 아무런 힘이 없어 보이는 로마 대사를 거역하거나 죽이는 일은 곧 이 대사에게 권한을 주고 뒤에서 버티고 있는 로마제국에 선전포고를 하는 행위와 같다는 것을 잘 알고 있었기 때문이다. 이것이 신약에서 믿는 자들을 '하늘나라의 대사들'(cf. 고후 5:20, 엡 6:20)이라고 가르친 배경이 되고 있다.

II. 미래에 대한 비전(7:1–12:13) E. 근동의 역사와 세상의 종말(11:2–12:13) 4. 한 북쪽 왕(11:21–35)

(5) 북쪽 왕의 박해(11:30b–32)

[30b] 그가 낙심하고 돌아가면서 맺은 거룩한 언약에 분노하였고 자기 땅에 돌아가서는 맺은 거룩한 언약을 배반하는 자들을 살필 것이며 [31] 군대는 그의 편에 서서 성소 곧 견고한 곳을 더럽히며 매일 드리는 제사를 폐하며 멸망하게 하는 가증한 것을 세울 것이며 [32] 그가 또 언약을 배반하고 악행하는 자를 속임수로 타락시킬 것이나 오직 자기의 하나님을 아는 백성은 강하여 용맹을 떨치리라

로마 군에게 수모를 당하고 시리아로 돌아가던 안티오쿠스는 예루살렘에 들러 화풀이를 했다(cf. 제1마카비 1:29–40, 제2마카비 6:1–6). 안티오쿠스가 이집트에서 당한 분노와 수모에 불을 더한 사람이 바로 야손이었다. 그는 안티오쿠스에게 더 많은 뇌물을 바친 메넬라오스에 의해 대제사장직에서 쫓겨난 사람이다.

야손은 안티오쿠스가 이집트에서 전쟁 중에 죽었다는 헛소문을 듣고 1,000명의 군대를 일으켜 예루살렘을 공격했다(제2마카비 5:1-8). 메넬라오스는 성채(citadel)에 숨어 저항했다. 야손이 많은 사람을 죽이며 공격을 했지만, 온 성을 빼앗지는 못했다. 결국 그는 뜻을 이루지 못한 채 암몬으로 도주했다. 이 일로 안티오쿠스는 날이 갈수록 이스라엘에 더 큰 적개심을 품게 되었으며, 걸핏하면 힘없는 사람들을 죽이는 포악한 군주가 되었다.

안티오쿠스는 용병의 우두머리이자 세금 징수의 책임을 맡고 있던 아폴로니우스(Apollonius)를 예루살렘으로 보냈다(제1마카비 1:29, 제2마카비 5:23-26). 그는 평화를 위해 온 것처럼 사람들을 속였지만, 안식일에 갑자기 돌변해 수많은 사람을 죽이고 성을 약탈했다(제1마카비 1:30-32, cf. 제2마카비 5:25-26). 그는 예루살렘 성벽을 허물고 다윗 성 안에 있는 성채를 파괴했다. 반면 악명을 떨치던 메넬라오스처럼 친시리아 입장을 고수하며 도시의 그리스화를 추구하던 자들에게는 상을 주었다(cf. 제1마카비1:1, 43, 제2마카비 4:7-17).

'성소 곧 견고한 곳'(הַמִּקְדָּשׁ הַמָּעוֹז, 31절)은 동격형(appositional) '요새와 같은 성전'(temple the fortress)으로 해석되는 것이 바람직하다. 저자는 왜 성전을 요새라고 부르는가? 아마도 성전은 이스라엘 사람들에게 '영적 요새' 역할을 했기 때문일 수도 있고, 안티오쿠스 군이 성전을 군사 요새로 사용했기 때문일 수도 있다(Montgomery, Miller).

안티오쿠스는 주전 167년 후반에 접어들면서 예루살렘에서 대대적인 종교 박해를 시작했다(제1마카비 1:41-50, 제2마카비 6:1-6). 이스라엘 종교의 모든 예식과 예배가 중단되었다. 할례를 행하거나, 성경을 소지하거나, 제물을 드리거나, 종교적인 절기를 지키다가 발견되는 사람들은 모두 처형당했다(제1마카비 1:50, 63). 또한 안티오쿠스는 이스라엘 사람들에게 자기 종교를 강요하기 위해 곳곳에 제단을 세우고 그 제단들에서 돼지를 비롯한 부정한 짐승들을 제물로 바치게 했다.

안티오쿠스의 핍박은 그해 기슬르(Chislev)월 15일(주전 167년 12월 15일)에 절정에 달했다(제1마카비 1:54). 그는 이날 예루살렘 성전에 그리스 신 제우스의 시리아 변형이었던 바알 샤멤(Baal Shamem) 상과 제단을 세웠다. 이 상은 번제단 위에 세워졌다. 그달 25일에는 이 제단에서 돼지를 포함한 부정한 짐승들을 제물로 바쳤다(cf. 제1마카비 1:47, 54, 59, 제2마카비 6:4-5).

이때 이스라엘 사람들은 두 파로 나뉘었다(cf. 32절). 안티오쿠스와 예루살렘의 그리스화에 동조하는 사람들과 이 악한 시리아 왕과 그리스화를 반대하는 이들이었다. 결국 안티오쿠스는 많은 사람을 살해하거나 노예로 팔았다.

II. 미래에 대한 비전(7:1-12:13)
E. 근동의 역사와 세상의 종말(11:2-12:13)
4. 한 북쪽 왕(11:21-35)

(6) 북쪽 왕에게 죽은 순교자들(11:33-35)

[33] 백성 중에 지혜로운 자들이 많은 사람을 가르칠 것이나 그들이 칼날과 불꽃과 사로잡힘과 약탈을 당하여 여러 날 동안 몰락하리라 [34] 그들이 몰락할 때에 도움을 조금 얻을 것이나 많은 사람들이 속임수로 그들과 결합할 것이며 [35] 또 그들 중 지혜로운 자 몇 사람이 몰락하여 무리 중에서 연단을 받아 정결하게 되며 희게 되어 마지막 때까지 이르게 하리니 이는 아직 정한 기한이 남았음이라

박해가 시작되자 많은 사람은 안티오쿠스가 어떤 사람인가를 알게 되었다. 그러나 그의 무자비한 폭력을 피할 방법이 없어서 죽어갔다. 지혜로운 사람들도 속수무책으로 당하기는 마찬가지였다. 학자들은 '지혜로운 자들'(מַשְׂכִּילִים, 33절)이 누구인가에 관해 많은 추측과 논쟁을 벌여왔다. 최소한 다섯 가지 해석이 있다. (1) 바리새인들의 원조격인 하시디안들(Hasideans, Hasidim), (2) 의와 공의를 추구한 사람들, 외경 중 집회서(Ecclesiasticus)를 집필한 시라의 아들(ben Sirach)을 추종한 사람들, (4) 쿰란 공동체의 선조들, (5) 전개되고 있는 상황을 하나님의 관점에서 파악하고 있는 사람들(cf. Gowan, Lucas). 시대의 흐름을 하나님의 말씀으로 해석해 역사의 흐름을 알고 견뎌낸 사람들로 생각된다. 그들은 안티오쿠스의 만행이 오래가지는 않을 것이라는 확신을 가졌다. 창조주께서 이처럼 악한 왕이 주의 백성을 핍박하는 것을 오래 지켜보지 않으실 것을 확신했기 때문이다. 그들은 시대를 읽는 지혜를 지녔다.

또한 모든 사람이 가만히 당하고 있지만은 않았다. 마타티아스(Mattathias)라는 유력한 사람이 있었는데, 그의 아들들, 특히 유다 마카비(Judas Maccabeus)가 주동이 되어 반격을 시도했다. 유다 마카비는 주전 160년에, 그의 형제 엘리아살(Eleazar)은 주전 162년에 시리아 군과 싸우다가 전사했다. 그 외 많은 사람이 전사하거나 사로잡혀 노예로 팔려갔다. 히브리서 기자는 11:34-35에서 이때 박해를 당한 사람들에 관해 기록하고 있는 듯하다.

이 기간에 하나님의 백성은 '조금 도움을' 받았다. 마카비 형제들이 시리아 왕을 대항해 전쟁을 시작했을 때 처음에는 동조하는 사람이 그다지 많지 않았다는 의미로 해석된다(Collins). 그러나 마카비의 저항이 지속되면서, 그를 돕는 세력도 점차 커져갔다. 중립을 지키던 유대인들이 저항에 합세했기 때문이다. 특히 그들의 동조는 마카비 형제들이 매국노들을 본격적으로 처단할 때부터 많이 이루어졌다(cf. 제1마카비 2:42-48).

이러한 일은 '하나님이 정하신 그 끝날'이 올 때까지 계속되었다. 마카비 형제들은 주전 164년 가을에 예루살렘을 탈환했으며, 그해 12월에 성전을 다시 헌당하는 개가를 올렸다. 이때부터 시작된 유대인 절기가 수전절이다. 이듬해인 주전 163년에 안티오쿠스는 비참하게 죽었는데, 말기에는 정신 질환을 앓았다(Polybius). 이스라엘과 시리아의 싸움은 계속되었으며, 유다 마카비는 주전 160년에 아조투스 산(Mount Azotus)에서 전사했다.

II. 미래에 대한 비전(7:1–12:13)
E. 근동의 역사와 세상의 종말(11:2–12:13)

5. 마음대로 하는 왕(11:36–45)

10장에서 시작해 지금까지 진행된 다니엘의 예언이 안티오쿠스 4세 시대와 그가 나타나기 이전 시대에 근동 지역에서 펼쳐질 정치적, 군사적 갈등을 묘사하고 있다는 점에 학자들은 대체로 동의한다. 그러나 11:36–45가 누구를 두고 하는 이야기인가에 관해서는 합의를 이루지 못한다(cf. Archer, Baldwin, Gowan, Longman, Leupold, Lucas, Smith-Christopher). 학자들은 크게 둘로 나누어져 있다. 한쪽은 저자가 안티오쿠스 4세에 관한 일들을 염두에 둔 기록이라 하고, 다른 쪽은 다니엘이 말세에 나타날 적그리스도를 염두에 둔 기록이라고 주장한다.

다니엘서가 마카비 시대에 정리되었다고 주장하는 사람들은 대체적으로 36–45절이 앞부분에 이어 안티오쿠스 시대를 조명하고 있다고 주장한다(Mørkholm, cf. Lucas). 그러나 이 해석의 가장 큰 문제는 36–45절의 내용과 지금까지 밝혀진 그의 시대와 정황을 비교해보면 잘 맞지 않는 부분이 맞는 부분보다 더 많다는 것이다(cf. Lucas). 한 예를 들어보자. 지금까지 밝혀진 바에 의하면 안티오쿠스는 자신을 "모든 신보다 더 크다"(36절)고 한 적도 없고, '그의 조상들이 섬기던 신들'(37절)을 버린 적도 없고, '그의 조상들이 알지 못하던 신'(38절)을 공경한 적도 없다. 또한 45절은 이 인물이 팔레스타인에서 죽게 될 것이라고 하는데, 안티오쿠스는 페르시아의 타배(Tabae)에서 죽었다(Miller). 안티오쿠스라고 주장하는 사람들은 이 문제들을 어떻게 해명하는가? 단순히 저자가 극적인 효과를 조성하기 위해 역사를 왜곡하고 있다고 주장한다(cf. Collins). 학자들이라는 사람들의 설명이라기에는 너무도 무책임하고 극단적인 주장이다.

문제를 더 복잡하게 만드는 것은 책의 저자인 다니엘이 그에게 계시를 주신 '하나님 저자'의 의도를 얼마나 구체적으로 알고 있었는가이다. 성경은 선지자들이 자신들이 중계한 예언의 의미를 완전하게 깨닫지는 못했다고 한다(벧전 1:10-12). 그렇다면, 만일 다니엘이 안티오쿠스를 염두에 두고 이 예언을 기록했다 하더라도, 그 글 뒤에는 그가 알지 못했던 더 깊은 하나님의 뜻이 있을 수 있다.

모든 것을 종합해볼 때, 이 예언은 종말에 있을 일로 간주하는 것이 바람직하다(Archer, Leupold, Longman, Miller, Wood, Young). 문법적으로 35절에서 36절로 넘어가는 부분이 정확히 구분되지 않고, 마치 한 이야기가 연결되어 진행되는 느낌을 주는 것은 사실이다(Longman). 그러나 이것이 다니엘서의 특징이라고 학자들은 주장한다(cf. Tanner).

새번역은 40절의 히브리어 문구(בְּעֵת קֵץ)를 '북쪽 왕의 마지막 때가 올 무렵'으로 번역하고 있지만, 이것은 해석이지 번역은 아니다. 대부분의 주석가와 번역본이 이 문구를 '마지막 때에'로 해석함으로써 북쪽 왕의 최후와의 연관성을 배제한다. 이 표현은 단순히 예수님 재림 바로 전인 말세를 의미하는 것으로 보는 것이 바람직하다(Longman, Miller). 또한 12:1-3에 언급된 부활이 11장의 사건과 '그때'(12:1)라는 용어로 연결되어 있는 것을 감안하면, 말세로 해석하는 것에 더 이상 문제가 없어 보인다. 또한 다니엘은 이미 7, 9장에서 이 인물(작은 뿔, 교만하게 말하는 사람)에 관해 언급한 적이 있다. 안티오쿠스 4세는 이 인물의 부분적 성취 혹은 모형이지 완전한 성취나 실현은 아니다. 말세에 모습을 드러낼 적그리스도에 관한 예언은 다음과 같이 구분될 수 있다.

A. 하나님을 대적하는 자(11:36)
B. 교만한 우상숭배자(11:37–38)
C. 뇌물을 수수하는 능력자(11:39)
D. 승승장구하는 침략자의 끝(11:40–45)

II. 미래에 대한 비전(7:1–12:13)
　E. 근동의 역사와 세상의 종말(11:2–12:13)
　　5. 마음대로 하는 왕(11:36–45)

(1) 하나님을 대적하는 자(11:36)

36 그 왕은 자기 마음대로 행하며 스스로 높여 모든 신보다 크다 하며 비상한 말로 신들의 신을 대적하며 형통하기를 분노하심이 그칠 때까지 하리니 이는 그 작정된 일을 반드시 이룰 것임이라

'자기 마음대로 행하며'(עָשָׂה כִּרְצוֹנוֹ)와 비슷한 표현은 이미 다니엘서에서 하나님(4:35)과 페르시아(8:4)와 알렉산드로스 대왕(11:1)과 안티오쿠스 3세(11:16)에게 사용된 적이 있다. '그가 이룰 것임이라'(הִצְלִיחַ)는 표현도 안티오쿠스 4세를 설명하면서 사용되었다(8:12). 이 사람은 카리스마와 지식과 지능과 정치적인 능력 등을 통해 세상의 모든 것을 자신이 원하는 대로 조작할 것이다. 또한 그는 교만해져서 하나님을 대적하기에 이른다. 그는 '비상한 말'(נִפְלָאוֹת, 망언, 모독적인 말)로 하나님을 자극한다(cf. 7:8, 11, 20, 25, 살후 2:4, 계 13:5–6).

본문이 적그리스도를 설명하고 있다는 해석이 기독교 역사 2000년의 전통적인 해석이다. 초대교회의 주장이었고(Chrysostom, Jerome, Theodoret), 최근 학자들도 이 해석에 동의한다(Archer, Leupold, Miller Wood, Young). 혹은 조금 다른 주장을 펼치기도 한다. 볼드윈(Baldwin)은 본문이 적그리스도와 안티오쿠스를 배합해서 묘사한다고 생각한다.

그녀가 주장하는 "예언은 망원경으로 미래를 바라보는 것"에 전제한 해석이다. 롱맨(Longman)도 볼드윈의 해석에 동의한다. 충분히 가능한 주장이다. 인류 역사를 살펴보면, 그동안 '작은 적그리스도'가 여럿 있었다. 그러나 안티오쿠스와 버금갈 정도로 확실한 적그리스도의 모형은 아직까지 없다. 주전 6세기에 이 글을 정리했던 다니엘의 관점에서는 안티오쿠스와 적그리스도가 섞여 한 사람으로 보였을 것이다.

'분노하심이 그칠 때'(עַד־כְּלָה זַעַם, cf. 사 10:25, 26:20, 30:27, 말 1:4)는 인류 역사의 종말을 의미한다(Collins). 이때 하나님의 진노가 적그리스도와 세상의 모든 악한 사람에게 쏟아진다. 대환난 이후의 일이다(cf. 12:1, 마 24:21-22, 29-31, 계 6-19장). 이때가 지나면 적그리스도의 활동은 끝이 나고, 그와 그를 추종하던 자들은 하나님의 심판을 받게 된다(계 16:13-16).

II. 미래에 대한 비전(7:1-12:13)
E. 근동의 역사와 세상의 종말(11:2-12:13)
5. 마음대로 하는 왕(11:36-45)

(2) 교만한 우상숭배자(11:37-38)

[37] 그가 모든 것보다 스스로 크다 하고 그의 조상들의 신들과 여자들이 흠모하는 것을 돌아보지 아니하며 어떤 신도 돌아보지 아니하고 [38] 그 대신에 강한 신을 공경할 것이요 또 그의 조상들이 알지 못하던 신에게 금 은 보석과 보물을 드려 공경할 것이며

적그리스도는 모든 종교를 배척할 것이다. 자신을 모든 신보다 높이기 때문에 그는 종교가 필요 없다. 적그리스도는 스스로 자기 자신에게 신이 된다. 그는 종교를 배척하면서 특별히 여호와 종교를 더 박해할 것이다. '자기 조상들이 섬기던 신들'을 생각해보자. 일부 학자들이 추측하는 것처럼 만일 적그리스도가 과거의 로마제국 영토에서 모습을 드러낸다면(Miller), 그의 조상의 종교는 로마의 국교였던 기독교이다.

그러나 이 말씀을 안티오쿠스와 연결해서 해석하는 사람들은 조상들이 알지 못하던 신은 그리스 신 제우스를 의미한다고 주장한다(cf. Collins). 원래 아폴로를 숭배한 셀레우코스 왕조와 달리, 제우스를 숭배한 안티오쿠스는 마치 이방 신을 숭배한 것과 마찬가지라는 뜻이다(cf. Lucas).

'여자들이 흠모하는 것'이 예수 그리스도로 해석되기도 한다(Walvoord). 메시아를 잉태했던 마리아가 온 세상 여인의 선망의 대상이 된다는 것이다. 안티오쿠스와 본문을 연결하는 사람들은 여자들이 흠모하는 신이 담무즈 아도니스(Tammuz-Adonis, cf. 겔 8:14) 혹은 디오니시우스(Dionysius)를 의미하는 것으로 풀이한다.

담무즈 아도니스와 디오니시우스는 많은 이집트 사람이 숭배한 신들이다. 안티오쿠스는 이 신들을 무시했을 뿐만 아니라, 자기 조상들의 신들에게도 등을 돌렸다. 그러므로 이 말씀을 안티오쿠스와 연결해 해석하는 사람들은 안티오쿠스는 모든 종교(자기 조상들의 종교에서 원수인 이집트 사람들의 종교에 이르기까지)를 거부한 사람이라는 것이 본문의 핵심 메시지라고 주장한다.

적그리스도는 대신 '강한 신'(לֶאֱלֹהַּ מָעֻזִּים)을 숭배할 것이다. 이 표현은 군사력을 의미한다. 요새를 지키는 신이란 전쟁을 의인법(personification)으로 표현한 것이다(Keil & Delitzsch). 그렇다면 뜻은 확실하다. 적그리스도는 전쟁을 좋아한다는 것이다. 그는 모든 권세를 전쟁을 통해서 얻게 될 것이다(Keil & Delitzsch). 그는 전쟁 능력을 계속 키우기 위해 많은 돈을 투자할 것이다. 그는 자신의 종교를 전쟁 능력으로 대치했다(Young). 적그리스도의 전쟁 능력은 계시록 13:4와 16:13-16 등에 언급된다.

II. 미래에 대한 비전(7:1–12:13) E. 근동의 역사와 세상의 종말(11:2–12:13) 5. 마음대로 하는 왕(11:36–45)

(3) 뇌물을 수수하는 능력자(11:39)

[39] 그는 이방 신을 힘입어 크게 견고한 산성들을 점령할 것이요 무릇 그를 안다 하는 자에게는 영광을 더하여 여러 백성을 다스리게도 하며 그에게서 뇌물을 받고 땅을 나눠 주기도 하리라

적그리스도는 권력을 유지하기 위해 수단과 방법을 가리지 않을 것이다. 군사력이 부족하면 이방 신(사탄)의 도움을 받아 견고한 요새들을 정복할 것이다.

적그리스도는 그를 통치자로 인정하는 자들에게는 관대할 것이다. 무력과 사탄의 도움을 받아 정복한 땅은 뇌물을 받고 나누어주기도 한다. 이 사람은 어떠한 윤리나 기준이 없다. 그저 눈에 보이는 이익을 위하여 영혼도 팔아먹을 사람이다.

II. 미래에 대한 비전(7:1–12:13) E. 근동의 역사와 세상의 종말(11:2–12:13) 5. 마음대로 하는 왕(11:36–45)

(4) 승승장구하는 침략자의 끝(11:40–45)

**[40] 마지막 때에 남방 왕이 그와 힘을 겨룰 것이나 북방 왕이 병거와 마병과
많은 배로 회오리바람처럼 그에게로 마주 와서 그 여러 나라에 침공하여 물
이 넘침 같이 지나갈 것이요 [41] 그가 또 영화로운 땅에 들어갈 것이요 많은
나라를 패망하게 할 것이나 오직 에돔과 모압과 암몬 자손의 지도자들은 그
의 손에서 벗어나리라 [42] 그가 여러 나라들에 그의 손을 펴리니 애굽 땅도
면하지 못할 것이니 [43] 그가 권세로 애굽의 금 은과 모든 보물을 차지할 것**

이요 리비아 사람과 구스 사람이 그의 시종이 되리라 [44] 그러나 동북에서부터 소문이 이르러 그를 번민하게 하므로 그가 분노하여 나가서 많은 무리를 다 죽이며 멸망시키고자 할 것이요 [45] 그가 장막 궁전을 바다와 영화롭고 거룩한 산 사이에 세울 것이나 그의 종말이 이르리니 도와 줄 자가 없으리라

본문과 바로 연결되는 12:1-3을 감안하면, 이 말씀은 분명히 종말에 일어날 일들에 관한 것이다(cf. Leupold). 그러나 36-39절은 일반적이었던 것에 반하여, 여기서부터 다시 구체적인 사건을 묘사하기 때문에 신중하게 해석해야 한다. 그러므로 지나치게 자세한 해석은 피하고 간단히 몇 가지만 살펴보도록 하자.

인류 최후의 전쟁은 적그리스도가 먼저 공격을 받는 일로 시작한다(40절). 알 수 없는 남쪽 왕(viz., 그를 대적하는 자/무리)이 적그리스도를 상대로 선제공격을 한다. 공격을 당한 적그리스도는 그동안 수단과 방법을 가리지 않고 모으고 키워놓은 군사력을 모두 동원해 반격한다. 전세는 순식간에 뒤집어지며, 전쟁은 적그리스도의 일방적인 승리로 끝이 난다. 이 전쟁은 곡과 마곡 전쟁(겔 38-39장)과 연관되어 해석되기도 하고(Whitcomb), 아마겟돈 전쟁으로 해석되기도 한다(Miller).

남쪽 왕이 시작한 전쟁으로 적그리스도는 팔레스타인 땅에 들어오게 된다(41절). 그는 거기서 엄청난 수의 하나님 백성을 살해할 것이다. 에돔과 모압과 암몬은 모두 오늘날의 요르단에 속한 땅이다. 그러므로 이 예언을 요르단이 적그리스도에 협력하는 나라가 될 것으로 해석하는 사람들이 있다(Miller). 그러나 이 문장을 모두 상징적으로 해석하는 것이 바람직하다. 이스라엘 역사에서 에돔과 모압과 암몬은 원수들이었다. 그러므로 하나님의 백성들은 적그리스도의 무시무시한 핍박의 대상이 되지만, 주의 백성들을 미워한 원수들은 적그리스도의 포상을 받을 것을 의미한다.

이집트와 주변 국가들을 치는 것(42-43절)도 적그리스도가 실제적으로 아랍 지역을 휩쓰는 것으로 해석하는 학자들이 있다. 그렇다면 이 예언은 적그리스도가 말세에 아랍 지역의 모든 부를 갈취할 것을 의미한다(Whitcomb). 그러나 이 역시 상징적인 해석이 가능하다. 적그리스도를 대적했던 왕이 남쪽에서 왔다. 이집트는 팔레스타인에서 바라볼 때 남쪽에 있는 나라이다. 그렇다면, 적그리스도가 실제적인 이집트가 아니라, 자신을 대적했던 나라와 그 나라의 주변 국가 혹은 협력 국가들을 모두 칠 것이라는 의미이다.

적그리스도가 남쪽에서 원수를 갚고 있는 순간 동쪽과 북쪽에서 소식이 들릴 것이다(44절). 그는 순간적으로 당황하지만, 정신을 차린 뒤에 분풀이로 더 많은 사람을 죽일 것이다. 무슨 일일까? 주석가들은 계시록 9:13-19, 16:12에 언급된 일로 해석하기도 한다(Miller). 그러나 아무도 모른다. 마지막 날의 일이기 때문이다.

적그리스도는 팔레스타인 지역에서 죽게 될 것이다(45절). 그는 자신의 장막을 바다(지중해)와 거룩하고 아름다운 산(시온산/예루살렘) 사이에 둘 것이다. 그리고 이곳에서 끝(죽음)을 맞이한다. 이 같은 죽음이 하나님을 대적하면서 죽어가는 것을 상징하는 것일까? 확실하지 않다.

다니엘서 11장에 기록된 예언은 여러 가지 신학적 진리를 제시하고 있다(Miller). 첫째, 하나님은 전지전능하신 분이다. 하나님은 다니엘 시대로부터 아주 먼 미래에 일어날 일들을 그에게 알려주셨다. 그렇다면 주님은 분명히 미래를 꿰뚫어보며 역사를 주관하시는 분이다.

둘째, 믿는 사람들은 미래에 대해 불안해할 필요가 없다. 성경은 우리의 미래에 관해 많은 예언을 한다. 다니엘을 통해 주신 예언이 상당 부분 그대로 성취된 것을 감안할 때, 아직 성취되지 않은 예언도 언젠가 성취될 것을 확신할 수 있다.

셋째, 성경은 하나님의 영감으로 기록된 책이다. 인간이 미래를 예언할 수 없다면, 다니엘서가 예언한 것들이 인류 역사 속에서 그대로 이루어진 상황을 설명하기가 어렵다. 성경은 과연 누가 어떤 상황에서 기록한 것일까? 정황을 고려할 때 영감을 받은 성경 저자들이 하나님의 도움으로 기록한 책이라는 결론에 도달한다.

한 가지를 더한다면, “해 아래 새로운 것도, 영원한 것도 없다”는 진리이다. 아무리 권세가 대단해 보여도 세상의 권세들은 끝나게 되어 있다. 예수 그리스도가 다시 오실 때까지 세상에는 계속 새 권세들이 일어날 것이요, 또한 망할 것이다. 간혹 그리스도인을 핍박하는 권세도 들어설 것이다. 그러나 그들은 영원하지 않다. 또한 세상 권세의 흥망성쇠(興亡盛衰)가 여러 번 지나야 그리스도의 왕국이 임하게 된다. 환난은 교회를 정결하고 온전하게 하는 신비로운 능력을 지녔다. 그러므로 환난 속에서도 감사할 수 있어야 한다.

II. 미래에 대한 비전(7:1–12:13) E. 근동의 역사와 세상의 종말(11:2–12:13)

6. 구원받는 주의 백성(12:1–4)

[1] 그 때에 네 민족을 호위하는 큰 군주 미가엘이 일어날 것이요 또 환난이 있으리니 이는 개국 이래로 그 때까지 없던 환난일 것이며 그 때에 네 백성 중 책에 기록된 모든 자가 구원을 받을 것이라 [2] 땅의 티끌 가운데에서 자는 자 중에서 많은 사람이 깨어나 영생을 받는 자도 있겠고 수치를 당하여서 영원히 부끄러움을 당할 자도 있을 것이며 [3] 지혜 있는 자는 궁창의 빛과 같이 빛날 것이요 많은 사람을 옳은 데로 돌아오게 한 자는 별과 같이 영원토록 빛나리라 [4] 다니엘아 마지막 때까지 이 말을 간수하고 이 글을 봉함하라 많은 사람이 빨리 왕래하며 지식이 더하리라

자신을 신들보다 더 높이던 왕은 죽었다(11:45). 그러나 적그리스도에게 죽임을 당한 사람들을 포함해 하나님을 갈망하고 바라보았던 모든 주의 백성은 잃었던 생명을 다시 돌려받을 것이다. 본문에 기록된 예언은 '악은 망하고, 의는 승리한다'의 전형적인 예를 보여준다. 이 부분이 바로 다니엘서의 신학적인 절정(theological climax)이다(Lindenberger). 구약 성경에서 본문처럼 육체적인 부활에 관해 확실하게 가르쳐주는 곳도 흔하지 않다(Heaton, Towner).

본문을 시작하고 있는 '그때'(בָּעֵת הַהִיא, 1절)의 역할을 어떻게 해석할 것인가? 12:1을 11:45 이후 연속되는 일에 관한 묘사로 간주할 것인가? 아니면, 11:36–45에 관한 요약으로 해석할 것인가? 문법적으로는 '그때'가 11:45에 있었던 일 다음에 일어나는 연속되는 일이라는 것을 배제할 수는 없다. 그러나 거의 모든 학자는 11:36–45에 기록된 일들이 진행되는 시대라는 뜻으로 해석한다. 만일 본문이 11:45에 있었던 일 이후의 사건에 관한 기록이라고 간주하면 적그리스도는 이미 죽은 상황(11:45)에서 본문이 말하는 큰 환난(1절)이 있을 것이라는 말씀을 잘 이해할 수 없기 때문이다.

그러므로 이 예언을 안티오쿠스와 연결하는 사람들이 주장하는 것처럼 저자가 1절에서 '그때'(בָּעֵת הַהִיא)라는 말을 세 차례 사용하는 것은 이 악한 왕의 시대를 강조하는 것이 아니라(Lucas), 본문에 묘사된 일이 세상 끝날에 있을 것임을 강조한다(Anderson). 전통적으로 유대인들도 이것을 미래에 있을 메시아 시대의 일로 해석했다(Slotki). 다니엘서의 마카비 시대 저작권을 주장하는 사람들은 저자의 착각이거나 실수라고 주장한다(Driver, Goldingay, Jeffery). 그들은 잘 이해할 수 없거나 자신들의 이론에 맞지 않는 것은 모두 저자의 실수나 착각으로 빚어진 일이라고 주장하기 때문에 그들의 주장을 받아들일 필요는 없다.

천사는 인류의 종말은 참으로 처참할 것이라는 사실을 분명히 경고한다. 그는 이때를 '개국 이래로 그 때까지 없던 환난'(1절)이 임하는 때로 말한다. 중요한 것은 하나님이 자기 백성을 고아들처럼 버려두지 않으신다는 사실이다. 하나님은 다니엘이 이미 알고 있던 미가엘 천사(מִיכָאֵל הַשַּׂר, 문자적으로 풀이하면 '미가엘 왕/왕자')를 보내 자기 백성들을 보호하도록 하신다(cf. 10:21, 유 9). 일부 주석가들은 미가엘이 법정에서 주의 백성들을 위해 변론하는 것으로 해석한다(Nickelsburg, cf. 7:9–10). 그러나 그가 백성들을 보호하기 위해 온 때는 매우 어려운 환난의 때이다(1절). 따라서 그는 주의 백성을 보호하기 위해 전사의 모습을 취하고 있거나(Lacocque, Young), 두 가지 모습을 동시에 취하고 있다(Collins). 미가엘은 전쟁을 불사하면서까지 주의 백성을 보호하도록 보내심을 받은 것이다.

하나님은 미가엘을 보내 '그 책에 기록된'(כָּתוּב בַּסֵּפֶר) 자기 백성을 보호하실 것이다(1절). 이 책은 믿을 만한 책(10:21)과 심판의 책(7:10)과는 다른 생명의 책(cf. 출 32:32–33, 시 69:28, 사 4:3, 말 3:16–18)이다(Lucas). 보호하는 천사의 사역으로 하나님의 백성들은 환난 속에서도 무사하다. 우리 찬송가에 "시험과 환난 속에서 성도는 신앙 지켰네"로 시작하는 곡이 있다. 하나님이 보낸 천사는 성도가 신앙을 지킬 수 있도록 보호하시는 하나님의 은혜의 표현이다.

이 환난이 지난 다음, 죽은 사람들이 부활할 것이다. 그리고 어떤 사람들은 영생(חַיֵּי עוֹלָם)을 얻고, 어떤 사람들은 영원한 수치(דִרְאוֹן עוֹלָם)를 받을 것이다. 구약에서 영생이라는 말이 이곳에서 처음으로 사용된다. 본문이 묘사하고 있는 때는 구약에서 말하는 주의 날이요, 신약에서 말하는 최후 심판의 날이다. 물론 성도의 영혼은 '잠'을 자지 않는다. 우리는 죽는 순간 곧바로 하나님의 품으로 간다. 그러나 그들의 몸은 무덤에서 마지막 날에 '깨어날' 때를 기다린다.

일부 주석가들은 순교자들처럼 오직 소수만이 부활한다고 하지만(Gowan, Hartman & Di Lella, Lacocque, Seow), 본문은 모든 사람에게 '영원한 삶'이 있다고 한다. 그날이 되면 성도만 부활하는 것이 아니라, 불신자들도 부활한다. 다만 어떤 종류의 '영원한 삶'이 사람들을 기다리고 있는가가 문제이다. 이 땅에서 살면서 하나님을 경외한 사람들은 주님과 함께 영원히 살게 되는 복된 부활을 누리게 될 것이다(cf. 사

26:19). 그러나 하나님을 대적한 자들은 부활한 후 영원한 수치와 모욕 속에 살 것이다.

이어 천사는 성경에서 가장 아름다운 말씀 중 하나를 말한다(3절).

> "지혜 있는 사람은 하늘의 밝은 빛처럼 빛날 것이요,
> 많은 사람을 옳은 길로 인도한 사람은 별처럼 영원히 빛날 것이다."

예수님은 이 말씀을 염두에 두고 이렇게 말씀하셨다. "그 때에 의인들은 자기 아버지 나라에서 해와 같이 빛나리라"(마 13:43). 다니엘서의 이 문장은 분명히 같은 아이디어를 평행법을 사용해 반복한다(Hartman & Di Lella, Longman). 그렇다면 본문이 말하는 '지혜 있는 사람'은 일부 주석가들이 주장하는 것처럼 이사야서에 등장하는 '여호와의 종' 등 제한된 소수가 아니라(Ginsberg) '많은 사람을 옳은 길로 인도하는' 모든 사람이다. 이 사람들이 하늘의 별처럼 영원히 빛난다는 것은 그들이 천사들처럼 될 것이라는 의미로 해석되기도 한다(Collins, Lacocque, cf. 제1에녹서 104:2-6). 지혜의 근본적인 목적은 사람들을 옳은 길로 인도하는 것이다. 그러므로 지혜로운 사람은 다른 사람들과 지혜를 나눌 책임이 있다.

우리의 지혜로 사람들이 하나님을 만나게 되고 생명의 길을 가게 된다면 이것보다 더 큰 축복이 어디 있을까? 우리 말에 "배워서 남 주냐"는 말이 있다. 기독교인들은 많이 배워서 남들에게 주어야 한다. 이것이 복음의 본질이다. 하나님을 경외하는 지혜로 남들을 구하는 사람들의 업적은 영원히 기억될 것이다. 마치 하늘에서 영원히 빛나는 별들처럼 말이다.

천사는 지금까지 하나님이 다니엘에게 주신 말씀을 은밀히 간직하라며, 봉해두라고 명령했다(4절). 많은 사람이 다니엘이 받은 지식을 얻으려고 빠르게 왕래할 것이라는 경고도 했다. '봉하다'(סתם)는 훗날을

위해 조그만 오류나 부패가 내용에 유입되지 않도록 잘 보존하라는 것이지 마치 이 말씀이 존재하지 않는 것처럼 비밀로 취급하라는 뜻이 아니다(Baldwin, cf. 8:26, 12:9).

이 말씀에서 우리는 왜 성경의 정확성을 신뢰할 수 있는지를 한 번 더 생각하게 된다. 하나님의 권면에 따라 필사를 통해 성경을 보존하던 사람들이 조그만 오류도 사본에 유입되지 않도록 최선을 다했다. 중세기만 해도 신구약 성경 사본을 사려면 1970년대 중반 가치로 미화 10만 달러를 지불해야 했으며, 부피도 말 두 마리가 끄는 마차의 3분의 2를 차지했다고 한다. 성경을 마음만 먹으면 쉽게, 공짜로 구할 수 있는 오늘을 살아가는 우리는 분명히 감사할 이유가 또 하나 있는 것이다.

많은 사람이 오늘도 '말세에 대한 지식을 얻으려고 분주히 왕래'하고 있다(cf. 암 8:11-12). 그러나 그들이 먼저 인정해야 할 것은 우리는 미래에 관한 일들에 대해 지나치게 구체적으로 알 필요가 없을 뿐만 아니라 알 수도 없다는 사실이다. 사람들이 이 사실을 인정하지 않기 때문에 자꾸 엉뚱하고 억지 추론을 가지고 거짓 예언을 한다.

이단들의 특징 가운데 하나도 미래에 있을 일들에 관해 근거 없는 확신으로 지나치게 상세하게 가르치는 것이다. 이 세상을 살았던 사람들 중 가장 지혜롭고, 온갖 꿈과 환상을 해석할 수 있는 은사를 받았던 다니엘도 하지 못한 일을 그들은 하고 있다! 미래에 관해 지나치게 아는 척하는 사람들을 경계해야 한다. 누가 제시하든 간에 사람의 예언은 항상 성경의 심판을 받아야 한다는 사실을 기억해야 한다. 우리나라에는 거짓 예수와 거짓 선지자들이 참으로 많다.

II. 미래에 대한 비전(7:1-12:13)
E. 근동의 역사와 세상의 종말(11:2-12:13)

7. 마지막 권면(12:5-13)

5 나 다니엘이 본즉 다른 두 사람이 있어 하나는 강 이쪽 언덕에 섰고 하나
는 강 저쪽 언덕에 섰더니 6 그 중에 하나가 세마포 옷을 입은 자 곧 강물 위
쪽에 있는 자에게 이르되 이 놀라운 일의 끝이 어느 때까지냐 하더라 7 내가
들은즉 그 세마포 옷을 입고 강물 위쪽에 있는 자가 자기의 좌우 손을 들어
하늘을 향하여 영원히 살아 계시는 이를 가리켜 맹세하여 이르되 반드시 한
때 두 때 반 때를 지나서 성도의 권세가 다 깨지기까지이니 그렇게 되면 이
모든 일이 다 끝나리라 하더라 8 내가 듣고도 깨닫지 못한지라 내가 이르되
내 주여 이 모든 일의 결국이 어떠하겠나이까 하니 9 그가 이르되 다니엘아
갈지어다 이 말은 마지막 때까지 간수하고 봉함할 것임이니라 10 많은 사람
이 연단을 받아 스스로 정결하게 하며 희게 할 것이나 악한 사람은 악을 행
하리니 악한 자는 아무것도 깨닫지 못하되 오직 지혜 있는 자는 깨달으리라
11 매일 드리는 제사를 폐하며 멸망하게 할 가증한 것을 세울 때부터 천이백
구십 일을 지낼 것이요 12 기다려서 천삼백삼십오 일까지 이르는 그 사람은
복이 있으리라 13 너는 가서 마지막을 기다리라 이는 네가 평안히 쉬다가 끝
날에는 네 몫을 누릴 것임이라

다니엘은 티그리스강 주변에 갑자기 나타난 두 천사를 보았다(5절). 이미 한 천사가 그의 옆을 지키고 있었기 때문에, 이 두 천사를 합하면 다니엘은 세 천사와 함께 있는 것이다. 그래서 그는 이 두 천사를 소개하면서 '다른 두 사람'(שְׁנַיִם אֲחֵרִים)이라고 한다. 이 두 천사가 다니엘과 주고받는 이야기는 책 전체의 내용을 연상시키는 듯하다. 본문은 10장에서 시작된 환상뿐만 아니라 다니엘서 전체의 결론 역할을 하고 있다(Goldingay). 모든 것이 막을 내리는 순간인 것이다. 일부 학자들은 이 강이 을래 강(8장)인지 아니면 티그리스 강(10장)인지에 대해 논쟁을 벌이지만(cf. Seow), 정확히 어느 강인지는 별로 중요하지 않다.

두 천사가 등장하는 것(cf. 10:4)은 증인 역할을 하기 위해서이다(Keil & Delitzsch). 율법에 의하면 한 사람의 증언은 재판에서 증거로 인정받지 못한다. 최소한 두 사람의 증언이 있어야 죄인의 죄를 확증할 수 있다고 생각했기 때문이다(신 19:15). 그러므로 이 두 천사는 이때까지 다니엘에게 미래의 일에 관해 알려준 천사의 증거가 거짓이 아니라는 것을 보증하기 위해서 왔다.

증인 역할을 하는 천사 중 하나가 다니엘에게 모든 것을 알려주었던 천사에게 언제 이 일이 일어날 것이냐고 질문을 하자(6절), 그는 하늘을 향하여 맹세하며 "한 때와 두 때와 반 때가 지나야"(מוֹעֵד מוֹעֲדִים וָחֵצִי) 한다고 말했다(7절, cf. 7:25). 이때까지 다니엘서에 등장한 숫자들처럼 이 말씀도 매우 애매하다. 많은 사람이 천사의 말을 3½년이라는 구체적인 기간으로 해석하지만(Lacocque, Miller), 3½년은 우리의 해석이지, 본문에는 명시적으로 기한을 나타내지 않는다. 천사는 성도들에 대한 핍박이 끝나야 모든 일이 다 이루어질 것이라고 했다(7절). 부활이 있기 전에 무시무시한 핍박이 올 것이라는 경고이다.

다니엘이 혼란스러워서 다시 물었다(8절). 그러나 천사는 "다니엘아, 가거라"라고 명령했다(9절). 미래에 일어날 일에 관해 지나치게 집착하지 말라는 의미이다. 다니엘은 이미 별 어려움 없이 신앙생활을 할 수 있는 충분한 지식을 받았으니, 더 이상 먼 미래에 성취될 일에 관심을 쏟지 말라는 의미이다.

이 말씀은 우리에게 큰 교훈이 되어야 한다. 우리는 나태해진 신앙을 점검하게 해주고, 오늘 이 순간에 더 신실하게 살 수 있도록 도와주는 수준까지는 종말에 있을 일에 관해 알아야 하고 배워야 한다. 그러나 우리가 사는 현실에 등을 돌리거나 미래에 관해 지나치게 관심을 갖거나 집착하는 것은 위험하며 하나님이 자기 백성들에게 원하시는 바도 아니다. 많은 이단이 바로 이런 짓들을 하고 있지 않은가! 그들은 하나님의 명령을 명백히 거역하고 있다. 하나님이 자기 명령을 거역하는 자들에게 계시를 주실까? 주시지 않는다! 그들은 사탄의 농간에 놀아나고 있는 것이다.

천사는 1,290일과 1,335일 등 두 날짜를 주었다. 천사는 이미 2,300일(혹은 1,150일)을 준 적이 있다(8:14). 또한 '한 때, 두 때, 반 때'를 준 적도 있다(7:25, 12:7). 만일 이 표현을 3½년으로 계산한다 하더라도 한 달을 30일로 간주했던 유대인들의 달력에 의하면 1,260일에 달한다. 그렇다면 모두가 각기 다른 숫자들이다. 이 숫자들의 비밀은 하나님만 아신다(Longman, cf Lucas).

많은 사람이 이 숫자들을 가지고 인류 역사 혹은 종말을 세세하게 논하려 했다. 특히 세대주의적 해석에서 이 숫자들은 중요한 역할을 한다. 세대주의적인 특성상 이 숫자들의 문자적 성취는 매우 중요하기 때문이다. 그러나 그 어느 한 가지 해석도 만족할 만한 결과를 제시하지 못했다. 저자가 이처럼 여러 숫자를 다양하게 제시하는 것은 의도적이다. 우리는 성경 말씀에 기초해 미래에 관한 기본적인 윤곽을 잡을 수 있다. 그러나 지나치게 자기주장을 고집하거나, 구체적으로 논하지 말라는 뜻이다. 분명히 보이기는 보인다. 그러나 필요 이상으로 구체적인 그림을 그리려 하면, 문제가 되고 억지가 된다. 천사는 분명히 말했다. "너희들이 필요한 것은 다 받았다. 이제 현실로 돌아가서 종말을 갈망하며 진실되게 살아가거라!"(9절).

현실로 돌아가는 다니엘에게 천사는 한 번 더 권면했다. "다니엘아, 너는 끝까지 신실하여라. 너는 죽겠지만, 끝 날에는 네가 일어나서, 네게 돌아올 보상을 받을 것이다"(13절, 새번역). 일부 주석가들은 '끝날'이 인류의 종말이 아니라고 하지만(Collins), 설득력이 없는 주장이다. 인류 종말에 관한 이 권면은 다니엘서의 적절한 결론이자 권고이다. 미래에 관해 알려주었으니, 비록 현실이 아프고 힘들더라도, 미래를 생각하며-특히 부활의 소망을 마음에 간직하고-진실하게 살아가라는 것이다. 또한 그렇게 하면 다니엘은 분명 말일에 부활해 영생을 얻을 것이다(cf. 2절).

묵시문학의 목적이 바로 여기에 있다. 우리의 눈에 비추어지는 것들은 현실의 전부가 아니다. 다니엘서가 가르쳐주는 것처럼 우리의 눈에 보이는 것은 우리가 경험하고 있는 실체의 극히 일부분일 뿐이다. 그렇기 때문에 성도들은 아픔과 고통이 와도 좌절할 필요가 없다. 우리 눈에는 보이지 않는 곳에서 하나님이 모든 것을 자기 계획대로 진행하고 계시기 때문이다.